José Luis Iriberri SJ / Chris Lowney

Der Ignatiusweg

von Loyola über Saragossa nach Manresa

AF828573

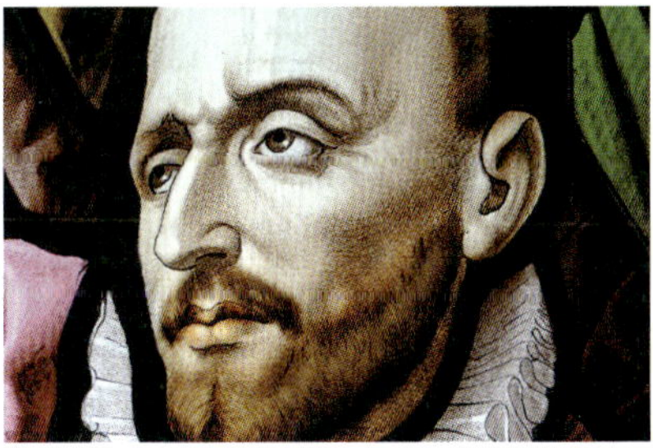

Auf den Spuren des Ignatius von Loyola
676 km in 27 Etappen
Mit Sonderteil: der innere Weg des Pilgers

Aus dem Spanischen von
Elisabeth Schick und Gabriele Stein

Inaziotar Bidea
Camino Ignaciano
Camí Ignasià
Camiño Ignaciano

Tyrolia-Verlag · Innsbruck-Wien

Titel der spanischen Originalausgabe: Guía del Camino Ignaciano“
© Grupo de Comunicación Loyola, S.L.U. – Bilbao, España

Alle Angaben in diesem Führer wurden sorgfältig recherchiert und erfolgen nach bestem Wissen und Gewissen. Die Benutzung dieses Führers geschieht auf eigenes Risiko. Eine Haftung für etwaige Unfälle und Schäden wird aus keinem Rechtsgrund übernommen.
Wenn Sie sich auf den Weg machen, denken Sie bitte auch an alle, die nach Ihnen kommen. Wenn Sie möchten, dass Ihre Anmerkungen oder Vorschläge bei der nächsten Auflage des Pilgerführers berücksichtigt werden, schreiben Sie bitte an den Verlag: buchverlag@tyrolia.at.
Weitere Informationen zum Pilgerweg und laufende Aktualisierungen finden Sie auf der Internetseite zum Buch: www.caminoignaciano.org/de.

Quellen:
Ignatius von Loyola, Der Bericht des Pilgers. Übersetzt und erläutert von Burkhart Schneider, 4. Aufl. Freiburg 1977.
Ignatius von Loyola, Geistliche Übungen. Übertragung und Erklärung von Adolf Haas, 10. Auflage Freiburg 1991.
Die Bibelzitate stammen aus der Einheitsübersetzung der heiligen Schrift © Katholische Bibelanstalt Stuttgart.

Mitglied der Verlagsgruppe „engagement“

© 2016 Verlagsanstalt Tyrolia, Innsbruck
Alle Bilder stammen aus dem Archiv der Autoren,
außer S. 219 (wikimedia/Lali Masriera)
Layout und digitale Gestaltung: SG Werbegrafik – Stefan Glatzl, Zirl
Kartografie: cartomedia, Karlsruhe
Lithografie: artilitho, Trento
Druck und Bindung: Finidr, Tschechien
ISBN 978-3-7022-3507-9
E-Mail: buchverlag@tyrolia.at
Internet: www.tyrolia-verlag.at

Inhaltsverzeichnis

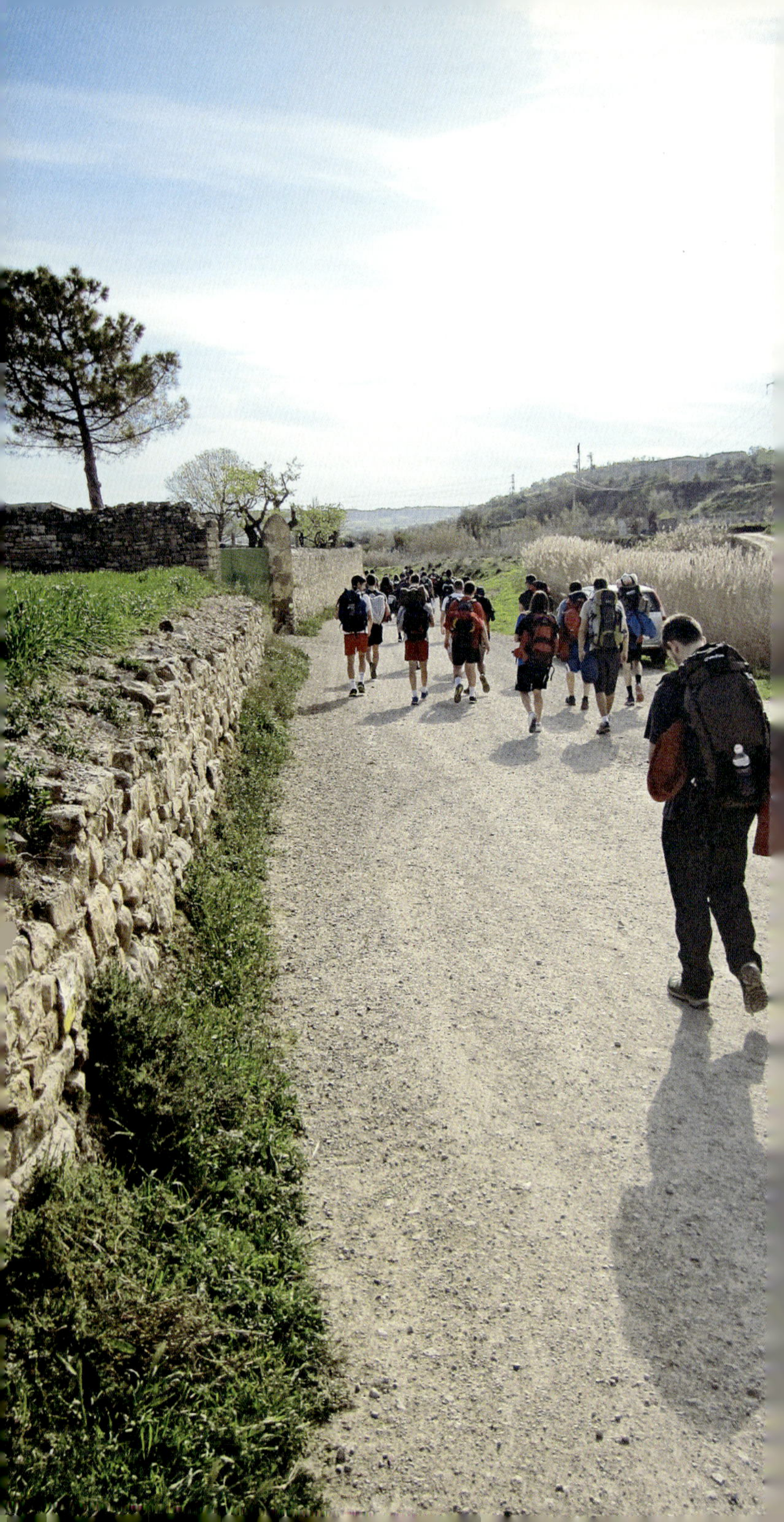

Zu diesem Buch

Das vorliegende Buch ist eine Gemeinschaftsarbeit und soll die Pilgerinnen und Pilger ein Stück weit auf ihrem Weg begleiten. Beide Autoren, Chris Lowney und José Luis Iriberri, sind selbst Pilger: nicht nur auf dem Ignatiusweg, sondern auch und schon lange vorher auf dem berühmten Jakobsweg. Und beide haben den *Camino Ignaciano* von Anfang an mitkonzipiert: Sie kennen ihn „wie ihre Westentasche" und haben ihn zudem im Rahmen ihrer Vortragstätigkeit und auf Kongressen für Tourismus und Pilgerreisen engagiert beworben. Chris ist ein bekannter Schriftsteller und Kenner des Mittelalters und überdies von den US-amerikanischen Jesuiten in der jesuitischen Tradition geschult worden. José Luis ist selbst Jesuit und Professor an der *Fakultät für Tourismus und Hotelmanagement San Ignacio* der Ramón-Llull-Universität in Barcelona. Die Verfasser haben die Texte teils gemeinsam und teils getrennt erarbeitet; deshalb ist in manchen Abschnitten der Einfluss des einen und in anderen der Einfluss des anderen stärker spürbar. Mit Flügeln an den Füßen …

Wie man dieses Buch verwendet

Der Pilgerführer besteht aus drei Teilen:
Der erste ist eine Einführung ins Pilgern an sich und in die Welt des Ignatius und soll helfen, seinen eigenen Pilgerweg zu verorten.
Die anderen beiden Teile können parallel benutzt werden:
Der praktische Führer (Teil zwei ab Seite 38) informiert über die Strecke, die Entfernungen zwischen den Etappenzielen, mögliche Unterkünfte und über Sehenswürdigkeiten entlang des *Camino*.
Und der spirituelle Führer (Teil drei ab Seite 223) enthält tägliche Betrachtungen, die sich an den dreißigtägigen ignatianischen Exerzitien orientieren und durch die die körperliche zu einer spirituellen Reise werden kann.
Wer sich entschließt, den Ignatiusweg zu machen, sollte neben dem Führer auch die Webseite **www.caminoignaciano.org** zu Rate ziehen, auf der auch auf Deutsch weiterführende Informationen und Aktualisierungen etwa zu den Quartieren zu finden sind.

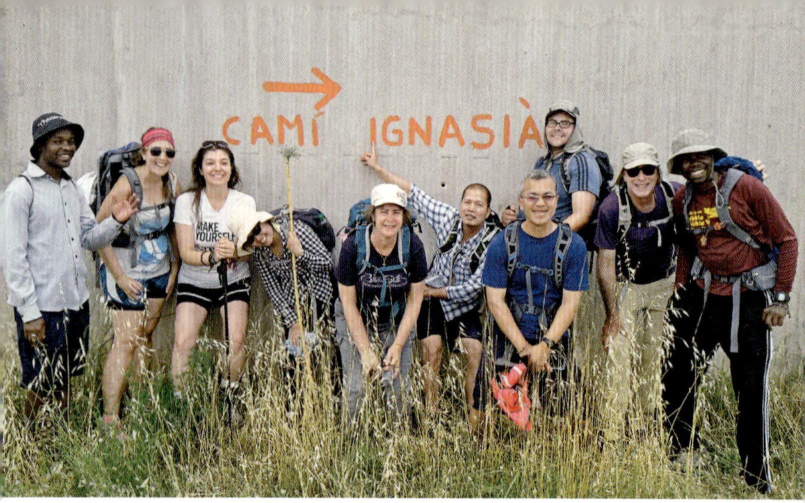

Willkommen, Pilgerin oder Pilger!

1522 verlässt Ignatius von Loyola sein heimisches Baskenland und reist zu Fuß von Loyola nach Montserrat und Manresa unweit von Barcelona. Diese Pilgerreise hat sein Leben verändert. Und seine nachfolgenden Unternehmungen haben die Welt verändert.
Der vorliegende Pilgerführer will dazu einladen, zu Fuß, mit dem Rad – oder zumindest im Geist – dieselbe Strecke zurückzulegen wie der hl. Ignatius. Setzen Sie sich in Bewegung! Machen Sie sich auf den Weg, um für alles zu danken, was Sie haben, um sich selbst besser kennenzulernen, um Ihre Widerstandskraft zu erproben, um über Ihre Zukunft nachzudenken oder einfach nur, um die Zeit zu vertreiben. Die Strecke ist ein lebendiger kultureller und historischer Schatz: Im Lauf der Jahrhunderte haben das Römische Reich und die islamische Welt, rivalisierende spanische Königreiche und fromme Christen faszinierende Spuren an der Architektur, den Kirchen, den heiligen Stätten und den Dingen hinterlassen, die Sie unterwegs sehen werden. Wir sind sicher, dass dieser Weg Sie stärken und berühren wird; und es ist durchaus möglich, dass er Sie genau wie Ignatius selbst inspirieren wird, die Welt zu verbessern.
Im Jahr 2022 jährt sich Ignatius' außergewöhnliche Pilgerreise zum 500. Mal und das vorliegende Buch ist geschrieben worden, um die ignatianische Pilgerschaft mit Blick auf diesen für die Geschichte der Jesuiten, der Kirche und der Welt so wichtigen Jahrestag zu fördern. Millionen von Menschen auf der ganzen Welt haben eine jesuitische Schule oder Universität besucht, an ignatianischen Exerzitien teilgenommen oder sich von der Tradition der Gesellschaft Jesu dazu inspirieren lassen, für mehr Gerechtigkeit und Glauben in der Welt zu arbeiten. Wenn nur ein Bruchteil von ihnen diesen Weg geht, dann wird der *Camino Ignaciano* zu echtem Leben erwachen.
Buen Camino!

Erster Teil

Einstimmung

DIE PILGERSCHAFT: ein Weg der Hoffnung und der Sehnsucht

Seit Jahrtausenden pilgern die Menschen zu heiligen Stätten, und wahrscheinlich werden sie dies so lange tun, wie es auf der Erde Menschen gibt.

WARUM PILGERN WIR?

In allen Weltgegenden, Kulturen und Glaubensgemeinschaften kennen Menschen den Drang, sich als Pilger auf den Weg zu machen. An die 13 Millionen Christen pilgern jährlich nach Lourdes und Fátima, Millionen von Muslimen besuchen Mekka, Millionen von Hindus begeben sich nach Varanasi, um in den heiligen Wassern des Ganges zu baden. Und viele weitere Millionen von Menschen – zu viele, als dass man sie je zählen könnte – reisen Jahr für Jahr an die unterschiedlichsten großen und kleinen Wallfahrtsorte in allen bewohnten Regionen der Erde. In einer Studie aus dem Jahr 2012 ging die Welttourismusorganisation davon aus, dass sich pro Jahr 300 Millionen Menschen aus rein religiösen Beweggründen auf die Reise machen. Auf den ersten Blick scheinen diese Wallfahrten wenig miteinander gemein zu haben. Die Buddhisten besuchen Bodhgaya, wo Buddha zur Erleuchtung gelangte; die Hindus hoffen, dass der Besuch der Char Dham, der vier heiligen Stätten ihres Glaubens, sie vom Zyklus der Wiedergeburten befreit; die katholischen Pilger, die nach Lourdes reisen, suchen Heilung für sich selbst oder für ihre Lieben. Was verbindet sie alle miteinander: den Buddhisten, der friedlich unter dem Bodhibaum meditiert, den Katholiken, der in der Höhle der Bernadette um Genesung von einer Krebserkrankung betet, und den Hindu, der aus dem Kreislauf der Wiedergeburten befreit werden will?
Nun, tatsächlich verbindet sie gar nicht so wenig – denn unter den verschiedenen Interessen, die die Pilger antreiben, liegt der gemeinsame Urgrund der menschlichen Erfahrung. Was wir auch glauben, in welche historische Epoche wir auch hineingeboren wurden: Wir Menschen machen uns auf den Weg, weil die Pilgerschaft eine fortdauernde Metapher des Lebens ist. Und es gibt mindestens drei Motive, die die Pilger aller religiösen Traditionen miteinander verbinden:

- *die Sehnsucht:* Uns fehlt etwas; wir wissen, dass die Welt nicht vollkommen ist; es gibt ein Problem, das gelöst, ein Bedürfnis, das gestillt werden will;
- *die Hoffnung:* Wir hoffen auf etwas Besseres;
- *die Wegstrecke:* Das menschliche Leben ist eine Reise, und die Pilgerschaft ist die Metapher dafür.

DIE SEHNSUCHT: Uns fehlt etwas ...

Wenige (allzu wenige) von uns Pilgern machen sich einfach auf die Reise, um für alles zu danken, was uns geschenkt worden ist. Wahrscheinlicher ist, dass wir aus dem entgegengesetzten Grund aufbrechen: weil wir etwas wollen oder brauchen. Wer krank ist, sucht Heilung, wer seelische Not leidet, sucht Frieden, und wer in Zwietracht lebt, will die zerbrochene Beziehung zu Gott, zu seiner Familie oder zu seinen Freunden wieder aufnehmen. Wir suchen Antworten auf heikle Fragen, sehnen uns nach spiritueller Erleuchtung, streben nach einer tieferen Beziehung zu unserem Schöpfer, sind vom modernen Lebensrhythmus erschöpft oder langweilen uns ganz einfach und wollen etwas Neues ausprobieren.

Uns fehlt etwas, und deshalb machen wir uns auf den Weg. Denn wenn wir vollkommen glücklich wären, welchen Grund hätten wir dann, überhaupt aufzubrechen? Wenn wir schon alles hätten, warum sollten wir dann nach irgendetwas suchen?

Wir Menschen trachten nicht nur nach dem Erhabenen und Heiligen. Einmal begegnete mir auf einer Wallfahrt ein junger Mann; seine Begleitung, eine hübsche junge Frau, humpelte, weil sich ihr Knie entzündet hatte. Eine Woche und viele Kilometer später traf ich denselben Mann wieder, diesmal in Begleitung einer anderen Frau. Offenbar hatte der Schwerenöter seine humpelnde Weggefährtin mit dem Bus heimgeschickt und seine Vergnügungspilgerreise fortgesetzt. Ein schöner Kavalier!

Doch unabhängig davon, ob unser Streben nun in erhabeneren oder eher elementaren Bahnen verläuft, halten die Philosophen unseren unstillbaren Durst, dieses unauslöschliche Gefühl, dass „uns etwas fehlt", für zutiefst spirituell. Wir Menschen leben in beständiger Unruhe, weil wir im Grunde mehr sind als das, was wir haben, essen, verdienen oder besitzen; unser Leben erschöpft sich nicht in unserer Arbeit, unserem Haus, unserer Freizeit oder unserem Bankkonto und auch nicht in unseren sexuellen Eroberungen während einer Pilgerreise. Ganz gleich, ob wir vermögend oder berühmt sind, ganz gleich, mit wem wir ins Bett gehen oder welches Auto wir fahren – immer werden wir uns auf eine gewisse Weise unvollständig fühlen, immer werden wir eine unbestimmte Unzufriedenheit in uns tragen: eine Sehnsucht nach mehr.

Dieser defizitäre Zustand, diese ewige Unruhe des Menschseins bedeutet vielleicht, dass wir von Geburt an auf etwas programmiert worden sind, das mehr ist, als das irdische Leben uns bieten kann – auch wenn wir das vielleicht nicht zugeben wollen und unablässig von einem Projekt zum nächsten hetzen: immer unzufrieden und in der eitlen Hoffnung, dass die nächste Errungenschaft uns endlich vollauf zufriedenstellen wird. Der heilige Augustinus hat dies mit den berühmten Worten ausgedrückt: „Unruhig ist unser Herz, bis es ruht, o Herr, in dir" (*Bekenntnisse* I, 1,1).

Keine Menge an Geld, Ehre oder Vergnügen wird uns auf immer zufriedenstellen. All das kann uns eine vorübergehende Genugtuung verschaffen, doch früher oder später wird die Unruhe wiederkehren. Augustinus war der Ansicht, dass sich unser immer ruheloses Herz niemals mit irgendeinem endlichen Gut begnügen wird, weil es auf den grenzenlosen Frieden und die unendliche Freude und Liebe eingestellt ist, die allein Gott uns zu schenken vermag.
Und eben weil wir so ruhelos sind, fühlen wir uns in dieser Welt nie ganz zuhause. Der Hebräerbrief im Neuen Testament erklärt, dass wir alle „Fremde und Gäste auf Erden" sind (Hebr 11,13). Er stellt das einfach so und ohne Umschweife fest. Obwohl ich mich gar nicht wie ein „Fremder" oder „Gast" auf dieser schönen Erde fühle – genaugenommen bin ich doch froh, lebendig und (zumindest meistens) einigermaßen glücklich zu sein! Vollendet fühle ich mich andererseits aber auch nicht und werde ich mich vermutlich auch nie fühlen. Also machen wir immer unruhigen Menschenkinder uns auf den Weg, weil wir nach Heilung und Erleuchtung, nach Antworten oder Erfahrungen suchen, die uns ergänzen können. Damit sind wir bei dem zweiten großen Impuls, der den pilgernden Menschen antreibt.

DIE HOFFNUNG: Wir hoffen auf etwas Besseres ...

Jede Pilgerreise ist Ausdruck der Hoffnung. Wir hoffen, ein Ziel zu erreichen und heil und gesund heimzukehren. Doch wir hegen auch den Wunsch, dass die Erfahrung der Pilgerschaft unser Leben bereichern wird. Wir sehnen uns nach Frieden, Versöhnung, Vergebung, Heilung, Erleuchtung und vielem anderen mehr.
Während einer einwöchigen Santiago-Wallfahrt trudelten wir – ein Häuflein zerlumpter Pilger und ich – eines Nachmittags in einem Dorf ein, das nur noch aus einer Handvoll Einwohner bestand und in einer von Großstädten beherrschten Welt ums Überleben kämpfte. Die Hitze – 38 Grad im Schatten! – verlieh dem Platz etwas Gespenstisches; hätten wir Revolvergürtel getragen und hätte der trockene Wind abgestorbene Pflanzen über die Straße gewirbelt, wäre die Westernszenerie perfekt gewesen.
Gegen Abend läuteten die Kirchenglocken zur Abendmesse. Drei oder vier ältere Frauen kamen aus ihren Häusern mit den geschlossenen Fensterläden und machten sich auf den Weg in die kühle Kirche, wo wir Pilger uns ausruhten. Am Ende der Messe betete der Priester für die Sicherheit der Pilger; dann schlug er das Gebetbuch zu und redete frei: „Ich weiß, dass die Hitze und die Müdigkeit euch Pilgern zu schaffen machen, aber bleibt beharrlich auf eurem Weg. Wenn ihr Antworten sucht, werdet ihr sie finden. Wenn ihr Frieden sucht, werdet ihr ihn finden. Wenn ihr Gott sucht, wird er euch finden."
Genau! Das trifft es doch, oder etwa nicht? Das ist genau das, was wir Menschen tun. Wir pilgern voller Hoffnung. Wir hoffen auf Frieden, auf Antworten, auf eine zweite Chance. Wir hoffen, den perfek-

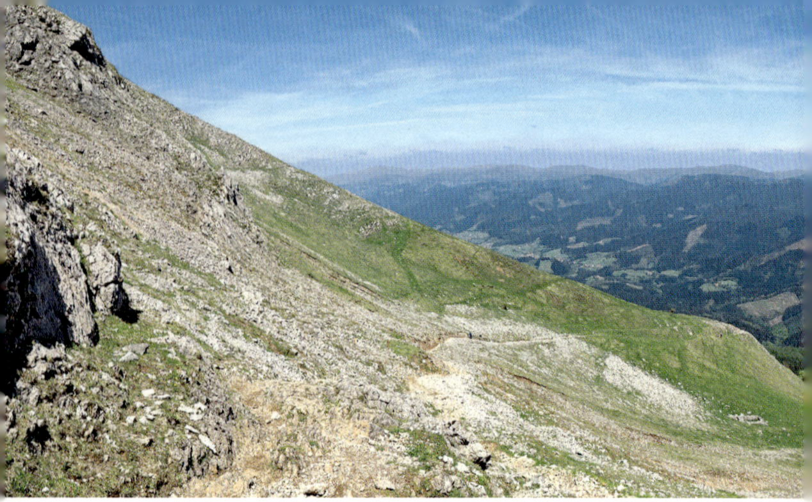

ten Arbeitsplatz oder die Frau bzw. den Mann unserer Träume zu finden. Und wir sind nicht bereit, diese Hoffnung aufzugeben. Wir hoffen unerschütterlich, wir hoffen sogar wider alle Hoffnung. Die Diagnose einer tödlichen Krankheit kann uns nicht davon abbringen zu hoffen, dass ein Wunder oder eine sensationelle medizinische Entdeckung unseren geliebten Mann oder Sohn doch noch retten wird. Wir klammern uns an außergewöhnliche Hoffnungserzählungen aus dem Überlieferungsschatz unseres jeweiligen Glaubens, zum Beispiel an die tröstliche Geschichte, als Jesus zu einem toten Mädchen kommt und sagt: „*Talita kum!* – Mädchen, ich sage dir, steh auf!" (Mk 5,41). Und das Unglaubliche geschieht: Das Mädchen erwacht und steht auf.
Der biblische Patriarch Abraham, der sich auf Gottes Wort hin aufmachte ins Gelobte Land, war vielleicht der erste berühmte Pilger der Menschheitsgeschichte. Der Verfasser des Hebräerbriefs denkt an Abrahams Karawane, die einen so weiten Weg zurückgelegt hat, und schreibt: „Hätten sie dabei an die Heimat gedacht, aus der sie weggezogen waren, so wäre ihnen Zeit geblieben zurückzukehren; nun aber streben sie nach einer besseren Heimat, nämlich der himmlischen" (Hebr 11,15 – 16). Ja, wir gehen weiter auf unserer Pilgerreise nach Lourdes oder Montserrat genau wie auf der Pilgerreise unseres Lebens. Wir hoffen auf etwas Besseres, und die Hoffnung treibt uns vorwärts.

DIE WEGSTRECKE: Das menschliche Leben ist eine Reise und die Pilgerschaft ist die Metapher dafür ...

Manche unserer Hoffnungen erfüllen sich, andere nicht. Und doch hoffen wir weiter. Oft lernen wir etwas unterwegs; in diesem Sinne ist die Wallfahrt nach Lourdes oder Montserrat eine treffende Metapher für das Leben selbst. Die Mehrheit der Pilger entdeckt die Wahrheit der alten Redensart: Der Weg ist das Ziel. Natürlich trifft

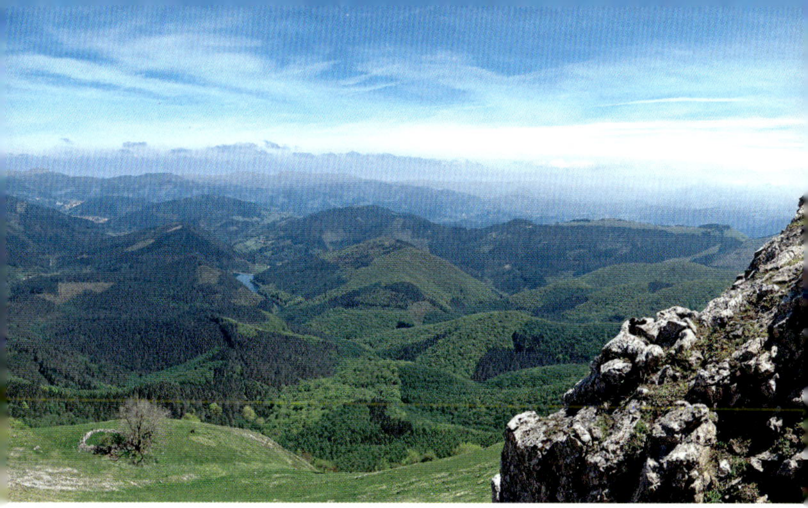

das gar nicht so unbedingt zu: Letztlich ist keine Reise der Mühe wert, wenn sie in eine völlig absurde Richtung führt (wie jeder nicht mehr ganz junge Erwachsene bestätigen wird, der wehmütig auf ein in eitler Oberflächlichkeit vertanes Leben zurückblickt).

Doch ein großer Teil des Lebens hat mit dem Weg selbst zu tun: damit, wem wir unterwegs begegnen, was wir sehen und probieren, wie wir uns verhalten und wie wir die anderen behandeln, was wir lernen … und vieles mehr, was ein gut gelebtes Leben oder eine gut gepilgerte Wallfahrt im Nachhinein ausmacht. Nur, weil wir ein Ziel erreichen, die Stadt Manresa zum Beispiel, geschieht noch nichts Magisches, genau wie noch nichts Magisches geschieht, nur weil wir die Leitung einer Firma übernehmen oder wohlversorgt in Rente gehen. Das Magische geschieht meist unterwegs, und die, die durchs Leben pilgern, werden gut daran tun, Augen und Herz weit offen zu halten für alles, was es am Wegesrand zu entdecken gibt.

Für diese Lektion habe ich auf meiner persönlichen Wallfahrt nach Santiago mit dem einen oder anderen Schmerz bezahlen müssen. Wenn ich so meine sechs oder sieben Stunden täglich auf dem *Camino* unterwegs war, kam es immer wieder vor, dass ich andere Pilger überholte oder von ihnen überholt wurde. Die meisten von uns waren gerne allein, beschränkten sich auf ein kurzes „*Buen Camino!*" und gingen weiter. Zuweilen traf es sich, dass man dasselbe Tempo und denselben Rhythmus hatte; dann stand man vor der heiklen Frage: Bleiben wir in den nächsten drei oder vier Stunden stille Weggefährten und hängen beim Klang der Schritte des anderen jeder unseren eigenen Gedanken nach? Oder macht der eine oder der andere ohne Not Halt, um im wörtlichen wie im übertragenen Sinne die gewünschte Entfernung zwischen uns wieder herzustellen?

Dennoch wollen wir Pilger nicht immer alleine sein: Manchmal sehnen wir uns nach Gesellschaft. Jemand, dem es zur Qual wird, eine oder zwei Stunden lang schweigend nachzudenken, wird seine Gedanken oder Sorgen vielleicht mit einem anderen Menschen teilen wollen. Ich habe Einzelheiten aus dem Leben meiner Mitpilger erfahren, die nicht einmal ihre Vorgesetzten, ihre besten Freunde oder ihre Lebenspartner kennen. Ein junger, intelligenter Informatikingenieur stellte sich während seiner Pilgerreise die Frage, ob er seinem Leben und seiner Karriere nicht einen weiteren Horizont geben müsse als nur die Informatik. Eine Frau sträubte sich schon seit geraumer Zeit gegen die Bitten ihres Mannes, eine Familie zu gründen, und nun grübelte sie darüber nach, ob ihr nicht vorhandener Kinderwunsch etwas über sie oder doch eher etwas über ihre Ehe aussagte. Sie hoffte, auf den Hunderten von Kilometern, die sie von ihrem Bestimmungsort trennten, in diesem Punkt Klarheit zu gewinnen.

Und ich? Ich hatte keinen vergleichbaren Beweggrund. Ich wandere gerne, ich bin gerne auf Reisen. Ich bin ein religiöser Mensch. Ich habe mittelalterliche Geschichte studiert und freute mich nun über diese Gelegenheit, die romanischen und gotischen Kirchen Spaniens zu sehen. Ich genieße es, alleine zu sein und hin und wieder dem Trubel der Meetings, Telefonate und E-Mails zu entkommen, die das moderne Leben beherrschen. War das etwa nicht Grund genug für eine Pilgerreise? Mir brannte kein Problem auf den Nägeln, das es zu lösen galt, und ich suchte auch keine Erleuchtung. In den ersten Tagen meiner Wallfahrt nach Santiago ignorierte ich wohlgemut das Mantra, das man immer wieder hört: „Auf dem *Camino* kann jeder etwas lernen."

Doch natürlich können wir alle etwas lernen, und sehr oft lernen wir es eher auf dem Weg als am Ziel der Pilgerreise. Ein Pilger aus Deutschland, der sich unter der geplanten Wallfahrt eigentlich nur einen etwas ausgedehnteren Urlaub vorgestellt hatte, schrieb mir nach seiner Heimkehr eine E-Mail. In den ersten Tagen unserer wiederholten Begegnungen waren wir uns zufällig über den Weg gelaufen. Das erste Mal war ich gerade verschwitzt und erschöpft in einem Dorf angekommen und sah ihn entspannt bei einem Glas Bier auf der Terrasse einer Bar sitzen. Er war zwei Stunden vor mir angekommen und hatte schon geduscht und die Kleidungsstücke, die er unterwegs getragen hatte, aufgehängt, damit sie in der Nachmittagssonne trocknen konnten.

Nach einigen Tagen verlor ich ihn aus den Augen. Ich machte nach wie vor meine 20 bis 24 Kilometer am Tag (und war sehr dankbar dafür, dass es mir gelang, diesen Rhythmus beizubehalten), doch er wollte sich steigern und hatte sein Tagespensum zunächst von 20 auf 24 und dann sogar auf 28 und mehr Kilometer erhöht. In der erwähnten E-Mail berichtete er mir, dass er nach seiner Pilgerfahrt gut wieder in Deutschland angekommen war: „Unterwegs habe ich mich sehr gut gefühlt, meine physische Verfassung hätte nicht besser sein können", schrieb er. „An den meisten Tagen habe ich ohne

Probleme große Strecken zurückgelegt. Ich habe es wirklich genossen, meine Kräfte zu erproben und an meine Grenzen zu gehen."

Doch zu seiner Überraschung hatte die Reise eine Frage in ihm aufgeworfen, die ihn beunruhigte. Gewiss hatte es ihm großen Spaß gemacht, seine physischen Grenzen zu dehnen und seine Kraft zu entdecken. Doch je weiter er ging, desto deutlicher und quälender wurde ihm etwas bewusst, und dieses Etwas hatte mit dem Leben zu tun, das ihn zuhause erwartete: „Ich schöpfe mein Potential nur selten aus. Oder, um es in der Bildlichkeit des *Camino* zu sagen: Ich gehe nur 20 Kilometer, obwohl ich 35 gehen könnte. Ich bin jetzt davon überzeugt, dass es sehr fruchtbar ist, wenn man von Zeit zu Zeit an seine Grenzen geht. Wenn man die Energie spürt, die in einem steckt. Es gibt für mich noch vieles zu entdecken." Jeder kann auf einer Pilgerreise etwas lernen.

Auch mir kamen auf meinem Jakobsweg unerwartete Dinge in den Sinn. Als Erstes verspürte ich eine tiefe Solidarität mit den Millionen von Christen, die diesen Weg im Lauf der Jahrhunderte vor mir gegangen waren. Dabei dachte ich insbesondere an die tausenden Menschen, die während ihrer Wallfahrt gestorben, in provisorischen und nicht gekennzeichneten Gräbern gleich neben dem *Camino* begraben worden und in Vergessenheit geraten waren. Für unsere modernen Begriffe mag dies eine schockierende Vorstellung sein. Doch viele mittelalterliche Pilger waren abgearbeitete Bauern, die nur, weil man ihnen keine produktive Arbeit mehr zutraute, von ihren feudalen Pflichten entbunden worden waren, um die Reise ihres Lebens zu machen. Wenn 1000 n. Chr. ein Bauer 500 Kilometer von seiner Heimat entfernt starb, war niemand in der Lage oder überhaupt gewillt, den Leichnam nach Hause zu überführen. Ich begann, mich als eine Art Stellvertreter zu fühlen: Ich ging den Weg, metaphorisch gesprochen, für sie zu Ende und las überall am Wegesrand ihre liegengebliebenen Hoffnungen auf.

Bis mir die Last zu schwer wurde und ich jemanden brauchte, der meine eigenen Hoffnungen trug. Ich hatte die Hälfte der 800 Kilometer langen Strecke geschafft, hatte, seit ich aufgebrochen war, neun Kilo abgenommen, fieberte, litt an einer Atemwegsinfektion, die eigentlich mit Antibiotika hätte behandelt werden müssen, hatte eine blutige Blase an der einen und eine einfach nur schmerzhafte Blase an der anderen Ferse – und war am Ende. Ich warf das Handtuch. „Es reicht." Von der Telefonzelle eines kleinen spanischen Dorfes aus buchte ich meinen Flug um und nahm den Bus in die nächste Stadt. An einer Stelle fuhr der Bus am Jakobsweg vorbei, und ich sah zwei oder drei Pilger dem Ziel entgegeneilen, das ich nicht mehr erreichen würde. Ich wusste, dass auf einer Wallfahrt von 800 Kilometern vieles schiefgehen und selbst eine Kleinigkeit wie ein eingewachsener Nagel zu einer handfesten Katastrophe werden konnte.

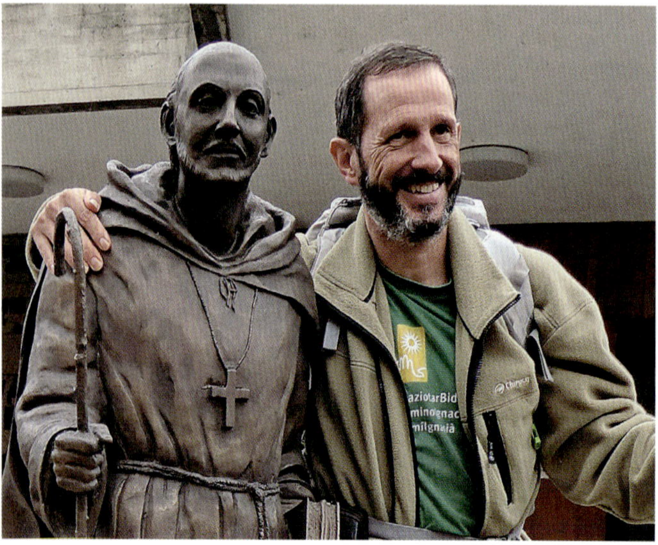

Autor P. José Luis Iriberri mit dem hl. Ignatius vor der Jesuitenkirche von Logroño

Doch im Innersten war ich mir sicher gewesen, dass ich mein Ziel erreichen würde. Wieso denn auch nicht? Ich war in Form, ich hatte trainiert, ich war gut ausgerüstet und auf alle Eventualitäten vorbereitet. So bin ich nun einmal: Ich habe gerne alles unter Kontrolle, denke vorausschauend und ziehe durch, was ich mir in den Kopf gesetzt habe.
Nur, dass ich letztlich natürlich doch nicht alles unter Kontrolle habe. Jeder kann auf dem Pilgerweg etwas lernen, so lautet das Mantra. Und nachdem ich diesen Slogan viele Tage lang erfolgreich ignoriert hatte, war ich nun endlich demütig genug, zu lernen, was ich lernen sollte: dass die Welt nicht mir, sondern Gott gehört.
Diese Wahrheit muss ich im Abstand von ein paar Jahren immer wieder neu lernen; immer wieder fange ich an, mich so zu verhalten, als ob ich mein Schicksal kontrollieren, niemals ernstlich krank werden, mich mit einem Bankkonto finanziell absichern und damit rechnen könnte, dass sich die anderen immer nach meinen Plänen richten. Doch dann passiert zum Glück wieder irgendetwas, das mich daran erinnert, dass ich diese Welt nicht so im Griff habe, wie ich es gerne glauben möchte.

Die Welt des Ignatius

Pilger erhalten auf dem Ignatiusweg die seltene Gelegenheit, in zwei verschiedenen Epochen gleichzeitig zu leben. Genießen wir den Augenblick und alles, was der Weg uns bietet. Stellen wir uns die Vergangenheit und alles vor, was Ignatius auf diesem Weg geschenkt worden ist. Lassen wir zu, dass sich zwischen der Vergangenheit und der Gegenwart ein imaginärer Dialog entspinnt, und bedenken wir dabei, wie sehr sich die Welt seit Ignatius' Zeiten – zum Guten und zum Schlechten – verändert hat. Erzählen wir diesem Mann des 16. Jahrhunderts, was uns am 21. Jahrhundert beeindruckt, begeistert oder beunruhigt. Doch versuchen wir uns auch seine Welt vor Augen zu halten: Wie sah die Landschaft damals wohl aus, wie die Städte und Dörfer? Inwiefern waren die Essgewohnheiten und Überzeugungen, die Arbeit und das Brauchtum damals anders als heute?

Warum sollte man sich einer scheinbar so nutzlosen Übung unterziehen? Nun, das Bild, das wir uns von den Heiligen machen, gleicht viel zu oft einer frommen Karikatur: Zu wenig Engel, aber auch zu wenig Mensch, fristen sie ihr irdisches Dasein wie in einer Wolke. Doch dieses Klischee wird Ignatius nicht gerecht, der unter großen Anstrengungen und ohne die modernen Bequemlichkeiten, die für uns heute so selbstverständlich sind, eine kräftezehrende Wallfahrt von beinahe 700 Kilometern unternommen hat. Je mehr wir seine Erfahrung zu schätzen lernen, desto besser wird es uns gelingen, die leeren Klischeehülsen hinter uns zu lassen und zu einer erfüllteren Begegnung mit seiner Menschlichkeit und seiner Spiritualität zu gelangen.

EINE LEISE WELT

Natürlich fällt es uns heute nicht leicht, uns in die Epoche des Ignatius hineinzuversetzen. Unsere Welt ist all das, was die seine nicht war: schnell, technisiert, laut, medizinisch bestens versorgt, wissenschaftlich hoch entwickelt, informationsgesättigt, durch und durch mediatisiert, säkularisiert und dicht besiedelt. Spanien hat derzeit etwa 45 Millionen Einwohner. Diese Zahl mag hoch wirken, dennoch zählt Spanien zu den europäischen Ländern mit geringerer Bevölkerungsdichte. Der Ignatiusweg führt durch Halbwüsten – wie beispielsweise die Monegros –, in denen es nur vereinzelte kleine Dörfer gibt.

Machen Sie sich nun bewusst, dass im Spanien der ignatianischen Zeit nur sieben oder acht Millionen Menschen lebten; das sind knapp 20 Prozent der heutigen Bevölkerung. Die Städte hatten nur einen Bruchteil ihrer heutigen Größe. In Saragossa leben heute 700.000 Menschen, während sich die Einwohnerzahl um das Jahr 1500 nur auf rund 20.000 Personen belief. In Barcelona ist der Kontrast noch größer: Den 1,6 Millionen Bewohnern der heutigen Stadt stehen zu

Lebzeiten des Ignatius 40.000 gegenüber. Das soll nicht heißen, dass diese Stadt in seinen Augen klein war: Barcelona war eine der größten Städte im damaligen Europa und die größte, die Ignatius bis dato gesehen hatte. Ebenso wenig wird ihm Spanien entvölkert oder leer vorgekommen sein: Es war die einzige Welt, die er kannte.

Vermutlich haben die spanischen Städte auf einen Ignatius, dessen von Wäldern und Obstwiesen umgebenes Elternhaus damals sehr viel einsamer gelegen war als heute, wie ein einziges Gedränge gewirkt. Dagegen führte ihn seine Pilgerreise durch Dörfer, wo die Menschen in kleinen, dicht an dicht stehenden Häusern ohne Vorgärten, schallgedämmte Wände und sonstige Annehmlichkeiten lebten, wie sie der moderne Mensch für seine Privatsphäre beansprucht.

Während er durch diese Dörfer zog, hörte er die Gespräche in den Familien und den Lärm der einen oder anderen Werkstatt. Und was noch? Uns käme dieses Spanien sehr viel ruhiger vor als die Welt von heute. Versuch einmal einen Moment lang das „weiße Rauschen“ in deinem Kopf abzuschalten, diese Schutzvorrichtung, die die Stöße der Tonspur des Lebens abfängt. Mach dir bewusst, dass jedes noch so winzige Dorf in unserer Zeit von der Kakophonie der Motorengeräusche, Stereoanlagen und Lautsprecher erfüllt ist. Ignatius hörte nichts von alledem. Nicht, weil die Welt für ihn „still“ gewesen wäre, nein: Er hörte ganz einfach andere Geräusche – den Wind, die Vögel, den Hufschlag seines Maultiers, das gelegentliche Rumpeln eines Pferdegespanns –, wenn er durch ein Dorf ging, das noch nichts von der heute allgegenwärtigen Geschäftigkeit wusste. Heute brausen Lastwagen und Autos an den Pilgern vorüber, Reklametafeln werben für Restaurants und Geschäfte, und Plastikmüll verschmutzt selbst die einsamsten Nebenstraßen.

VOM LEBEN AUF DEM LAND

Während er im Rhythmus seiner Gedanken einen Fuß vor den anderen setzte, ohne von MP3-Player oder Smartphone abgelenkt zu werden, blickte Ignatius auf eine Landschaft, in der es alle diese modernen Artefakte noch nicht gab. Sein Zeitgefühl wird sich grundlegend von unserem unterschieden haben. Er wusste nichts von „Minuten“ oder gar „Sekunden“, und die „Stunden“, die die Glockentürme der durchquerten Dörfer schlugen, waren keine 24 gleich langen Einheiten des Tages, sondern die „Stunden“ des Mittelalters, deren Anzahl und Dauer sich mit den Jahreszeiten änderte und nach denen noch heute die gemeinschaftlichen Gebetszeiten in den Klöstern benannt werden: die „Prim“ zum Beispiel, die erste Morgenstunde, oder die „Vesper“, die Stunde des Sonnenuntergangs.

Ignatius’ Verhältnis zur Zeit war eher elementar: Er brauchte eine Unterkunft für die Nacht und achtete daher genau auf den Stand der

Sonne, damit er einschätzen konnte, wie viele Stunden es noch hell bleiben und wann er seine Wanderung würde unterbrechen müssen (machen Sie sich bewusst, dass in einer Welt ohne elektrisches Licht nur wenige Reisende das Wagnis eingingen, im Dunkeln über unbekannte Strecken zu gehen). Ignatius trug keine Landkarte bei sich, die Wege waren unbeschildert und er hatte auch nicht die Möglichkeit, sich die nötigen Informationen per Telefon zu beschaffen; es ist also wahrscheinlich, dass er, wann immer er auf dem *Camino Real* – über den ihn sein Weg großteils führte – anderen Reisenden begegnete, die Gelegenheit nutzte, um Erkundigungen einzuziehen: wie weit es noch bis zum nächsten Dorf sei, ob es unterwegs Übernachtungsmöglichkeiten gebe und ob er sich vor Räubern in Acht nehmen müsse. Denn eigentlich brauchte man eine bewaffnete Eskorte – so steht es in einem Bericht aus dem 16. Jahrhundert –, um beispielsweise sicher von Saragossa nach Barcelona zu gelangen.

Der *Camino Real*, der Königsweg, über den Ignatius ging, war also nach unseren Maßstäben nicht sehr „königlich". Es gab keine Regierungsbehörde, die für die Fahr- und Fußwege zuständig gewesen wäre, und deshalb waren die Fernstraßen in einem entsetzlichen Zustand: nach heftigen Regenfällen unpassierbar und in Trockenzeiten extrem holprig. Wer zu Pferd unterwegs war, konnte den Schlaglöchern, Spurrillen und Unebenheiten ausweichen, doch mit dem Wagen gab es oft kein Weiterkommen.

Das soll nicht heißen, dass die schlechten Wege die Mehrheit der Spanier etwa vor ein Problem gestellt hätten: Sie reisten einfach nicht. Natürlich waren einige Mitglieder der überschaubaren Bevölkerungsgruppe der Händler, Kleriker und Adligen sehr häufig auf Reisen, doch in den allermeisten Fällen heirateten die mittelalterlichen Europäer innerhalb der Dorfgemeinschaft und mussten ihren Wohnort weder aus beruflichen noch aus Urlaubsgründen verlassen, das heißt, sie lebten und starben in der direkten Umgebung ihres Geburtsorts und wagten sich kaum je weiter als 15 Kilometer von ihrem Zuhause fort. Einige Händler begaben sich auf Reisen (oder schickten ihre Waren per Schiff den Ebro hinauf oder hinunter, der ein großes Stück parallel zu unserem *Camino* verläuft), doch man trieb damals keinen sehr intensiven Handel. Große Konzerne und Massenproduktion sind moderne Begriffe. Es gab damals keine Fabriken mit Fließbändern, die große Warenmengen herstellten und das gesamte Land belieferten. Stattdessen versorgten örtliche Handwerker ihre Nachbarn mit dem, was sie in ihren häuslichen Werkstätten herstellten, während fahrende Händler verkauften, was vor Ort nicht zu haben war: eingesalzenen Mittelmeerfisch, Salz aus den Marschlanden oder Gewürze, die über Barcelona eingeführt wurden.

Trotz des geringen Umfangs der kommerziellen Aktivitäten hatten die Dorfbewohner keinerlei Probleme, ihre Häuser zu möblieren –

und zwar aus dem einfachen Grund, dass sie nicht viel brauchten. In der Regel bestanden ihre Behausungen aus einem einzigen fensterlosen und rauchgeschwärzten Raum, in dem (wahrscheinlich) ein Tisch und (vielleicht) eine Bank und ansonsten, von ein oder zwei Haustieren einmal abgesehen, nur sehr wenig stand. Für die Nacht hatten einige Familien eine Matratze; andere streuten Stroh aus, um ihre Leiber vor der Kälte des Erd- oder Lehmbodens zu schützen.

VORSICHT FREMDEN GEGENÜBER

In einigen dieser Ansiedlungen wird Ignatius sicherlich für Aufsehen gesorgt haben. Zwar zog er oft über Wege, die auch nach Santiago de Compostela führten, sodass durchreisende Pilger dort kein seltener Anblick waren. Doch Ignatius wanderte auch durch winzige Weiler, wo vielleicht ein paar Dutzend Familien lebten, oder durch Dörfer und nur selten durch größere Städte. Und obgleich er nach tagelanger Wanderschaft und nur seltenen Waschgelegenheiten (und wenn, dann nur mit kaltem Wasser) sicherlich recht ungepflegt aussah, stach seine höfische Kleidung doch von dem hellbraunen, ungefärbten Tuch ab, in das sich die Landbevölkerung kleidete; außerdem unterschied er sich durch seine Sprache und seinen Akzent. Mit anderen Worten: er war ein Fremdling, den sein Weg durch derart kompakte Dorfgemeinschaften führte, dass die mittelalterlichen Spanier ihren Geburtsort gelegentlich als ihr „Vaterland" bezeichneten. Die Mitglieder dieser Dorfgemeinschaften empfingen Ignatius nicht als „Landsmann", denn weder er noch sie fühlten sich als Spanier in einem geographischen Gefüge, das durch die Hochzeit von Ferdinand und Isabella und die Eroberungen der vorangegangenen Jahrzehnte erst nach und nach zu einer gemeinsamen Identität fand. Weit eher identifizierte man sich mit dem jeweiligen Dorf, der Ethnie, dem regionalen Königreich und der Sprache.

Obgleich man an seiner Kleidung erkannte, dass Ignatius nicht zum fahrenden Volk gehörte und auch kein Vagabund war, hatten die Dörfler womöglich andere Gründe, ihn für gefährlich zu halten. Mindestens einmal wurde ihm, wie er selbst in seiner Autobiografie berichtet, der Zutritt zu einer Ortschaft verwehrt; vermutlich fürchteten die Einwohner, er könne mit der Pest infiziert sein. Der „schwarze Tod" oder die Beulenpest hatte im 14. Jahrhundert die Hälfte der europäischen Bevölkerung dahingerafft, und dieses Gespenst war nicht so leicht aus den Köpfen der mittelalterlichen Menschen zu vertreiben. Allein Barcelona hatte im 15. Jahrhundert ein halbes Dutzend Pestepidemien erlebt und zählte zu Ignatius' Lebzeiten weit weniger Einwohner als noch zwei Jahrhunderte zuvor. Und in den kleineren Städten und Dörfern hatte die Pest genauso verheerend gewütet. Ein Priester schrieb, nachdem er unweit von Saragossa in einer Ortschaft mit weniger als 1000 Einwohnern ein Sterbeamt gehalten hatte, mit bitterer Resignation den folgenden Eintrag ins Kir-

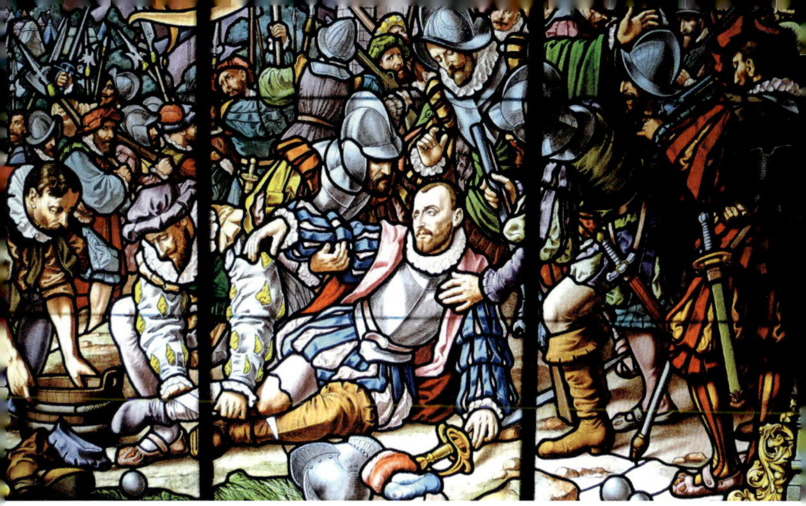

Glasfenster in der Basilika von Loyola: Ignatius wird bei Kämpfen in Pamplona am 20. Mai 1521 schwer verletzt.

chenbuch: „Mit diesem sind im laufenden Jahr bereits 48 Kinder [an der Pest] gestorben." Es ist davon auszugehen, dass jeder Bewohner jenes Dorfes jedes dieser Kinder persönlich gekannt hat.

Folglich geriet, wenn sich ein Fremder einer solchen Ortschaft näherte, die christliche Nächstenliebe mit der Vorsicht in Widerstreit, auch wenn in der Regel die Nächstenliebe den Sieg davontrug: Dann fanden die Pilger in bescheidenen Spitälern Unterkunft, die auch den Armen und Kranken des Dorfes Obdach gewährten. Wie riskant das war, liegt für uns heute auf der Hand: Kranke Reisende konnten die Schwächsten unter den Einheimischen anstecken, und gesunde Reisende konnten sich infizieren und die Erreger im Laufe ihrer Reise weiterverbreiten. Doch damals war man in Fragen der öffentlichen Gesundheit nicht eben kritisch: In den meisten mittelalterlichen Dörfern wurden Kranke nicht separat untergebracht, Abfall und menschliche Ausscheidungen wurden einfach am Ortsrand aufgehäuft, die Abwässer flossen oft über die Straße, und dass man sich die Hände waschen sollte, bevor man mit Lebensmitteln umgeht, war auch niemandem bekannt.

ESSEN UND FASTEN

Der *Bericht des Pilgers* – Ignatius' Autobiografie – beschreibt weder die Unterkünfte noch die Verpflegung, die ihm in diesen Dörfern geboten wurde, doch wir können sie uns ungefähr vorstellen. Zunächst einmal müssen wir Kartoffeln, Tomaten, Mais, Schokolade, Tee und Kaffee von der Speisekarte streichen: Dies waren fremdländische Erzeugnisse, die den einfachen Europäern damals noch nicht bekannt gewesen waren. Streichen müssen wir außerdem die meisten Gemüse- und Obstsorten: Ignatius war im Februar und im März unterwegs: zu früh im Jahr, als dass in den Gärten schon irgendetwas reif gewesen wäre, und zu früh in der Geschichte, als dass man das Gemüse tiefgekühlt aus weit entfernten Anbaugebieten hätte herbeischaffen können. Und streichen müssen wir schließlich auch Zucker und Pfeffer, denn diese Zutaten waren so teuer, dass es eher unwahrscheinlich ist, dass ein Pilger seine Mahlzeiten damit gewürzt oder gesüßt haben sollte.

Genaugenommen ist schon das Wort „Speisekarte“ irreführend. Die Reisenden hatten keinerlei Auswahl; sie aßen, was ihnen vorgesetzt wurde, und sehr wahrscheinlich gab es am Ende der Winterszeit von einem Dorf zum nächsten keine große Abwechslung. In allen Regionen, durch die Ignatius zog, wurden Weizen, Oliven und Trauben angebaut; daher wurde zu den meisten Mahlzeiten Wein getrunken, und das Brot war nicht nur ein Grundnahrungsmittel, sondern diente zuweilen sogar als improvisierter „Teller“ oder „Notbesteck“, da die Tischgenossen den Eintopf oder die Brühe aus einer gemeinsamen Schüssel aßen. Möglicherweise aber hat Ignatius auch gar nicht sehr tief in diese Schüssel gegriffen, denn seine Pilgerfahrt fand in der vorösterlichen Bußzeit statt, einem Abschnitt des Kirchenjahres, in dem die Christen des Mittelalters an beinahe allen Wochentagen fasteten, auf den Genuss von Fleisch verzichteten und nur die Mittagsmahlzeit und am Abend allenfalls eine kleine Stärkung zu sich nahmen.

DIE MACHT DER KIRCHE

Das vorösterliche Fasten war eine der unzähligen Arten, auf die die Kirche das alltägliche Leben beeinflusste; und man kann die Zeit, in der Ignatius gelebt hat, unmöglich verstehen, ohne sich diesen allgegenwärtigen Einfluss der Kirche auf die Kultur bewusst zu machen. Schon rein optisch: Zur Zeit des Ignatius gab es die kommerziellen Wolkenkratzer nicht, die heute das Stadtbild beherrschen und die Kirchen im wörtlichen wie auch im übertragenen Sinne in den Schatten stellen. Zu Ignatius' Zeiten war es genau umgekehrt: Die Kirche war ausnahmslos in jedem Dorf das aufwändigste Gebäude und nahm den Ehrenplatz in der Dorfmitte ein; im Schutz ihrer festen Steinmauern erhoben sich baufällige Marktstände, ihre Glocken verkündeten den Wechsel der Tageszeiten, und die Spitze ihres Turms, das Erkennungszeichen des Dorfs, war schon aus weiter Ferne zu sehen.

Die optischen Signale einer jeden Epoche übermitteln eine ganz bestimmte Botschaft. Die Wolkenkratzer beherrschen die Silhouette unserer Städte ebenso, wie der Kommerz die moderne Wirtschaft beherrscht; und im Mittelalter war die Kirche eine Institution von vergleichbarer Macht. Große Handelsketten gab es nicht. Die lokalen Regierungen waren winzig; sie finanzierten weder Schulen noch Krankenhäuser, weder öffentliche Verkehrsmittel noch die Müllabfuhr, weder Bibliotheken noch soziale Einrichtungen und auch nicht die vielen anderen Dienstleistungen, die wir modernen Stadtbewohner heute für selbstverständlich halten. Vielfach war die Kirche der einzige Grundbesitzer am Ort, der größte Arbeitgeber und der wichtigste karitative Dienstleister, und da es meistens keine Rathäuser gab, fanden auch die Ratsversammlungen normalerweise in den Kirchen statt.

Und warum auch nicht? Spanien verwandelte sich gerade langsam, aber sicher in ein einheitlich katholisches Land. 1492 hatte man den Juden eine Frist von vier Monaten gesetzt: Innerhalb dieser Zeit mussten sie zum Christentum konvertieren oder Spanien für immer verlassen; und den Muslimen war es in Aragón zwar noch erlaubt, ihren Glauben zu praktizieren, doch vier Jahre nach Ignatius' Pilgerreise sollte der Islam auch in diesem Königreich verboten werden. Nur wenige Jahre bevor Ignatius sich auf den Weg gemacht hat, hatte Martin Luther die protestantische Bewegung ins Leben gerufen, doch die Ideen der Reformatoren fanden in Spanien wenig Anklang – was unter anderem dadurch bedingt war, dass die Spitzel der Inquisition die Verbreitung verdächtiger Häresien unter den katholischen Christen mit Argusaugen überwachten. Genaugenommen nicht nur „überwachten“: In den drei Jahrzehnten vor Ignatius' Wallfahrt exekutierten die Inquisitionsbehörden in Saragossa rund 75 Menschen, die der Ketzerei verdächtigt wurden. Und obwohl die Zahl der Christen, die unter der Knute der Inquisition zu leiden hatte, vergleichsweise niedrig war, spürten doch die meisten den wachsamen Blick der Kirche auf sich ruhen: Viele Priester führten genau darüber Buch, welche Mitglieder welcher Familien an Ostern in die Kirche gingen.

Die religiöse Identität war also eine öffentliche Angelegenheit und das katholische Christentum wurde rasch zur einzig erlaubten Religion. Am Rande der Kirche wartete nicht die Freiheit, sonntags länger zu schlafen oder zu glauben, was man wollte, sondern ein zwielichtiges Niemandsland und in einigen wenigen Fällen das Risiko eines Verhörs. Tatsächlich wurde Ignatius in den Jahren nach seiner Pilgerreise zweimal von den Inquisitionsbehörden verhaftet, die es mit Argwohn sahen, dass dieser wenig gebildete Laie seine sogenannten „geistlichen Übungen“ mit anderen Christen teilte oder, anders ausgedrückt, ohne kirchliche Genehmigung predigte – und das in einer Epoche, die noch weit davon entfernt war, die freie Äußerung der eigenen religiösen Ansichten einfach zu tolerieren.

Und um die Wahrheit zu sagen: Auch wenn die mittelalterlichen Christen gewiss genauso fromm und heilig waren wie jeder von uns, besaß die Mehrheit von ihnen, was den Glauben betraf, lediglich rudimentäre Kenntnisse. Bücher waren teuer und der größte Teil der damaligen Europäer ging ohnehin nicht zur Schule. Etwa 80 Prozent der Spanier waren Bauern, denen das Land, das sie bestellten, nicht einmal gehörte. Viele konnten einfache Wörter lesen, ihren Namen schreiben und, wenn sie Händler waren, simple Verträge verstehen;

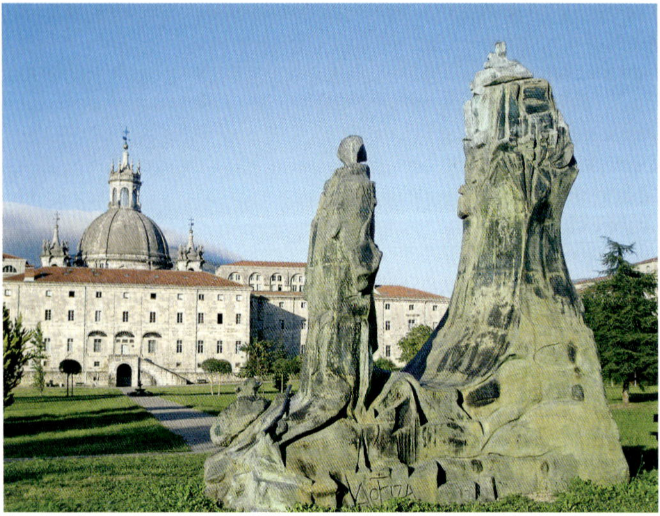

Loyola: Ignatius und die Gottesmutter von Arantzazu

doch nur sehr wenige waren ausreichend gebildet, um etwa einen religiösen Text zu lesen. Die einzigen Bücher in den Dörfern, durch die Ignatius kam, waren die, die vom Klerus oder den Zivilbehörden benutzt wurden.

Deshalb konzentrierten sich die Pfarrer auf das Wesentliche. Die Christen hatten sonntags nicht zu arbeiten, den Zehnten ihrer mageren Einkünfte abzugeben, wöchentlich an den liturgischen Feiern teilzunehmen und einmal jährlich, in der Regel an Ostern, zur Beichte und zur Kommunion zu gehen. Die Mehrheit kannte das Vaterunser und das Ave-Maria, viele außerdem das Glaubensbekenntnis, die Zehn Gebote und die sieben Todsünden.

Dass die sieben Todsünden auf dieser sehr kurzen Liste der religiösen Grundkenntnisse stehen, ist nicht weiter überraschend: Für die Christen des 16. Jahrhunderts war die Hölle eine sehr viel realere Möglichkeit als für uns heutige Menschen, die wir die Liebe und unerschöpfliche Barmherzigkeit Gottes weitgehend voraussetzen. In einer der geistlichen Übungen beschreibt Ignatius die Hölle wie folgt: „Hören mit den Ohren Weinen, Geheul, Geschrei, Lästerungen gegen Christus unseren Herrn und gegen alle Seine Heiligen. […] Riechen mit dem Geruchsinn Rauch, Schwefel, Unrat und faulende Dinge“ (GÜ 67 – 68).

Da man diese Möglichkeit mithin so viel lebhafter empfand, wurde der Versuch, die Hölle zu vermeiden, zu einem sehr viel dringenderen Anliegen und einem Hauptmotiv der Pilgerschaft. Natürlich machten die Pilger sich aus den unterschiedlichsten Gründen auf den Weg. Einige wollten ein Stück von der Welt sehen, andere

wünschten sich die Genesung kranker Familienmitglieder oder die Heilung ihrer eigenen chronischen Schmerzen.
Jedenfalls hatten unsere mittelalterlichen Vorfahren ein sehr deutliches Bewusstsein von Krankheit und Tod: Bis zu einem Drittel der gezeugten Kinder starb bei der Geburt, und selbst die, die gesund zur Welt kamen, hatten eine durchschnittliche Lebenserwartung von knapp über 40 Jahren; außerdem sahen die Menschen ihre Lieben nicht in einem Krankenhaus, sondern zuhause sterben. Wir Kinder einer wissenschaftsgeprägten Zeit mögen uns skeptisch fragen, ob es wirklich so viele Wunderheilungen gegeben hat, wie sie die mittelalterlichen Chronisten verzeichnen, doch wahrscheinlich haben Ignatius' Zeitgenossen auch noch die haarsträubendsten Geschichten wörtlich genommen, weil sie glaubten, dass Gott in ihrer Welt auf eine sehr viel aktivere Weise gegenwärtig war, als wir das heute akzeptieren würden. Ignatius glaubte, dass Gott Wunder wirkte und zur Strafe Plagen sandte, wie es das Alte Testament erzählt. Ignatius glaubte auch, dass Gott das menschliche Herz berührt, uns tröstet und Menschen, die dafür empfänglich sind, leitet, damit sie die richtigen Lebensentscheidungen treffen. Man kann Ignatius und seine Weltanschauung nicht verstehen, wenn man sich nicht bewusst macht, wie aktiv und unmittelbar er sich das Wirken Gottes unter uns und in uns vorstellte.

PILGERN ALS BUSSE

Natürlich bleibt aber, auch wenn Gott uns leitet, das Problem bestehen, dass wir Menschen nicht immer darauf achten. Das ist ein weiterer Grund für den Zustrom der Pilger: die Buße. Einige Pilger zogen nicht aus eigenem Antrieb, sondern auf Geheiß ihres Beichtvaters zu diesem oder jenem Wallfahrtsort. So konnte es geschehen, dass ein Pilger sich mit einer schweren Kette um den Hals mühsam nach Santiago de Compostela schleppte: Diese Kette war aus dem Eisen einer Waffe geschmiedet, mit der er einen Mord begangen hatte.
Ignatius scheint mit einem Fuß mitten in der Pilgertradition seiner Zeit und mit dem anderen Fuß außerhalb dieser Tradition zu wandern. In seiner Autobiografie bezeichnet er sich selbst als „den Pilger", nennt aber nirgends einen der Gründe, die die Pilger traditionell antrieben. Er suchte keine Heilung für sein verkrümmtes Bein, obwohl es oft anschwoll und wehtat. Und er machte die Reise auch nicht auf Geheiß seines Beichtvaters, obwohl er selbst sich bestimmt als Büßer empfand. Ignatius wollte mindestens so sehr wie alle anderen einen Neuanfang machen und sein Leben nach neuen Werten ausrichten; seine Pilgerreise war für ihn ein Weg, sich neu zu erfinden (auch wenn dieser moderne Begriff hier ein Anachronismus ist, denn Ignatius hat ihn weder benutzt noch überhaupt an etwas Derartiges gedacht).

Wie sich später zeigen sollte, stand auch die katholische Kirche kurz davor, sich neu zu erfinden, doch weil sie dies nicht freiwillig, sondern gezwungenermaßen tat, war es eine demütigende Erfahrung. Und gerade das Pilgerwesen und der Missbrauch, der damit getrieben wurde, sollten in dieser bedrückenden Tragödie der Kirche eine zentrale Rolle spielen.

Das katholische Bußsakrament läutert von der Sünde, doch die Sünder müssen außerdem durch Werke der Buße, Nächstenliebe und Frömmigkeit – wie eben eine Pilgerreise – „Genugtuung" (das heißt Wiedergutmachung) für die Unordnung leisten, die sie gestiftet haben. Wer auf Erden nicht ausreichend Genugtuung leistet (und Gott allein weiß, welche Genugtuung ausreichend ist), dem steht eine Zeit der Läuterung im Fegefeuer bevor, und das ist nicht gerade eine verlockende Aussicht: Auf den Bildern des italienischen Malers Botticelli sind den Neidischen im Fegefeuer die Augen mit Draht zugenäht, während die, die sich der Völlerei schuldig gemacht haben, mit Feuerflammen gequält werden. Wer möchte schon gerne an einen solchen Ort geraten, und sei es auch nur vorübergehend?

Zum Glück für die Christen, die nicht so gerne mit zugedrahteten Augen in den Flammen des Fegefeuers brennen wollten, wurde den Pilgern, die gebeichtet und durch den Besuch bestimmter Wallfahrtsorte Buße geleistet hatten, ein „Ablass" gewährt, der ihnen eine kürzere Zeit im Fegefeuer garantierte. Doch es kam zu Missbräuchen. Die Wallfahrtsstätten, die für unzählige Dörfer und Klöster eine lebenswichtige Einnahmequelle darstellten, wetteiferten miteinander und versuchten die Pilger mit immer umfassenderen Ablässen und Reliquien von zuweilen recht zweifelhafter Herkunft anzulocken. So konnten die Pilger das Haupt des heiligen Johannes des Täufers in Amiens (in Frankreich), aber auch in Konstantinopel verehren. Die Wahrheit kennt Gott allein …

Zuweilen gab es die Ablässe sogar ohne Pilgerreise; wandernde Kirchenmänner durchstreiften ganze Regionen und verkauften Ablässe, um Geld für neue Kirchenbauten zu beschaffen. Und echte Hausierer stellten falsche Ablassbriefe aus und strichen das Geld einfach ein. Vollkommene Ablässe gewährten den vollständigen Erlass aller Fegefeuerstrafen, sodass die wohlhabenderen Gläubigen – sogar ohne eine anstrengende Pilgerreise unternehmen und auf ihre häuslichen Bequemlichkeiten verzichten zu müssen – im Grunde ein Expressticket kaufen konnten, das sie ohne Zwischenstopp im Fegefeuer direkt in den Himmel brachte.

AN DER SCHWELLE EINER NEUEN ZEIT

Vor diesem Hintergrund kann es nicht weiter verwundern, dass ein empörter Martin Luther 1517 eine Reform der Kirche forderte. Fünf Jahre später begab sich Ignatius auf Pilgerschaft. Während er sich langsam in Richtung Montserrat vorwärtsbewegte, trudelte die katholische Kirche mit Höchstgeschwindigkeit auf die Krise zu. Nur eine Generation nach Luthers erster Angriffswelle war die Herrschaft des römischen Katholizismus über das abendländische Christentum beendet und ein Drittel der Christen in die reformierten bzw. protestantischen Kirchen abgewandert.

Ignatius konnte nicht vorhersehen, dass der katholischen Kirche das Trauma der Reformation bevorstand, auch wenn seine jesuitischen Gefährten später, als die Kirche auf die Herausforderung der Reformatoren reagierte, die vorderste Frontlinie bilden sollten. Möglicherweise wusste Ignatius sehr wenig oder gar nichts von den Problemen, die Luther schürte; und dasselbe gilt auch für andere Ereignisse, die die Welt während seiner Pilgerreise von Grund auf veränderten. Sicherlich hatte er gehört, dass eine neue Welt entdeckt worden war, doch ihm war nicht klar, dass die den Europäern bekannte Welt nun dreimal so groß war wie am Tag seiner Geburt; dass Spanien an der Schwelle eines „Goldenen Zeitalters“ als Weltmacht stand; dass seine eigene – die katholische – Kirche in großer Gefahr schwebte und dass er selbst der Gründer eines religiösen Ordens werden sollte, der an all diesen weltverändernden Entwicklungen maßgeblich beteiligt sein würde.

Stattdessen wanderte und wanderte er im ausgehenden Winter des Jahres 1522 durch das gebirgige Baskenland, den Ebro entlang, der wegen der Schneeschmelze Hochwasser führte, und durch die Halbwüste der Monegros, deren Ebenen nicht den geringsten Schutz bieten, wenn die Winterwinde die Erde und den Staub tagelang mit einer Geschwindigkeit von 50 oder sogar 70 Stundenkilometern vor sich her treiben.

Wir können uns insofern mit Ignatius solidarisieren, als auch wir Winden des Umschwungs trotzen, die uns ins Gesicht wehen, und einer unbekannten Zukunft entgegengehen. Doch es gibt einen Unterschied: Er hatte keinen Zugang zu Informationen, die es ihm ermöglicht hätten, die Tragweite des Umschwungs zu ermessen. Er konnte keine Nachrichten im Radio oder im Fernsehen hören oder sehen oder die Zeitung lesen. Wahrscheinlich wusste er weniger über die Welt außerhalb von Europa als heute ein Schüler in der vierten Grundschulklasse.

Ignatius kommt uns klein und allein vor, wie er da mit seinem Maultier durch die winterliche Landschaft zieht; selbst seine Welt erscheint uns klein und isoliert. Er hat nie ein asiatisches Gesicht gesehen, einen Inder kennengelernt oder mit einem indigenen Nord- oder Südamerikaner gesprochen.

Und doch war er im Begriff, eine ungewöhnlich weltoffene Aktivität zu entfalten, und diese Offenheit unterschied ihn von vielen seiner Zeitgenossen; außerdem war er anpassungsfähig genug, um den Herausforderungen nicht nur seiner langen Wanderschaft, sondern auch einer Welt zu trotzen, die der Neuzeit entgegentaumelte. Mit

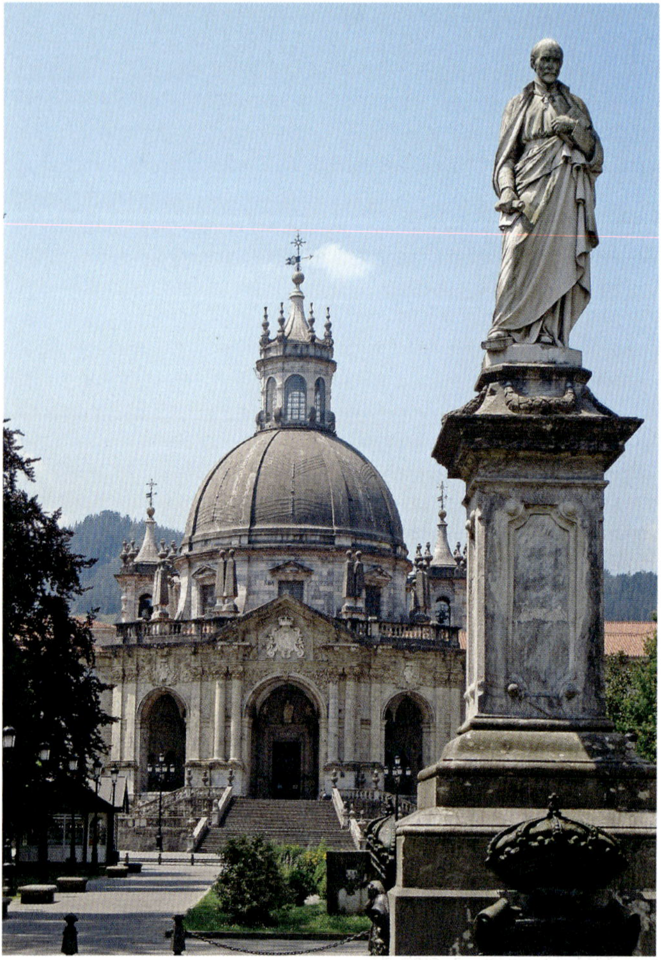

Loyola, Vorplatz der Basilika

großem Enthusiasmus entsandte er seine jesuitischen Gefährten an die Grenzen der den Europäern bekannten Welt, und als der Moment des Todes kam, wusste er vermutlich mehr über diese Welt als die meisten Monarchen seiner Zeit.

Bleiben Sie, während Sie als Pilger durch Spanien gehen, hin und wieder stehen, um die Welt mit Ignatius' Augen zu sehen und eine engere Beziehung zu diesem Menschen des 16. Jahrhunderts zu knüpfen. Und machen Sie sich seinen Mut und seine Weltoffenheit zu eigen, damit Sie eine Formel finden, die hilft, im 21. Jahrhundert zu leben.

Zweiter Teil

Pilgern auf dem Ignatiusweg

RECHTZEITIGE PLANUNG

Ein Pilger oder eine Pilgerin beginnt rechtzeitig mit den Vorbereitungen. Pilgern ist keine spontane Unternehmung. Für die Vorbereitung braucht man Zeit und Informationen. Der Pilger weiß, dass das Gelingen nicht nur von ihm selbst abhängt, aber er weiß auch, dass er nicht jedes Mal die Hilfe von anderen beanspruchen kann, wenn ein Problem auftritt. Es liegt in der persönlichen Verantwortung des Pilgers, ausreichend Information zur Hand zu haben, um sich nicht in Gefahr zu bringen.

DIE HOMEPAGE ZUM WEG

Der Pilgerführer enthält alle notwendigen Informationen für den Weg, dennoch sollten Sie vor dem Aufbruch die Internet-Seite des Ignatiusweges **www.caminoignaciano.org** besuchen. Dort werden laufend Nachrichten und mögliche Änderungen beispielsweise bei den Quartieren veröffentlicht.

ETAPPENEINTEILUNG

In diesem Führer ist die Strecke in 27 Etappen eingeteilt, er will Ihnen aber auch dabei helfen, Ihre eigene Einteilung vorzunehmen. Sie werden Ihr eigener Führer sein, die Etappen bestimmen Sie und die Entscheidungen treffen Sie. Nur in dieser Freiheit können Sie zu der Erfahrung gelangen, die Ihnen hilft, zu wachsen und sich selbst weiterzuentwickeln. Sehen Sie den Pilgerführer als eine Empfehlung von jemandem, der den gleichen Weg vor Ihnen gegangen ist, und fühlen Sie sich nicht verpflichtet, in die gleichen Spuren zu treten, das wäre eine Dummheit. Eine Pilgerreise ist keine Wiederholung, sondern der Versuch, sich dem Geist des Pilgers zu nähern und im eigenen Leben zu erfahren.

Wie lange Sie unterwegs sind, entscheiden Sie, je nach Ihren Möglichkeiten und Wünschen. In diesem Pilgerführer sind die ersten Etappen kurz (unter 20 km) und eignen sich damit zum Einwandern. Aber wer gleich mehr will, findet viele Kombinationsmöglichkeiten mit den folgenden Etappen. Jeder macht seinen eigenen Weg, aber bereits Ignatius sagte: „Man sollte nicht losrennen, denn nicht das lange Laufen sättigt und befriedigt die Seele, sondern das innere Genießen jedes Schrittes."

PILGERURKUNDE UND PILGERPASS

Jeder, der mindestens 100 km zu Fuß oder 200 km mit dem Fahrrad auf dem Ignatiusweg zurückgelegt hat und in Manresa ankommt, kann eine Bestätigung bzw. ein Zertifikat erhalten. Die Kilometer

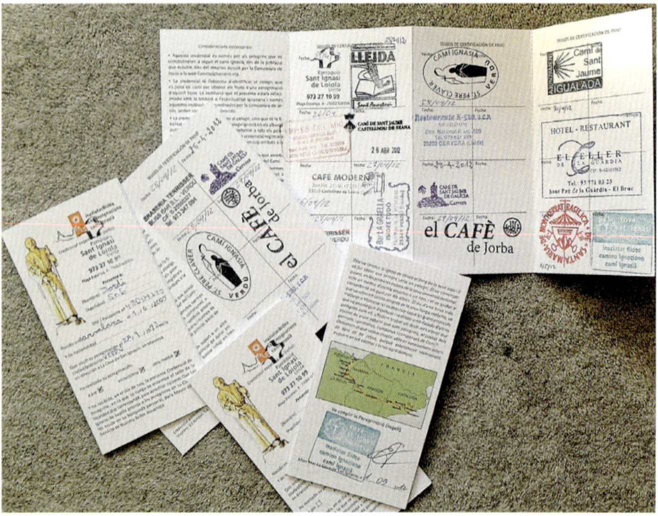

können auf verschiedene Monate oder Jahre verteilt sein und die Etappen müssen nicht in beliebiger Reihenfolge zurückgelegt werden. Als Beleg für den zurückgelegten Pilgerweg dienen mindestens fünf Stempel von Orten oder Einrichtungen am Ignatiusweg. Pilgerpässe für den Ignatiusweg gibt es im Geburtshaus des Ignatius in Loyola, aber ebenso bei den Jesuiten in Logroño, Tudela, Saragossa, Lleida oder Barcelona.
Jeder Pilger, der das Zertifikat erhält und das möchte, wird Mitglied der Ignatius-Gemeinschaft des Ignatiuswegs.

KLIMA UND TEMPERATUR

Der Ignatiusweg durchquert mit dem bergigen und oft feuchten Baskenland einerseits und dem Trockengebiet der Monegros in der Nähe von Saragossa andererseits zwei verschiedene Klimazonen. Darauf muss man sich einstellen und deshalb ist vielleicht der Frühherbst (noch warm in den Bergen – nicht mehr so heiß in der Ebene) die beste Jahreszeit für den Ignatiusweg.
Das Ebrotal hat ein halbtrockenes, kontinentales Mittelmeerklima. Die durchschnittlichen Niederschläge liegen bei 310 mm und fallen vor allem im Frühling. Die Sommer sind ausgeprägt trocken mit Temperaturen bis 40 Grad Celsius. Im Winter liegten die Temperaturen zwischen 0 und 10 Grad Celsius, oft herrscht Nebel und es bläst ein kalter, trockener Nordwind. Schneefall ist im Ebrotal selten, nicht aber auf dem ersten Teil des Weges von Loyola nach Logroño.
Allerdings hat sich das Klima in den letzten Jahren deutlich geändert und so ist es schwierig, eine verlässliche Vorhersage zu treffen. Auf jeden Fall sollte man an Sonnenschutz (Kopfbedeckung, Brille, Creme) denken, da es auf dem Weg nicht viele schattenspendende

Bäume gibt. Mit Regen ist nicht oft zu rechnen, dennoch sollte man für diesen Fall ausgerüstet sein. Eine Pilgergruppe aus Australien beschwerte sich einmal, dass sie im Oktober 30 Tage lang ihre warmen Pullover und die Regenumhänge mitgeschleppt hätten, ohne sie auch nur einmal benutzt zu haben. Schön für sie, dennoch ist Vorsicht angesagt.

KONDITION

Die körperliche Vorbereitung ist wichtig, aber man sollte es nicht übertreiben. Es gibt Pilger, die noch nie in ihrem Leben gewandert sind und die ihre Kondition auf dem Weg ständig verbessern. Man sollte den Pilgerweg mit Ruhe angehen, langsam und ohne Eile. Eine niederländische Pilgerin erzählte einmal, sie sei noch nie gewandert und nach dem Abschluss ihres Studiums von ihrem Vater auf den Ignatiusweg „geschickt" worden. Sie ging alleine los, wanderte mehr als 30 Tage und erreichte schließlich sehr glücklich und stolz auf sich selbst Manresa. Auf dem Pilgerweg war sie mit ihren Grenzen konfrontiert und lernte sich selbst besser kennen. Sie war ihrem Vater sehr dankbar für seine Empfehlung. Nicht die körperliche Verfassung, sondern der Wunsch steht im Vordergrund, wie bei den Geistlichen Übungen des heiligen Ignatius: Es geht nicht um das Wissen, sondern um das Wollen.

AUSRÜSTUNG

Wir können nicht für alle Eventualitäten gewappnet sein. Wir würden uns sonst zu viele unnütze Dinge aufladen, die wir nach wenigen Tagen ihres Gewichtes wegen wieder loswerden wollten. Es gilt, vernünftige Entscheidungen zu treffen und den Geist einer Pilgerreise zu akzeptieren, das heißt zu vertrauen! Die Lösungen werden sich zeigen. Was wir benötigen, ist:

- Rucksack: Er soll leicht sein und das Gewicht gut bis zur Hüfte (nicht nur auf den Schultern) verteilen. Achten wir auf verschiedene Fächer und die Möglichkeit, den Rucksack vor Regen zu schützen.
- gutes Schuhwerk: Es sollte bequem und schon eingelaufen sein und der Jahreszeit entsprechen.
- Regenjacke oder Regenumhang: winddicht, wasserundurchlässig und atmungsaktiv
- Strümpfe und Unterwäsche: drei Einheiten, eine zum Tragen, die andere zum Wechseln, falls die Dritte nicht rechtzeitig trocken wird.
- drei T-Shirts, ev. eines mit langen Ärmeln als Sonnenschutz
- zwei kurze und eine lange Hose, ev. eine, die mit Reißverschluss teilbar ist
- einen Fleece-Pullover
- eine Freizeit- oder Jogginghose für abends und zum Schlafen

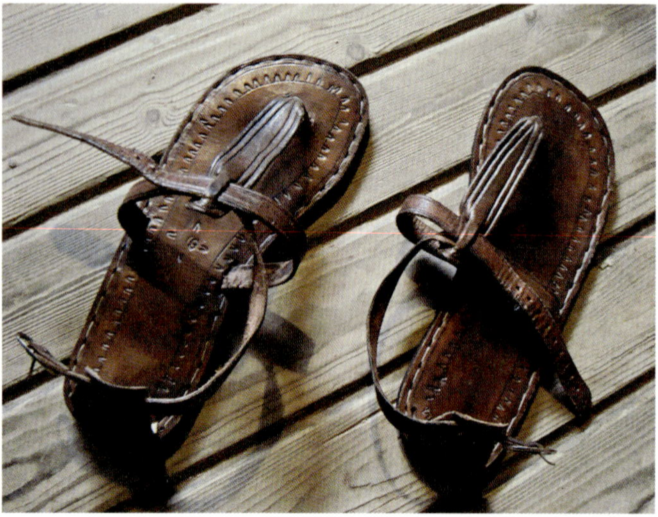

- Sandalen oder Flip-Flops für den Nachmittag/Abend
- Sonnenschutz: Lippenbalsam, Sonnenhut mit breiter Krempe, Halstuch, Sonnenbrille
- Erste Hilfe: Blasenpflaster, eine kleine Menge einfacher Schmerztabletten
- Ohrstöpsel für laute Nächte mit schnarchenden Menschen in den Schlafsälen der Pilgerherbergen
- Taschenlampe
- Schlafsack: Es hängt von der Jahreszeit und den Unterkünften ab, die wir ausgewählt haben, ob wir einen richtigen Schlafsack, einen Hüttenschlafsack oder gar keinen mitnehmen wollen.
- Wäscheklammern und Schnur: Zum Aufhängen und Trocknen der Wäsche auf eine Leine oder während des Wanderns am Rucksack.
- für die Körperpflege: Zahnbürste und Zahnpasta, eine harte Seife, Deodorant …, aber wir erinnern daran: Die Regel ist, so wenig wie möglich mitzunehmen und so leicht wie möglich! Wir können alles in den spanischen Städten kaufen.
- ein kleines Handtuch
- Toilettenpapier
- Wasserflasche (groß!), Becher ,Teller, Gabel, Löffel, Messer. Alles sollte möglichst wenig Gewicht haben.
- Eine kleine Tube mit Waschmittel für die Reinigung der Kleider und ein Geschirrtuch
- Pilgerstock: Er ist nützlich, um sich aufzustützen, die Kleider zu trocknen und unerwünschte Hunde in die Flucht zu schlagen …
- Bücher: außer dem Führer ein kleines Neues Testament und ein persönliches Pilgertagebuch

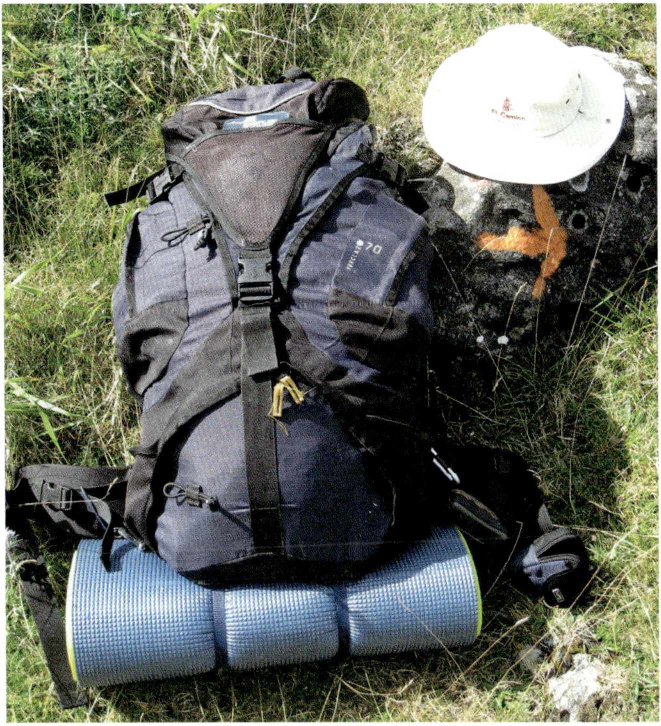

- Pass oder andere Ausweispapiere
- Pilgerausweis
- Bankomatkarte
- Telefonkarte oder Mobiltelefon
- Fotoapparat, falls wir nicht mit dem Smartphone fotografieren: klein und einfach sollte er sein.
- I-Pod/MP4: Unsere Lieblingsmusik kann uns helfen, unter gleißender Sonne die letzten fünf Kilometer einer Etappe zu schaffen. Aber tun wir uns einen Gefallen: Nehmen wir kein Gerät mit, von dem wir besessen sind. Wenn wir täglich fünf Stunden Musik hören, zerstören wir unsere Pilgerschaft, vielleicht eine einmalige Gelegenheit, unser Herz zu hören, statt uns mit dem Lärm der Welt zu füllen.

WAS WIR NICHT BRAUCHEN:

- Schlafanzug: Man kann auch in T-Shirt und Unterwäsche schlafen.
- Rasierschaum: Bemühen wir uns nicht. Ignatius von Loyola hat ohne ihn überlebt, und das werden wir auch. Die Seife funktioniert genauso gut. Oder lassen wir uns einfach einen Pilgerbart wachsen!
- Shampoo: Bemühen wir uns nicht. Wir können mit einem kurzen Haarschnitt aufbrechen. Und die Seife reicht hier ebenfalls.
- Haartrockner

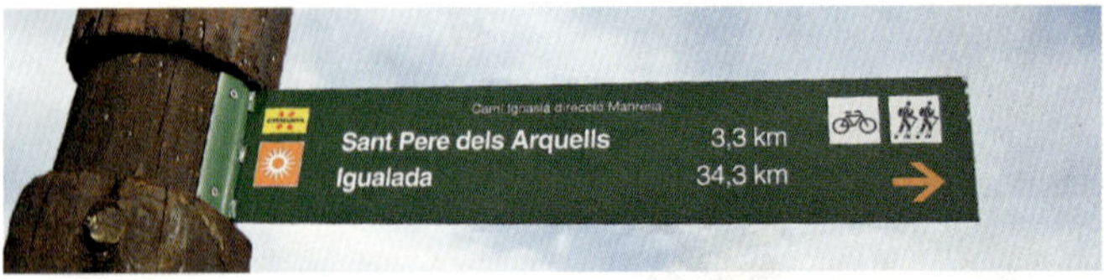

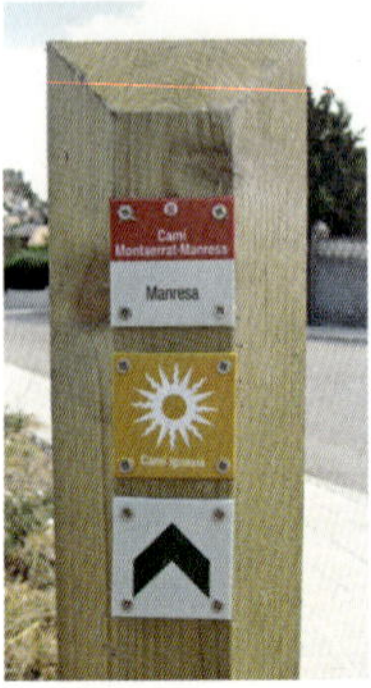

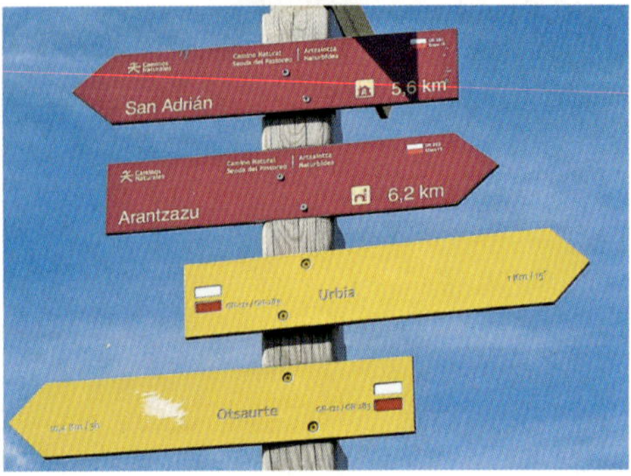

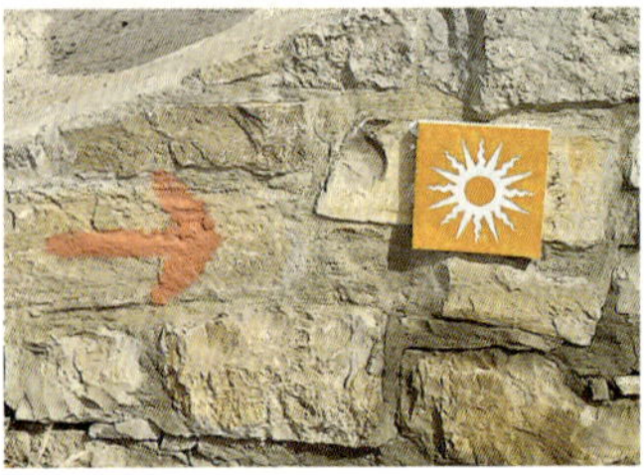

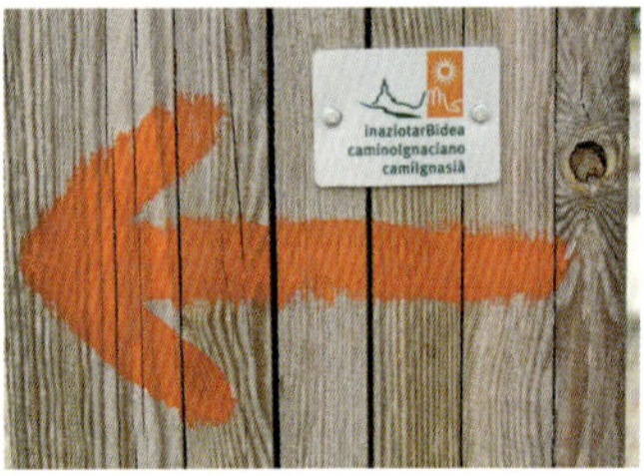

MARKIERUNG

Die Markierung des Ignatiusweges ist in den verschiedenen Regionen unterschiedlich. Normalerweise leiten Sie orange-rote Pfeile auf dem Weg. Im Baskenland ist der Weg als GR-120 gekennzeichnet, ihm folgen wir aber nicht immer. Das Gleiche passiert in anderen Regionen, wo wir auf Wege treffen, die teilweise mit unserem übereinstimmen. Mehr und mehr wird dabei die weiße Sonne auf orangem Grund als Symbol für den Ignatiusweg in die allgemeinen Hinweisschilder mit aufgenommen.

Über weite Strecken begegnen wir auch gelben Pfeilen, die allerdings in die entgegengesetzte Richtung weisen: es sind die Pfeile für den Jakobsweg, der auf derselben Route nach Nordosten führt.

KARTEN

Die Karten in diesem Führer haben den Maßstab 1:75.000 und enthalten alle notwendigen Informationen. Zudem können von der Homepage für jede Etappe die entsprechenden GPS-Daten heruntergeladen werden.

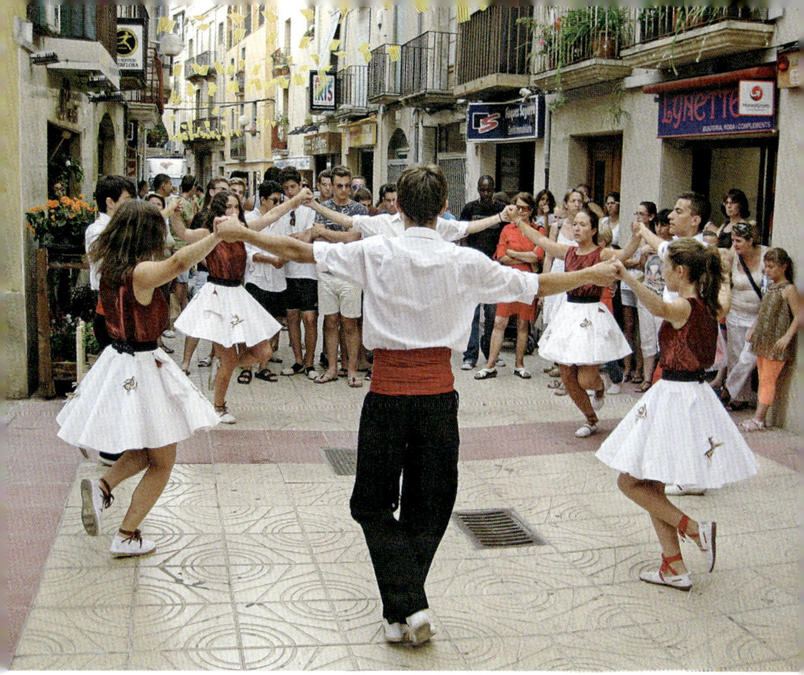

Volksfest in Cervera (Etappe 24)

FEIERTAGE

Es ist allgemein bekannt, dass Spanien ein sehr sonniges Land ist, was dazu beiträgt, dass in den Dörfern und Städten gerne gefeiert wird. Dabei ist es nahezu unmöglich, die lokalen Feste und Feiertage der Dörfer und Städte, durch die der Ignatiusweg führt, detailliert aufzulisten. Speziell im Frühjahr und Sommer gibt es eine Vielzahl von Festen. Besonders hervorheben möchten wir jedoch folgende Feiertage:

28. bis 31. Juli: Fest des hl. Ignatius in Azpeitia und Manresa
6. September: Santa Cruz de Campeso
24. Juli: Laguardia
15. August: Navarrete
21. September: Logroño
16. August: Alfaro
26. Juli: Tudela
12. Oktober: Saragossa
12. Oktober: Fraga
11. Mai: Lleida
24. August: Igualada

Bei den lokalen Feierlichkeiten kann man die vielen Traditionen entdecken und ein Blick auf den Kalender für die Planung des Weges lohnt sich auf jeden Fall. Die Pilger sollten jedoch nicht außer Acht lassen, dass an diesen Feiertagen oft viele Touristen kommen und die Unterkunftsmöglichkeiten dann sehr begrenzt sind. Auf der anderen Seite gibt es in den meisten Ortschaften das große und das kleine Stadtfest. Diese Stadtfeste werden meistens vor und nach der Erntezeit, aber auch im Winter gefeiert. Mit hoher Wahrscheinlichkeit wird der Pilger ganz überraschend auf das eine oder andere lokale Fest treffen.

LADENÖFFNUNGSZEITEN

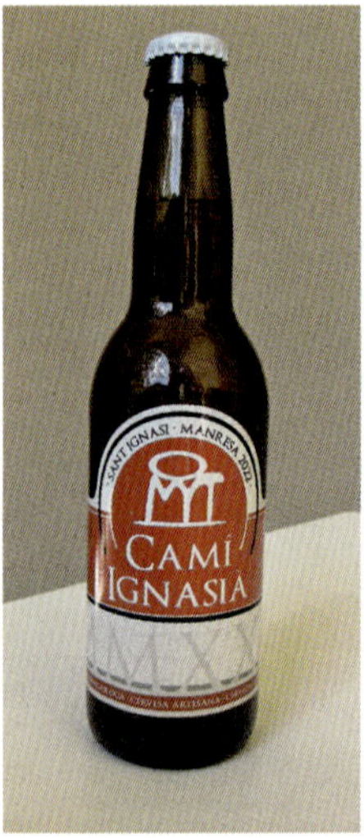

Aufgrund des geschäftstüchtigen Charakters der Spanier und mehr noch seit der Ankunft vieler Immigranten Ende des 20. Jahrhunderts kann man praktisch immer fast rund um die Uhr geöffnete Läden finden. Allerdings wird in kleinen Ortschaften die gesunde Tradition der Mittagsruhe zwischen 13:30 und 16:30 Uhr aufrechterhalten, da in dieser Zeit nur wenige Kunden unterwegs sind und die Angestellten sich in Ruhe zum Mittagessen zurückziehen. Normalerweise schließen die Geschäfte um 20:30 Uhr und dann beginnt der abendliche Restaurantbetrieb. Natürlich sind die Ladenöffnungszeiten an wichtigen Feiertagen eingeschränkt, aber für die Pilger werden die Türen sicher geöffnet.

TELEFON UND INTERNET

Vorwahl für Spanien: 0034

Wer das eigene Mobiltelefon benutzen will, sollte sich vergewissern, ob und in welchem Ausmaß sein Vertrag Gespräche und Datendienste in Spanien abdeckt – sonst kann es schnell sehr teuer werden. Eine andere Möglichkeit ist es, sich in der ersten Stadt eine spanische SIM-Karte kaufen. Die Preise variieren, aber bis Januar 2016 gab es Angebote für 15 €.

GELD

Je nach Vorlieben des Pilgers braucht man für diese Pilgerreise mehr oder weniger viel Geld. Ein baskischer Pilger berichtete, dass er für den gesamten Pilgerweg nicht mehr als 450 € benötigt hätte. Er kaufte sich allerdings seine Nahrungsmittel meist in Supermärkten und schlief oft unter freiem Himmel. Andere Pilger haben bis zu 3.700 € in diese persönliche Erfahrung investiert. Jeder entscheidet nach seinem eigenen Stil. Wenn Sie regelmäßig mit Kredit- oder EC-Karte bezahlen wollen, sollten Sie sich bei Ihrer Bank über Gebühren erkundigen, die möglicherweise beim Benutzen entstehen können. In allen größeren Ortschaften findet man Bankautomaten, wo man Bargeld abheben kann. Generell reicht es daher, wenn man Bargeld für die ersten Tage mitbringt.

NOTFALLNUMMERN

Die allgemeine Notfallnummer in Spanien ist 112. Hier findet man die beste Hilfe für alle Arten von Notfällen.

BOTSCHAFTEN UND KONSULATE:

Deutsche Botschaft in Madrid: Tel. 91 557 90 00
Deutsches Generalkonsulat Barcelona: Tel. 93 292 10 00
In Notfällen: Tel. 91 557 90 00
Österreichische Botschaft in Madrid: Tel. 91 556 53 15
Konsulat von Österreich in Barcelona: Tel. 93 368 60 03
Schweizerische Botschaft in Madrid: Tel. 91 436 39 60
Schweizerisches Generalkonsulat Barcelona: Tel. 93 409 06 50

FAHRRADPILGER

Wir freuen uns, dass auch die Pilger mit Fahrrad voll auf ihre Kosten kommen, da sie fast den gesamten Weg auf der gleichen Strecke zurücklegen können wie die Wanderer. Nur auf einigen wenigen Streckenabschnitten müssen sie einen Umweg auf der Straße machen, da der Fußweg für das Fahrrad zu schwierig wäre. Wo immer die Fahrradroute vom Fußpilgerweg abweicht, ist sie im Anschluss an die Wegbeschreibungen ausführlich dargestellt. Es besteht kein Grund zur Sorge: Im August 2014 hat der Bürgermeister von Verdú mit seiner 13-jährigen Tochter den ganzen Weg mit dem Fahrrad bewältigt, ohne vorherige Erfahrungen mit ähnlichen Fahrradstrecken. Eine Heldentat? Nein, nur ein ausgeprägter Wunsch und Durchhaltevermögen sind notwendig. Und das brauchen jeder Pilger und jede Pilgerin.

DIE ETAPPENBESCHREIBUNGEN

Zu Beginn einer jeder Etappenbeschreibung finden Sie ignatianische Aphorismen, die der Jesuit Gabriel Hevenesi im 17. Jahrhundert gesammelt hatte. Daneben stimmt uns ein Bibelvers auf die vor uns liegende Wegstrecke ein. Im Anschluss wird kurz dargelegt, was uns an diesem Tag erwartet, es folgen Höhendiagramm, Karte(n) und Wegbeschreibung. Am Ende werden die wichtigsten Sehenswürdigkeiten vorgestellt, Unterkünfte und Taxidienste sind verzeichnet und – so vorhanden – werden Bezüge zur Biografie des Ignatius oder oder zur Geschichte des Jesuitenordens aufgezeigt.

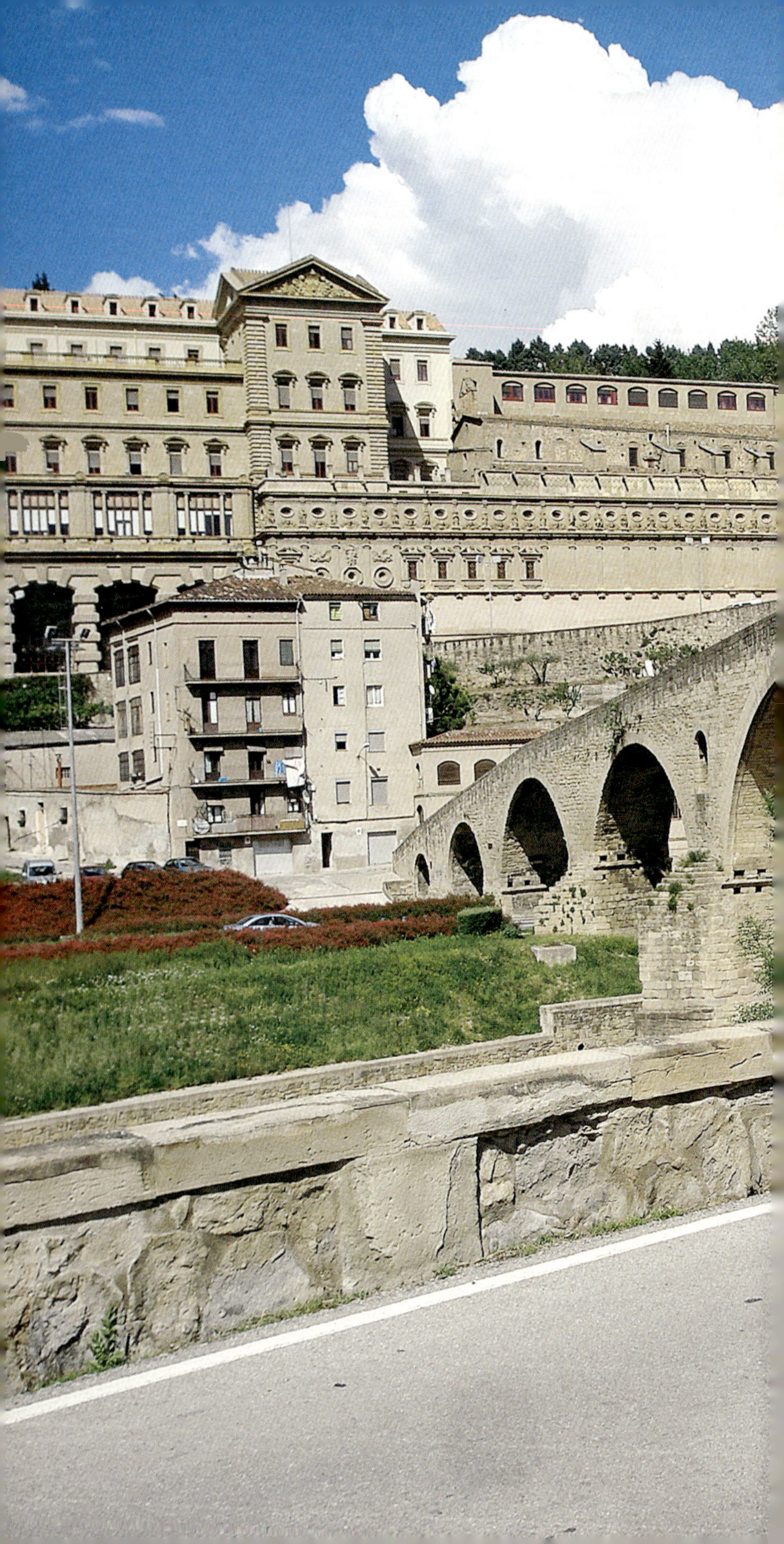

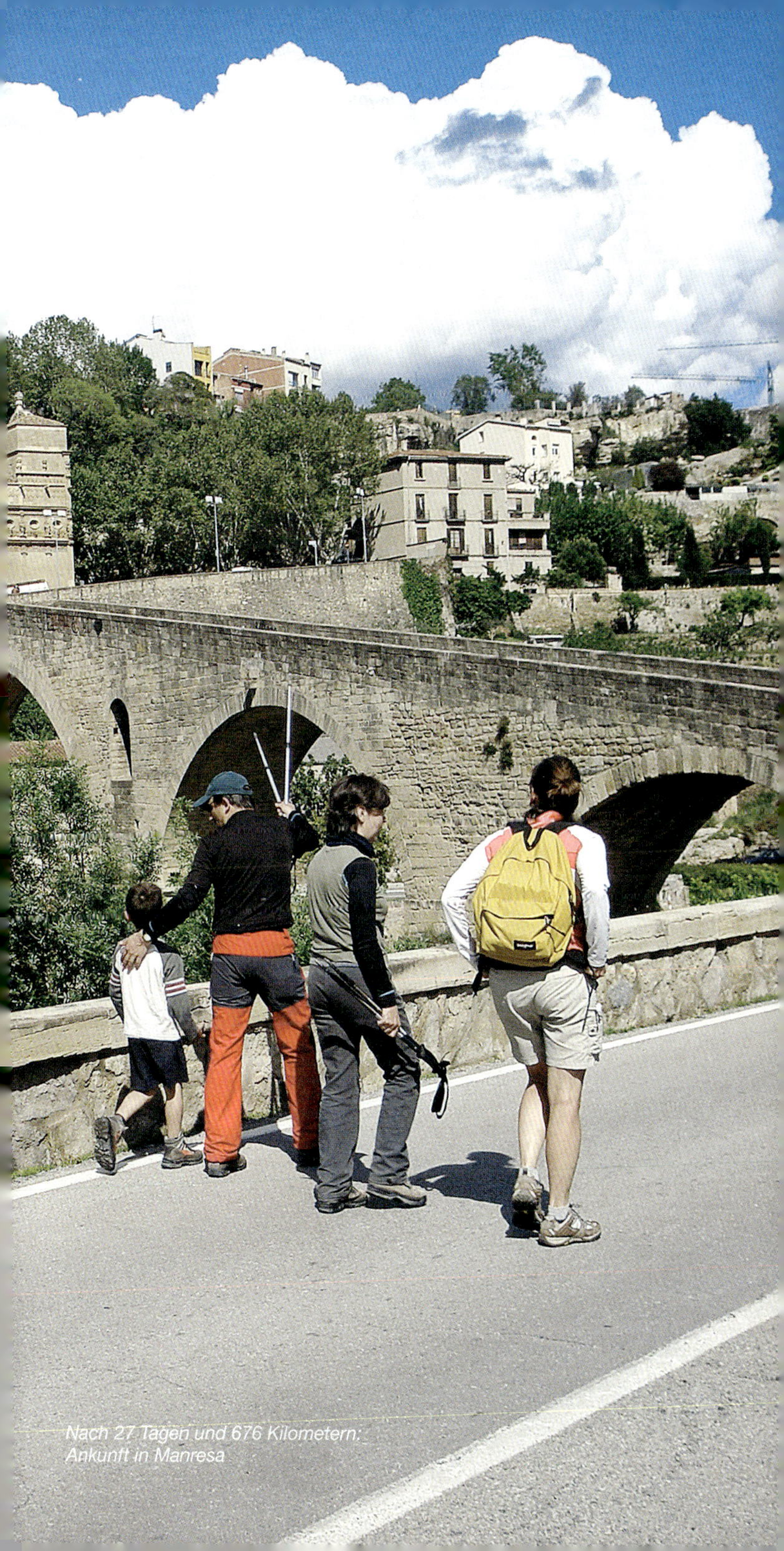

*Nach 27 Tagen und 676 Kilometern:
Ankunft in Manresa*

ANREISE NACH LOYOLA

Mit dem *Flugzeug* nach Bilbao, das (im Gegensatz zum Flughafen San Sebastián) von vielen europäischen Städten direkt angeflogen wird. Vom Flughafen gibt es eine direkte Busverbindung nach San Sebastián.
Oder mit der *Bahn* nach San Sebastián, wobei die internationalen Züge über Paris zum französisch-spanischen Grenzort Irun fahren.
Mit dem *Bus* geht es weiter, und zwar nimmt man am Busbahnhof von San Sebastián an der Plaza Pio XII einen Bus der Firma LA GUIPUZCOANA, der in etwas weniger als einer Stunde nach Loyola fährt.

Wir beginnen den Ignatiusweg im Geburtshaus von Ignatius in der Ortschaft Loyola, die zwischen Azpeitia und Azkoitia liegt. In diesem alten baskischen Wohnturm, hier im Nordosten Spaniens, erblickte Iñigo López de Loyola 1491 das Licht der Welt. Im Jahr 1521 war er schon 30 Jahre alt und seit vielen Jahren Soldat, ein „unverschämter und eitler Soldat", „dem Spiel mit den Waffen und den Frauen ergeben". Aber was ihm dann hier geschah, machte aus Iñigo de Loyola einen Pilger: Er kam nach der Schlacht von Pamplona als an Körper und Herz verletzter Soldat in sein Heimathaus zurück und machte sich als bekehrter Pilger auf den Weg zu Gott.

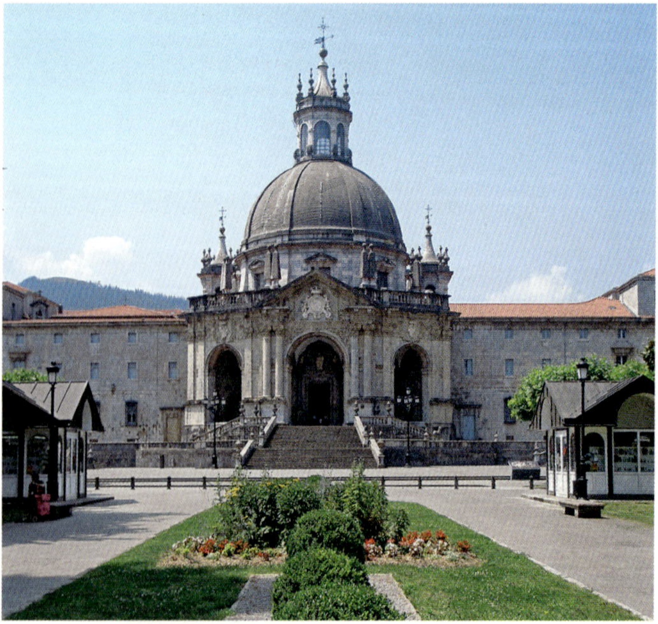

Die Ignatius-Basilika von Loyola

Wir sollten uns bei der Besichtigung des Hauses mit Geburts- und Krankenzimmer Zeit lassen. Ein Moment der Andacht, der inneren Vorbereitung hilft uns, die Herausforderung der Berge im Baskenland in Angriff zu nehmen und ihre inneren Geheimnisse zu entdecken. Wir bitten darum, dass der hl. Ignatius uns auf die Reise vorbereitet, die wir hier antreten.

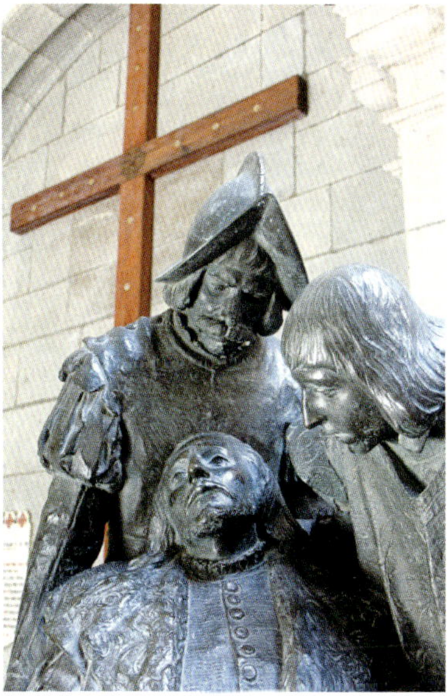
Bronzeskulptur von Ignatius, der verletzt nach Hause zurückkehrt

Tipp: Vielleicht beginnen Sie Ihre Pilgerreise mit dem Besuch der heiligen Messe in der Kapelle *de la Conversión* um 8.30 Uhr am Morgen. Hier kann man den Priester um einen persönlichen Pilgersegen bitten.

Das bestens erhaltene Geburtshaus des Ignatius ist heute Teil des **Santuario de Loyola**, ein barocker Gebäudekomplex, der zwischen 1689 und 1738 vom italienischen Baumeister Carlo Fontana errichtet wurde. Die Kuppel der zentralen Rundbaukirche misst 62 m Höhe.
Sowohl im Sanktuarium als auch im Hotel Arrupe gibt es Pilgerstempel.

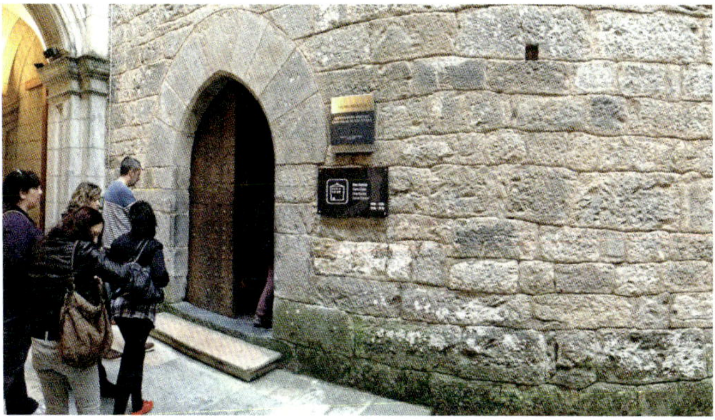
Geburtshaus des Ignatius

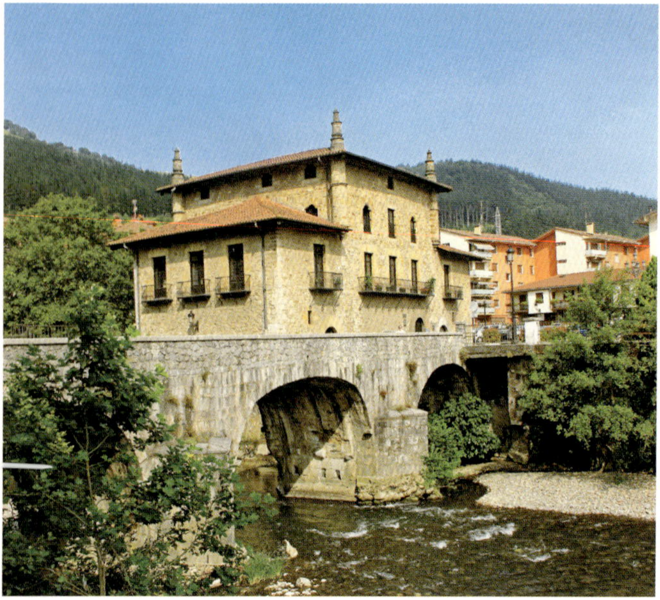

Azpeitia, Wohnturm Enparan und Brücke über den Fluss Urola

Loyola gehört zur schmucken Stadt **Azpeitia** (baskisch: unter dem Fels), die direkt am Fluss Urola am Fuße des Izarraitz-Bergmassives liegt. Die Stadt hat knapp 15.000 Einwohner und ist nur 44 km von der Großstadt Donostia/San Sebastián entfernt. An den Häusern, in den Gassen und am Fluss kann man erahnen, wo Ignatius seine Kindheit und Jugend verbracht hat. Die Schönheit der Pfarrkirche, in der Ignatius getauft wurde, steht im Einklang mit dem alten Hospital *de la Magdalena*, wo Ignatius wohnte, als er nach seinem Studienaufenthalt in Paris wieder heimgekehrt war. Hier bewahrt man die frohe Erinnerung an die Spur, die der Heilige in der Stadt hinterlassen hat.

Taxis: Jesús María Nazábal Eizmendi, Tel. 943 811 384;
Vallina Taxis, Tel. 943 393 848

Unterkünfte

- Pilgerherberge im Sanktuarium von Loyola, Tel. 943 025 000, albergue@santuariodeloyola.org
- Pilgerherberge beim Orden Las Religiosas de Jesús-María, Tel. 943 811 034, www.jesus-maria.net/loyola
- Hotel Arrupe, geleitet vom Jesuitenorden, Tel. 943 025 026, www.hotelarrupe.org. Die Jesuiten nehmen gerne Pilger auf und bieten sich zum Gespräch an.
- In Azpeitia gibt es mehrere Hotels.

Loyola – Zumarraga

↗ 306 m ↘ 13 m

„Der Mensch, der es unternimmt, andere zu bessern, verschwendet seine Zeit, wenn er nicht bei sich selbst beginnt."

„Möge der Herr, dein Gott, uns kundtun, welchen Weg wir einschlagen und was wir tun sollen" (Jer 42,3).

Der Ignatiusweg verläuft in der Provinz Gipuzkoa teilweise auf dem rot-weiß markierten GR-120, so auch von Loyola nach Arantzazu. Dort kann der Pilger zwischen dem Urola-Weg am Fluss und dem GR-120 wählen, der über die Berge führt. 700 Höhenmeter aufwärts und 300 Höhenmeter abwärts sind dabei zu bewältigen, zum Ausgleich ist diese Variante mit 15,5 km aber kürzer als der Weg am Fluss und kommt an der wunderschönen Einsiedelei Santa María de Zumarraga oder La Antigua vorbei.
Um auf dem Urola-Weg am Fluss entlang zu gehen, folgen wir einfach der alten Zugstrecke (bidagorri), die zu einem komfortablen Weg ausgebaut wurde, den die Einheimischen gerne für Spaziergänge nutzen. Durch Azkoitia hindurch und an Aizpurutxo und Urretxu vorbei führt der Weg in angenehmer Steigung durch alte Tunnels und über alte Brücken, die gut restauriert wurden, aufwärts. Für die Fahrradfahrer ist in den Tunnels besondere Vorsicht angesagt. Unser Zielort Zumarraga ist nur durch den Fluss Urola von Urbia getrennt. Im Rathaus, bei der örtlichen Polizei, gibt's den Pilgerstempel. Wenn man noch Zeit und Energie hat, ist ein kurzer Abstecher von 2 km aufwärts zur Einsiedelei Nuestra Señora de la Antigua sehr zu empfehlen.

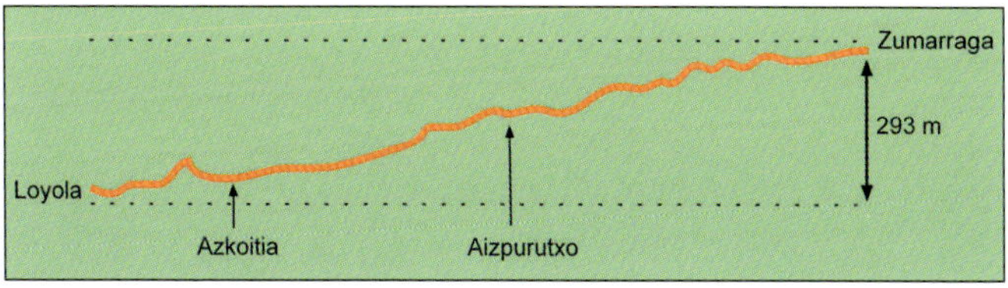

FÜR RADFAHRER: einfach

Loyola:	km 0	Azkoitia:	km 3,5
Aizpurutxo:	km 10,7	Zumarraga:	km 18,2

Unterkünfte

Urretxu:

- Pensión Juana Elgarresta, c/ Ipeñarrieta 2-6, B; Tel. 943 038 080.
- Etwa 4 km außerhalb des Dorfes liegt direkt neben der Einsiedelei Santa Bárbara die Herberge von Urretxu mit einer Kapazität von 56 Betten und gemäßigten Preisen; Tel. 943 723 387.

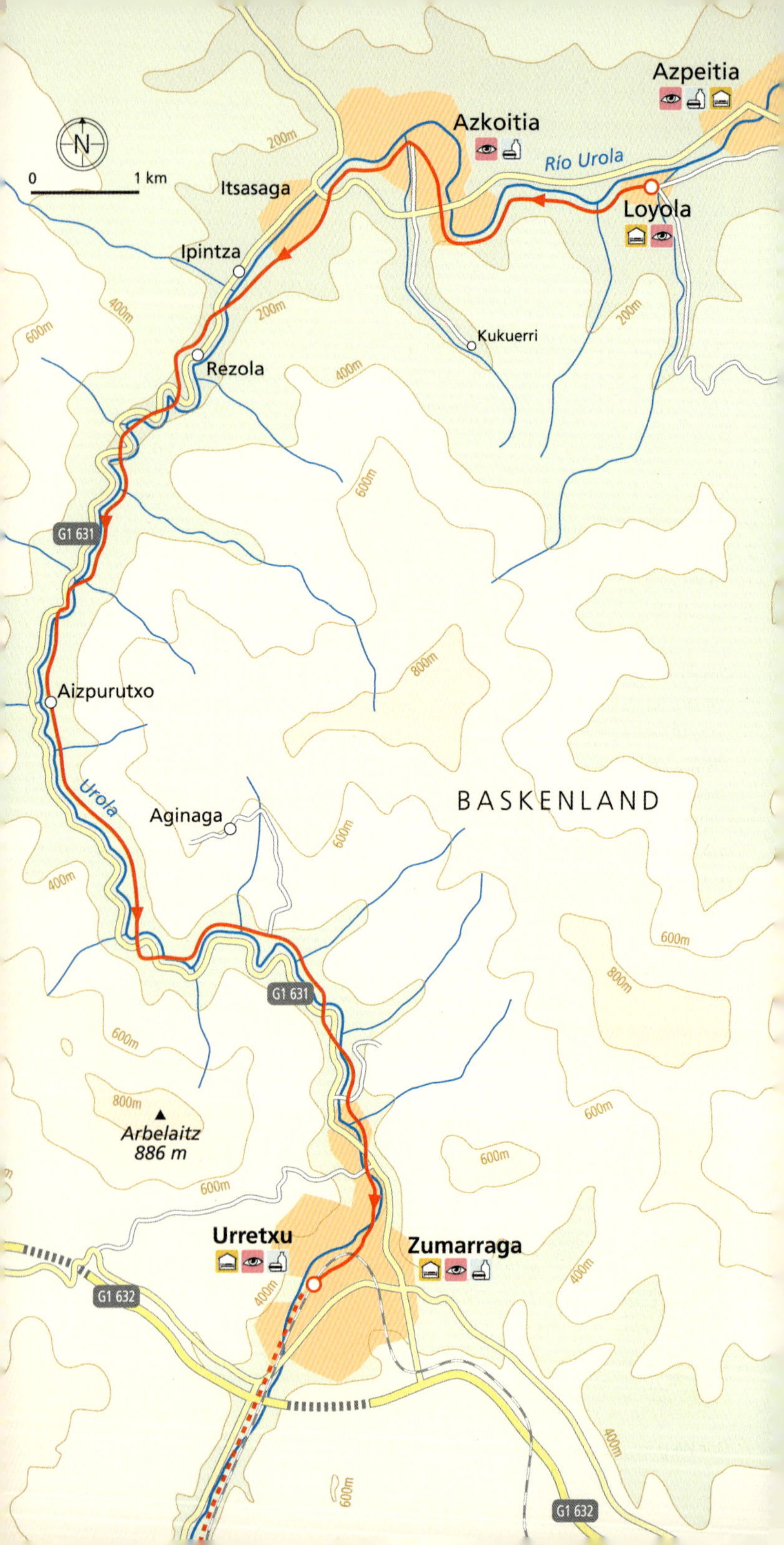

Azpeitia
Azkoitia
Río Urola
Loyola
Itsasaga
Ipintza
Kukuerri
Rezola
0
1 km
N
200m
400m
600m
800m
G1 631
Aizpurutxo
Urola
Aginaga
BASKENLAND
Arbelaitz
886 m
Urretxu
Zumarraga
G1 632

Zumarraga:

- Hotel Etxeberri, c/ Etxeberri, gleich am Ortseingang, Tel. 943 721 211
- Pensión Balentiña, c/ Urola 6-8, Tel. 943 725 041
- Pensión Urola, c/ Antonio Oraá 2, Tel. 943 533 008 / 679 525 259
- Pensión Zelai, c/ Legazpi 5, Tel. 670 264 922

Wegbeschreibung (Urola-Weg)

Wir lassen das Geburtshaus des Ignatius hinter uns und folgen einem asphaltierten Weg, der direkt am Parkplatz des Sanktuariums beginnt und parallel zum Fluss Urola flussaufwärts in Richtung Azkoitia verläuft. Links von uns sehen wir die Mauern der Gärten des Sanktuariums. Immer geradeaus erreichen wir **Azkoitia**. Über die Alameda del Ferrocarril kommen wir in den Ort.
Wir bleiben immer in der Nähe des Flusses, überqueren ihn aber nicht. Immer geradeaus, treffen wir auf einen Radweg, der sich dem Fluss nähert. Den Fluss auf der rechten Seite, erreichen wir schließlich eine Tankstelle und einige Fabriken. Vor uns sehen wir eine Brücke, unter der wir durchgehen. Gleich nach der Brücke beginnt auf der linken Seite ein Weg, in den wir einbiegen. Kurz darauf kommen wir an der Fabrik IBARMIA vorbei. Wir gehen weiter, der Weg macht eine 90-Grad-Kurve nach rechts, aber wir gehen auf einem kleineren Weg geradeaus weiter und kommen wieder unter einer Brücke durch. Wir überqueren jetzt auf einer Brücke den Fluss und die Landstraße GI-631. Geradeaus geht es weiter und nach 800 m überqueren wir noch einmal die Landstraße. Schließlich treffen wir auf die ersten Tunnels und viele weitere werden folgen!
Der asphaltierte Weg verläuft jetzt parallel zur Landstraße und wir überqueren zweimal die Straße auf einer Brücke und gleich darauf noch einmal eine Brücke über die Landstraße GI-631. Wir bleiben immer auf dem gleichen Weg. Rechts von uns sehen wir das kleine Dorf **Aizpurutxo**. Kurz darauf ein anderes Dorf, das direkt neben der Straße etwas weiter oben liegt. Aber wir bleiben auf unserem Weg,

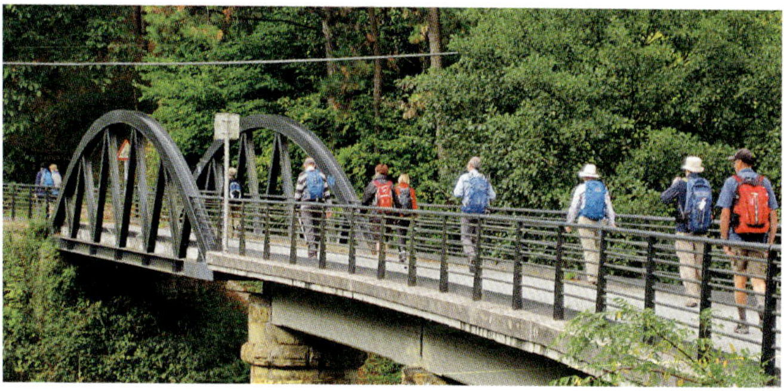

Der Weg folgt einer aufgelassenen Bahntrasse.

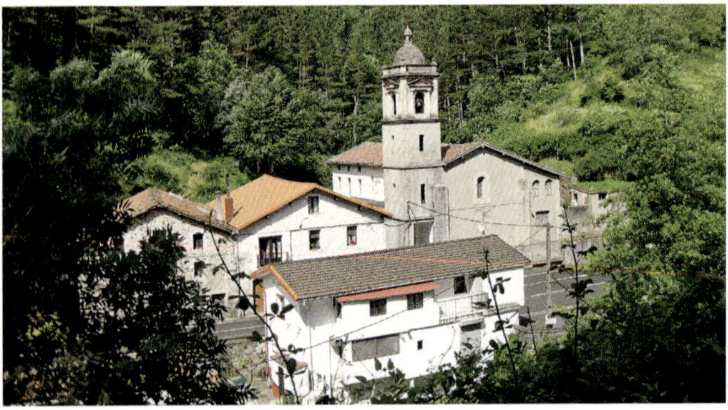

Aizpurutxo

der manchmal direkt an der Straße verläuft und dann wieder etwas oberhalb der Straße oder des Flusses ist. Wir kommen über weitere Brücken und durch Tunnels. Bald sehen wir auf der rechten Seite einen Steinbruch. Der Weg teilt sich, wir halten uns rechts und gehen weiter parallel zur Straße und dem Fluss Urola. Nach dem nächsten Tunnel sehen wir links ein paar Häuser. Beim letzten Tunnel endet unser Weg schließlich in der Landstraße GI-631. Wir bleiben auf dem schmalen Pfad parallel zur Straße und erreichen **Urretxu**. Weiter geradeaus kommen wir an einer Kläranlage vorbei und kommen in **Zumarraga** an, nachdem wir den Fluss überquert haben. Urretxu und Zumarraga sind nur durch den Fluss Urola voneinander getrennt.

Orte und Sehenswürdigkeiten

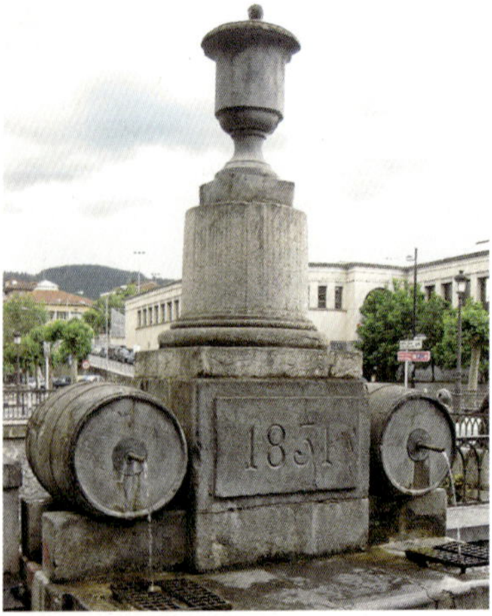

Brunnen in Azkoitia

AZKOITIA: ca. 11.000 Einwohner. In der Nähe des Rathausplatzes befindet sich die eindrucksvolle Kirche Santa María la Real (Pilgerstempel), in der wir eine Skulpturengruppe des hl. Franz von Assisi mit Jesuiten bewundern können. Ein schöner Brunnen aus dem Jahr 1831 mit zwei Quellen versorgt uns mit frischem Wasser. Azkoitia hat einige stattliche mittelalterliche Häuser aufzuweisen. Die Landhäuser von Idiakez oder Etxe Beltza haben auf-

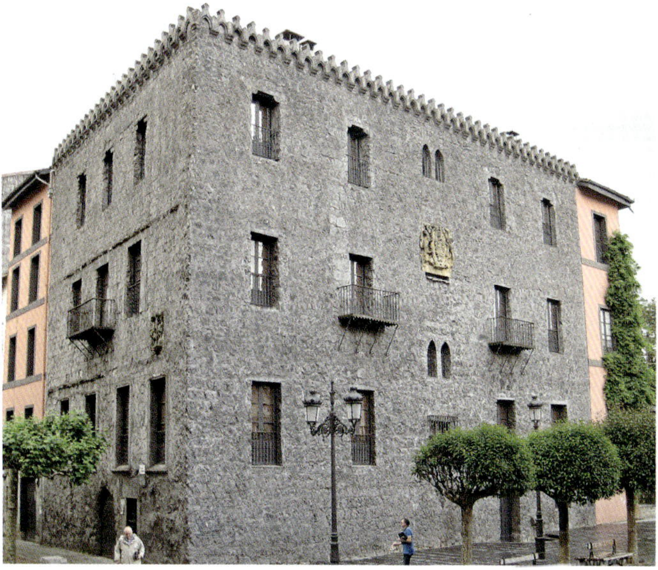

Azkoitia, Wohnturm der Familie Idiakez

grund eines Brandes im Zweiten Karlistenkrieg eine schwärzliche Fassade.

Dieses Dorf wird auch die „Wiege des baskischen Pelotaspieles" genannt, da hier die Tradition dieser bekannten baskischen Sportart verwurzelt ist.

AIZPURUTXO: Kleines Dorf mit verstreuten Häusern an den Berghängen. Direkt an der Straße gibt es eine Bar.

URRETXU: ca. 6800 Einwohner. In der Calle Iparraguirre finden wir gut erhaltene herrschaftliche Häuser aus dem 16. Jh. Die Kirche San Martín de Tours, ein karges Gebäude aus Stein und Holz, verbirgt in ihrem Inneren Gotik-, Renaissance- und Barockelemente. Das Rathaus befindet sich in einem Palast aus dem 17. Jh. Urretxu wurde zur geschützten archäologischen Zone erklärt; im Museum der Mineralien und Fossilien finden wir mehr als tausend katalogisierte und klassifizierte Mineralien sowie zahlreiche Fossilien aus aller Welt. Es gibt Restaurants, Apotheken, Supermärkte und Banken.

ZUMARRAGA: ca 10.000 Einwohner. Im Jahr 1660 wurde der Ort zur Stadt erhoben und erhielt seine Unabhängigkeit. Mit dem Bau der wundervollen Kirche Nuestra Señora de la Asunción wurde im 16. Jh. begonnen. Es handelt sich dabei um ein Gebäude im gotischen Stil des Baskenlandes mit Portalen, Turm und barockem Altar. In der Mitte des Euskadi-Platzes, an dem sich das Rathaus be-

Ignatius hat in Loyola einen großen inneren Wandel erlebt und seiner Familie ist dies nicht entgangen: Der Ignatius, der von Pamplona zurückkehrt, ist physisch genesen und hat durch Gottes Gnade auch eine unerwartete innere Heilung erfahren, die er nicht verhehlen kann. Nun, da er körperlich wiederhergestellt ist, wird es Zeit für ihn, aufzubrechen, sein Elternhaus zu verlassen und ein neues Leben zu beginnen. Im „Bericht des Pilgers" schreibt er:

„Als er wieder einige Lebenskraft in sich verspürte, schien es ihm vielmehr an der Zeit zum Aufbruch zu sein, und er sprach zu seinem Bruder. ‚Mein Herr, Ihr wisst, der Herzog von Nájera hat bereits erfahren, dass es mir wieder besser geht; es wird gut sein, dass ich nach Navarrete reise.' Denn dort hielt sich gerade der Herzog auf. Der Bruder und einige andere Familienmitglieder vermuteten, dass er eine grundlegende Änderung in seiner Lebensweise durchführen wolle. Der Bruder führte ihn von einem Zimmer zum andern, und mit dem Ausdruck größter Bestürzung bat er ihn, er solle doch sein Leben nicht wegwerfen; vielmehr möge er doch bedenken, wie viel man noch von ihm erwarte und was er noch leisten könne. So und mit ähnlichen Worten suchte er ihn von dem guten Vorsatz abzubringen, den er gefasst hatte. Aber seine Antwort war so gehalten, dass er, ohne jedoch die Wahrheit zu verletzen – denn in diesem Punkt war er schon damals sehr gewissenhaft –, seinen Bruder im Unklaren über seine Pläne ließ."[1]

Eine große Veränderung war im Gange, und dieser Wandel war, auch wenn Ignatius selbst das noch gar nicht begriff, die Kraft, die ihn trieb, seine „Komfortzone" zu verlassen und sich auf unbekanntes Terrain vorzuwagen. Ignatius lässt die Vergangenheit hinter sich und öffnet sich für das ungewisse Neue, das Gott ihm anbietet. Die Hoffnung auf das Leben in Gott setzt große Freigiebigkeit und Freiheit voraus. Jerusalem ist das nächste Ziel. Nutzen auch wir die Gelegenheit, diese Freiheit und große Freigiebigkeit zu suchen, die uns helfen kann, unsere Sicherheitszonen, unsere vertraute Umgebung zu verlassen, die vielleicht zu eng ist für ein Herz, das doch, wenn es nach uns geht, immer weiter werden soll. Jeder Pilger trägt alle, die er liebt, im Inneren bei sich; Ignatius geht von zuhause fort, doch er trägt seine ganze Familie mit all ihren Sorgen und Freuden in seinem vollen Herzen. Auch wir haben unsere Lieben bei uns und sind mit ihnen unterwegs.

[1] Der Pilgerbericht wird zitiert nach: Ignatius von Loyola, Der Bericht des Pilgers, übersetzt und erläutert von Burkhart Schneider, 4. Aufl., Freiburg: Herder 1977.

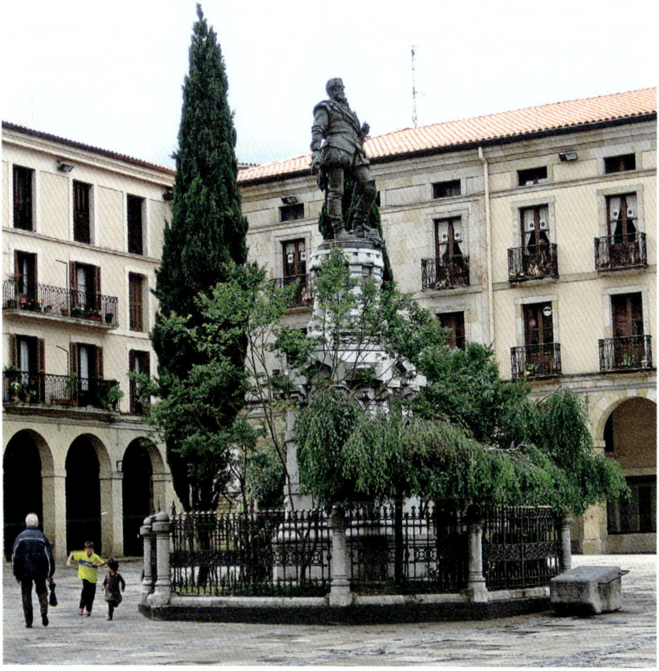

Zumarraga, Euskadi-Platz mit Denkmal für Miguel López de Legazpi

findet, erhebt sich die Statue des Kolonisators der Philippinen, Miguel López de Legazpi.
Wie bereits erwähnt ist ein Besuch der Einsiedelei La Antigua für die Pilger des Ignatiusweges sehr empfehlenswert. Diese malerische Kapelle befindet sich auf einem Hügel etwas außerhalb des Ortes und man erreicht sie nach einem mühsamen Aufstieg von 2 km. Betete Ignatius vielleicht hier zu Beginn seiner Pilgerreise? Wir wissen es nicht. Die Kapelle hat ein romanisches Eingangsportal aus dem 14. Jh., eine Marienstatue in gotischer Holzschnitzerei und einen Kreuzweg aus dem 15. Jh. Unter den bedeutenden Holzarbeiten im Innern und am Dach findet man Balken, Brüstungen und geometrische gezeichnete Schnitzereien.
Im Ort gibt es Restaurants, Apotheken, Supermärkte und Banken. Rathaus, Tel. 943 729 022; Taxi: Taxis Ivan Molina, Tel. 620 511 533.

Zumarraga – Arantzazu

↗ 896 m ↘ 555 m

„Wir müssen uns mit der Zucht des inneren Menschen viel mehr Mühe geben als mit der des äußeren; der Geist ist kostbarer als das Gebein.“

„Wer darf hinaufziehn zum Berg des Herrn, wer darf stehn an seiner heiligen Stätte? Der reine Hände hat und ein lauteres Herz, der nicht betrügt und keinen Meineid schwört“ (Ps 24,3-4).

Wir beginnen den Tag im Bewusstsein, dass uns heute einige Höhenmeter erwarten. Der harte Aufstieg zum Pass Biozkornia (900 Hm) macht diese Etappe zur Herausforderung, die wir mit viel Ausdauer und Wille angehen. Man sollte sich nicht entmutigen lassen, sondern den Weg in aller Ruhe gehen und dabei die wunderschöne Aussicht genießen. Im Winter können Schnee, Kälte oder Nebelfelder den Weg beschwerlich machen.

Bis Brinkola freilich verläuft der Weg weiterhin sanft ansteigend an Bahn und Fluss entlang durch ein traditionsreiches Bergbaugebiet. In Legazpi (Stempel im Rathaus) können wir die rhythmischen Schläge der großen Eisenhüttenwerke vernehmen und im Park von Mirandaola soll sich der Sage nach im Jahr 1580 auf wunderbare Weise aus geschmolzenem Eisen ein Kreuz geformt haben. Daran wird jedes Jahr am 3. Mai erinnert, am Tag des Heiligen Kreuzes. Die zahlreichen Wanderer, denen wir hier im Urola-Tal begegnen, können wir mit „kaixo“ (Hallo) oder „egun on“ (Guten Tag) auf Baskisch grüßen.

Ab Brinkola folgen wir wieder dem GR-120, zunächst zum Stausee Barrendiola und dann über den Bergpass Biozkornia bis nach Arantzazu. Der Weg wird steil, die Gegend rauer, aber wir werden durch eine atemberaubende Landschaft mit Wäldern und Viehweiden und durch die schönen Ausblicke hinunter auf das Zumarraga-Tal belohnt. Der Abstieg nach Arantzazu ist genauso steil wie der Aufstieg, daher ist nach Regenfällen die Gefahr auszurutschen an einigen Stellen sehr groß. Da ist dann Vorsicht geboten und Eile ein schlechter Ratgeber! Wir kommen durch einen beeindruckenden Nadelwald und einige Minuten im dichten Wald tun uns gut. Die Bäume stehen wie die Säulen einer riesigen Kathedrale dicht an dicht. Hier können wir fühlen, was der Architekt Gaudí dachte, als er die berühmte Basilika Sagrada Familia von Barcelona entwarf: Die Architektur der Natur könnte nicht vollkommener sein!

FÜR RADFAHRER: Der Wanderweg über den Biozkornia-Pass ist für Fahrräder nicht geeignet. Sie nehmen in Telleriarte die Straße, die über Oñate nach Arantzazu führt. Da auch die dritte Etappe von

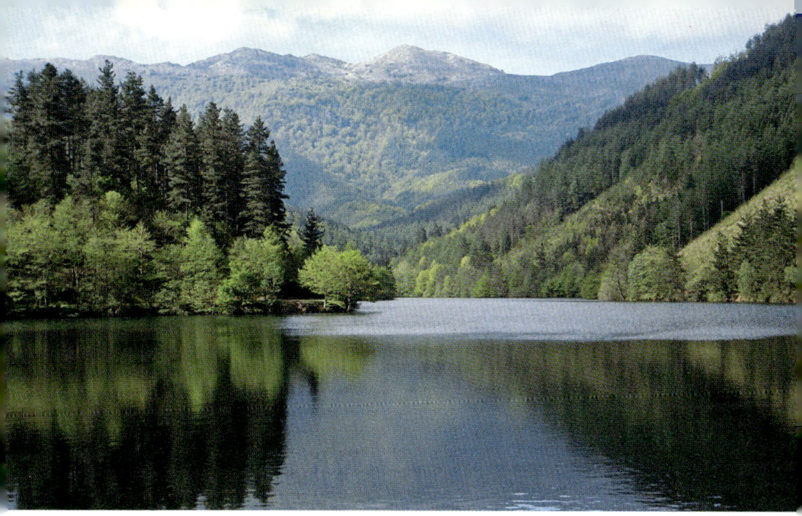

Der Barrendiola-Stausee

Arantzazu nach Araia über die Berge führt und mit dem Fahrrad nur schwer zu bewältigen ist, kann auch der Weg über Beasain und Altsau nach Araia eine Alternative für Radfahrer sein, welche die Berge meiden wollen.

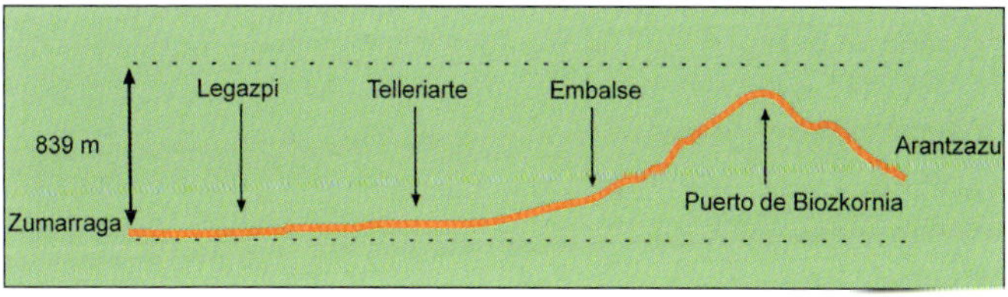

Zumarraga:	km 0	Kirche von Legazpi:	km 5,1
Telleriarte:	km 8,3	Brinkola:	km 9,7
Stausee:	km 11,2	Bergpass Biozkornia:	km 16,6
Arantzazu:	km 21,4		

Unterkünfte

Legazpi:
- Hotel Mauleon, c/ Nafarroa 16, Tel. 943 730 870
- Auch die Pfarre bietet Unterkünfte an.
- Touristeninformation Alto Urola (Lenbur), Tel. 943 730 428

Telleriarte:
- Landgasthof Pastain, Tel. 943 730 672

Arantzazu:
- Hotel Santuario de Arantzazu, Tel. 943 781 313
- Hostal Goiko Benta Ostatua, Tel. 943 781 305
- Hotel Sindika, Tel. 943 781 303
- Touristeninformation, Tel. 943 718 911 / 943 796 463; turismo@debagoiena.eus; www.turismodebagoiena.com

Wegbeschreibung

Wir starten am Bahnhof von Zumarraga. Mit Blick auf den Bahnhof, wenden wir uns nach rechts und gehen Richtung Landstraße GI-3771 bzw. Ipeñarrieta-Straße. Wir folgen dieser bis zum Ortsausgang und gehen unter der Brücke durch, die über die Bahngleise führt. Dann gehen wir parallel zu den Bahngleisen, die links von uns liegen.

Wir überqueren eine Brücke über den Fluss Urola und folgen weiter den Bahngleisen. Nach 1,5 km hört der asphaltierte Weg auf, wir gehen nach rechts und kommen bald zur Landstraße GI-2630. Dort angekommen biegen wir links ab und erreichen den Ort Legazpi. Wir bleiben immer auf der gleichen Straße und kommen an vielen Fabriken und schließlich an Häusern mit Gärten vorbei. An der Kreuzung gehen wir rechts in die Calle Nagusia. Von dort kommen wir direkt zur Kirche von **Legazpi**.

Wir gehen weiter geradeaus auf der Calle Aizkorri und verlassen den Ort. Bald kommen wir am Fußballplatz vorbei. Wir überqueren den Kreisverkehr und nehmen den asphaltierten Weg, der parallel zur Bahnlinie verläuft, die wir immer links sehen. Wir gehen zwischen Fluss und Bahnlinie immer geradeaus, ohne den Fluss auf einer der Brücken zu überqueren, und kommen an Fabriken und Häusern vorbei. Schließlich erreichen wir ein Sportgelände mit einem schönen Pelota-Spielfeld, dessen Wände aus Eisen sind. Wir sind im Mirandaola-Park. Ein Wegweiser zeigt uns den Weg links nach Telleriarte. Dieser Weg bringt uns zur Landstraße GI-2630, welcher die Radfahrer rechts nach Oñate folgen. Bei Schnee ist diese Straße auch für Fußpilger die sicherere Variante, im Normalfall gehen wir aber auf der asphaltierten Piste weiter, die links von uns beginnt. So gelangen wir direkt in die kleine Ortschaft **Telleriarte**.

Immer geradeaus folgen wir dem asphaltierten Weg, der parallel zu den Bahnschienen verläuft und uns nach **Brinkola** bringt. Wir gehen unter der Brücke hindurch, die zum Bahnhof führt. Weiter geht's geradeaus und wir durchqueren auf der gleichen Straße den Ort. Schließlich mündet unser Weg in die Landstraße GI-3511. Ein GR-120-Wegweiser zeigt uns den Weg nach oben Richtung **Barrendiola-Stausee** (Barrendiola – Aizkorri). Bevor wir am See ankommen, treffen wir auf eine Quelle mit frischem Wasser. Der Stausee überrascht uns mit seiner Größe und spiegelt die umliegenden Berge im Wasser.

Oben angekommen gehen wir über die Staumauer und folgen dann dem Weg, der auf der anderen Seite am Ufer entlangführt. Wir sehen die weiß-roten Markierungen des GR-120. Wir kommen an eine Kreuzung und gehen dort rechts nach oben in Richtung einiger Bäume. Der Weg führt durch diesen Wald und wir orientieren uns immer an den GR-Markierungen. Rechts von uns sehen wir einige Schaf-

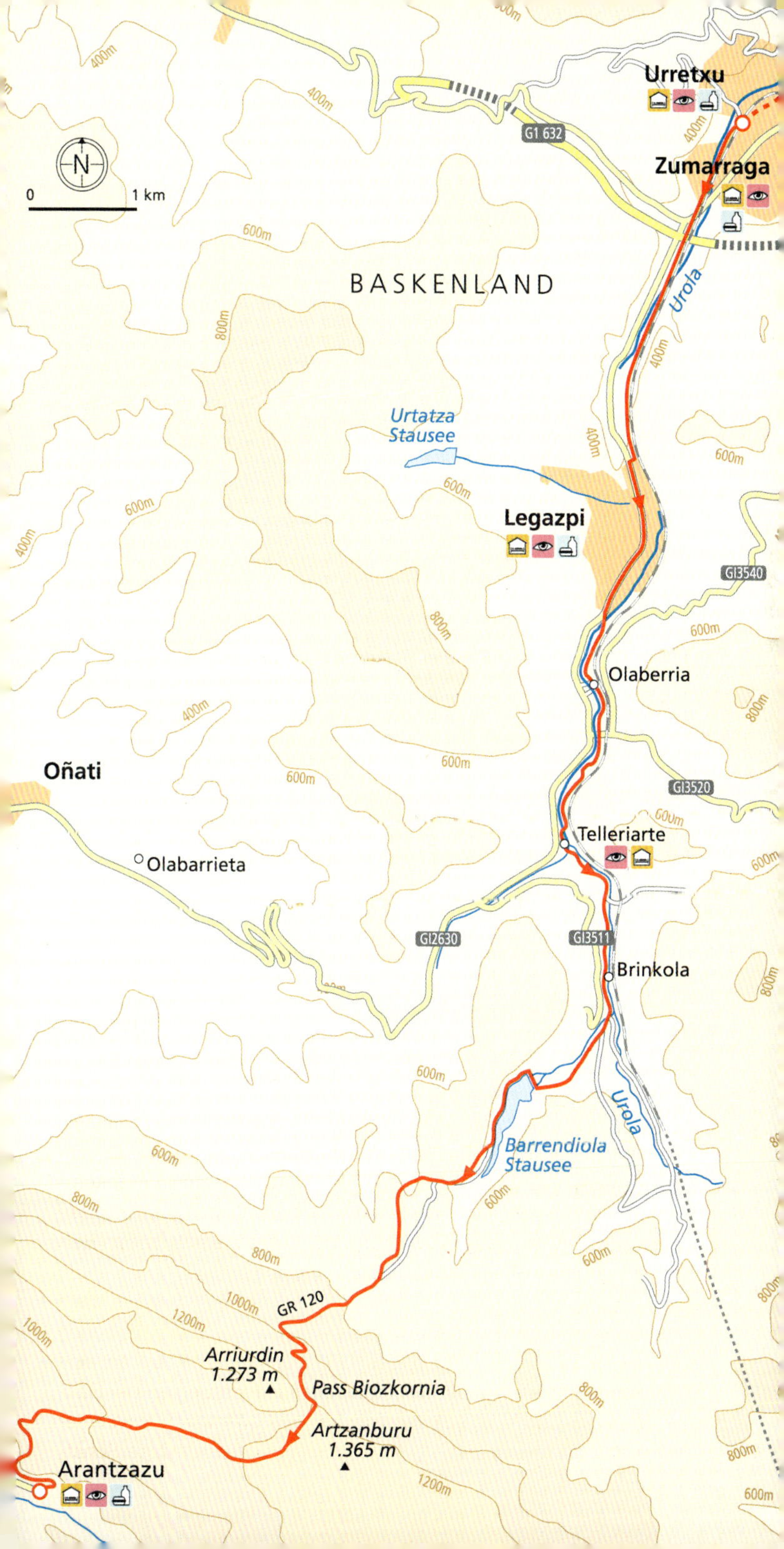

Urretxu
Zumarraga
G1 632
0
1 km
N
BASKENLAND
Urola
Urtatza
Stausee
Legazpi
GI3540
Olaberria
Oñati
GI3520
Telleriarte
Olabarrieta
GI2630
GI3511
Brinkola
Urola
Barrendiola
Stausee
GR 120
Arriurdin
1.273 m
Pass Biozkornia
Artzanburu
1.365 m
Arantzazu
400m
600m
800m
1000m
1200m

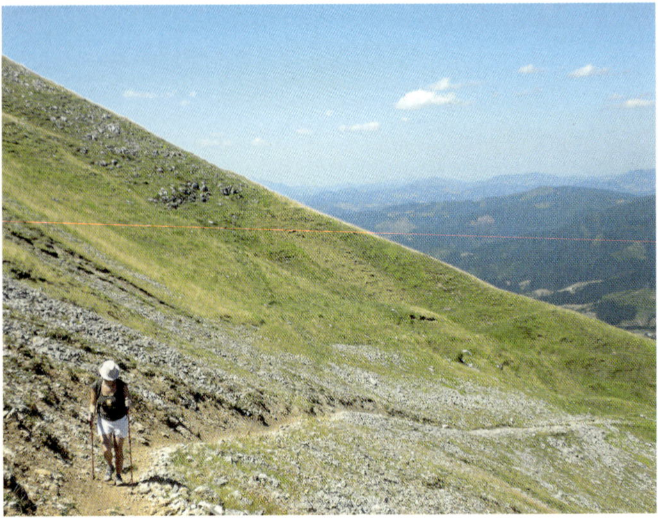

Der Weg führt hinauf bis auf 1200 Meter ü. M.

ställe. Wir gehen im Zickzack weiter aufwärts, immer den Wegweisern nach. Wir erreichen die Waldgrenze und im Winter gibt es hier garantiert Schnee.
Bald erreichen wir den **Pass Biozkornia** (1202 m). Ein Wegweiser zeigt uns die Richtung nach Arantzazu. Wir folgen immer diesen Markierungen, denn der Wegverlauf ist, wie es im Hochgebirge üblich ist, nicht immer klar zu sehen. Hinter dem Bergpass befindet sich eine Schutzhütte.
Von dort führt der Weg abwärts nach Arantzazu. Wenn wir eine Abkürzung machen wollen, können wir bei einer 90-Grad-Kurve geradeaus auf einem Pfad weitergehen (GR-Markierungen). Wir kommen zu einer Baumgruppe und dahinter befinden sich ein paar Häuser. Bei den Häusern gehen wir rechts und nähern uns nach ca. 150 m anderen Häusern. Dort halten wir uns links. Wir gehen abwärts bis Arantzazu, das nur 1 km entfernt liegt. Auch hier folgen wir immer den GR-120-Wegweisern.
Schließlich erreichen wir das Sanktuarium von **Arantzazu**. Das erste Haus auf dem Weg dorthin ist der alte Gasthof Goiko Benta Ostatua, in dem auch Ignatius eingekehrt sein soll, um eine Nacht betend vor der Muttergottes in der Wallfahrtskirche zu verbringen.

Orte und Sehenswürdigkeiten

LEGAZPI: Ort mit 8700 Einwohnern. Das Leben dreht sich hier um das Eisen und seine Verarbeitung. Zu diesem Thema gibt es auch ein Museum. In der Nähe des Rathauses befinden sich die schöne

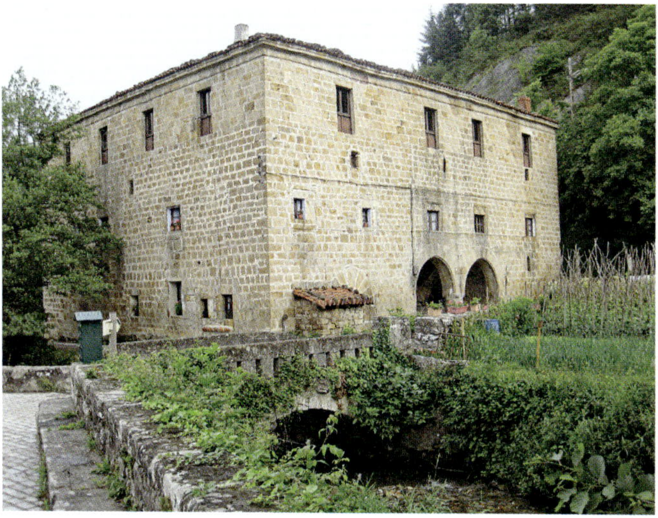

Der Wohnturm Palacio Elorregi bei Telleriarte

Kirche Nuestra Señora de la Asunción (14. Jh.) und das herrschaftliche Bikuña-Haus (16. Jh.). Alte Gießereiprodukte und ein Pelota-Spielfeld schmücken diesen Ort. Es gibt Restaurants, Supermärkte, Apotheken und Banken; Rathaus, Tel. 943 730 428; Taxistand, Tel. 943 730 021.

TELLERIARTE: Kleine Ortschaft mit verstreuten Häusern. Hinter dem Dorf finden wir beim Fluss Urola den stattlichen Palacio Elorregi. Der Gebäudekomplex mit Kapelle stammt aus dem 16. Jh., die Schmiede direkt hinter der Kapelle aber aus dem Jahr 1384.

BRINKOLA: Kleines Dorf mit verstreuten Häusern. Bietet keine Infrastruktur für die Pilger.

ARANTZAZU ist der wichtigste Wallfahrtsort der Region Gipuzkoa, eines der spirituellen Zentren des Baskenlandes und obligatorische Etappe auf dem Ignatiusweg, wo wir problemlos Unterkunft und Verpflegung finden. Die Franziskaner haben über die Jahrhunderte die Überlieferung bewahrt, dass hier im Jahre 1468 die Jungfrau Maria dem Schäfer Rodrigo de Baltzategi erschienen sei. Die Jungfrau sei in einem Dornenstrauch gewesen, was den Schäfer sehr verwundert habe und zur Frage animierte: „Arantzan zu?“ („Du in einem Dornengebüsch?“). Seit diesem Erlebnis verwandelte sich der Ort in ein Zentrum der Marienverehrung und in eine viel besuchte Pilgerstätte, wie schon Ignatius in seiner Autobiografie vermerkte. Zwischen dem 16. und dem 19. Jh. wurde das Heiligtum nach verschiedenen Bränden

IGNATIANISCHE SPURENSUCHE

Ignatius will seiner Familie, die sich um seine Zukunft sorgt, keinen Schaden zufügen, aber er muss sein neues Leben beginnen – das zeigt sich bereits bei seiner ersten Rast am Wallfahrtsort Arantzazu:

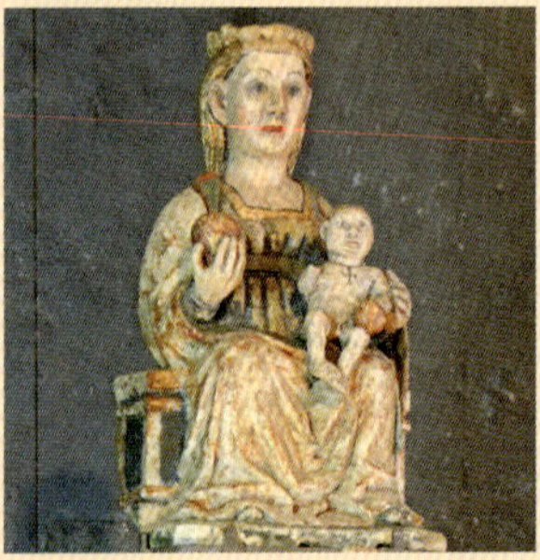

„Auf einem Maultier ritt er fort. Bis Oñate wollte ihn einer seiner Brüder begleiten. Unterwegs überredete er diesen, eine Nachtwache bei Unserer Lieben Frau von Arantzazu zu halten. In jener Nacht betete er dort inständig, um neue Kraft für seinen Weg zu schöpfen. In Oñate ließ er dann seinen Bruder bei ihrer Schwester zurück, die sie dort besuchten, und ritt selber weiter nach Navarrete."

Was mag sein Bruder gedacht haben, als er sich in Oñate von Ignatius trennte? Worüber mag Ignatius in jener durchbeteten Nacht mit Unserer Lieben Frau von Arantzazu gesprochen haben? Ein neuer Weg öffnet sich vor ihm, und seine einzige Orientierung ist sein Wunsch, unserem Herrn mehr zu dienen. Nutzen auch wir diese Gelegenheit und bitten wir um eine sichere Orientierung auf unserem Weg und um den Schutz, der uns helfen soll, Gottes Gegenwart an unserer Seite zu entdecken. Bitten wir um Schutz für alle, die wir lieben. Gewiss hat Ignatius dasselbe getan und seine ganze Familie der Gottesmutter anempfohlen.

drei Mal wieder aufgebaut. 1959 entschied man sich, eine neue Basilika zu bauen. Die Eisentore stammen vom Bildhauer Eduardo Chillida. Der Gasthof Goiko Benta Ostatua war schon zu Zeiten des hl. Ignatius ein Gasthof (das Gebäude stammt aus dem Jahr 1500) und die betagten Bewohner erzählen, dass Ignatius bei seinem Besuch von Arantzazu hier übernachtet habe.

Auch in einem Brief erwähnt Ignatius Arantzazu. Ein Brand hatte die Wallfahrtskirche verwüstet und Ignatius wurde gebeten, sich beim Papst dafür einzusetzen, dass die Wallfahrt ein Jubiläum mit Ablass abhalten dürfe. So würden viele Pilger kommen und mit den entsprechenden Einnahmen könnten die dringendsten Reparaturen finanziert werden. Ignatius antwortete, dass er keine aktive Hilfe leisten könne, denn *„weißt du, geschätzter Bruder, in den letzten zwei Monaten meiner Krankheiten stehe ich von den 24 Stunden eines Tages kaum vier vom Bette auf"*. Aber er dachte voller Zuneigung an den Wallfahrtsort und erinnerte sich *„an die Frömmigkeit dieses Ortes und wie sehr man dort Gott diene"*. Er zeigte die Bedeutung des Heiligtums für seinen eigenen spirituellen Weg auf: *„Als Gott, unser Herr, mir die Gnade erwies, mein Leben zu verändern, diente diese Kirche des Nachts meiner wachenden Seele."*

Taxis: Tel. 931 780 030; Taxistand Igorre 946 315 572

Arantzazu – Araia

↗ 664 m ↘ 743 m

„Wer eine Weile intensiv lebt, gelangt überraschend schnell zu einem Grad der Tugend, wie ihn ein träger Mensch nach vielen Jahren noch nicht erreicht.“

„Denn ich bin der Herr, dein Gott, der deine rechte Hand ergreift und der zu dir sagt: Fürchte dich nicht, ich werde dir helfen“ (Jes 41,13).

Eine weitere wunderschöne, aber herausfordernde Etappe in den Bergen liegt vor uns. Bis zur Schutzhütte von Urbia geht es steil bergan, ehe ein langer Abstieg bis Araia folgt. Ein großer Teil dieser Etappe durchquert den Nationalpark von Aizkorri-Artz, wo sich mit dem Aitxuri (1551 m) die höchsten Gipfel der Wasserscheide zwischen dem Kantabrischen Meer und dem Mittelmeer erheben. Die Quelle von Erroiti, wo der Sage nach die Jungfrau von Arantzazu erschienen sein soll, die malerische Einsiedelei von Urbia, endlose Welden und weiße Felsen machen diese Etappe zu einem bleibenden Erlebnis. Beim Abstieg bieten sich mehrere Wege an, einer führt sogar für einige Kilometer auf dem Baskischen Jakobsweg, der hier auf einer alten Römerstraße, auf der man Zeichen der Räder in den eingesunkenen Steinen sehen kann, vom Tunnel von San Adrián herunterkommt. Das lässt uns an den Pilgerpatron Jakobus denken, der in Spanien und weit darüber hinaus für das Pilgertum von großer Bedeutung ist. Wir werden ihm auf dem Ignatiusweg noch öfter begegnen, vor allem in Kirchen, und wollen bei diesen Gelegenheiten um seine Fürsprache bitten.

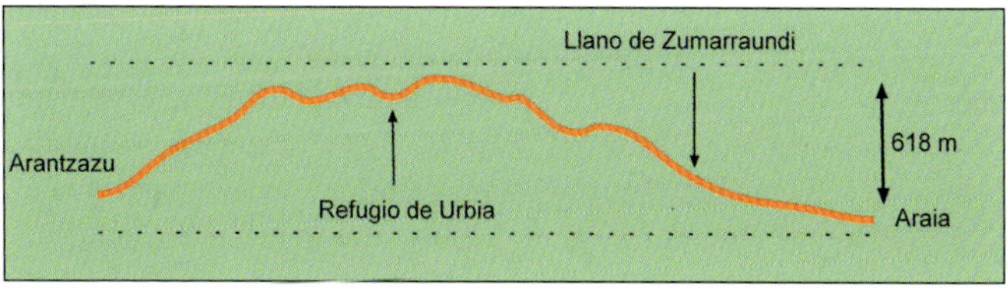

FÜR RADFAHRER: Etappe mit Schwierigkeit, man muss das Fahrrad an der Steigung schieben.

Wie in der Beschreibung ausgeführt, gibt es zwei Möglichkeiten:

a) auf dem Waldweg:

Arantzazu	km 0
Schutzhütte von Urbia	km 5
Araia:	km 17

b) auf dem breiten Weg:

Arantzazu	km 0
Schutzhütte von Urbia	km 5
Ebene von Zumarraundi:	km 12
Araia:	km 18

Unterkünfte

Araia:

- Landgasthof Mendiaxpe, c/ Salsamendi 22, Tel. 945 304 212
- Zur Not kann man in einer Turnhalle übernachten; Infos dazu im Rathaus, Tel. 945 304 006 / 945 314 566.

Weitere Landgasthöfe gibt es in den kleinen Ortschaften unweit von Araia, die teilweise auf dem Weg liegen. Es bietet sich also an, eventuell noch ein paar Kilometer anzuhängen. Eine Übernachtung in einem der Landgasthöfe kostet zwischen 25 und 55 Euro pro Nacht und die Kapazitäten sind beschränkt. Deshalb ist es notwendig, vorher anzurufen. Die weiteren Übernachtungsmöglichkeiten in der Umgebung sind:

- Zalduondo (nicht direkt am Weg, aber am Jakobsweg, siehe Karte): Landgasthof Aizkomendi, c/ Errotalde 5, Tel. 679 908 531, Landgasthof Eikolara Landaetxea, Carretera Arbinatea 30, Tel. 629 407 767 / 945 304 332
- Albeniz (auf der nächsten Etappe): Gemeindehaus, Tel. 945 261 676
- San Román (auf der nächsten Etappe, nicht direkt am Weg): Hotel Andamur, Siedlung Okiturri, Carretera N-I, Tel. 945 314 783
- Eguino (nicht direkt am Weg, etwa 5 km östlich von Araia): Casa de Oración Haiztur, c/ San Esteban 1, Tel. 945 314 637; E-Mail: mercedariase@yahoo.es
- Ibarguren (nicht direkt am Weg, westlich von San Román): Landgasthof Legaire Etxea, c/ San Martín 2, Tel. 626 895 798

Wegbeschreibung

Wir folgen den rot-weißen Markierungen des GR in Richtung Urbia. Dazu lassen wir die Wallfahrtskirche rechts hinter uns und gehen die Straße nach oben in Richtung der letzten Häuser. Den Hinweisschildern nach Urbia folgend, steigen wir stetig bergan und gehen immer geradeaus. In der Nähe einer Quelle kommen wir an eine Kreuzung mit drei Wegen, von denen wir den mittleren nehmen, und folgen weiter den Schildern nach Urbia. Nach einigen Minuten auf einem breiten, schattigen Weg stoßen wir links auf die Quelle von Erroiti.

Der Weg geht im Zickzack durch schattenspendenden Eichen- und Pinienwald weiter aufwärts auf den Hügel von Elorrola. Dabei folgen wir immer den rot-weißen GR-Markierungen und kommen schließlich auf dem Pass an. Wir gehen auf dem gleichen Weg weiter und erreichen bald die Einsiedelei **Nuestra Señora de Urbia** (1924), einen wunderschönen Platz mitten in den Bergen mit Weiden, Bäumen, Schäferhütten und Weidevieh. Wenn wir auf demselben Weg weitergehen, erreichen wir bald die Schutzhütte von Urbia. Im Sommer kann man hier einkehren und es ist ein schöner Ort für eine Stärkung nach dem anstrengenden Aufstieg.

Ohne abzubiegen gehen wir auf dem gut sichtbaren und breiten Weg weiter. Kurz darauf kommen wir an einigen Schäferhütten inmitten von Wiesen vorbei. Etwas weiter sehen wir den prähistorischen Monolithen von Zorrotzari und unweit davon die Schutzhütte Perusaroi. Immer geradeaus gehen wir nun steil abwärts, um gleich danach wieder aufzusteigen. Hier haben wir nun **zwei Alternativen:** Wir können auf dem breiten Weg bis Araia weiterwandern oder dem

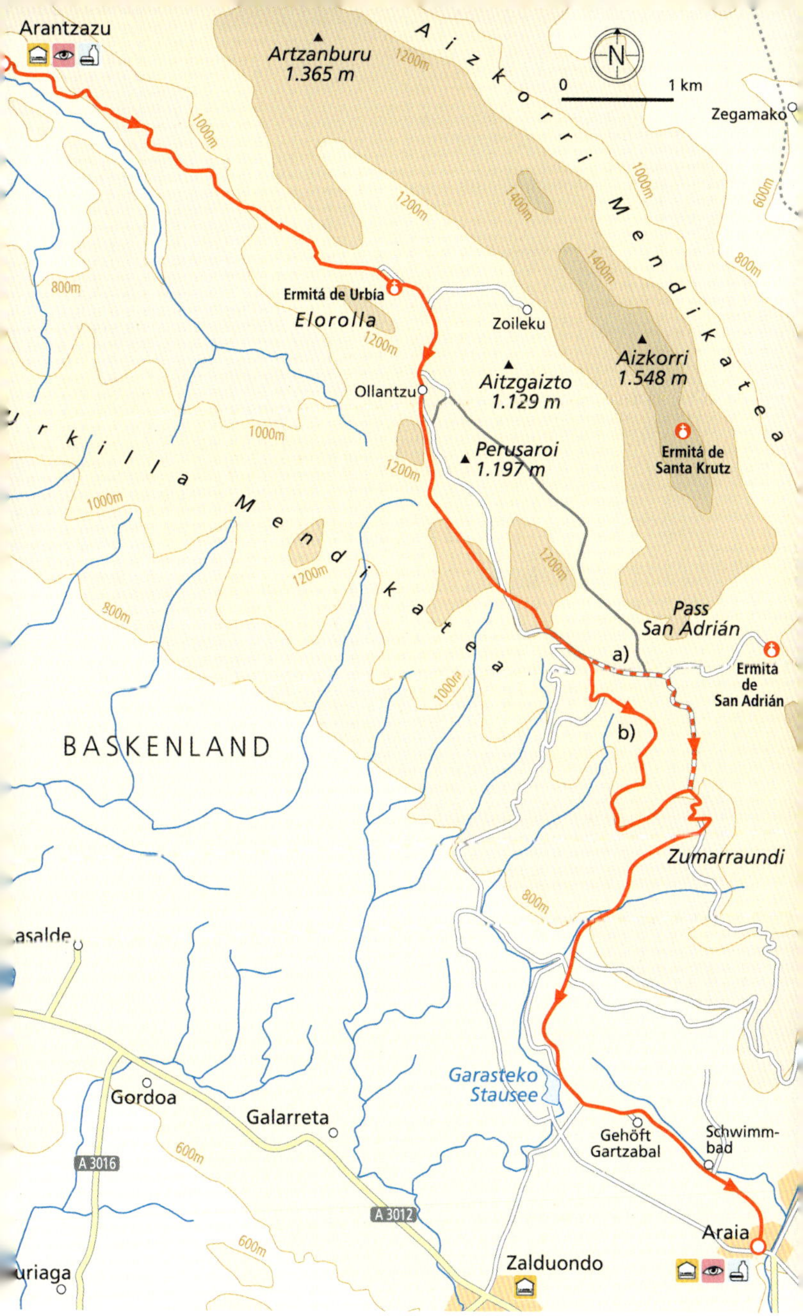

Pfad mit den GR-Markierungen nach links in den Wald hinein folgen. Auch dieser Weg führt uns nach Araia.

a) Der **Weg durch den Wald** ist vor allem für die Wanderer geeignet, obwohl es manchmal nicht einfach ist, sich zu orientieren. Zuerst kommen wir zu den Strommasten, dann durchqueren wir Wälder und schließlich ist der Weg mit dem Jakobsweg identisch. Die

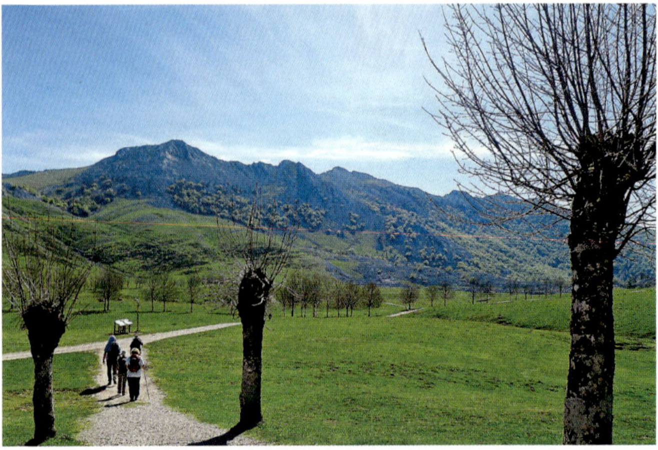

Bei der Einsiedelei von Urbia

gelben Pfeile des Jakobsweges führen uns kurz darauf auf die Straße.

b) Wenn wir immer auf dem **breiten Weg** bleiben – was bei Regen, Schlamm oder Nebel und für die Radfahrer auf jeden Fall zu empfehlen ist –, stoßen wir bald auf die gelben Pfeile des Jakobsweges, die uns aber nicht nach Araia, sondern nach Zalduondo bringen würden. Deshalb folgen wir den gelben Pfeilen nach einigen Kilometern nicht mehr, sondern gehen auf der Straße weiter.

Wir erreichen am Waldrand eine Lichtung: **Zumarraundi**. Rechts von uns beginnt eine kleine asphaltierte Straße, die uns nach Araia bringt. Wir gehen immer auf der Straße abwärts und kommen an eine Wegkreuzung, wo wir uns links halten. (Wir nehmen also weder den mit PRA-3012 markierten Weg noch den GR-25, der später auftaucht. Er führt auch nach Araia, aber über einen Umweg, auf dem wir Zeit verlieren.) Der Weg nach Araia ist gut markiert. Rechts von uns sehen wir das Gehöft Gartzabal. Wir gehen auf der asphaltierten Straße weiter und kommen nach dem Schwimmbad in den Ort **Araia**.

Orte und Sehenswürdigkeiten

ARAIA ist das Hauptdorf des Gemeindebezirks Asparrena, in dem zehn Dörfer zusammengefasst sind. Mit mehr als 1500 Einwohnern ist Araia das Dienstleistungszentrum des Gemeindebezirkes. Das Rathaus im barocken Stil ziert ein Wappen mit dem Symbol der Bruderschaft von Asparrena. Die Kirche San Pedro stammt aus dem 15. Jh. und hat im Innern einen neoklassischen Altaraufsatz. Es gibt ein Restaurant, einen Supermarkt, eine Apotheke und eine Bank.

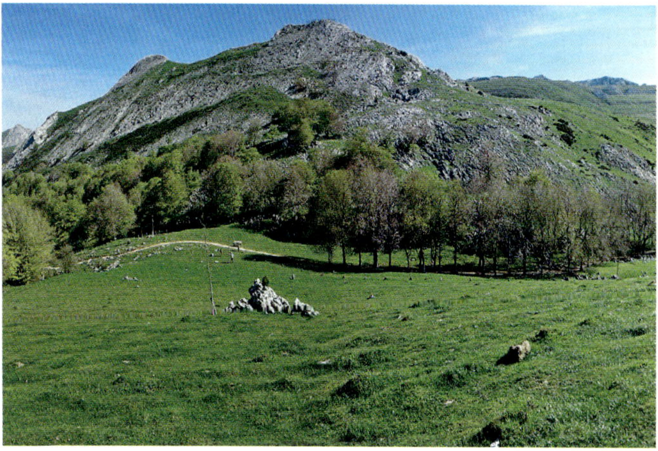

Wiesenlandschaft bei Urbia

Achtung: In Alda, unserem nächsten Etappenziel, gibt es weder Geschäfte noch Restaurants. Man sollte also gleich hier noch etwas für den nächsten Tag einkaufen.

Taxis: Taxi Elizondo (Agurain), Tel. 608 871 820; Juan Francisco González Flores (Agurain), Tel. 945 301 113

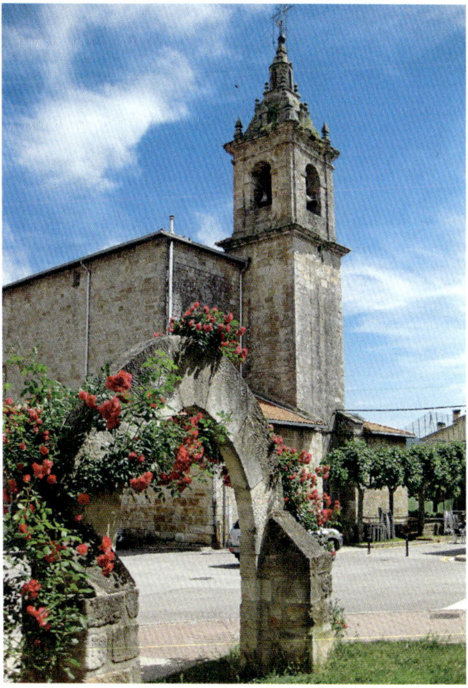

Araia, Pfarrkirche San Pedro

4. ETAPPE

22 KM

Araia – Alda

↗ 723 m ↘ 515 m

„Nichts vermag der Wahrheit lange zu widerstehen: Vielleicht werden wir angegriffen, aber niemals überwunden."

„Blinde führe ich auf Wegen, die sie nicht kennen, auf unbekannten Pfaden lasse ich sie wandern. Die Finsternis vor ihren Augen mache ich zu Licht; was krumm ist, mache ich gerade. Das sind die Taten, die ich vollbrachte, und ich lasse davon nicht mehr ab" (Jes 42,16).

Wir durchqueren heute das Tal, das Vitoria mit Pamplona verbindet, und steigen zum Kammgebirge Entzia auf, dem westlichsten Teil der Bergmassive von Urbina und Andia. Ab dem Bicuña-Pass führt die Etappe auf Hochebenen weiter zu den Pässen Iturrieta und Puerto Nuevo und schließlich nach unten ins Arana-Tal mit seiner spektakulären Schönheit. Die rot-weißen Markierungen auf Steinen und an Bäumen geben uns Sicherheit, die Bäume am Wegrand spenden Schatten und unser Blick geht über die Berge am Horizont. Es ist wichtig, dass wir genügend Trinkwasser mitführen und bei Regen oder nassen Wegen (Schlamm!) vorsichtig sind. Bei Schnee sollte man den Weg nicht machen und wie die Radfahrer auf die Straßen ausweichen.

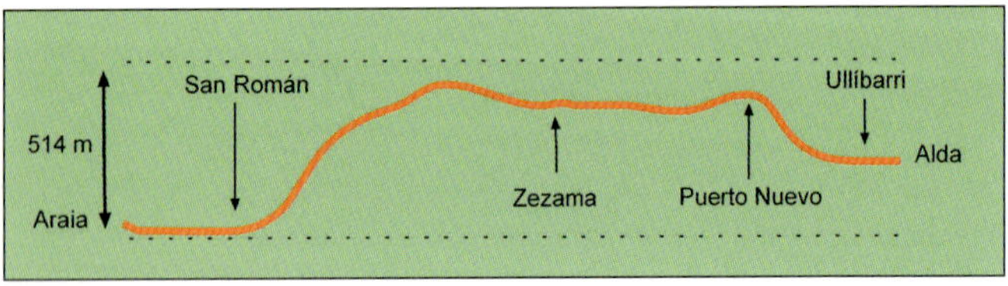

FÜR RADFAHRER: Sehr schwierige Etappe. Der Aufstieg von San Román zum Puerto Bicuña ist sehr steil und im oberen Teil des Weges gibt es einige schlammige Abschnitte. Die Pfade weiter zum Opakua-Pass sind mit dem Fahrrad nicht befahrbar, daher ist es besser, in San Román der A-3138 in Richtung Westen zu folgen und auf der A-2128 den Puerto Opakua in Angriff zu nehmen. Auch die Abfahrt vom Puerto Nuevo kann etwas schwierig sein, daher empfiehlt es sich, gleich die Straße nach Kontrasta zu wählen und von dort weiter nach Ullibarri zu fahren.

Araia:	km 0	Albeiz:	km 2,2
San Román:	km 4,3	Puerto de Entzia (Bicuña):	km 11,9
Puerto Nuevo:	km 18,5	Ullíbarri:	km 20,5
Alda:	km 22		

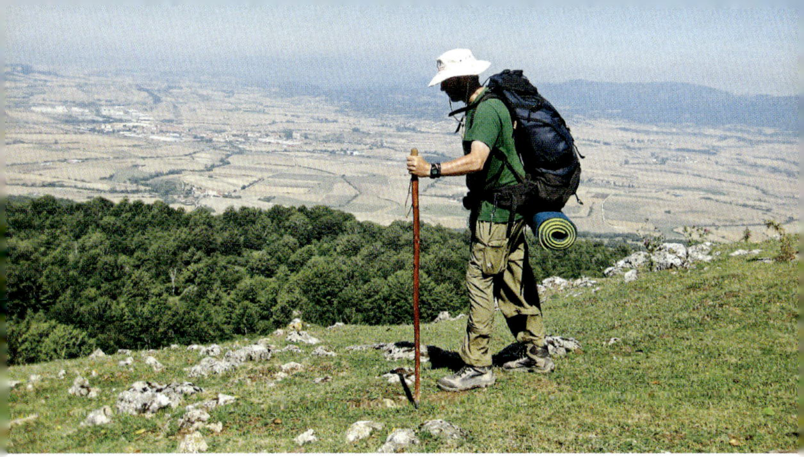

Blick vom Prado de Zezama ins Tal

Unterkünfte

Alda:

☆ Landgasthof Biltegi Etxea, c/ Carretera 3, Tel. 945 406 006 / 656 762 793 (in jedem Fall vorher anrufen, um ein Bett zu reservieren!)

Wegbeschreibung:

Wir starten in Araia in der Calle Presalde, treffen kurz darauf auf die Calle Santsarreka und biegen dann links in eine Straße ein, die zur Schule und zum Kulturhaus des Dorfes führt. Bei einer Wegkreuzung biegen wir rechts ab. Bis zur nächsten Kreuzung folgen wir dem gut ausgebauten Feldweg und dort gehen wir links. An der nächsten Kreuzung halten wir uns rechts und gehen weiter in Richtung Albeiz, das direkt vor uns liegt und das wir nicht verfehlen können.
Wir überqueren die Straße, kommen an der Kirche vorbei und gehen weiter zum Bahnhof, der am anderen Ende des Dorfes und links von uns liegt. Wir überqueren die Bahngleise, halten uns rechts und treffen auf einen asphaltierten Weg, der uns zu einer Brücke über die Schnellstraße E-5 bringt. Wir gehen über die Brücke und weiter in Richtung San Román. Wir erreichen **San Román** und gehen auf der Calle Mayor mitten durch das Dorf, bis wir am Dorfende auf einen

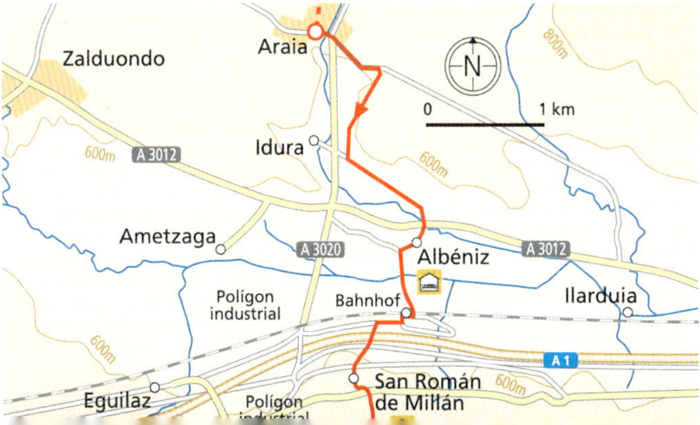

Brunnen stoßen. Hier biegen wir links ab und nach 70 m gehen wir nach rechts. Wir sehen einen Wegweiser mit den Markierungen für den GR-25 in Richtung Bicuña und Markierungen des GR-120, die uns heute den ganzen Tag begleiten.

Im weiteren Verlauf teilt sich der Weg zweimal: das erste Mal nach ca. 250 m, wo wir uns links halten. Das zweite Mal 150 m weiter, wo wir ebenfalls links weitergehen. Ab hier gehen wir nicht mehr auf dem GR-25, sondern nehmen den Weg aufwärts Richtung **Puerto Bicuña**. Wir bleiben jetzt immer auf dem gleichen Weg, der bei nassem Wetter aufgrund des Schlammes schwer begehbar ist. Wir kommen zu einem Viehgatter und lassen es offen oder geschlossen, je nachdem, wie wir es angetroffen haben. Wir gehen weiter aufwärts und erreichen auf rund 1175 Höhenmetern eine Wegkreuzung mit den Markierungen des GR-282 und des GR-120. Wir gehen rechts und folgen jetzt auf ebenem Weg dem GR-282 und dem GR-120. Auch das nächste Viehgatter lassen wir so, wie wir es angetroffen haben. Ein Wegweiser informiert uns: „San Vicente de Arana. 17 km". Diesen rot-weißen Markierungen folgen wir jetzt und gehen mit Vorsicht, da wir uns wieder in der Nähe eines steilen Abgrundes befinden. Besonders vorsichtig muss man an nebligen Tagen sein. Wir orientieren uns an den GR-Markierungen auf den Steinen und an den Bäumen. Der Weg ist zu einem Pfad geworden. Schließlich kommen wir auf der Ebene von **Zezama** an.

Hier verlassen wir den GR-282, biegen im 90-Grad-Winkel links ab und kommen an einem Viehstall mit Holzzaun an, den wir links hinter uns liegen lassen. Wir sollten auf die wenigen gelben Pfeile achten, um auf dem GR-120 zu bleiben. Dabei folgen wir den Traktorspuren und überqueren die Wiesenlandschaft von Zezama. Wir nähern uns einem Schafgehege, das hinter einigen Bäumen auftaucht und von einer kleinen Mauer umzäunt wird. Danach gehen wir rechts und nach ca. 150 m aufwärts erreichen wir einen Schotterweg in recht gutem Zustand, den wir jetzt weiter entlanggehen.

Schließlich erreichen wir auf diesem Weg eine asphaltierte Straße. Direkt vor uns beginnt bei einigen Gehegen ein schmaler Weg. Wir sind bei der Parzonería von Entzia und von Iturrieta. Wir gehen geradeaus und folgen den Spuren der Traktoren. Der Weg endet schließlich in einer Wiese, wo man nur noch raten kann, wie der Weg weiter verläuft. Wir halten uns rechts und gehen bergan bis zu einem Schotterweg, den wir rechts einschlagen. Wir erreichen die asphaltierte Landstraße A-2128, die vom **Opakua-Pass** (links) herführt. Auf ihr gehen wir kurz links weiter, kommen an einer Wetterstation vorbei und biegen dort rechts ab. Auf wenig ausgetrampelten Pfaden geht es weiter und wir versuchen, die Richtung zu halten. Nach einem Kilometer erreichen wir eine kleine Wiese im Wald, wo wir im 90-Grad-Winkel links abbiegen und so zu einem gut ausgebauten Weg kommen, der uns zur Straße auf den **Iturrieta-Pass**, die

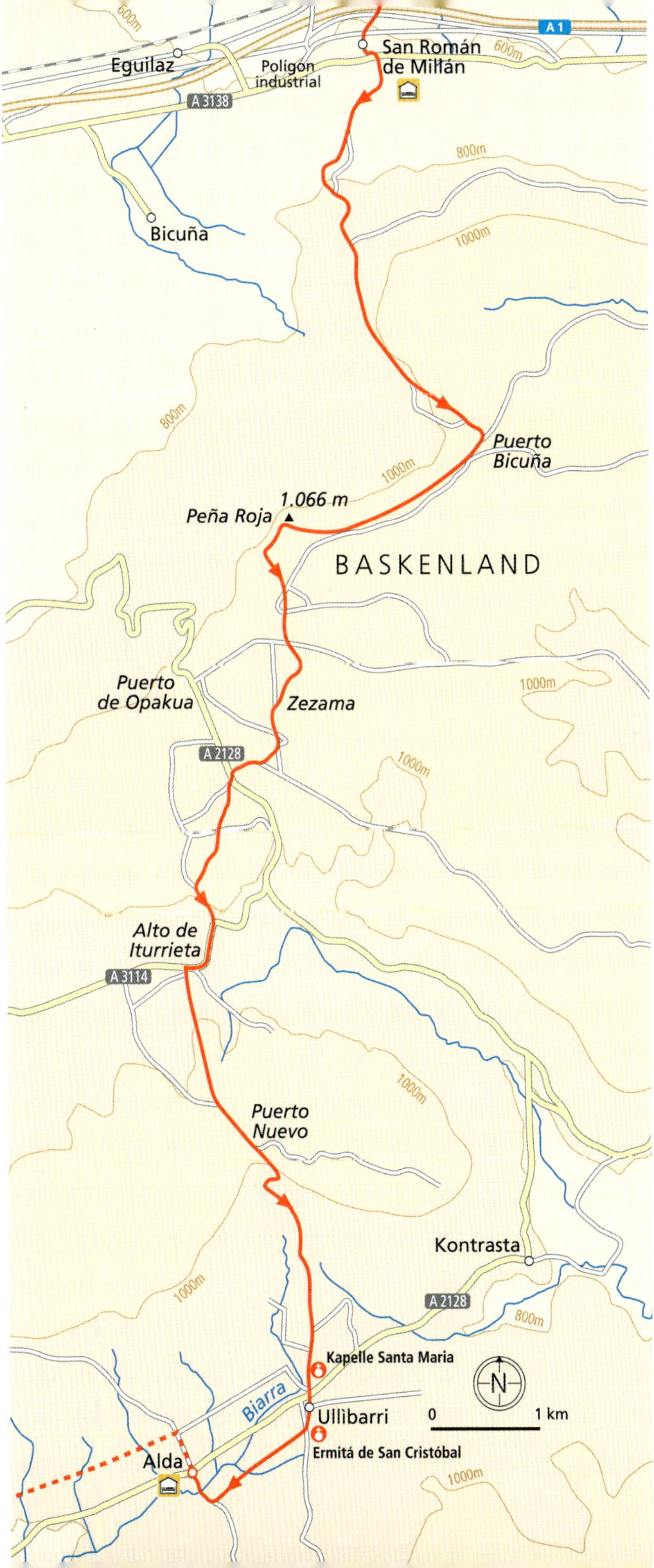
A 1
San Román
de Millán
Eguilaz
Polígon
industrial
A 3138
600m
800m
1000m
Bicuña
Puerto
Bicuña
1.066 m
Peña Roja
BASKENLAND
Puerto
de Opakua
Zezama
A 2128
Alto de
Iturrieta
A 3114
Puerto
Nuevo
Kontrasta
A 2128
Kapelle Santa Maria
Biarra
Ullibarri
Ermitá de San Cristóbal
Alda
0
1 km
N

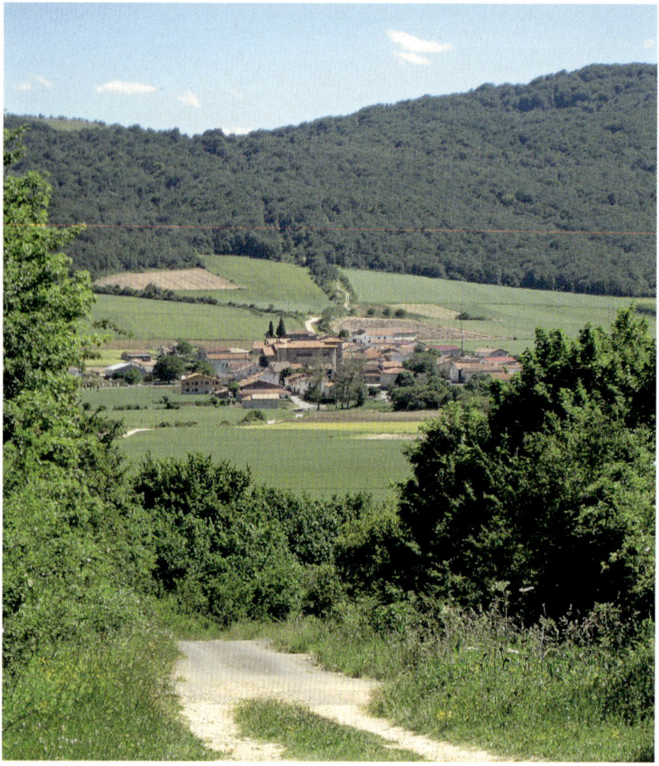

Ullíbarri im Arana-Tal

A-3114, bringt. Auf dieser rechts weiter erreichen wir nach 500 m den Pass (990 m).

Hier nehmen wir den Weg, der links beginnt. Auf ihm entfernen wir uns von der Landstraße, immer geradeaus und in etwas weniger als 2 km sind wir am Puerto Nuevo (1048 m). Knapp 17 km haben wir auf der heutigen Etappe nun schon zurückgelegt, jetzt geht es rund vier Kilometer abwärts nach Alda.

Am Puerto Nuevo angekommen, müssen wir sehr aufmerksam sein: Es gibt weder Wegweiser noch Markierungen. Wir sollten auf den Punkt achten, wo der Weg eine scharfe Linkskurve macht. Dort verlassen wir die Straße nach rechts und gehen direkt in Richtung Arana-Tal auf einem Weg, der direkt vor uns nach unten führt. Ein Viehgatter und weiß-gelbe Markierungen helfen uns, den Weg zu finden. Nach 1,2 km erreichen wir landwirtschaftlich genutzte Felder und einen Stausee, den wir rechts von uns liegenlassen. Immer geradeaus und ohne abzubiegen kommen wir in die Ortschaft **Ullíbarri**. Am Ortseingang sehen wir links die Einsiedelei Santa María de Andramari. Wir gehen durch das Dorf und kommen an der Kirche vorbei. Am Ende der Calle Mayor befindet sich die Kapelle San Cristóbal.

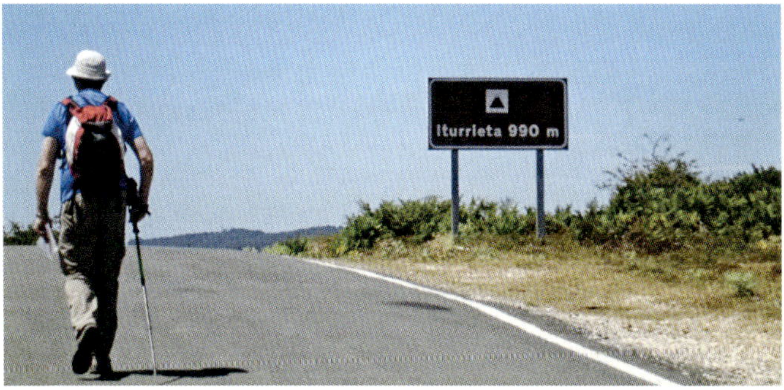

Am Puerto de Iturrieta

Hier gabelt sich die Straße und wir gehen rechts direkt nach **Alda**, unserem heutigen Ziel.

Orte und Sehenswürdigkeiten

ULLÍBARRI: Kleine Ortschaft mit überdachter Sportanlage und einer Bar.

ALDA: Sehr kleiner Ort. Es gibt weder Geschäfte noch Restaurants oder Bars und deshalb sollte man etwas für das Abendessen und das Frühstück mitbringen. Rathaus, Tel. 945 406 006.
Bis San Vicente de Arana, dem nächsten Ort auf dem Pilgerweg, wo es einen Laden, ein Restaurant und zum Übernachten eine kleine Pilgerherberge gibt, sind es 3,3 km.

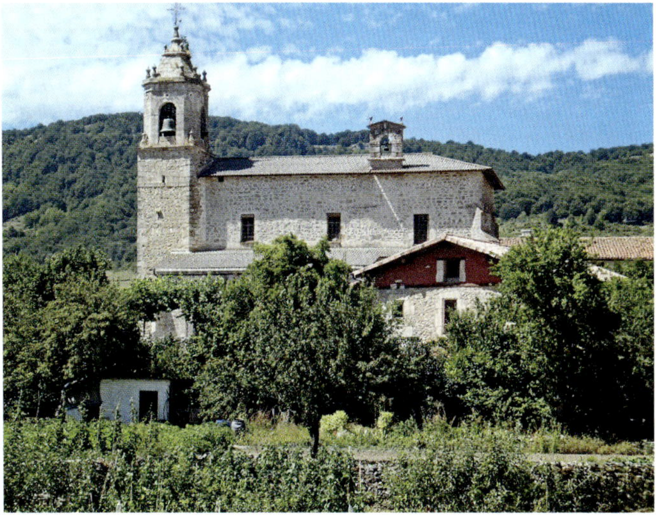

Alda

Alda – Genevilla

↗ 303 m ↘ 437 m (Oteo – Antoñana)

„Es ist gefährlich, alle denselben Weg einschlagen zu lassen; und noch schlimmer, die anderen an sich selbst zu messen."

„Herr, du hast mich erforscht und du kennst mich. Ob ich sitze oder stehe, du weißt von mir. Von fern erkennst du meine Gedanken. Ob ich gehe oder ruhe, es ist dir bekannt; du bist vertraut mit all meinen Wegen" (Ps 139,1–3).

Diese Etappe sollten wir in Ruhe genießen. Nachdem wir auf einem Feldweg San Vicente de Arana erreicht haben, können wir zwischen dem GR-120, der über Antoñana führt, und einem Radweg für Mountainbikes (BTT-13) wählen, der unser Etappenziel über die Ortschaft Orbiso ansteuert und um 5 km kürzer ist. Beide Wege sind schön und führen durch malerische Dörfer. In Santa Cruz de Campezo, dem größten Ort der heutigen Etappe, führen die beiden Wege wieder zusammen. Am Marktplatz sollten wir die Gelegenheit nutzen, Essen für den Aufenthalt in Genevilla einzukaufen, denn dort gibt es keine Möglichkeit, den Proviant aufzufrischen. Auf dem GR-1 erreichen wir schließlich durch einen schönen, schattigen Eichen- und Steineichenwald unser Etappenziel Genevilla.

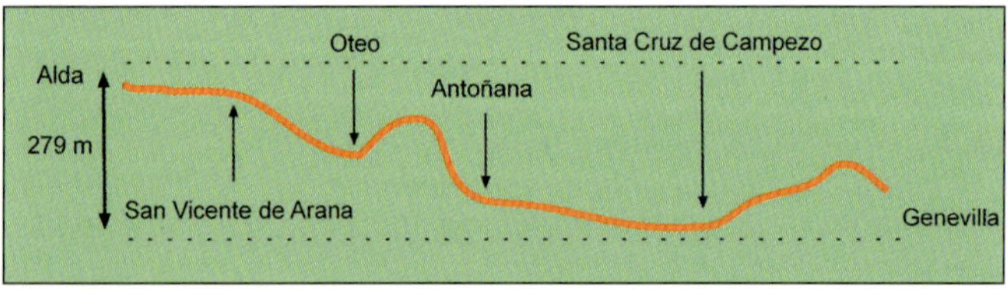

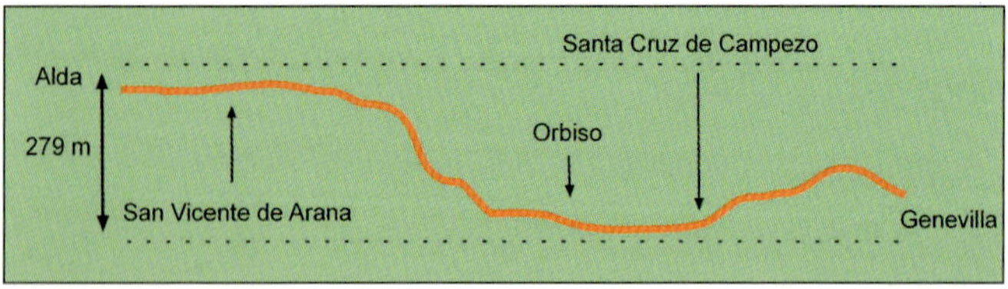

FÜR RADFAHRER: einfach. Der Weg (a) über Oteo und Antoñana ist für Fahrradfahrer nicht empfehlenswert, da es auf dem ersten Abschnitt viele schmale Pfade gibt.

a) über Antoñana		**b) über Orbiso**	
Alda:	km 0	Alda:	km 0
S. Vicente de Arana:	km 3,3	S. Vicente de Arana:	km 3,3
Oteo:	km 6,8	Orbiso:	km 10,4
Antoñana:	km 11,2	St. Cruz de Campezo:	km 13,5
St. Cruz de Campezo:	km 18,7	Genevilla:	km 18,8
Genevilla:	km 24		

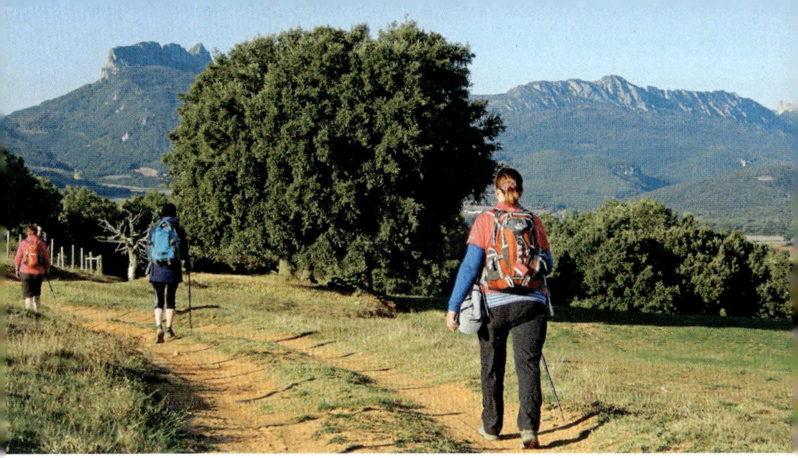

Zwischen zwei Bergetappen heißt es genießen!

Unterkünfte

San Vicente de Arana:

- Vor kurzem wurde eine Pilgerherberge eröffnet, Reservierung im Rathaus, Tel. 945 406 065.

Orbiso:

- Agroturismo Mariví, c/ Herrería 7-9, Tel. 945 415 030

Santa Cruz de Campezo:

- Bei der Einsiedelei Nuestra Señora de Ibernalo (ca. 1,5 km vom Dorf entfernt) befindet sich der Landgasthof Ibernalo, aber das Restaurant ist nicht immer geöffnet. Das heißt, man sollte das Abendessen und Frühstück mitbringen. Ctra. Ermita de Ibernalo s/n, Tel. 945 102 271 / 647 911 484.

Genevilla:

- Landgasthof Usategieta (10 % Ermäßigung für Pilger), Tel. 649 851 602 / 948 378 926
- Landgasthof El Encinedo (wird nur komplett vermietet), Calleja el Nte. 2, Tel. 948 44 40 16

Wegbeschreibung:

Wir nehmen den Feldweg, der hinter einigen Häusern beim Rathaus beginnt. An der ersten Kreuzung gehen wir links und dann auf einem Feldweg, der parallel zur Straße verläuft, immer geradeaus, bis wir nach **San Vicente de Arana** kommen. Wir gehen zum Dorfbrunnen und zur Kirche, die Ende des 16. Jh. erbaut wurde. Auf der Calle Uriondo, direkt hinter der Kirche, verlassen wir das Dorf wieder. Wir halten uns rechts und folgen den rot-weißen Markierungen des GR-282 und des GR-120.

Hier haben wir zwei Möglichkeiten: Die erste Option (a) bringt uns durch die Dörfer Oteo und Antoñana nach Santa Cruz. Bei der zweiten Option (b) kommen wir durch Orbiso. Das Ziel ist bei beiden Wegen das gleiche.

Variante a) Wir folgen der Calle Uriondo und biegen bei den letzten Häusern des Dorfes am ersten Weg rechts ab. Der Weg ist nicht gut ausgebaut, aber als GR-282 und GR-120 bestens markiert. Wir folgen den rot-weißen Markierungen und wandern durch die Felder, bis wir auf einen Feldweg stoßen. Dort biegen wir nach rechts ab und gehen etwas aufwärts, bis wir zur Landstraße A-2128 kommen, die etwas unterhalb von unserem Standort zu sehen ist. Wir bleiben immer auf dem gleichen Weg, der parallel zur Straße verläuft, bis wir zu einem kurzen Gefälle kommen, über das wir die Straße erreichen und sie überqueren. Auf der anderen Seite sehen wir wieder die GR-Markierungen, denen wir bis Oteo folgen. Der Weg geht parallel zur Straße, die links von uns und etwas oberhalb liegt. Kurz vor dem Dorf **Oteo** überqueren wir noch einmal die Straße und sind schon am Ortseingang.
Wir durchqueren das Dorf auf der Calle de Abajo und verlassen es auf einem Feldweg, der sich am Horizont verliert. Die rot-weißen Markierungen geben uns Orientierung. Bald stoßen wir auf eine erste Kreuzung, bei der wir uns rechts halten. Wir gehen geradeaus auf dem gut ausgebauten Weg und biegen nicht ab, bis wir in Sichtweite von **Antoñana** kommen. An diesem Punkt biegen wir nach rechts ab und erreichen schon bald das Dorf.

Wir gehen hinter der Kirche vorbei und nähern uns der Landstraße A-132. An dieser Straße gehen wir rechts und kommen zu einer Fußgängerbrücke, die uns zum alten Bahnhof bringt, der vor kurzem renoviert wurde. Ab hier gehen wir bis Santa Cruz de Campezo auf der alten Zugstrecke. Wir lassen den Bahnhof rechts hinter uns und kommen zur Landstraße A-3136, auf der wir nach links weitergehen. Wir gehen geradeaus und nach ca. 500 m biegen wir nach links auf einen Feldweg ab, der uns zu einer kleinen Brücke führt. Die Wegweiser zeigen in die entgegengesetzte Richtung, aber wir wandern weiter, bis wir Santa Cruz de Campezo erreichen.
Immer geradeaus auf dem gleichen Weg erreichen wir eine Brücke, die uns über die Landstraße A-132 führt. Die Straße ist jetzt rechts von uns und wir laufen geradeaus, bis wir zu einer Straßenkreuzung kommen. Hier treffen wir auf die Pilger, welche die Variante über Orbiso gewählt haben. Auf der Calle Arrabal kommen wir nach **Santa Cruz de Campezo.**

Variante b) Wer in San Vincente den Weg über Orbiso, auch „Camino de los Alaveses" genannt, wählt, geht in der Calle Uriondo weiter geradeaus auf der asphaltierten Straße. Dieser Weg ist mit orangefarbenen Schildern markiert und als Radweg gekennzeichnet. Wir gehen geradeaus in Richtung der Felder. Links sehen wir einen Bauernhof und wir gehen auf dem gut ausgebauten Weg weiter aufwärts. Nachdem der Weg endet, halten wir uns links und gehen in Richtung Wald. Wir folgen den Markierungen eines Radweges für

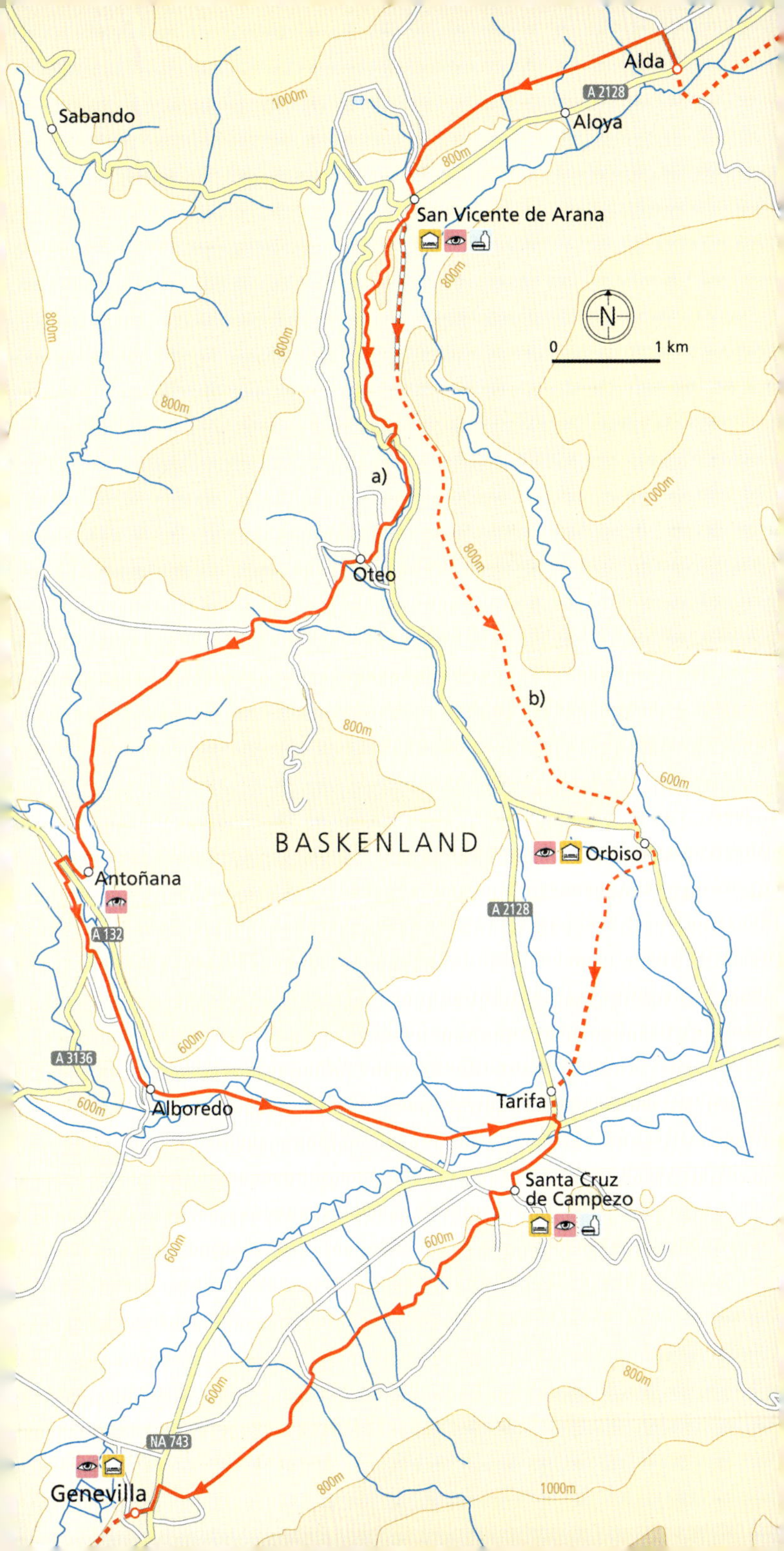
Alda
A 2128
1000m
Aloya
Sabando
800m
San Vicente de Arana
800m
0
1 km
800m
800m
800m
a)
1000m
Oteo
800m
b)
800m
600m
BASKENLAND
Orbiso
Antoñana
A 2128
A 132
A 3136
600m
Alboredo
600m
Tarifa
Santa Cruz
de Campezo
600m
600m
600m
800m
NA 743
Genevilla
800m
1000m

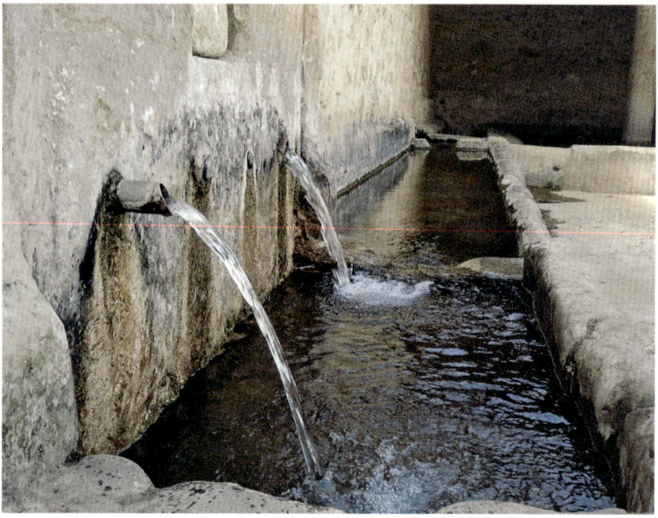

Alter Brunnen in Orbiso

Mountainbikes (BTT-13, www.paisvascoturismo.net), können den schönen Abschnitt mit schattenspendenden Bäumen am Wegrand genießen und erreichen ohne abzubiegen **Orbiso.** Am Ortseingang haben wir eine schöne Wasserstelle (Trinkwasser) mit drei sprudelnden Wasserquellen.

Das Dorf durchqueren wir auf der Calle Mayor und am Ende biegen wir rechts ab, danach nach links, um auf die Straße zu kommen, die nach Santa Cruz de Campezo führt. 200 m hinter dem Dorf verlassen wir die Straße und biegen rechts in einen asphaltierten Weg ein. An der ersten Kreuzung gehen wir links. Auf der rechten Seite befindet sich ein Bauernhof. Wir wandern immer geradeaus auf dem gleichen Weg. Hinter einigen Häusern kommen wir zur Landstraße A-2128. Hier gehen wir links und erreichen einen Kreisverkehr am Ortseingang von **Santa Cruz de Campezo.** Dort treffen wir wieder auf die Pilger, die von Antoñana kommen. Über die Calle Arrabal nähern wir uns dem Dorfzentrum mit der Plaza Mayor. Hier befinden sich auch die Asunción-Kirche und die Calle Yoar.

Um die Landstraße A-126 bzw. NA-743 zu vermeiden, nehmen wir die „Senda de la Torca", um nach Genevilla zu gelangen. Eine rot-weiße GR-Markierung (GR-1) hilft uns bei der Orientierung. Etwa 200 m nach Santa Cruz verlassen wir diesen breiten Weg und nehmen einen unscheinbaren Pfad, der hier rechts beginnt. Ohne Probleme folgen wir den GR-Markierungen durch einen schönen Eichenwald. Nach ca. 4,5 km stoßen wir auf die NA-743 und gehen nach links weiter bis **Genevilla.**

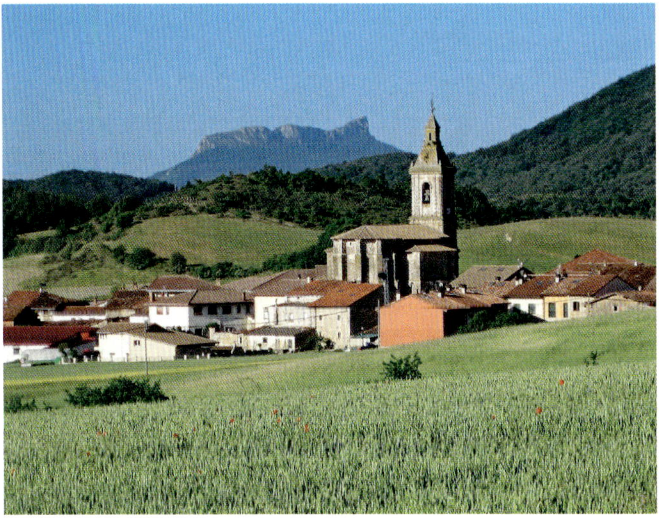

San Vicente de Arana

Orte und Sehenswürdigkeiten

SAN VICENTE DE ARANA: Im Park am Ortseingang dieses kleinen Dorfes steht vom 3. Mai bis September ein Maibaum, der die Felder schützen soll. Der Baum wird von den Männern des Dorfes von ganz oben in den Bergen geholt. Einer alten Überlieferung folgend befestigen sie am Baum eine Windfahne und rammen Scheren in den Stamm, welche Wolken und Gewitter davon abhalten sollen, ihre Hagelkörner auf den Feldern abzuladen. Ein eingelegtes Kreuz aus Wachs symbolisiert die Mühen und die Arbeit der Dorfbevölkerung, die für ihre Ernten kämpfen. Um dem Baum noch mehr Macht zu verleihen, wird auch das Kreuz, das am vergangenen Gründonnerstag benutzt wurde, an den Baum geheftet. Der Verantwortliche für dieses Ritual, Don Vicente, versichert, dass die Ernte seit 70 Jahren nie mehr vom Hagel zerstrört wurde. Er erklärt den Besuchern des Ortes auch das Gebet, das zwischen Mai und September jeden Mittag um 12.30 Uhr gesprochen wird, während die Glocken läuten: *„Tente, tin, tente, nublo, no te caigas sobre mi. Guarda el pan, guarda el vino, guarda el campo, que está florido.“* (Tente, tin, tente nublo, fall nicht auf mich. Bewahre das Brot, bewahre den Wein, bewahre das Feld, das blüht.) In der Kirche gibt es einen eindrucksvollen Renaissance-Altaraufbau. Im Ort finden wir auch ein Restaurant und einen Laden.
Taxi: Juan Pérez, Tel. 945 406 064 / 659 641 183

ANTOÑANA: Kleines Dorf, das zur Gemeinde Campezo gehört. In den Wäldern werden Trüffel gezüchtet und geerntet. Das Dorf wurde

1182 von König Sancho el Sabio von Navarra als Festungsdorf gegründet. Die Geschichte des Dorfes spiegelt sich wider in den prachtvollen Steinhäusern wie dem Wohnturm in der Calle Arqillos de Abajo aus dem 13. Jh. direkt neben der alten Dorfmauer. Die Kirche San Vicente Mártir wurde an Stelle einer früheren Kirche errichtet, die Teil der Festung war. Der Säulengang und das Portal sind aus dem 18. Jh. und der Turm wurde im neoklassizistischen Stil errichtet. Am Ortsausgang befindet sich das Museum der Bahnlinie Baskenland–Navarra, die den Ort Estella mit Vitoria verband. Heute ist die stillgelegte Bahnlinie eine 25 km lange Via Verde (Grüner Weg), die gerne von Fahrradfahrern benutzt wird.

ORBISO: Kleines Dorf mit einer glänzenden Epoche im 16. Jh. Neben der Kirche befindet sich ein großes Wohnhaus mit einem Wappen mit den Waffen des Ochoa de Alda (1790). Am Ortseingang können wir einen schönen öffentlichen Waschplatz mit Trinkwasser aus dem Jahr 1806 bewundern. Die Pfarrkirche wurde zu Ehren des Apostels Andreas gebaut und hat einen schönen barocken Turm, vollendet mit einer eiförmigen Kuppel und einem zylindrischen Aufsatz. Er stammt aus der zweiten Hälfte des 18. Jh. Das Kirchenschiff selbst mit quadratischer Grundfläche wurde im 16. Jh. erbaut und hat im Inneren ein Altarbild, das dem hl. Jakobus gewidmet ist. Dies deutet auf vorbeikommende Pilger hin.

SANTA CRUZ DE CAMPEZO: Hauptgemeinde von fünf Ortschaften. Das Land von Campezo war schon 18 vor Christus vom Stamm der Varduli besiedelt. Im Jahr 823 verwüstete der arabische General

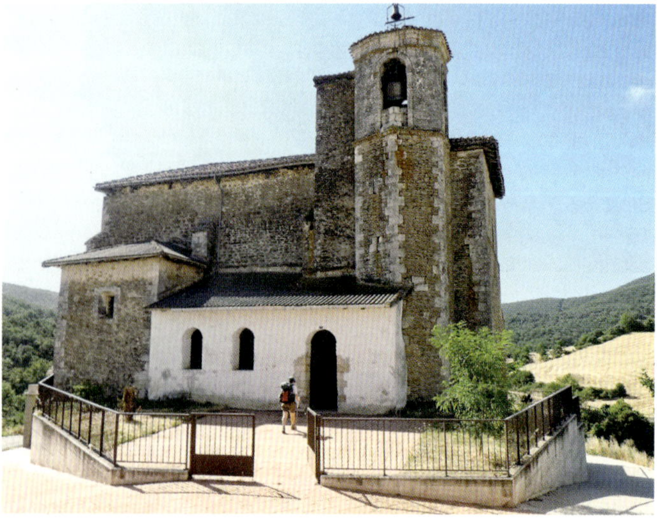

Oteo

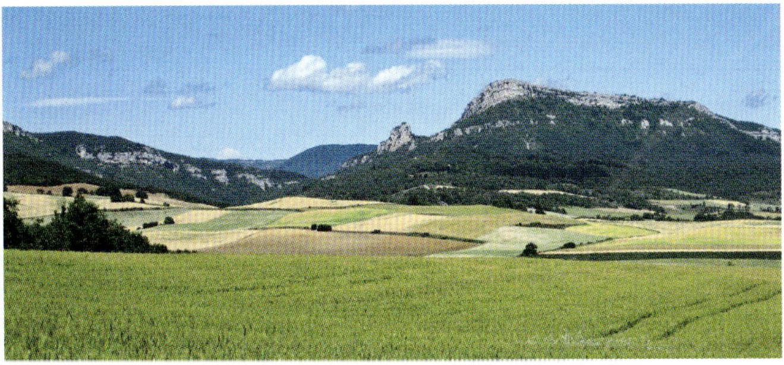

Blick übers weite Land

Abd-Al-Karin das Campezo-Tal, zerstörte die Dörfer und verbrannte die Ernte. Das Tal wurde unter König Alfons VI. von Kastilien wieder aufgebaut. Im 12. Jh. war Santa Cruz eine von einer Mauer umgebene Festung. Aufgrund seiner strategischen Lage war das Dorf von den Königen von Navarra und Kastilien sehr umkämpft. Es wurde bis ins Jahr 1200 von der Krone von Navarra beherrscht. Danach eroberte es König Alfons VII. für sein Königreich Kastilien. 1368 ging es zurück an Navarra, aber 1377 gehörte es wieder zu Kastilien. Einige Reste der Befestigungsanlage sind auf der Plaza Mayor noch zu sehen, aber in den Unabhängigkeits- und Karlistenkriegen wurde alles zerstört.

Als Sehenswürdigkeit sticht die Kirche *La Asunción de Nuestra Señora* hervor. Der erste Bau wird auf das 13. Jh. datiert, im 17. Jh. wurde sie barockisiert. Aus der Gründerzeit stammt noch das Eingangsportal mit Reliefs der Jungfrau La Piedad. Im Hauptportal aus dem 16. Jh. sehen wir Kapitelle vom Apostel Johannes und der Jungfrau Maria am Grab Jesu. Das Chorgestühl der Kirche ist ebenfalls aus dem 16. Jh. Das Dorf bietet den Pilgern einige Dienstleistungen wie Restaurants, einen Supermarkt, eine Bank und ein Gesundheitszentrum; Rathaus, Tel. 945 405 443; Taxi: Tel. 661 830 677.

GENEVILLA: Kleines Dorf mit einer schönen Kirche, die dem hl. Stephanus gweiht ist. Die Kirche wurde im 12. Jh. errichet und im 16. Jh. umgestaltet. In ihrem Inneren beherbergt sie einen wunderschönen Altar, der als einer der besten von Navarra in diesem Stil betrachtet werden kann. Es war der Herzog von Nájera, der 1549 das Geld für den Bau dieses Altares zur Verfügung gestellt hat.

Mit etwas Glück können wir in Genevilla vielleicht die hervorragenden weißen Bohnen probieren, das typische Gericht dieser Ortschaft. Dennoch ist zu beachten, dass es in diesem Ort weder ein Restaurant noch Geschäfte gibt und man das Essen (Mittagessen, Abendessen, Frühstück) deshalb aus Santa Cruz mitbringen muss. Rathaus, Tel. 948 444 130; Taxi: Tel. 931 780 030 oder 661 830 677.

Genevilla – Laguardia

↗ 729 m ↘ 733 m

„Wenn du den anderen von Nutzen sein willst, akzeptiere zunächst dich selbst; das Feuer, das du für die anderen entzündest, muss bei dir zuhause schon brennen."

„Zeige mir, Herr, deinen Weg, leite mich auf ebener Bahn" (Ps 27,11).

Die heutige Etappe beginnen wir im Bewusstsein, dass es die letzte anstrengende Etappe in den Bergen sein wird und zudem die bisher längste. In Lapoblación zeugen die in Stein gemeißelten Pilgersymbole Stab, Muschel und Trinkflasche am alten Pilgerhospiz von der langen Tradition dieses Überganges als Pilgerweg. Wir überqueren die Sierra de Toloño und von hier oben hat man einen weiten Blick auf das gesamte Tal von La Rioja und Álava. In der Ferne kann man die große Stadt Logroño erkennen, rechts davon unser heutiges Tagesziel Laguardia. Wir sind nun in der bekannten Weinregion La Rioja, der Gedanke an ein gemütliches Abendessen wird uns alle Müdigkeit vergessen lassen, aber Achtung: Pilger sollten maßvoll sein!

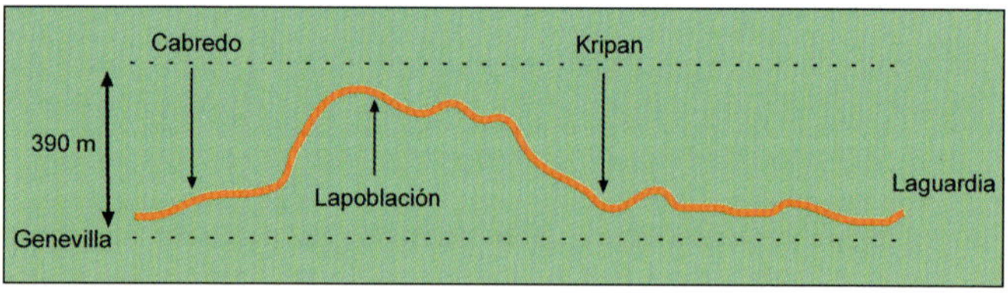

FÜR RADFAHRER: Etappe ohne große Schwierigkeiten, aber von Cabredo nach Lapoblación auf der NA-7211 und von Meano nach Kripan auf der A-3220 sollte man besser auf der Straße bleiben, wenngleich der Feldweg auch für Mountainbikes befahrbar ist.

Genevilla:	km 0	Cabredo:	km 2,5
Lapoblación:	km 8,7	Kripan:	km 16,5
Laguardia:	km 27,3		

Unterkünfte

Laguardia:

- Agroturismo Larretxori, Portal de Páganos, Tel. 945 600 763
- Hotel Villa de Laguardia, Paseo de San Raimundo 15, Tel. 945 600 560
- Hotel Pachico, c/ Sancho Abarca 20, Tel. 945 600 009
- Hotel Castillo El Collado, Paseo El Collado 1, Tel. 945 621 200
- Hostal Biazteri, c/ Berberana 1, Tel. 945 600 026
- Hotel Posada Mayor de Migueloa, c/ Mayor 20, Tel. 945 621 175
- Hotel Marixa, c/ Sancho Abarca 8, Tel. 945 600 165
- Hotel Cosme Palacio, Carretera El Ciego, Tel. 945 621 195
- Gasthaus Los Parajes, c/ Mayor 46-48, Tel. 945 621 130

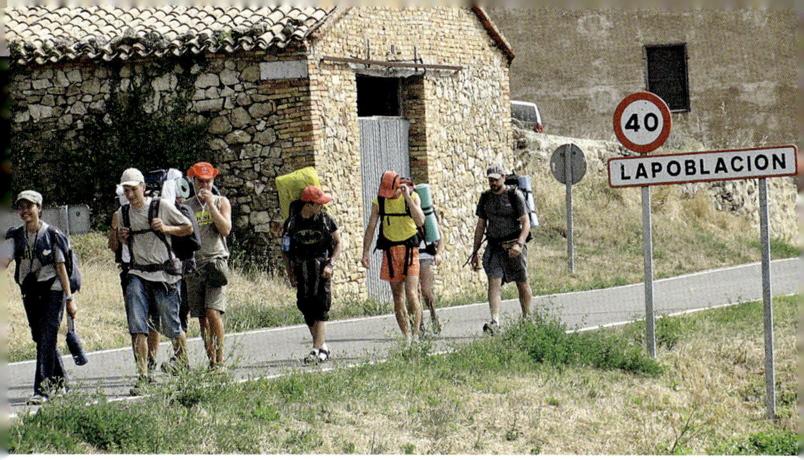

Bei Lapoblación (950 m) haben wir den höchsten Punkt des Tages erreicht.

Wegbeschreibung

Wir verlassen Genevilla in Richtung Cabredo. Von der Plaza Mayor gehen wir an der Kirche vorbei zuerst rechts, dann links und kommen so auf einen gut ausgebauten Feldweg. Achtung! Schon nach 50 m beginnt links unser mit GR-1 markierter Weg, der mehr oder weniger parallel unterhalb der Landstraße verläuft. Auf diesem Weg bleiben wir den rot-weißen Markierungen folgend bis **Cabredo.** Geradeaus durchqueren wir das Dorf und kommen bei den letzten Häusern an die Straße, die nach Marañón führt. Hier biegen wir links ab und folgen weiter dem GR-1. Der Weg führt durch einen schattigen Wald und an Feldern vorbei. Rund 1 km nach Cabredo achten wir auf einen Wegweiser, der in Richtung Marañón zeigt. Hier gehen wir rechts und biegen nicht links ab. Wir folgen unserem Weg, der jetzt kurz abwärts führt und dann sehr unkenntlich wird. Der Weg ist mit rot-weißen Markierungen gekennzeichnet, aber der Verlauf des Weges ist nur schwer zu erkennen. Nach 1 km kommen wir auf freies Feld und ein weiterer Weg stößt von links auf unseren, aber wir gehen etwa 100 m weiter geradeaus. Das Dorf Marañón liegt vor uns und der GR führt direkt ins Dorf. Unser Weg geht aber links weiter und hier sollten wir sehr aufmerksam sein, da es keine Weg-

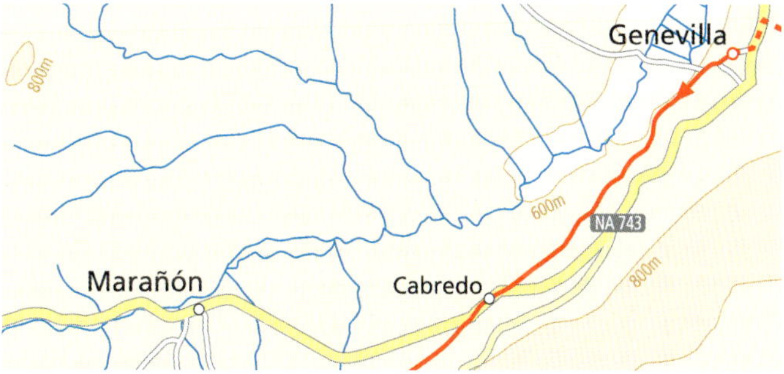

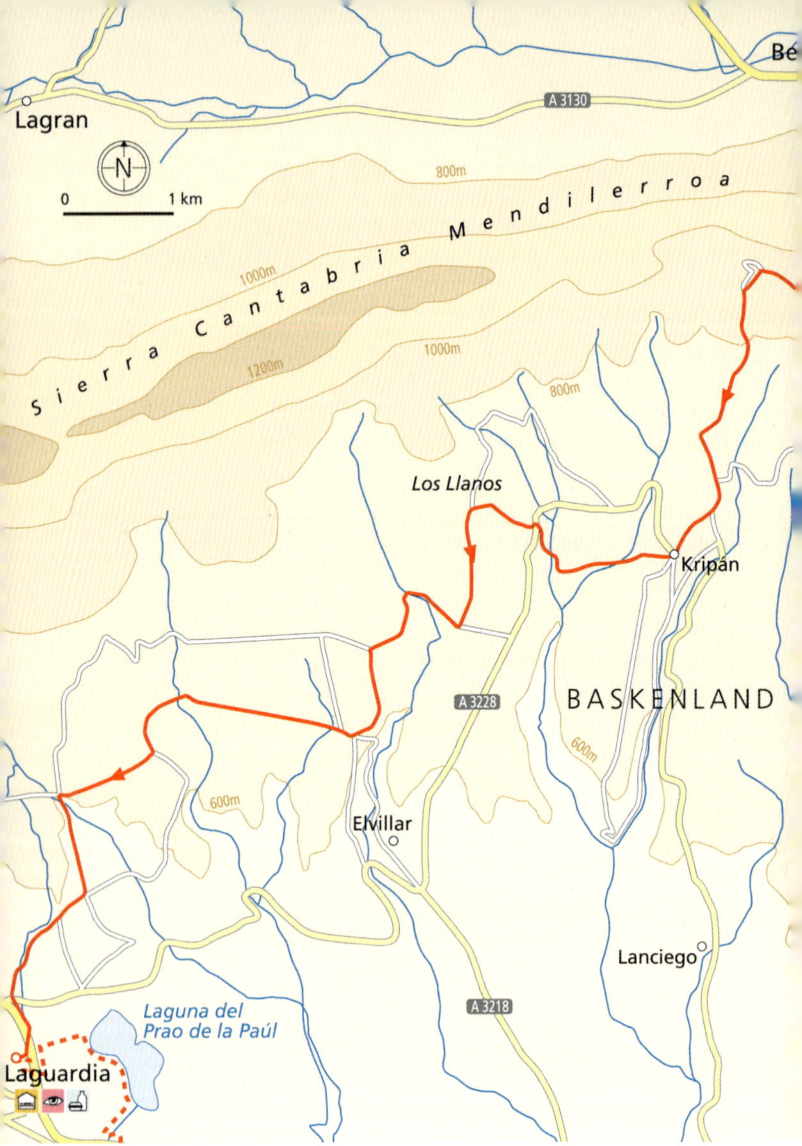

weiser gibt. Unser Weg führt uns aufwärts in Richtung Lapoblación. Vielleicht sind die Strommasten oder Windräder auf der Höhe sichtbar und sie dienen uns als Orientierung. Wir erreichen eine Kreuzung und gehen dort rechts. Der Weg geht durch die Felder nach oben. Auf der linken Seite befindet sich ein Bauernhaus. Unser Weg mündet in einen anderen Weg, der aus Marañón kommt. Wir halten uns links und wandern weiter aufwärts. Achtung! Bei der ersten Kurve gehen wir geradeaus. Der Weg steigt weiter an, bis er auf einen Pfad trifft. Auf diesem gut markierten Pfad gehen wir weiter, immer geradeaus. Wir erreichen die Anhöhe und sehen die Landstraße NA-7211. Auf der Straße gehen wir rechts, bis wir zum ersten Weg kom-

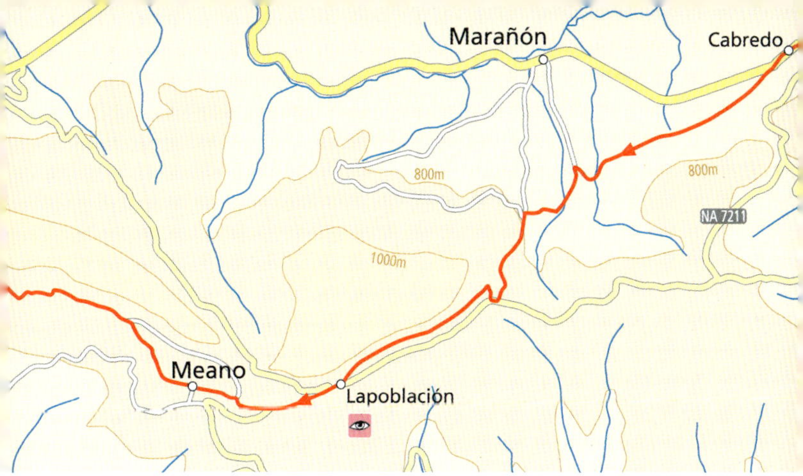

men, der rechts abbiegt. Auf diesem Weg steigen wir aufwärts und an der ersten Kreuzung biegen wir links ab und kommen direkt ins Dorf **Lapoblación** (950 m).

Wir durchqueren das Dorf auf einer asphaltierten Straße, gehen bei der Kreuzung am Ortsende links abwärts und immer geradeaus. Nach rund 600 m biegen wir rechts in einen Feldweg in Richtung **Meano** ab. Wir biegen an der ersten Kreuzung links ab und kurz darauf rechts. So umgehen wir etwas oberhalb das Dorf. Nach der Ortschaft sehen wir einen ziemlich großen Bauernhof, gehen aber nicht weiter darauf zu, sondern halten uns rechts. Wir erkennen den richtigen Weg an den Steinbänken, die zum Sitzen einladen. Auf diesem Weg bleiben wir und erreichen einen Steinbruch mit sehr guter Aussicht ins Tal. Ein Weg kommt von rechts, aber wir halten die Richtung und folgen weiter dem angenehmen Weg unterhalb der Sierra de Tolono. Später kommen wir zu einer Wegkreuzung und einem Häuschen von Aguas de la Rioja auf der rechten Seite. Wir bleiben auf unserem Weg und erreichen eine scharfe Kurve. Hier beginnt ein Weg nach oben, aber wir gehen weiter abwärts auf unserem Weg. Gleich darauf kommen wir erneut zu einer Kreuzung, wo wir links in Richtung Kripan den Weg abwärts fortsetzen. Unser Weg führt geradeaus und wir erreichen bei ein paar Feldern die asphaltierte Straße A-3220, auf der wir nach rechts weitergehen. An der nächsten Kreuzung gehen wir wieder rechts und sind am Ortseingang von **Kripan.** Hier können wir unseren Durst an den Wasserstellen stillen und Kraft schöpfen für den zweiten Teil dieser langen Etappe.

In der Ortsmitte beim Rathaus biegen wir rechts ab und gehen an der Kirche vorbei. Hinter der Kirche beginnt ein asphaltierter Weg nach Westen, den wir jetzt einschlagen und auf dem wir das Dorf hinter uns lassen. Achtung! Etwa 800 m hinter Kripan nehmen wir in einer Linkskurve einen Pfad nach rechts, der sehr schlecht markiert ist. Bitte aufpassen! Wir durchqueren die Felder und unser nächster Orientierungspunkt ist die Landstraße A-3228. Nach ca. 700 m müssen wir auf dieser Straße ankommen und an dieser Stelle befindet sich ein Schild, das den Weg zum Dolmen von Los Llanos weist. Wir überqueren die Straße und gehen in Richtung Los Llanos. Den prähistorischen Dolmen sehen wir links von uns und wandern bis zur nächsten Kreuzung weiter geradeaus. Dort gehen wir links auf den Weg, der nach unten führt. Bei der nächsten Wegkreuzung gehen wir rechts und erreichen auf einer asphaltierten Straße den Parque de Unueva (hier gibt es eine Quelle, die aber nicht immer Wasser führt). Nach 400 m überqueren wir einen Weg und gehen auf dem Asphalt weiter. Im Anschluss an zwei Kurven kommen wir erneut an eine Wegkreuzung, wo wir uns links halten. An der darauf folgenden Kreuzung biegen wir rechts ab und schließlich noch einmal links. Dann geht es länger geradeaus aufwärts. An der folgenden Kreuzung gehen wir rechts, an der nächsten Kreuzung geradeaus und schließlich noch einmal links. Wir sehen links ein Haus und erreichen eine asphaltierte Straße. Dort gehen wir rechts und kommen auf diesem Weg bald in **Laguardia** an. Nachdem wir die Straße überquert haben, gehen wir links und kommen in den malerischen Ort.

Orte und Sehenswürdigkeiten

LAPOBLACIÓN ist ein Dorf mit 160 Einwohnern, keine Dienstleistungen. Die Kirche, die dem Pilgerpatron Rochus geweiht ist, hat einen sehenswerten Renaissancealtar. Hinter der Kirche befindet sich ein altes Pilgerhospiz mit in Stein gemeißelten Pilgersymbolen. Wegen Banditen und Dieben soll diese Pilgerroute später gemieden worden sein.

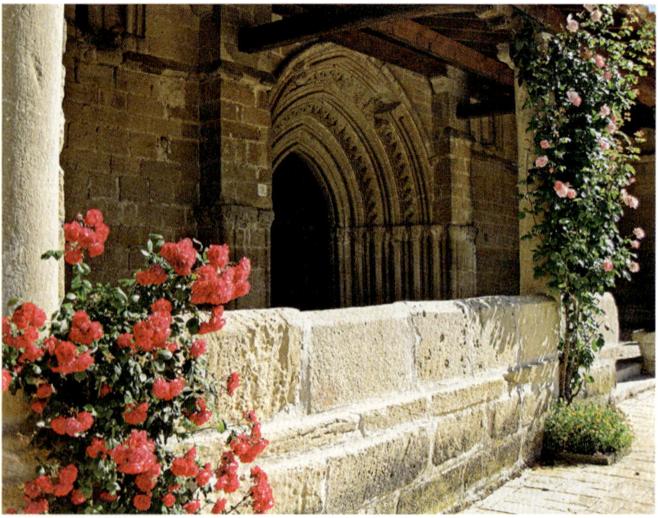

Lapoblación, das Portal der Kirche San Roque

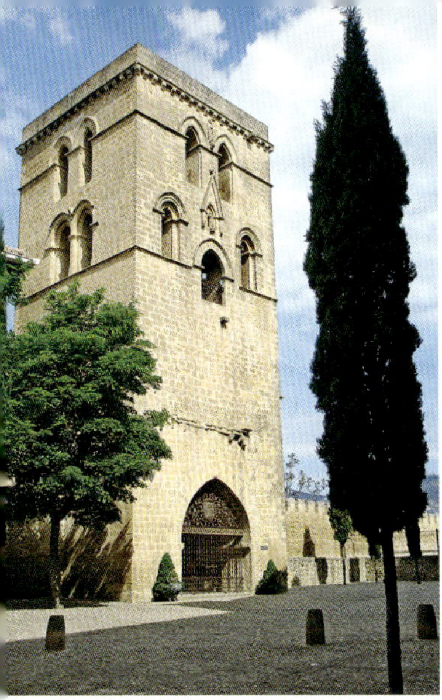

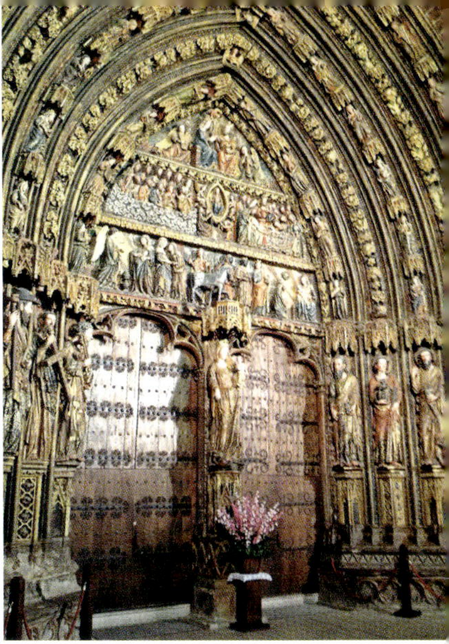

Laguardia, mächtiges Stadttor

Laguardia, das polychrom gefasste, geschnitzte Portal der Kirche

MEANO: Kleines Dorf mit Bar-Restaurant und Apotheke.

LAGUARDIA: Bezaubernder Ort mit ca. 2500 Einwohnern kurz vor den Uferlandschaften des Ebro. Die Mauern und die befestigte Plaza Mayor versetzen uns wieder in die Zeit des Ignatius von Loyola. In den zahlreichen Weinkellern unterhalb des Dorfes reift der gute Wein dieser Region. Mit dem Bau der Kirche *Santa Maria de los Reyes* wurde im 12. Jh. begonnen, bis Ende des 16. Jh. wurde daran gebaut. Vor allem ihr monumentales Eingangsportal im gotischen Stil aus dem 14. Jh., das polychrom gefasst ist, stechen hervor. Der Hauptaltar ist ein Werk von Juan de Bascardo. In diesem idyllischen Dorf, das von Mauern aus dem 18. Jh. umgeben ist, kann der Pilger erahnen, wie das Leben im späten Mittelalter war. Die Städte wurden damals normalerweise auf Hügeln errichtet, denn so war ihre Verteidigung gewährleistet. Sobald sich die Feinde näherten, gingen Pfeile, Felsbrocken, Steine, kochendes Öl und sogar Exkremente auf sie nieder. Die Mauern schützten aber auch vor gefährlichen Krankheiten wie der Pest, die oft ganze Regionen bedrohte. Die Tore wurden geschlossen und verdächtige Besucher nicht mehr eingelassen. Außerdem schützten die Mauern vor Vagabunden und Dieben, die oft im Schutz der Dunkelheit kamen und fehlende Schließvorrichtungen an den Häusern ausnutzten.
Laguardia bietet eine Vielzahl an Restaurants, Apotheken, Supermärkten und Banken. Touristeninformation: Tel. 945 600 845; Taxis: Tel. 627 700 409

Laguardia – Navarrete

↗ 241 m ↘ 342 m

„Niemals dürfen wir etwas sagen oder tun, ehe wir uns gefragt haben, ob es gottgefällig, an sich gut und für unseren Nächsten erbaulich ist."

„Der Herr ist mein Hirte, nichts wird mir fehlen. Er lässt mich lagern auf grünen Auen und führt mich zum Ruheplatz am Wasser. Er stillt mein Verlangen; er leitet mich auf rechten Pfaden, treu seinem Namen" (Ps 23,1–3).

Der heutige Weg führt uns fast immer direkt nach Süden. Wir lassen die Stadt Logroño links liegen und stoßen an unserem Etappenziel Navarrete auf den Jakobweg. Zunächst durchqueren wir das Vogelschutzgebiet der Lagunen von Carravalseca, die in ausgetrocknetem Zustand aufgrund des Salzgehaltes weiß und rosa leuchten – eine wunderbare Landschaft, um die Berge zu genießen, von denen wir gestern herabgestiegen sind. Der Weg ist eben und wir können die Weinberge betrachten, die je nach Jahreszeit in grüne oder rote Farbtöne getaucht sind. In Lapuebla de Labarca überqueren wir den Fluss Ebro, den die Römern „Iber" genannt hatten und von dem die Iberische Halbinsel ihren Namen hat. Der wasserreichste Fluss Spaniens entspringt in Kantabrien und ist 910 km lang. In diesem Abschnitt schlängelt sich der Fluss durch das Tal und mancherorts sind die Pegelstände der schlimmsten Hochwässer verzeichnet. Früher war der Ebro eine bedeutende Wasserstraße für den Warentransport, andererseits spült der Fluss auch heute noch Sedimente stromabwärts, was dem fruchtbaren Flussdelta an der Mündung ins Mittelmeer zugutekommt.

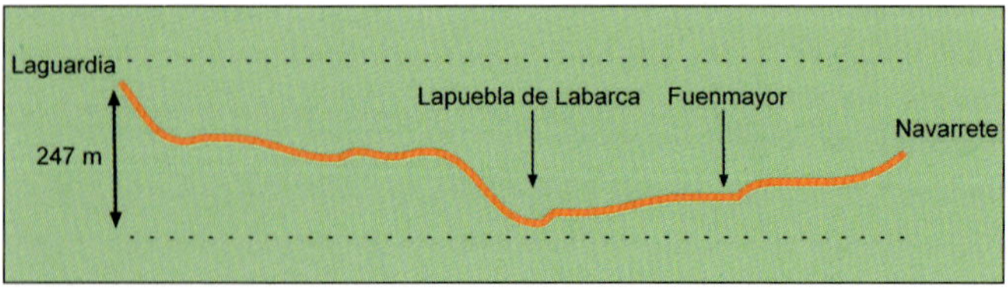

FÜR RADFAHRER: einfach

Laguardia:	km 0	Lapuebla de Labarca:	km 9,9
Fuenmayor:	km 14,5	Navarrete:	km 19,6

Unterkünfte

Lapuebla de Labarca:

- Landgasthof Barkero Etxea, c/ Mayor 25, Tel. 945 627 218
- Landgasthof Kandela Etxea, c/ María Cruz Sáenz Díaz 14, Tel. 669 217 711

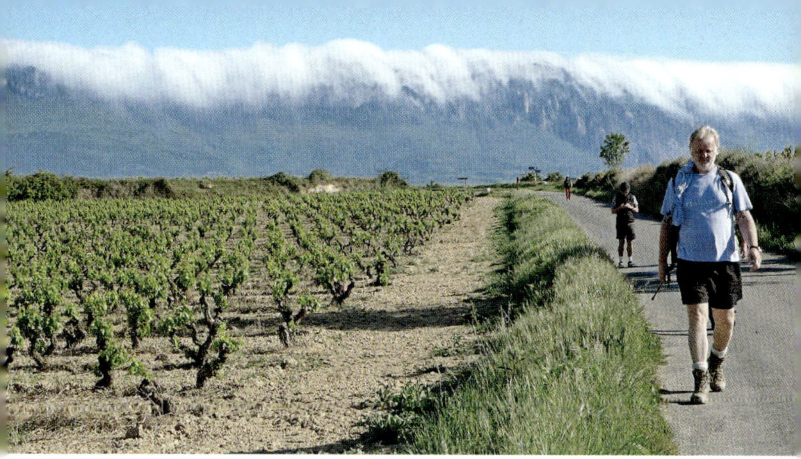

In der berühmten Wein-Region La Rioja wandern wir an Rebstöcken entlang.

Fuenmayor:
- Hostal Labranza, Avenida Estación 1, Tel. 941 451 028
- Pensión Fuenmayor, Avenida Ciudad de Cenicero 7, Tel. 941 450 152

Navarrete:
Wir stoßen auf den Camino Frances, den wichtigsten Jakobsweg, daher gibt es hier typische Pilgerherbergen. Dort können wir unsere Erfahrungen mit den Jakobspilgern teilen – und die Übernachtungen sind billiger.
- Pilgerherberge der Gemeinde (40 Plätze), c/ de la Cruz, Tel. 941 440 776
- Verein der Freunde des Jakobsweges in Rioja, Tel. 941 260 234 / 941 239 201
- Herberge El Cántaro, c/ Herrerías 16, Tel. 941 441 180
- Hostal Villa de Navarrete, c/ de la Cruz 2, Tel. 941 440 318
- Hotel Rey Sancho, c/ Mayor Alta 5, Tel. 941 441 378

Wegbeschreibung

Wir starten in Richtung Laguna del Prao de la Paúl und nehmen den Aufzug, der uns nach unten auf die Höhe der Straße bringt. Dort gehen wir auf dem Feldweg weiter, der direkt vor uns beginnt. Wir erreichen auf direktem Weg die Lagune, an der wir auf der rechten Seite entlanggehen. Am Ende der Lagune nehmen wir den Weg, der zur Straße in Richtung Carravalseca-Lagune führt. Zunächst gehen wir links, kurz darauf rechts und gelangen so in einem Z zur Landstraße A-124, die wir überqueren. Einige Meter weiter sehen wir links ein Schild „Bodegas Ubide" und „Laguna de Musco". In diese asphaltierte Straße biegen wir jetzt ein und folgen ihr ca. 3,3 km

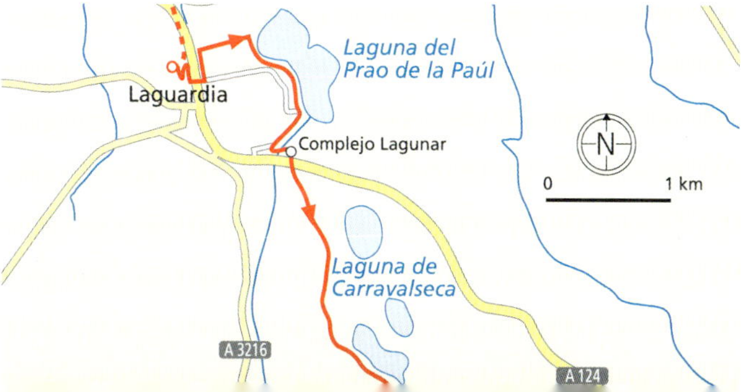

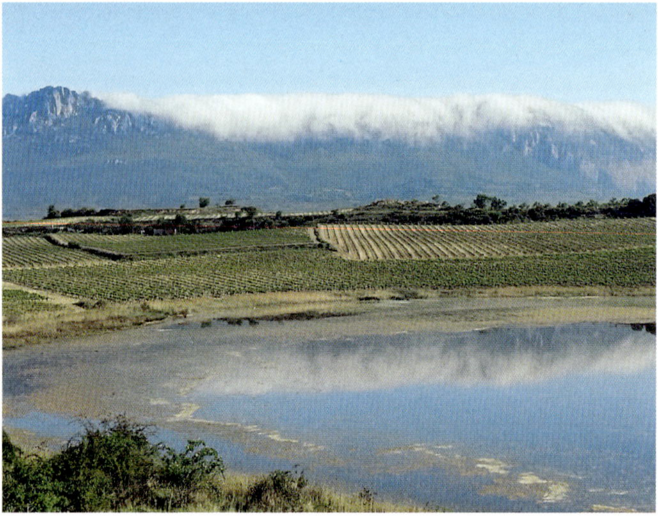

Die Lagune von Carravalseca

lang. Rechts von uns sehen wir die Weinkellerei Ubide und gehen weiter geradeaus auf der asphaltierten Straße an der **Lagune von Carravalseca** entlang.
500 m nach der Lagune erreichen wir eine Weggabelung, an der wir rechts gehen (an der Straße links, die wir nicht nehmen, steht ein Haus). Nach 1,5 km treffen wir erneut auf eine Kreuzung, verlassen hier die asphaltierte Straße und gehen nach rechts auf einen Feldweg, auf dem wir nun bis zum nächsten Dorf bleiben ohne abzubiegen. Schon nach 3 km sehen wir den Ort Labarca und nähern uns auf der Calle del Diezmo den ersten Häusern. Auf unserem breiten und gut ausgebauten Weg erreichen wir **Lapuebla de Labarca.**
Von der Kirche, die sich in der Nähe des Flusses Ebro befindet, gehen wir bis zur Straße beim Fluss, den wir auf einer Brücke überqueren. Auf der Landstraße LR-251 gehen wir in Richtung des Industriegebiets La Estación. Wir kommen an die Bahnlinie und steigen hinauf zur Unterführung, aber bevor wir dort ankommen, nehmen wir links einen Weg, der uns ca. 600 m an der Bahnlinie entlangführt. Dann überqueren wir die Schienen und gehen weiter geradeaus nach Süden. Jetzt sind wir auf dem alten Verbindungsweg zwischen Lapuebla und Fuenmayor. An der ersten Kreuzung gehen wir rechts und an der zweiten links, immer dem Bach Antiguo entlang. Dann immer geradeaus und wir kommen sicher ans Ziel. In **Fuenmayor** angekommen gehen wir auf der gleichen asphaltierten Straße weiter und gelangen auf den Hauptplatz und zur Kirche Santa Maria.
Wir gehen durch das Dorf und stoßen auf die Nationalstraße 232. Wo die Landstraße nach Navarrete (LR-137) beginnt, gehen wir

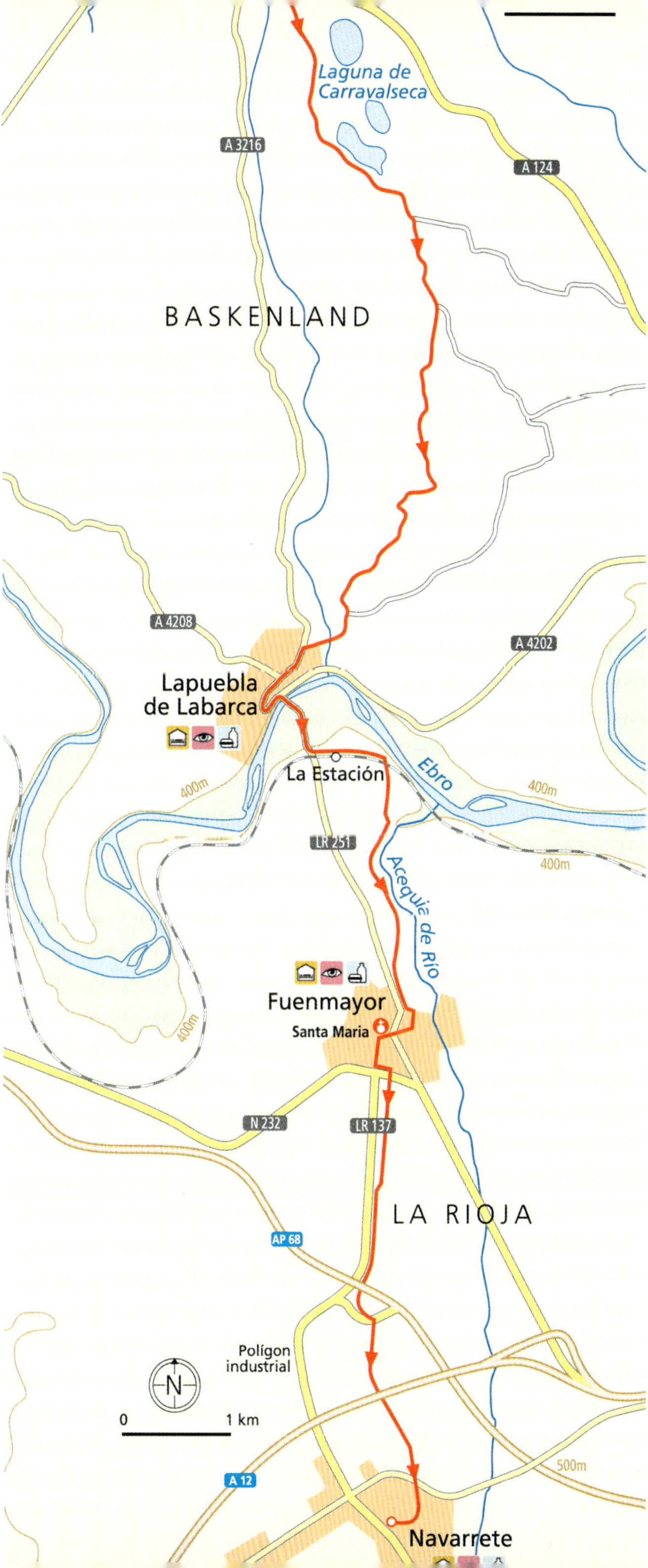

Laguna de Carravalseca
A 3216
A 124
BASKENLAND
A 4208
A 4202
Lapuebla de Labarca
La Estación
Ebro
400m
LR 251
Acequia de Río
Fuenmayor
Santa Maria
N 232
LR 137
LA RIOJA
AP 68
Polígon industrial
N
0
1 km
500m
A 12
Navarrete

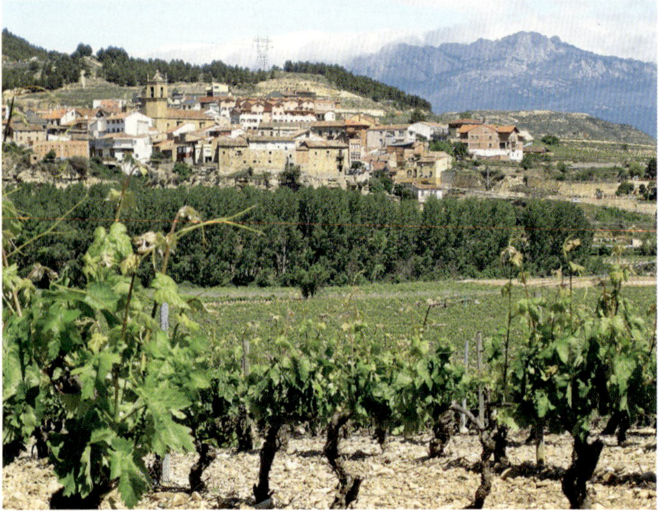

Lapuebla de Labarca

nach links und biegen etwa 130 m nach der Kreuzung rechts in einen Feldweg ein, der parallel zur Straße von Navarrete verläuft. Links neben dem Feldweg fließt ein Wasserkanal. Wir gehen immer geradeaus ohne abzubiegen. Der Feldweg endet an der Autobahn AP-68, die uns zwingt, rechts abzubiegen. So gelangen wir auf die Straße und gehen auf ihr unter der Autobahn hindurch. 250 m hinter der Brücke biegen wir links in einen Feldweg ein, auf dem wir uns der Autobahnmautstelle nähern. Wir gehen daran vorbei, lassen die Schranken der Mautstelle links von uns liegen, überqueren einen Wasserkanal und gehen an der Weggabelung rechts. Weiter geradeaus kommen wir schon an die nächste Autobahn, die A-12, und nehmen die Unterführung. Wir gehen weiter geradeaus und kommen schließlich nach **Navarrete**, ein Ort, der mit der Erfahrung von Ignatius sehr verbunden ist.

Orte und Sehenswürdigkeiten

LAPUEBLA DE LABARCA: Der Ort mit rund 850 Einwohnern wurde 1369 gegründet. Sein Ursprung liegt in der Fähre, die hier über das Wasser Navarra und Kastilien verband. Alle Einnahmen aus dem Fährbetrieb an Sonn- und Marienfeiertagen waren für die Kirche *Nuestra Señora de la Asunción* (16. Jh.) bestimmt. Die Weinbautradition der Region erkennt man im Viertel Las Cuevas, wo Weinkeller aus dem 17. und 18. Jh. den Hügel im Westen des Dorfes durchbohren. Hier finden wir auch Restaurants, Apotheken, Supermärkte und Banken; Rathaus, Tel. 945 607 051.

FUENMAYOR: Der Ursprung dieses Dorfes liegt wahrscheinlich in einem Burgturm, von dem aus die Wasserbewirtschaftung der Felder und die wasserreiche Quelle kontrolliert wurden. Die Quelle gab dem Ort auch den Namen (*la fuente mayor:* die Hauptquelle). Schon 1363 war Fuenmayor eine bedeutende Ortschaft mit einer eigenen Kirche. Im gleichen Jahr verkaufte das Kloster Santa María la Real das Dorf Fuenmayor an Navarrete, zusammen mit den 27 Familien. Als 1521 Karl V. den französischen König Franz I. in der Schlacht von Pavía besiegte, nahm ein gewisser Antonio de Leiva, geboren in Fuenmayor, den französischen König gefangen, was dem Dorf neue Privilegien einbrachte. Der Ort ist bekannt für die guten Weine, was sich im Denkmal vor der Kirche Santa María (16. Jh.) widerspiegelt. Der Kirchturm wurde 1981 nach Zerstörung wieder neu aufgebaut. Wir gehen am Herrschaftshaus des Fernández Bazan (18. Jh.) vorbei, wo wir ein schönes Wappen an der Fassade sehen können. Im Ort gibt es Restaurants, Apotheken, Supermärkte und Banken; Rathaus, Tel. 941 450 014.

NAVARRETE: Die 3000-Einwohner-Siedlung ist berühmt für ihre Keramikwerkstätten und für die Schlachten zwischen Kastiliern und den Einwohnern von Navarra, auf die noch vereinzelt Wappen an alten Häusern erinnern. Die Gründung soll auf König Alfons VIII. von Kastilien (1155–1214) zurückgehen, der die Bauern der Umgebung rund um den Tedeón-Hügel ansiedelte, damit sie von diesem befestigten Ort aus die Grenzen des Königreichs gegen Navarra verteidigten. 1482 verliehen die Katholischen Könige den Adelstitel „Herzog von Nájera" an den Vater des Herzogs Antonio Manrique de Lara (auch Vizekönig von Navarra von 1515 bis 1535), der Ignatius gut kannte. Auf seiner Pilgerfahrt kam Ignatius von Loyola in sein Haus in Navarrete, um dort mit dem Herzog eine offene Rechnung zu begleichen. Die dreischiffige Pfarrkirche La Asunción mit Kreuzrippengewölben entstand in den Jahren von 1553 bis 1645. In einem der Seitenschiffe können wir den hl. Franz Xaver sehen, ein Gemälde des Mönchs Matias de Irala aus Madrid aus dem Jahr 1720. Au-

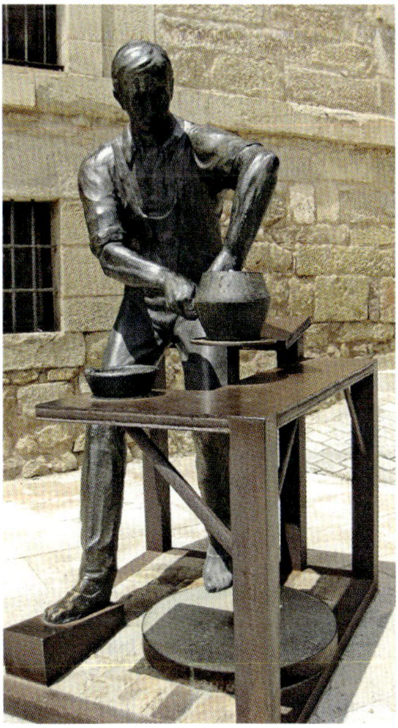

Navarrete hat seinen Keramikkünstlern ein Denkmal gesetzt.

IGNATIANISCHE SPURENSUCHE

Ignatius will sein Leben ändern, und in einer solchen Situation sollte man mit niemandem mehr eine Rechnung offen haben. Obwohl er kein Geld hat, zögert der Herzog von Nájera nicht, Ignatius seine Liebe zu erweisen und ihm alles zu geben, was er verlangt.

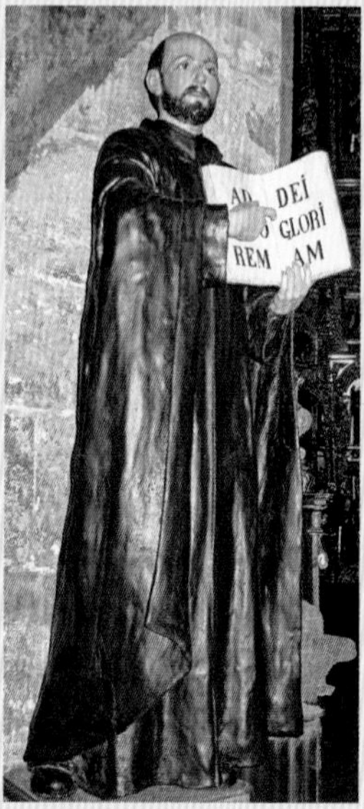

Ignatius-Statue in der Kirche von Navarrete mit seinem Wahlspruch „Ad maiorem Dei gloriam" – „Zur größeren Ehre Gottes"

„Es kam ihm in Erinnerung, dass man ihm am Hof des Herzogs noch einige Dukaten schuldig sei; und er hielt es für richtig, diese Schuld zu beheben. Deshalb schrieb er einen Zettel an den Schatzmeister. Der aber antwortete, es sei kein Geld da. Der Herzog erfuhr davon, und er sagte, es möge an Geld für alles andere fehlen, jedoch für einen Loyola solle es daran nicht mangeln. Er wollte ihm im Hinblick auf seinen früher gewonnenen hervorragenden Ruf eine ansehnliche Kommandostelle übertragen, wenn er sie nur annehmen wolle. Ignatius erhob nun das Geld und gab Auftrag, einen Teil an bestimmte Personen zu überweisen, denen gegenüber er sich noch verpflichtet fühlte, und den Rest bestimmte er zugunsten eines Bildes Unserer Lieben Frau, das in schlechtem Zustand war, damit man es wieder herrichte und prächtig ausschmücke. Er entließ die beiden Diener, die ihn bisher begleitet hatten, und machte sich allein auf seinem Maultier auf die Weiterreise von Navarrete nach dem Montserrat. Seit dem Tag der Abreise aus seiner Heimat geißelte er sich regelmäßig jede Nacht."

Es geht Ignatius nicht ums Geld, denn er verwendet es für Werke der Nächstenliebe und gibt es Menschen, denen er etwas zu schulden glaubt. Das Bildnis Unserer Lieben Frau herrichten zu lassen erscheint ihm wichtig. Ignatius' innere Verwandlung nimmt ihren Lauf, und es ist nur normal, dass sie sich in religiösen Symbolen äußert. Und in Bußpraktiken wie der allnächtlichen Selbstgeißelung. Diese Sühneleistungen für vergangene Fehler dienen zugleich der Vorbereitung auf das neue Leben, das Gott ihm schenken will, und müssen uns nicht befremden. Folgen wir Ignatius auf dem Weg seiner inneren Entwicklung: Vielleicht sind auch wir eingeladen, ein neues Leben zu beginnen.

ßerdem gibt es ein Bild des hl. Ignatius, das aus Manresa stammt. Wir treffen in Navarrete auf die Jakobspilger des sogenannten Camino Frances. Im Ort gibt es Restaurants, Apotheken, Supermärkte und Banken; Rathaus, Tel. 941 440 005; Taxis: Tel. 656 684 950.

Navarrete – Logroño

↗ 169 m ↘ 294 m

*„Nichts ist schwierig für einen Menschen,
dessen Wille festhält an dem, was er sich vorgenommen hat –
vor allem dann, wenn er es aus Liebe tut."*

*„Ja, die Wege des Herrn sind gerade;
die Gerechten gehen auf ihnen." (Hos 14,10)*

Heute werden wir den ganzen Tag auf Jakobspilger treffen, die sich nach unserem Weg erkundigen, weil wir ihnen entgegengehen. Wir können uns gerne die Zeit nehmen für Gespräche, da die Etappe mit 13 Kilometern kurz und der Weg leicht ist. Auf halber Strecke kommen wir am künstlichen See La Grajera vorbei, der als Naturschutzgebiet für Flora und Fauna auch über einen Spielplatz und ein Restaurant verfügt.

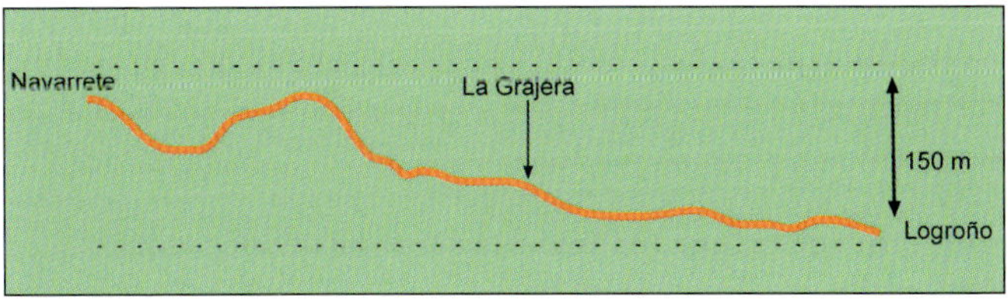

FÜR RADFAHRER: einfach

Navarrete:	km 0	La Grajera:	km 6,5
Logroño:	km 13		

Unterkünfte

Logroño:

- Pilgerherberge (100 Plätze), c/ Ruavieja 32, Tel. 941 248 686
- Pilgerherberge Albas, Placa Martínez Flamarique 4 bajo, Tel. 941 700 832
- Pilgerherberge Check In Rioja, c/ os Baños 2, Tel. 941 272 329
- Albergue Logroño, c/ Capitán Gallarza 10, Tel. 941 254 226
- Albergue parroquial de Santiago, c/ Barriocepo 8, 1. Stock, Tel. 941 209 501
- Albergue Santiago Apóstol, c/ Ruavieja 42, Tel. 941 256 976 / 670 993 560
- Asociación Juvenil (Jugendverein) Ayedo, Plaza Alférez Provisional 1, Tel. 941 229 014
- Hostel Entresueños, c/ Portales 12, Tel. 941 271 334
- Hotel La Numantina, c/ Sagasta 4, Tel. 941 251 411
- Pensión El Camino, c/ Industria 2, Tel. 606 735 862 / 941 206 314

Wegbeschreibung

Heute folgen wir den Wegweisern des Jakobsweges, aber in umgekehrter Richtung. Wir starten bei der Pilgerherberge in der Calle de la Cruz, die hier eine Kurve macht und etwas erhöht durch das ganze Dorf führt. Wir erreichen die Straße von Burgos, die wir überqueren, und suchen einen asphaltierten Weg, der rechts hinter einer

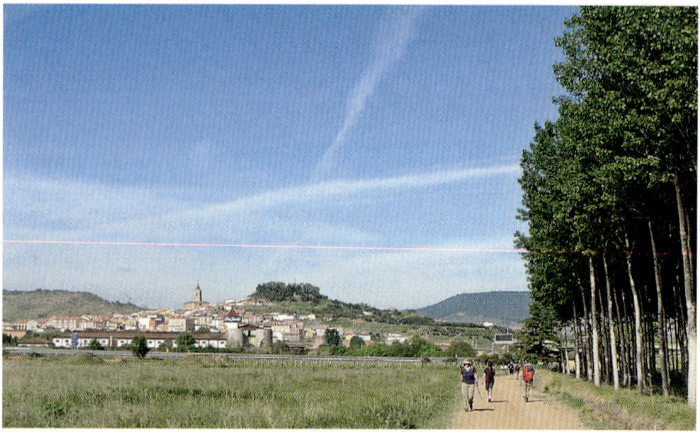

Navarrete

Kurve beginnt. Schon sind die Ruinen des alten Pilgerhospizes **San Juan de Acre** (1185) sichtbar. Auf einer Informationstafel finden wir weitere Hinweise dazu.

Wir überqueren die Autobahn AP-68 auf einer Brücke und bleiben immer auf dem Weg, der uns zur Ausfahrtstraße der Autobahn AP-12 nach Navarrete führt. Wir wandern auf dieser für 250 m weiter, dann geht es parallel zur Straße auf einem asphaltierten Weg weiter, der uns den Stress des Autoverkehrs erspart. Wir gehen parallel zur Autobahn, bis der Weg nach rechts abbiegt. Wir folgen den Markierungen nach Logroño und gelangen so nach links auf einen Feldweg zum Eingang des **Parks La Grajera.** Hier gibt es eine Quelle und Bänke zum Ausruhen.

Ein Serpentinenweg führt uns zu einem künstlichen See und der Höhe von La Grajera. Geradeaus gehen wir ein Stück in die Richtung, aus der wir gekommen sind, bis wir einen Weg finden, der sich um den See herumschlängelt. Hier gehen wir rechts und erfreuen

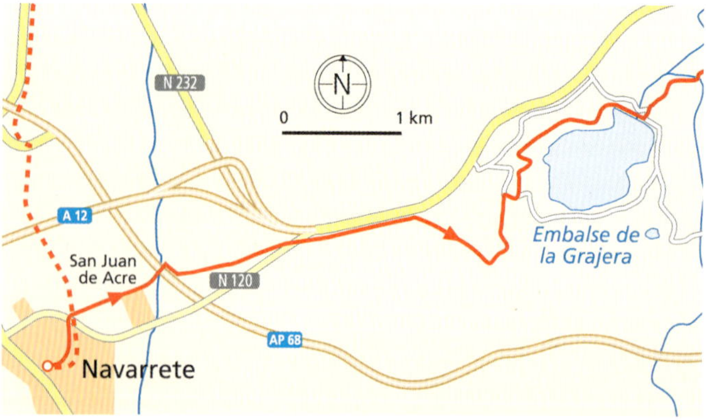

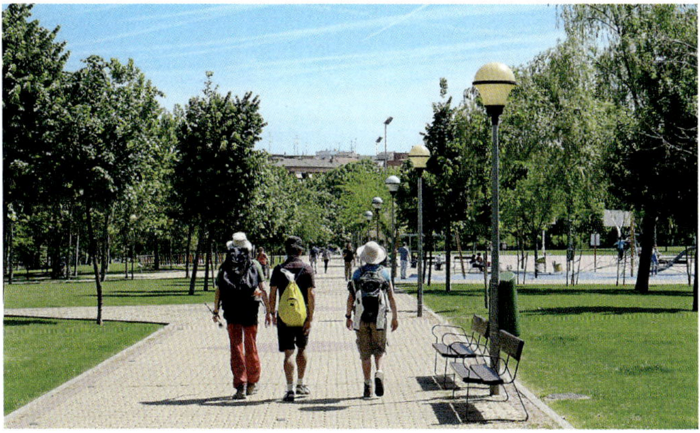

Logroño, Park San Miguel

uns an der Aussicht auf den See. Die Markierungen des Jakobsweges erinnern uns daran, dass wir in entgegengesetzter Richtung laufen. Wir erreichen eine Straße, in die wir links abbiegen, aber nur 100 m bis zur nächsten Kurve. An dieser Kurve nehmen wir den Weg, der uns genau gegenüberliegt und von einer Baumreihe begrenzt ist. Über eine Brücke gelangen wir auf die andere Seite der Straße und nach kurzer Zeit gehen wir durch einen Tunnel unter der Autobahn durch. Nach der Unterführung gehen wir rechts durch einen Park, bis wir zur ersten Straße kommen (Prado Viejo), die wir überqueren, um geradeaus weiter nach oben durch den Park San Miguel zu gehen.

Wir folgen den Wegweisern durch den Park und suchen die große Avenida de Burgos, auf der wir rechts weitergehen. Immer geradeaus gehen wir so ca. 2 km durch **Logroño**. Der Straßennamen ändert sich: Die Straße heißt jetzt Calle del Marqués de Murrieta, aber die Richtung bleibt gleich. Wir überqueren die Gran Vía de Juan Car-

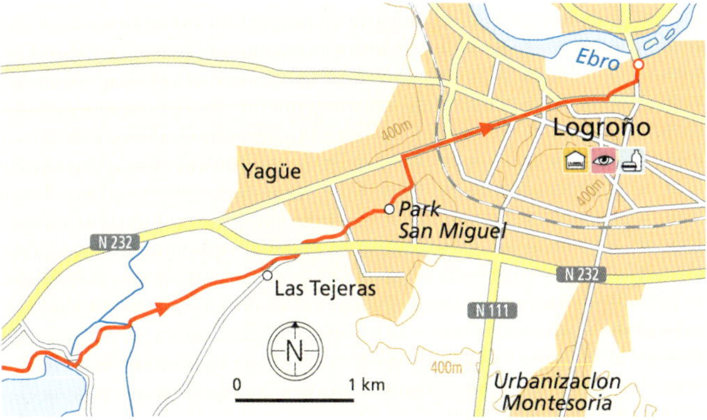

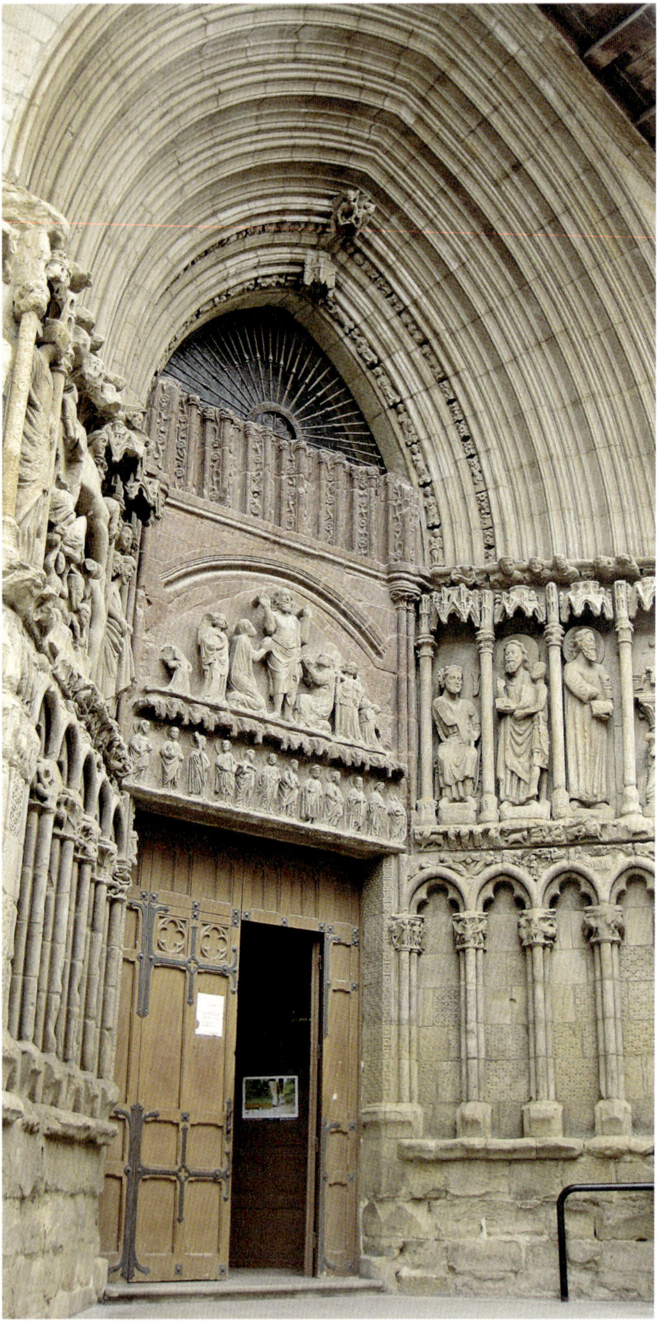

Logroño, gotisches Portal der Kirche San Bartolomé

los I., kommen zum Platz Alféreces Provisionales und in die Calle Los Portales, bis zur Kathedrale Santa María la Redonda mit ihren Barocktürmen. Durch die Calle Las Herrerías gelangen wir zur Calle Travesía del Palacio, wo wir links gehen. Die Pilgerherberge ist nur etwa 100 m von hier entfernt (ca. 200 m von der Kathedrale).

Orte und Sehenswürdigkeiten

LOGROÑO: Mit seinen mehr als 130.000 Einwohnern ist Logroño die Hauptstadt der Provinz La Rioja. Hier treffen der französische Jakobsweg (dem wir seit Navarrete folgen) und der Jakobsweg am Ebro (dem wir ab jetzt folgen werden) zusammen. Unter den vielen Sehenswürdigkeiten sei die Kirche *San Bartolomé* (12.–13. Jh., umgebaut im 15. Jh.) mit ihrem klassischen romanischen Tonnengewölbe hervorgehoben. Die Fassade ist gotisch und der Turm im Mudejar-Stil. Die Kirche *Santa Maria del Palacio* wurde auf einem Palast erbaut, der von Alfons VII. von Kastilien gespendet wurde. Deshalb erhielt sie auch den Namen „La Imperial" („Die Kaiserliche") und war der erste Sitz des Ordens vom Heiligen Grab in Kastilien. Der Hauptaltar ist von Arnao de Bruselas, einem spanischen Steinmetz der Renaissance. Die gotische Kirche *Santa María de la Redonda* wurde auf den Resten einer romanischen Kirche des 12. Jh. errichtet und 1959 zur „Konkathedrale" erhoben. Auffällig sind die Zwillingstürme von Martin de Berriatúa im Barockstil, welche die Kirche einrahmen. In der Pfarrkirche San Ignacio (c/ Huesca 39, in der Nähe der Calle Duques de Nájera und der Plaza Primero de Mayo, Tel. 941 203 504) können wir Jesuitenpater antreffen, die hier arbeiten und uns zu Sprechzeiten die Papiere stempeln.

In Logroño gibt es Fahrradwerkstätten, Restaurants, Apotheken, Gesundheitszentren, Supermärkte und Banken. In der Touristeninformation (Gebäude Escuelas Trevijano, c/ Portales 50, Tel. 941 273 353) erhalten wir Auskünfte über alle Denkmäler und Sehenswürdigkeiten; Rathaus, Tel. 941 277 000; Taxis: Radio Taxi 24h, Tel. 941 505 050; Francisco Javier Sáenz, Tel. 660 590 912.

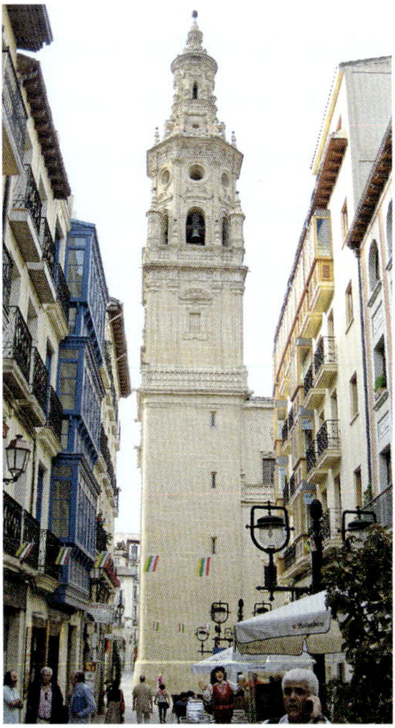

Santa María de la Redonda

Logroño – Alcanadre

↗ 87 m ↘ 126 m

„Wir dürfen sicher sein, dass wir desto besser in den geistlichen Dingen vorankommen werden, je weiter wir den Egoismus und die Sorge um unser Wohlergehen hinter uns lassen."

„Gut und gerecht ist der Herr, darum weist er die Irrenden auf den rechten Weg. Die Demütigen leitet er nach seinem Recht, die Gebeugten lehrt er seinen Weg. Alle Pfade des Herrn sind Huld und Treue denen, die seinen Bund und seine Gebote bewahren." (Ps 25,8–10)

Heute entfernen wir uns wieder vom Camino Frances und folgen dem Ebro-Jakobsweg, aber wieder entgegengesetzt zur Richtung der Pfeile, wobei wir dem Lauf des Ebro folgen. Wer die 30 Kilometer bis Alcanadre scheut, kann die Etappe in Arrúbal beenden, eine gut ausgestattete Pilgerherberge lädt dazu ein. Bevor wir in Alcanadre ankommen, können wir die beeindruckenden Felsen von Aradón bewundern, die den Geiern zahlreiche Nistplätze bieten. Die Vögel wiegen bis zu acht Kilogramm und ihre Flügelspannweite kann bis zu 2,5 m betragen.

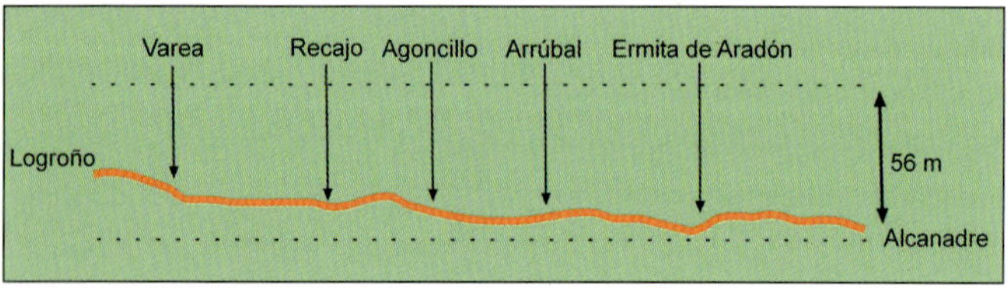

FÜR RADFAHRER: einfache Etappe, aber Vorsicht auf dem 2,6 km langen Abschnitt auf der Nationalstraße N-232 zwischen Recajo und Agoncillo. Die Fahrradfahrer müssen zweimal die Straße überqueren, was nicht einfach ist. Am sichersten ist die Überquerung in einem der Dörfer.

Logroño:	km 0	Varea:	km 2,6
Recajo:	km 9,8	Agoncillo:	km 14
Arrúbal:	km 18	Kapelle von Aradón:	km 25,2
Alcanadre:	km 30,6		

Unterkünfte

Agoncillo:

☆ Hostal El Molino, Carettera de Saragossa, km 12, Tel. 941 431 316

Arrúbal:

☆ Pilgerherberge direkt bei der Kirche (30 Plätze), Tel. 941 431 223

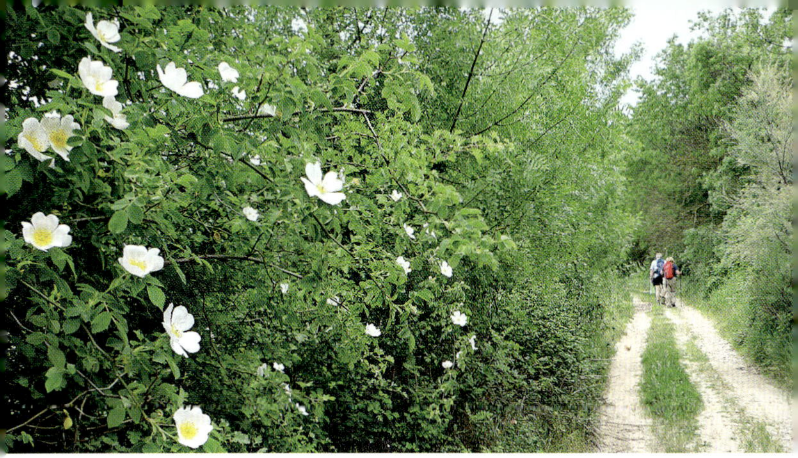

Idyllischer Wegabschnitt mit wilden Rosen

Alcanadre:

- Pilgerherberge der Gemeinde (c/ Carettera De la Estación, 8 Plätze) im Bahnhofsgebäude. Der Gemeindediener hat die Schlüssel (Tel. 677 468 319) oder man holt sie in der Bar La Unión (Tel. 941 165 018).
- Landhaus La Casa Azul, Tel. 686 730 187

Wegbeschreibung

Ausgehend von der Pilgerunterkunft in der Calle Rua Vieja 32 nehmen wir die Calle San Francisco hinter dem Krankenhaus La Rioja. Immer geradeaus gehen wir durch die Calle Madre de Dios. Wir passieren die Unterführung der Autobahn A 13 und biegen links ab. Danach halten wir uns rechts, durchqueren einen Park und nähern uns einer Brücke über den Fluss Iregua. Nach der Brücke biegen wir links ab und gehen am Ebro entlang, der jetzt links von uns ist. Wir sind im Stadtteil **Varea.**

Wir gehen einen asphaltierten Weg entlang, ohne abzubiegen, und folgen den Markierungen des GR-99. Bald erreichen wir eine Kreuzung mit einem weiteren asphaltierten Weg und sehen links von uns eine Tierfarm. Wir überqueren diese Kreuzung und bleiben auf unserem Weg, der etwas links versetzt vor uns liegt. Ohne unseren Weg zu verlassen, kommen wir zu einer Kurve bei einem Bewässerungskanal. Links hinter uns liegt ein Lager. Wir folgen den Markierungen des GR-99 und überqueren ohne Probleme den Kanal. Weiter geht es auf dem asphaltierten Weg, der uns gleich darauf zur Bahnlinie bringt. Kurz darauf gehen wir unter der Autobahn durch. Wir durchqueren einen weiteren Tunnel unter der Schnellstraße, halten uns rechts und erreichen eine Straße, in die wir links abbiegen. Hinter uns liegt die Auffahrt zur Brücke. Wir sind jetzt nicht mehr auf dem GR-99.

Wir nähern uns einer Militärbasis: Nur 400 m müssen wir der Straße folgen und biegen dann rechts ab, um die Bahnlinie zu überqueren. Wir sind nun auf der Nationalstraße N-232, auf der wir links weiter-

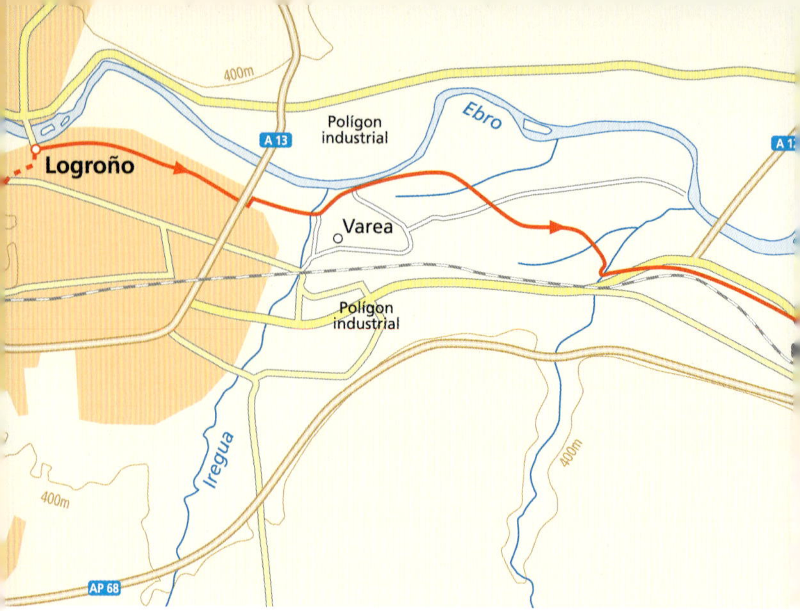

gehen. Bald erreichen wir das Dorf **Recajo** und bleiben immer auf der N-232, bis wir zu einer Brücke über den Fluss Leza kommen. Wir überqueren die Brücke und entfernen uns jetzt von der Straße. Genau hinter der Brücke biegen wir links auf einen asphaltierten Weg, der uns unter der Bahnlinie hindurchführt. Auf diesem Weg bleiben wir bis zur Einsiedelei Nuestra Señora de los Dolores. Wir sehen die gelben Pfeile in entgegengesetzter Richtung und die GR-Markierungen. Bald erreichen wir **Agoncillo** und gehen auf der Calle La Ermita bis in die Dorfmitte.

Hier biegen wir im rechten Winkel nach links ab und sehen die Burg Aguas Mansas. Wir kommen an der Kirche Nuestra Señora la Blanca vorbei, die wir links von uns sehen, und biegen rechts hinter der Kirche in eine breite Avenida ein. Wir halten diese Richtung ein, bis wir am Ende des Dorfes ankommen. Dort nehmen wir einen Weg, der links abbiegt. Der Weg schlängelt sich zwischen Bauernhöfen und Feldern durch und an den Wegkreuzungen gehen wir immer geradeaus. Etwa 3,5 km hinter dem Ortsausgang von Agoncillo geht unser Weg in einen anderen über. Wir überqueren die Brücke und steigen hinauf zur Kirche von **Arrúbal.**

Auf der Straße Calvario gehen wir durch das Dorf und verlassen dieses auf einem asphaltierten Weg, der parallel zu einem Wasserkanal verläuft, ca. 60 m links von unserem Weg. Auf der rechten Seite sehen wir den Friedhof. Wir gehen weiter auf dem Weg, der nach rechts abbiegt und uns zur Bahnlinie führt. Wir gehen bergab und etwas später sehen wir links einige Häuser und rechts einen Tunnel. Wir gehen weiter geradeaus auf dem Weg, der parallel zur Bahnlinie verläuft, die wir rechts sehen. An einer seiner zahlreichen Biegungen nähern wir uns dem Ebro. Genau an der Stelle, wo sich

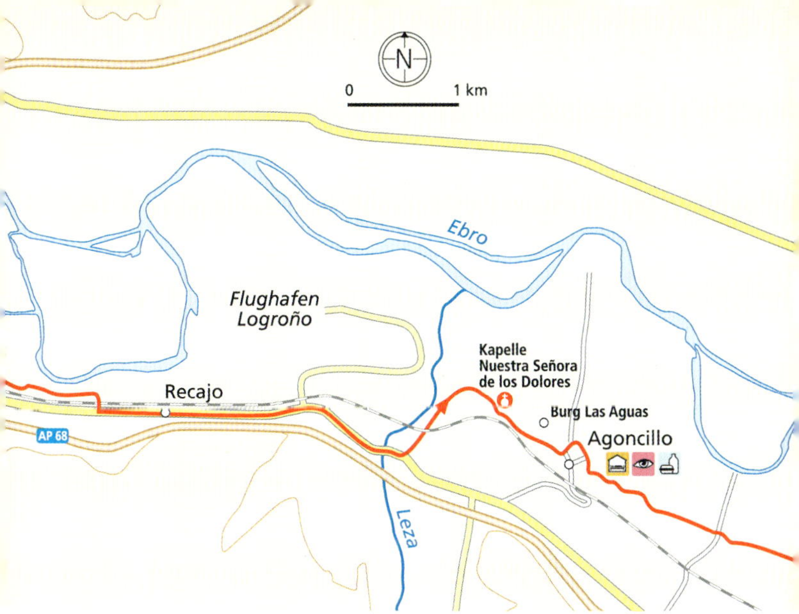

der Fluss und die Bahnlinie fast treffen, finden wir einen Bahnübergang. Ab jetzt sind der Fluss und die Bahnlinie links von uns. Parallel zur Bahnlinie kommen wir an einen asphaltierten Weg, der rechts abbiegt und auf dem wir nach ca. 100 m oben die weiße Kapelle von **Aradón** sehen. Mit Sicherheit können wir die riesigen Geier beobachten, die auf den Felsen von Aradón nisten.

An diesem Punkt gehen wir abwärts, um unter der Bahnlinie durchzugehen. Wir folgen den Markierungen des GR-99. Nach einer wohlgeformten Kurve auf unserem Feldweg führt der GR geradeaus

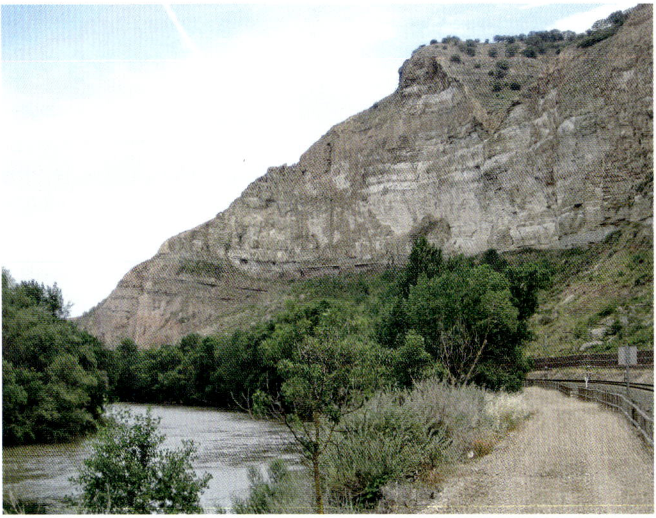

Die Felsen von Aradón

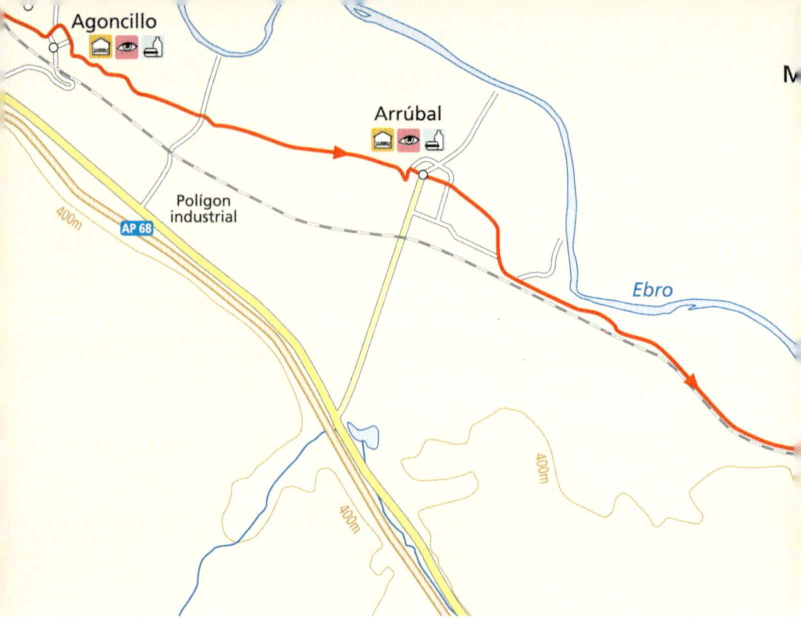

weiter, aber wir gehen auf unserem Weg an der Bahnlinie entlang weiter. Ab hier sehen wir die Bahnlinie immer auf der rechten Seite, bis wir zum Bahnhof von **Alcanadre** kommen, der auch als Pilgerherberge dient.

Orte und Sehenswürdigkeiten

AGONCILLO: Erwähnenswert sind die Burg Aguas Mansas, vom 13. bis 14. Jh. aus Quadersteinen erbaut, die heute das Rathaus beherbergt, und die Kirche *Nuestra Señora la Blanca.* Der Platz mit der Kirche stellt eine malerische und liebenswürdige Komposition dar, die die Schönheit der Burg noch hervorhebt. Im Haupteingang der Burg können wir ein Wappen mit dem Kreuz von Calatrava betrachten. Es gibt ein Restaurant, eine Apotheke, einen Supermarkt und eine Bank; Rathaus, Tel. 941 431 007.

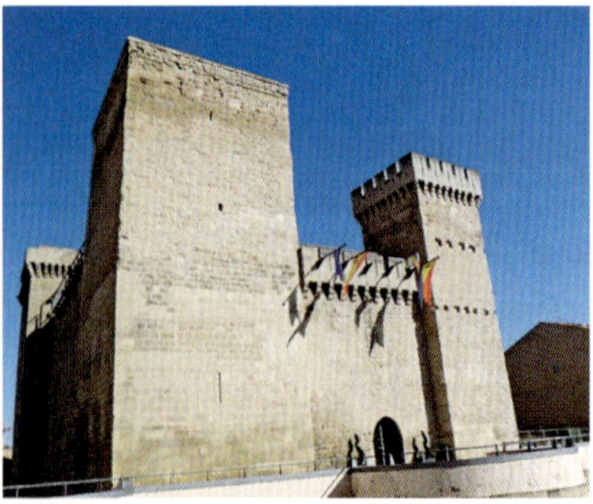

Die Burg Aguas Mansas

ARRÚBAL: Die Kirche El Salvador stammt aus dem 16. und 17. Jh. Es gibt ein Restaurant, eine Apotheke, einen Supermarkt und eine Bank. Mit dem Pilgerausweis ist der Eintritt ins Schwimmbad kostenlos. Rathaus, Tel. 941 431 103.

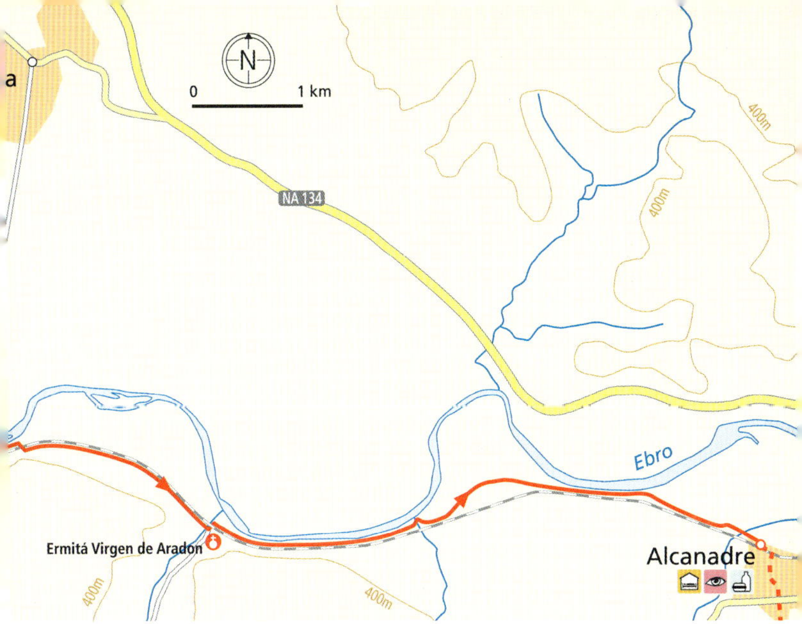

ALCANADRE: Dorf mit etwa 750 Einwohnern. Der Name ist arabischen Ursprungs: Al-Cana-der bedeutet „Die Brücken" oder „Die Bögen" und verweist auf die Ruinen einer alten Brücke über den Ebro gleich neben dem Dorf. In der Kirche Santa Maria (16.–18. Jh.) findet man ein romanisches Bild, das ursprünglich in der Einsiedelei von Aradón (12. Jh.) hing. Charakteristisch für das Dorf ist das römische Aquädukt (1. Jh.).

Es gibt ein Restaurant, eine Apotheke, ein Gesundheitszentrum, einen Supermarkt und eine Bank; Rathaus, Tel. 941 165 004; Taxis: Taxis Pachicho, Tel. 948 693 055; Taxis Pradejón, Tel. 619 964 141.

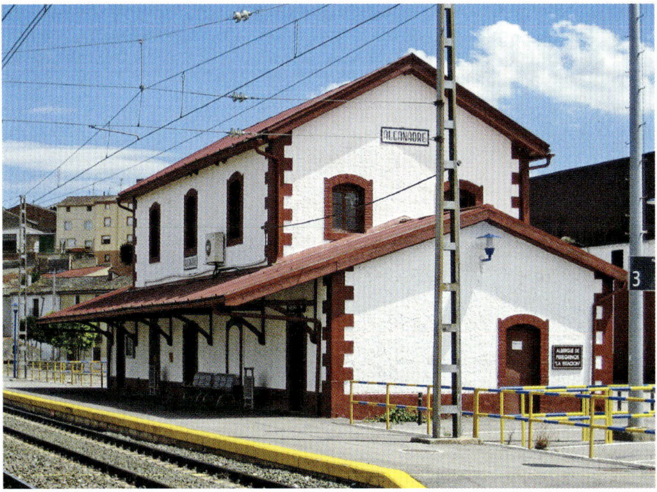

Der Bahnhof von Alcanadre dient als Pilgerherberge.

10. ETAPPE 21,5 KM

Alcanadre – Calahorra

↗ 314 m ↘ 264 m

„Besser große Klugheit und gewöhnliche Heiligkeit als große Heiligkeit und geringe Klugheit.“

„Muss ich auch wandern in finsterer Schlucht, ich fürchte kein Unheil; denn du bist bei mir, dein Stock und dein Stab geben mir Zuversicht“ (Ps 23,4).

Auf der heutigen Etappe werden wir viele Jakobsweg-Markierungen finden. Unser Weg ist über weite Strecken ein steiniger Feldweg, der an Weinbergen und Getreidefeldern entlang die meiste Zeit geradeaus führt und an dem es kaum schattenspendende Bäume gibt. Der Vorteil ist, wir können uns nicht verlaufen und haben nach unserer Ankunft in Calahorra noch Zeit, die schöne Altstadt zu erkunden.

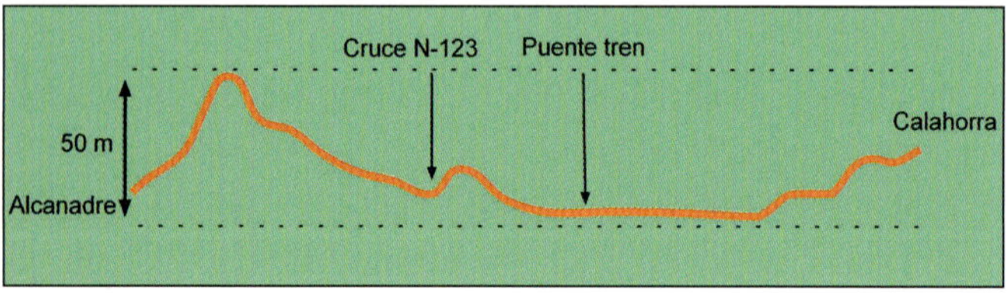

FÜR RADFAHRER: mittlere Schwierigkeit. Es gibt keine nennenswerten Steigungen, aber an einigen Abschnitten ist der Weg recht steinig.

Alcanadre:	km 0
Kreuzung mit der Nationalstraße N-123:	km 7,2
Brücke über die Bahnlinie:	km 9,3
Calahorra:	km 21,5

Unterkünfte

Calahorra:

- Pilgerherberge San Francisco (18 Plätze), c/ Rasillo de San Francisco s/n, neben dem Kloster San Francisco, Tel. 941 590 511 / 637 736 108
- Jugendherberge (für Gruppen ab 15 Personen), Paseo de las Bolas s/n, Tel. 941 105 071. Eine Reservierung beim örtlichen Jugendbüro (Oficina Local de Juventud) ist notwendig: Tel. 941 146 511.
- Hostal Gala (10 % Ermäßigung für Pilger mit Pilgerausweis), Avenida Estación 7, Tel. 941 145 515
- Hotel Ciudad de Calahorra, c/ Maestro Falla 1, Tel. 941 147 434
- Parador de Turismo Marco Fabio Quintilliano, Paseo del Mercadal s/n, Tel. 941 130 358

Wegbeschreibung

Wir verlassen die Pilgerherberge und gehen in die Calle de los Pilares, die zuerst eine leichte Links- und später eine Rechtskurve macht. So gehen wir durch das Dorf, bis wir die Landstraße LR-260

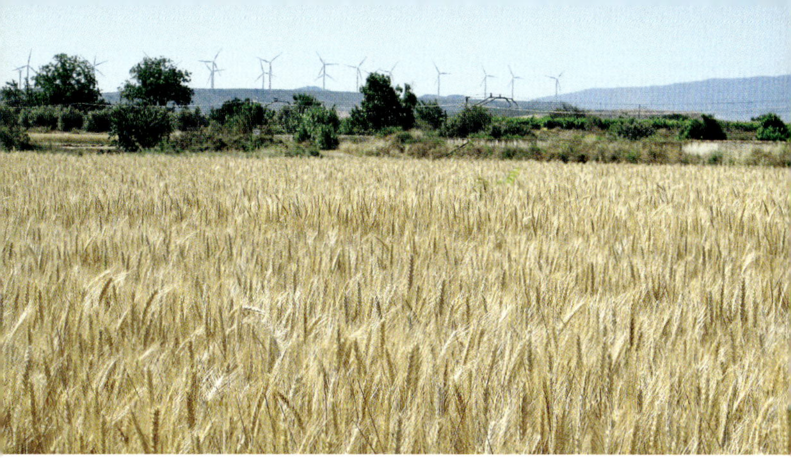

Im fruchtbaren Ebrotal

erreichen, die wir überqueren. Hier endet der Asphalt und wir gehen nun auf einem Feldweg weiter, immer geradeaus. Rechts von uns sehen wir eine Lagerhalle und später ein Solarkraftwerk.
Nach 1,3 km kommen wir an den höchsten Punkt des Weges und stoßen auf eine Kreuzung: Hier gehen wir rechts. Der Weg macht eine Rechtskurve, der wir folgen. Auf diesem Weg bleiben wir, ohne abzubiegen, und überqueren die Autobahn AP-68 auf einer Brücke. Direkt nach der Brücke halten wir uns links und nehmen den Feldweg, der parallel zur Autobahn verläuft. Vor uns taucht die Nationalstraße NA-123 auf. Wir überqueren sie und folgen ihr nach rechts. Nach der Schleife der Autobahnauffahrt gehen wir wieder auf unserem Feldweg parallel zur Autobahn weiter, bis wir auf eine Unterführung stoßen, durch die wir auf die andere Seite der Autobahn gelan-

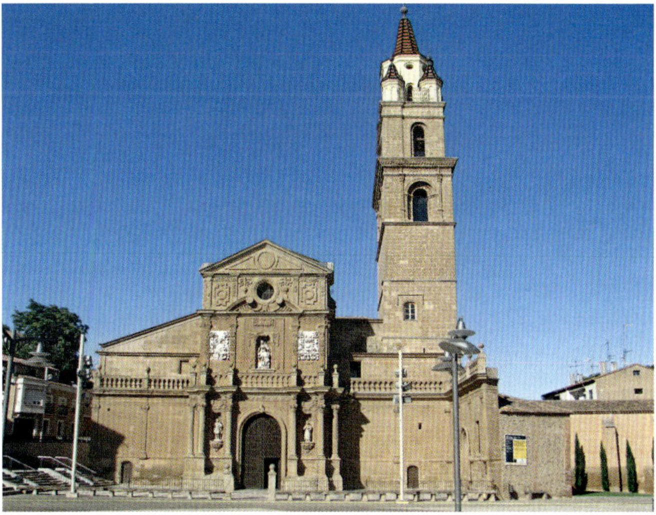

Calahorra, Kathedrale Santa María

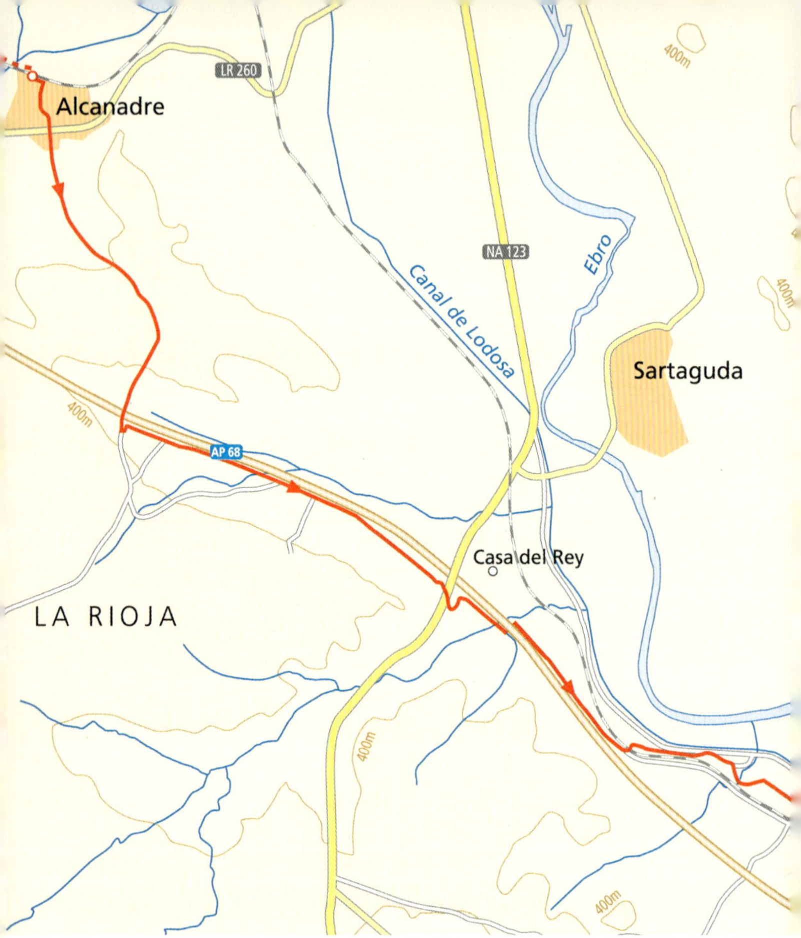

gen. Dort gehen wir rechts und kommen bald zur Bahnlinie, die wir kurz darauf auf einer Brücke überqueren. Direkt hinter der Brücke nehmen wir den Feldweg rechts, der immer parallel zur Bahnlinie verläuft. Wir erreichen den Kanal von Lodosa und halten uns auch hier rechts. So kommen wir zu einem asphaltierten Weg, den wir überqueren, und gehen auf einem Feldweg weiter, bis wir einen Steinbruch erreichen. An der Kreuzung bleiben wir auf unserem Weg, der fast direkt vor uns weitergeht. Der Feldweg mündet schließlich in eine Straße, wo wir uns rechts halten. Bald erreichen wir eine Brücke, die die Bahnlinie überquert.

Bis wir in **Calahorra** ankommen, bleiben wir immer auf dieser asphaltierten Straße. Wir gehen geradeaus über einen Kreisverkehr und kommen auf der Calle Murillo in den Ort. Hier halten wir uns links und gelangen über die Calle San Millan auf die Plaza Diego Camporredondo. Weiter geradeaus auf der Calle Ruiz y Menta erreichen wir schließlich den Paseo del Mercadal, wo wir rechts gehen. Am Ende des Paseos gehen wir links in die Calle Los Mártires, die später in die Calle Grande und dann in die Calle Mayor übergeht.

Wir überqueren die eigentümliche Plaza Raso und nach etwa 300 m sehen wir bei der Plaza Doctora García das Kloster und die Kirche San Francisco, Standort der modernen, gut eingerichteten Pilgerherberge.

Orte und Sehenswürdigkeiten

CALAHORRA (23.000 Einwohner) blickt auf eine zweitausendjährige Geschichte zurück. Von den Römern wurde die Stadt, in der wir auf die Römerstraße treffen, die von Asturien nach Tarraco führt, Calagurris und von den Keltiberern Kalakoricos genannt. Auf der Plaza Raso befand sich früher das Forum Romanum – für die Christen ein Ort, an dem sie dem Martyrium der römischen Legionäre Emetherius und Chelidonius (um das Jahr 300) gedenken. Calahorra war seit dem 4. Jh. Bischofssitz, wurde aber im Jahr 714 von den Mauren

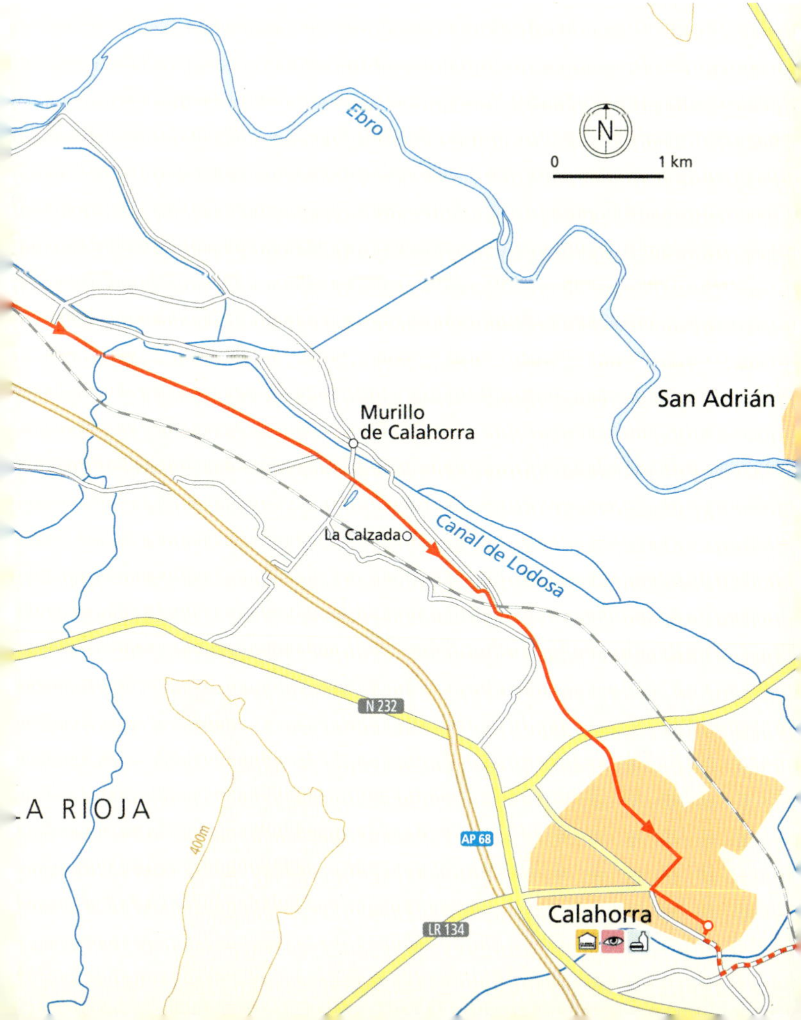

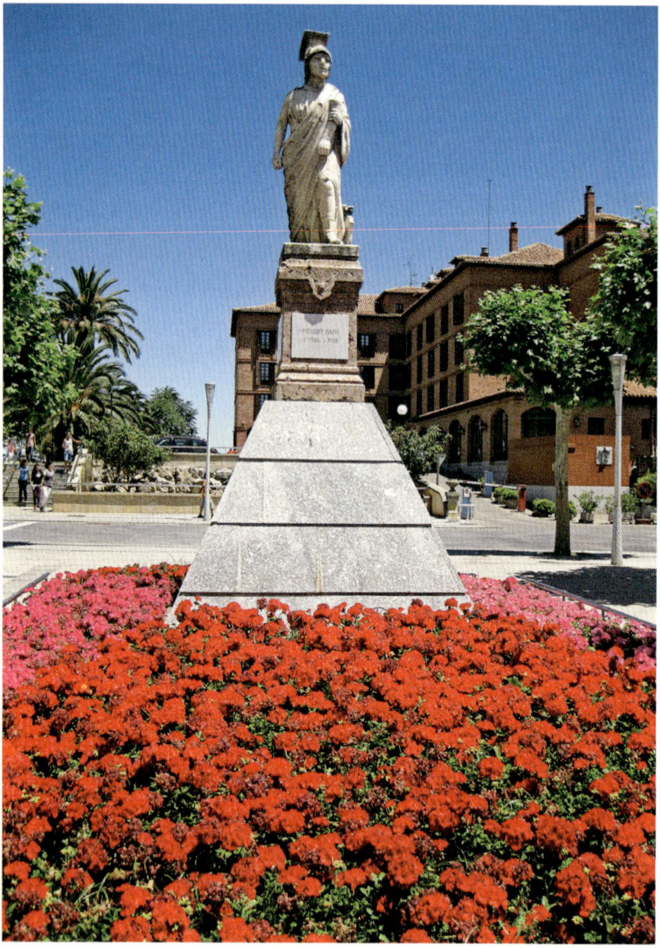

„La Matrona" von Calahorra, Erinnerung an die römische Vergangenheit

eingenommen, die ihre Spuren in der Landwirtschaft und der Stadtplanung hinterließen. Calahorra ist eine Stadt mit langer Pilgertradition, wie das Taufbecken in der Kathedrale Santa Maria (16. Jh.) zeigt. Es ist mit Jakobsmuscheln, Kürbis-Wasserbehältern und dem Abbild des hl. Jakobus verziert. Ebenfalls erwähnenswert sind die Kapellen Cristo de la Agonía und Cristo de la Pelota.

Es gibt zahlreiche Restaurants, Fahrradwerkstätten, Apotheken, ein Gesundheitszentrum, Supermärkte, Banken und eine Touristeninformation (c/ Ángel Oliván 8, Tel. 941 105 061, geöffnet von Dienstag bis Samstag, vor- und nachmittags. Sonntags nur vormittags); Rathaus, Tel. 941 105 050; Taxi: Tel. 941 130 016 oder 618 019 156 (Taxi Miguel).

Calahorra – Alfaro

↗ 142 m ↘ 172 m

„Die Arbeiter im Weinberg des Herrn müssen einen Fuß auf dem Boden und den anderen in der Luft haben, um die Reise fortzusetzen.“

„Macht die erschlafften Hände wieder stark
und die wankenden Knie wieder fest! Sagt den Verzagten:
Habt Mut, fürchtet euch nicht! Seht, hier ist euer Gott!
Die Rache Gottes wird kommen und seine Vergeltung;
er selbst wird kommen und euch erretten“ (Jes 35,3–4).

Heute verläuft der Weg über weite Strecken parallel zur Bahnlinie und wechselt dabei zwischen asphaltierten Abschnitten und Feldwegen. Wir kommen an zahlreichen Getreidefeldern, Obstplantagen, Olivenbäumen und Weinbergen vorbei, denn aufgrund der Nähe zum Fluss Ebro und wegen des Lodosa-Kanals ist die Gegend hier sehr fruchtbar. Wenn wir im Frühling oder im Sommer unterwegs sind, können wir vielleicht einige der zahlreichen Störche auf den Feldern sehen. In unserem Etappenziel Alfaro ist die Gastfreundschaft gegenüber Pilgern besonders ausgeprägt und herzlich. Wir wissen das zu schätzen und verpassen es nicht, die Stiftskirche zu besuchen und durch die Straßen dieses Dortes zu schlendern, das auch „Paradies der Störche“ genannt wird.

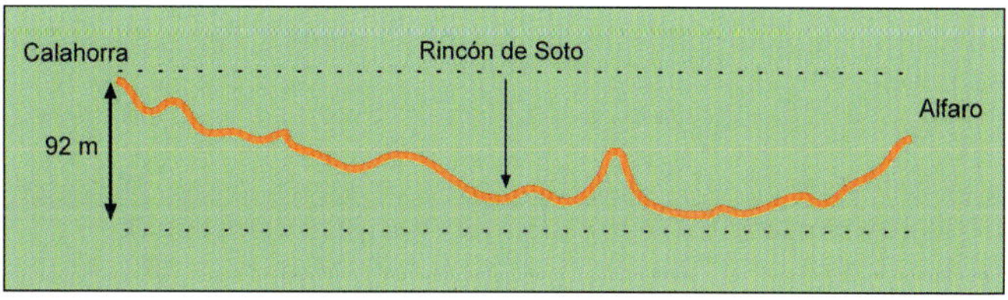

FÜR RADFAHRER: einfach

Calahorra:	km 0	Rincón de Soto:	km 13,4
Alfaro:	km 25,6		

Unterkünfte

Alfaro:

- Pilgerherberge, Paseo de la Florida 23, 10 Plätze, kostenlos, Information im Tourismusbüro, Tel. 941 180 133, oder bei der lokalen Polizei
- Jugendherberge Alhama, c/ Puerta de Milagro s/n, Tel. 941 291 100
- Hotel Palacios, ctra. de Saragossa 57, Tel. 941 180 100
- Hotel HM Alfaro, c/ San Antón 32, Tel. 941 180 056

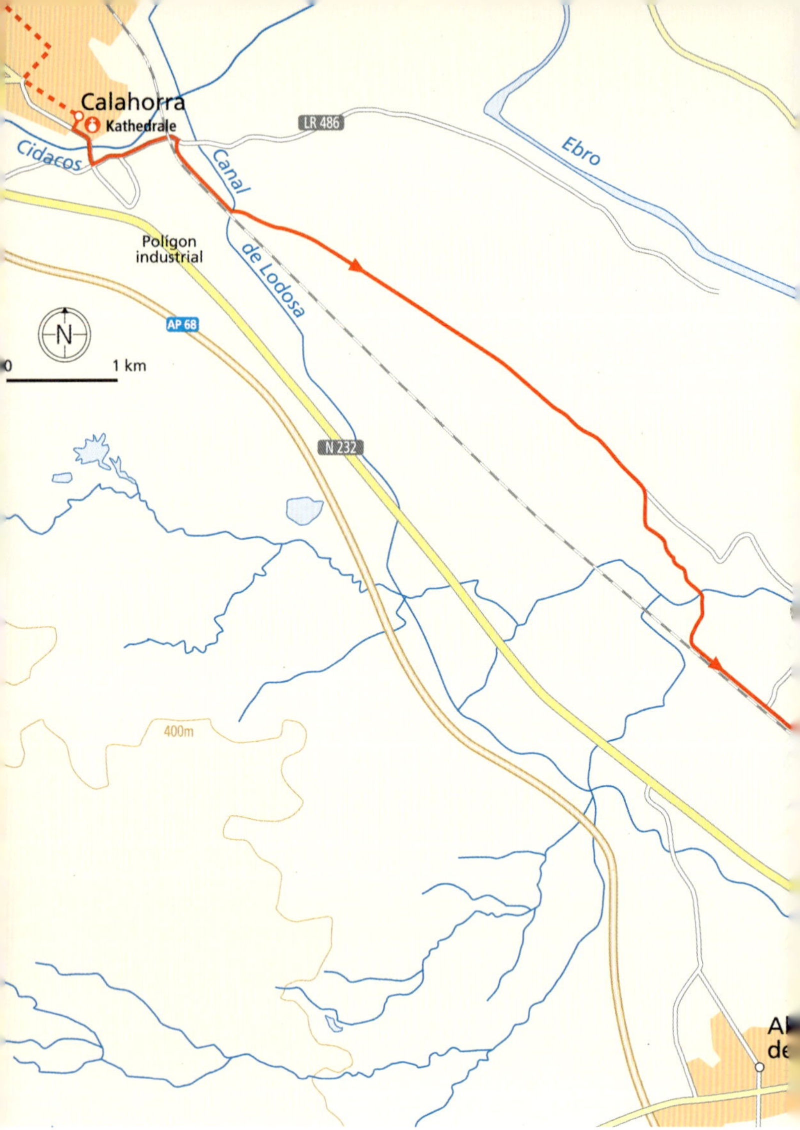

Wegbeschreibung

Wir verlassen die Pilgerherberge, gehen Richtung Kathedrale und überqueren den Fluss Cidacos. Etwa 150 m hinter dem Fluss biegen wir links auf eine asphaltierte Straße ab, die zum Dorf Azagra (LR-486) und zum Friedhof von Calahorra führt. Wir folgen dieser Straße, bis wir unter der Bahnlinie durchkommen. 150 m nach der Bahnlinie biegen wir rechts in eine andere asphaltierte Straße ein, die uns an der Bahnlinie entlangführt.

Wir überqueren den Kanal von Lodosa und folgen der Straße, wobei wir uns von der Bahnlinie entfernen. An der Weggabelung gehen wir links. Nach ca. 4,5 km asphaltierter Straße kommen wir zu einem verfallenen Haus. Wir nehmen den Feldweg, der hier rechts beginnt, und gehen auf ihm immer geradeaus. Wir nähern uns wieder der Bahnlinie und folgen ihr bis Rincón de Soto. Den ersten Gleisübergang lassen wir rechts von uns liegen und gehen weiter geradeaus bis zu einem zweiten Gleisübergang, den wir jetzt benutzen. Nach 100 m nehmen wir den Weg links und bleiben parallel zur Bahnlinie auf diesem Weg, bis wir – immer geradeaus – nach Rincón kommen. Wir erreichen **Rincón de Soto**, überqueren die Bahnlinie noch einmal und gehen in Richtung Avenida de la Rioja. Danach gehen wir geradeaus, schließlich rechts und am Ende sind wir beim Rathaus.

Wir verlassen Rincón auf der Avenida del Príncipe Felipe und kommen zu einem Gleisübergang. Wir gehen links auf der Avenida del Río Alfaro weiter. Die Straße macht eine Rechtskurve und wir kommen zu einer Brücke, auf der wir einen Bewässerungskanal überqueren. Auf Asphalt gehen wir weiter geradeaus und lassen den Kanal links hinter uns.

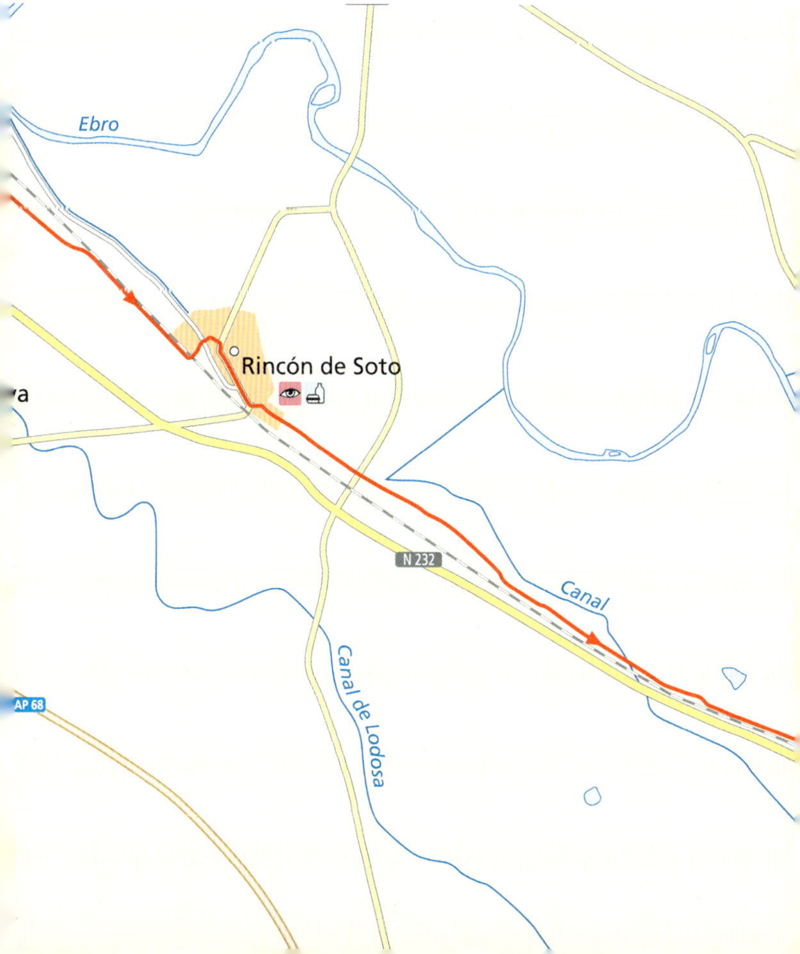

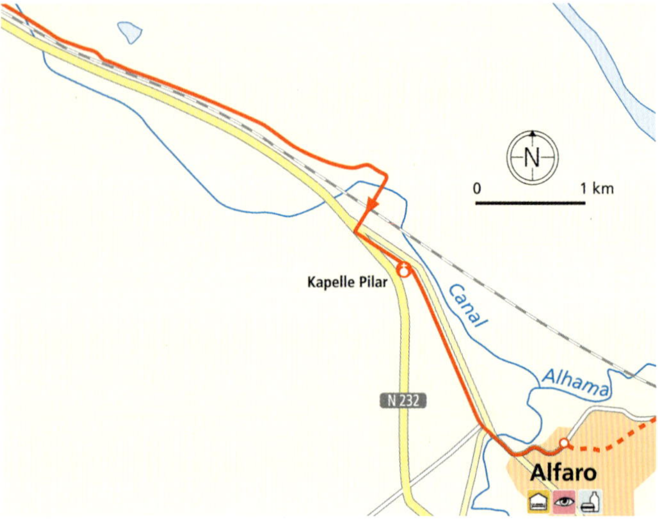

Nach der Unterführung folgen wir für kurze Zeit dem Kanal. Die Straße, Camino del Esportal, führt uns während 6 km an der Bahnlinie und der Nationalstraße N-232 entlang. Wir bleiben immer auf diesem Weg. In einer 90-Grad-Kurve nach rechts überqueren wir auf einer kleinen Brücke einen Bewässerungskanal und die Bahnlinie und kommen zur Nationalstraße N-232, auf der wir links weitergehen. Kurz vor **Alfaro** thront die Einsiedelei del Pilar eindrucksvoll auf einer kleinen Anhöhe neben der Straße.
Über einen Kreisverkehr kommen wir in den Ort, überqueren den Fluss Alhama und erreichen zunächst den Busbahnhof und schließlich die Plaza de Toros. Wir gehen um den Platz herum, der nun links von uns liegt, und bleiben auf der Avenida, die eine Rechtskurve macht. Bei der baumgesäumten Promenade links, dem Paseo de la Florida, wo sich die lokale Polizeistation befindet. Dort kann man die Schlüssel für die Pilgerherberge abholen und sich den Pilgerausweis abstempeln lassen.

Orte und Sehenswürdigkeiten

RINCÓN DE SOTO: Kirche San Miguel (16. Jh., später restauriert). Es gibt Restaurants, Apotheken, ein Gesundheitszentrum, Supermärkte und Banken; Rathaus, Tel. 941 160 013.

ALFARO: Die würdevolle Stiftskirche San Miguel Arcángel (16./17. Jh.), „Nationales Monument“ seit 1976, beeindruckt mit ihren mehr als 3000 Quadratmetern. Ein Besuch lohnt sich aufgrund des barocken Hochaltares (18. Jh.) und der Skulptur „La Virgen peregrina“ (die Pilgerjungfrau), ein Zeichen für die vielen Pilger, die in dieser

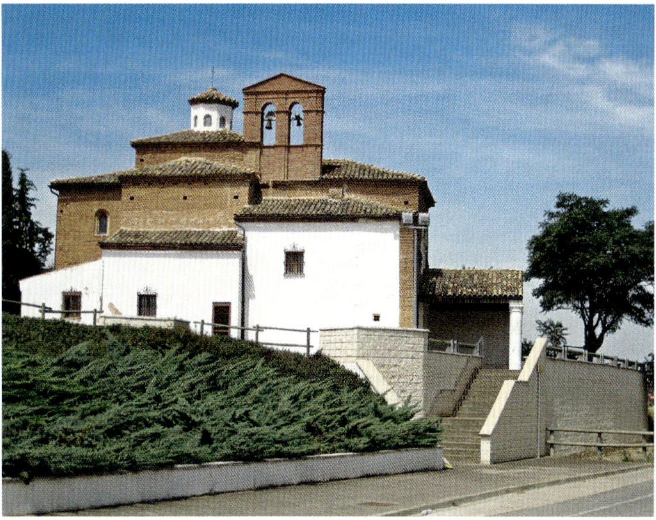

Ermita de El Pilar

Stadt schon vorbeigekommen sind. Außerdem können wir in der Kapelle San José eine gotische Christusfigur bewundern. In der Kirche San Francisco wird ein barockes Ölgemälde aufbewahrt, auf dem wir den Apostel Jakobus in der Schlacht von Clavijo sehen können. Mit seinen mehr als 10.000 Einwohnern bietet der Ort den Pilgern Restaurants, Apotheken, ein Gesundheitszentrum, Supermärkte, Banken und eine Touristeninformation (Plaza de España 1, Tel. 941 180 133, geöffnet von Dienstag bis Samstag vor- und nachmittags, sonntags nur vormittags); Rathaus, Tel. 941 180 133; Taxis: Taxis La Esperanza, Tel. 678 617 029; Taxis Javier Gil, Tel. 626 310 612.

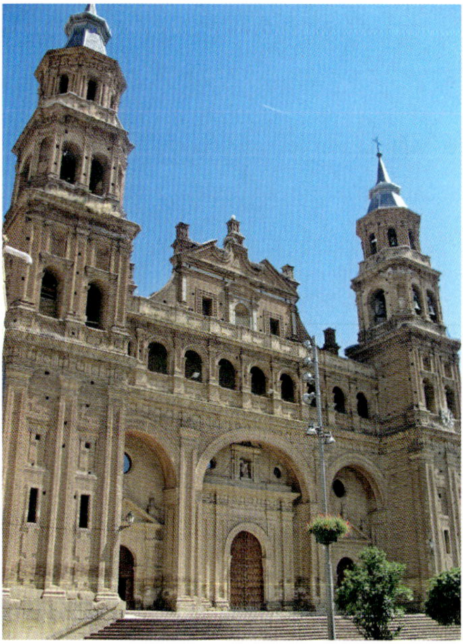

Alfaro, Stiftskirche San Miguel

12. ETAPPE 25,6 KM

Alfaro – Tudela

↗ 121 m ↘ 188 m

„Wer Gott hat, entbehrt nichts, auch wenn er sonst nichts hat."

„Such ihn zu erkennen auf all deinen Wegen, dann ebnet er selbst deine Pfade" (Spr 3,6).

Auch diese Etappe folgt in entgegengesetzter Richtung dem Katalanischen Jakobsweg bzw. der Bahnlinie. Wir könnten bis Tudela immer den Geleisen folgen, biegen aber auf halber Strecke in einen Feldweg ein, der uns unmittelbar an den Ebro führt. Am Flussufer genießen wir spektakuläre Ausblicke und können uns an schattigen Plätzchen ein wenig ausruhen. Eine mächtige Herz-Jesu-Statue hoch über der Stadt verrät uns schließlich, dass unser Etappenziel nicht mehr weit ist. In der Kirche Santa Maria Magdalena danken wir wie Ignatius für den zurückgelegten Weg.

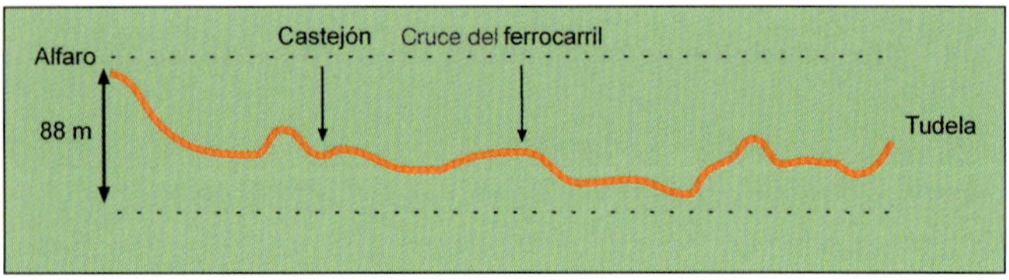

FÜR RADFAHRER: einfach

Alfaro:	km 0	Castejón:	km 5,7
Kreuzung mit der Bahnlinie:	km 12,3	Tudela:	km 25,6

Unterkünfte

Tudela:

- Jugendherberge (bitte frühzeitig reservieren), c/ Camino de Caritat 17, Tel. 670 824 490
- Hotel AC Ciudad de Tudela, c/ Misericordia s/n, Tel. 948 402 440
- Hotel Santamaría, c/ San Marcial 14, Tel. 948 821 200
- Hotel Tudela Bardenas, Avenida Saragossa 60, Tel. 948 410 778 / 948 410 802
- Hotel Bed4U Tudela, c/ Mañeru s/n, Tel. 948 413 413
- Hotel NH Delta, Avenida Saragossa 29, Tel. 948 821 400
- Hostal Pichorradicas, c/ Cortadores 11, Tel. 948 821 021
- Hostal Remigio, c/ Gaztambide 4 (direkt an der Plaza de los Fueros, mit Ermäßigung für Pilger), Tel. 948 820 850

IGNATIANISCHE SPURENSUCHE

Als tapferer und hoch motivierter Ritter setzte sich Ignatius keine Grenzen: Wenn irgendein Heiliger sich durch eine Buße oder einen Dienst an unserem Herrn hervorgetan hatte, musste er es ihm gleichtun oder ihn womöglich noch übertreffen. Wir haben es hier mit einer inneren Erfahrung zu tun: Wem viel vergeben worden ist, der ist auch bereit, viel zu geben. Das Engagement ist genauso stark wie das Bewusstsein, wahrhaft von der göttlichen Barmherzigkeit gerettet worden zu sein. Ignatius schreibt:

„Auf dieser Wegstrecke hatte er ein Erlebnis, das berichtenswert sein dürfte, um besser zu verstehen, wie unser Herr mit dieser Seele verfuhr, die noch ganz blind war trotz des großen Verlangens, Ihm zu dienen auf alle Weise, so gut er es nur verstand. Er hatte sich ja dazu entschlossen, schwere Bußwerke auf sich zu nehmen; und zwar schaute er bereits nicht mehr so sehr darauf, für seine Sünden Genugtuung zu leisten, sondern vielmehr darauf, Gott einen Gefallen zu tun und Ihm Freude zu machen. Wenn er also daran dachte, sich einer Bußübung zu unterziehen, die die Heiligen auf sich genommen hatten, nahm er sich vor, wenigstens dasselbe, wenn nicht noch mehr fertigzubringen. Solche Gedanken waren der einzige Trost seiner Seele; er hatte noch keinen Blick für innere Werte und verstand nicht, was Demut, Liebe, Geduld eigentlich seien. Und er kannte jenes Gespür für Gottes Willen noch nicht, das diese Tugenden zu lenken und ins rechte Maß zu bringen hat. Vielmehr ging seine ganze Absicht nur darauf, diese äußerlich sichtbaren Großtaten einzig deswegen zu verrichten, weil solches auch die Heiligen zur Verherrlichung Gottes getan hatten; und dabei achtete er gar nicht auf irgendwelche besondere Voraussetzungen. Der Abscheu vor den Sünden seiner Vergangenheit war so groß, und das Verlangen, aus Liebe zu Gott Großtaten zu verrichten, war so lebendig, dass er bei seinen Bußwerken, die zu verrichten er sich vorgenommen hatte, gar nicht besonders an seine Sünden dachte. Und dabei machte er sich nicht ausdrücklich klar, dass diese ihm ja schon vergeben waren."

Wie J. M. Rambla SJ in seinem Buch „El peregrino" schreibt, ist das „Mehr" (*magis*) ein Leitmotiv der ignatianischen Symphonie. Die Liebe führt immer zu einer Dynamik der Überfülle und Maßlosigkeit. Die Liebe begnügt sich nicht mit dem kalten Gleichgewicht dessen, was recht und richtig ist. Die Liebe strebt immer nach „mehr", will sich immer „mehr" verschenken, „mehr" sein, „mehr" wachsen. Das bekannte ignatianische Motto *ad maiorem Dei gloriam* bringt diese typische Wachstumsdynamik der engagierten Liebe gut zum Ausdruck. Trotzdem erkennt Ignatius hier, dass es ihm in jener Phase seines Lebens an der Unterscheidung mangelte, um diese Tugenden, die er so sehnsuchtsvoll erfuhr, „zu lenken und ins rechte Maß zu bringen". An jener Unterscheidung, die der heilige Paulus als diejenige Eigenschaft benennt, die uns in jeder Lebenssituation erkennen lässt, „was der Wille Gottes ist: was ihm gefällt, was gut und vollkommen ist" (Röm 12,2). Dank seiner persönlichen Beobachtung und Erkenntnis der Gegenwart Gottes wird Ignatius lernen, aus dieser Unterscheidung zu leben, und er wird dies auch seinen jesuitischen Gefährten vermitteln. Die „größere Ehre Gottes" wird mit einer guten Dosis an „Gottesliebe" und an tatkräftigem „Gottesdienst" verwirklicht. Ignatius würde unterschreiben, was der heilige Irenäus viele Jahrhunderte vor ihm gesagt hat: „Die Ehre Gottes ist der Mensch, der lebt!" Darauf würde Ignatius sein Leben verpfänden.

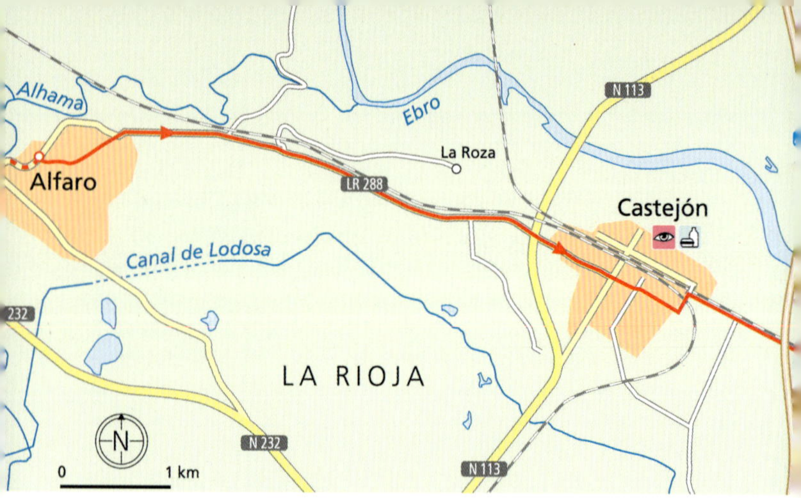

Wegbeschreibung

Von der Pilgerherberge aus gehen wir auf der Calle de las Pozas bis zur Plaza de España und von dort zur Plaza Chica sowie durch die Calle Araciel und die Calle Castejón. Wir verlassen den Ort durch die Puerta de Castejón und gehen weiter auf der Avenida de Navarra. Auf der Landstraße LR-288 lassen wir Alfaro hinter uns und kommen direkt ins nächste Dorf, Castejón, das bereits in der autonomen Region Navarra liegt. Die Bahnlinie begleitet uns immer auf der linken Seite. Wir überqueren den Kreisverkehr der Nationalstraße N-113 und sind jetzt in **Castejón**. Hier geht es fast immer geradeaus, zunächst auf der Calle San José und später auf der Calle Sarasate. Am Ende des Dorfes führt eine Straße nach links zu einer Brücke über die Bahnlinie. Wir gehen auf die Brücke zu, überqueren sie aber nicht, sondern gehen auf der Straße rechts wieder nach unten und dann an den Bahngleisen entlang.

Links von uns sind die Bahngleise und nach einem Kilometer gehen wir unter der Autobahn AP-15 hindurch. Wenn wir uns immer an den Bahngleisen orientieren, können wir den Weg nicht verfehlen. 5,5 km nach der Autobahnbrücke führt unser Weg über die Bahnlinie und hier müssen wir entscheiden, ob wir die kürzere Variante auf dem Jakobsweg weiterwandern (2 km kürzer, aber auf Asphalt) oder die malerische Strecke am Ebro entlang wählen. Die Variante auf der Straße ist klar und nicht zu verfehlen: immer geradeaus bis nach Tudela. Die zweite Möglichkeit, am Ebro entlang, führt uns durch das **Sotos de Ebro** genannte Gebiet. Hier gehen wir auf teilweise schlecht erkennbaren Wegen und sollten deshalb aufmerksam sein. Diesem Weg, der vor allem von Fuhrwerken genutzt wird, folgen wir zunächst nach links. Nachdem wir die Bahnlinie überquert haben, macht der Weg zunächst eine starke Linkskurve und führt erst einmal in die Richtung, aus der wir gekommen sind. Dann entfernen wir uns von der Straße und gehen auf dem Feldweg, der einen großen

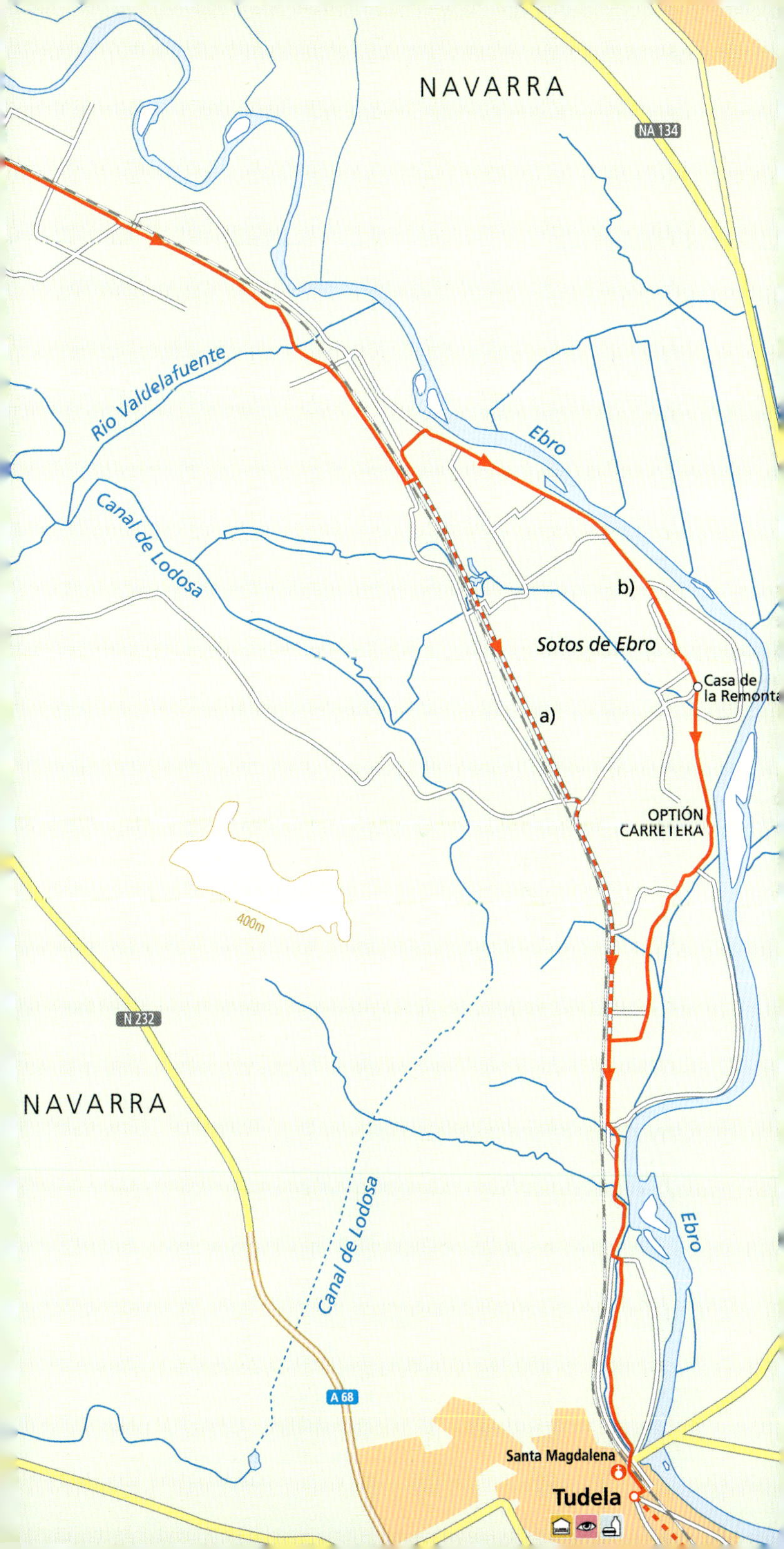
NAVARRA
NA 134
Rio Valdelafuente
Ebro
Canal de Lodosa
b)
Sotos de Ebro
Casa de
la Remonta
a)
OPTIÓN
CARRETERA
400m
N 232
NAVARRA
Ebro
Canal de Lodosa
A 68
Santa Magdalena
Tudela

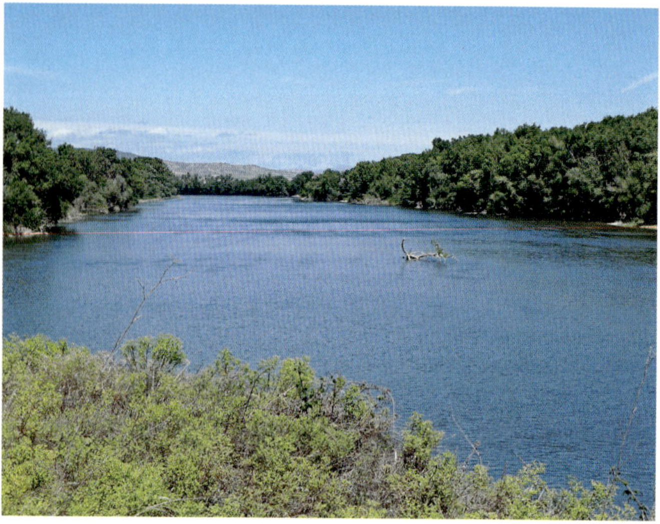

Am Ebro entlang

Bogen nach rechts beschreibt. Wir kommen direkt zum Ebro und folgen dem Fluss stromabwärts. Wir kommen an Kreuzungen und alternativen Wegen vorbei, die zu den Feldern führen, auf denen das Wasser des Ebro genutzt wird, und sehen rechts von uns einige Häuser. An der nächsten Kreuzung gehen wir geradeaus. Wir kommen an verlassenen Gehegen vorbei, die wir links liegen lassen, und weiter geht es geradeaus. Bei der nächsten Kreuzung halten wir uns links und schon können wir die Stadt Tudela sehen. Wir erreichen einige Industriegebäude und die Straße, von der wir vor einigen Kilometern abgebogen sind.

Auf der Straße gehen wir links weiter und stoßen wieder auf die Bahnlinie. Den Ebro und ein kleines Stauwehr sehen wir links. Nach 300 m können wir links einen Weg einschlagen, der parallel zur Straße verläuft. So brauchen wir nicht auf dem Asphalt und neben den Autos herlaufen. Dieser Weg neben der Straße führt uns direkt zum Ortseingang von **Tudela.** Wir nähern uns auf der Calle Portal der Kathedrale, dem Rathaus und der Touristeninformati-

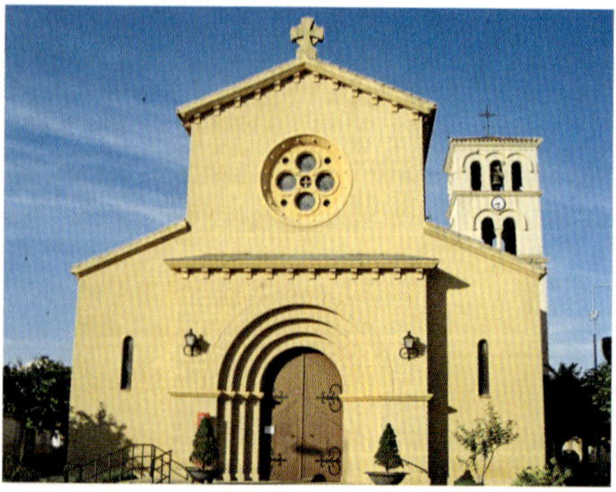

Castejón, Kirche San Francisco Javier

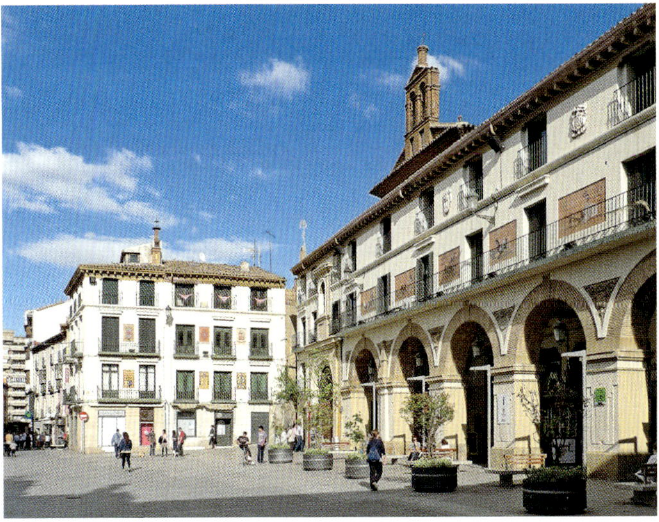

Tudela, Rathaus an der Plaza de los Fueros

on. Die Pilgerherberge befindet sich ca. 1,2 km außerhalb der Stadt. Um sie zu finden, gehen wir durch die Avenida Saragossa und die Calle de la Caridad.

Orte und Sehenswürdigkeiten

CASTEJÓN: Der Ort ist ein wichtiges Eisenbahnkreuz, die Stadt besitzt ein Eisenbahn-Museum. Außerdem befindet sich hier die moderne Kirche San Francisco Javier (1944), die uns daran erinnert, dass wir schon in Navarra sind, ein Königreich, in dem der heilige Jesuit tiefe Spuren hinterlassen hat, die sich in den zahlreichen Kirchen widerspiegeln. Eine schöne Statue mit zwei Pilgern stellt den alten Jakobsweg und den neuen Ignatiusweg dar. Mit etwas Glück sehen wir die Vorbereitungen für die typischen Stierkämpfe, die beim Stadtfest im Juni abgehalten werden. Es gibt Restaurants, Apotheken, ein Gesundheitszentrum, Supermärkte und Banken; Rathaus, Tel. 948 844 002.

TUDELA: Die Hauptstadt von Ribera de Navarra wurde im Jahr 802 von den Mauren gegründet und ist eine der wichtigsten Städte der Halbinsel mit muslimischem Ursprung. Äußerst ehenswert ist die Kathedrale (1168) im romanischen Stil. Sie wurde an der Stelle errichtet, wo früher die Hauptmoschee stand, und erst vor kurzem renoviert. Wenn wir hinter der Kathedrale stehen, sehen wir die bekannte Puerta del Juicio. Auf der Plaza de los Fueros (1687) befindet sich das Rathaus aus dem 16. Jh. Ein Spaziergang zum Ebro führt

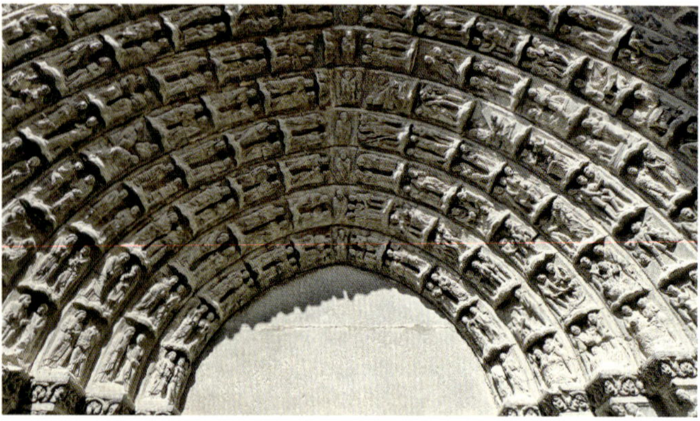

Tudela, Kathedrale, Puerta del Juicio

uns zu einer Brücke, die ihren Ursprung im 9. Jh. hat. Viele große, historische Gebäude sind für die Pilger in Reichweite, wie die Kirche Santa Maria Magdalena (12. Jh.) in der Nähe des Flusses. In der Touristeninformation gibts weitere Informationen (Plaza de los Fueros, Tel. 948 848 058). Der Ort verfügt über Fahrradwerkstätten, Restaurants, Apotheken, ein Gesundheitszentrum, Supermärkte und Banken; Rathaus, Tel. 948 848 058; Taxis: Asociación Taxis de Tudela, Tel. 948 822 027; Taxi Aranguren, Tel. 948 821 199.

In der Pfarrkirche Nuestra Señora de Lourdes, c/ Arcos Escribano 34, können wir Jesuitenpatres antreffen, die uns freundlich die Pilgerdokumente abstempeln, allerdings sind die Öffnungszeiten der Pfarrei zu beachten; Tel. 948 820 297.

Kirchen, die auf Moscheen erbaut wurden?

Auf dem Ignatiusweg (etwa in Tudela, Alagón, Saragossa und Lleida) können wir Kirchen sehen, die auf dem Boden früherer Moscheen erbaut wurden. Diese wurden ihrerseits am Ort früherer christlicher Kirchen errichtet. Die mittelalterlichen Eroberer, Muslime wie Christen, „bekehrten" auf diese Weise die heiligen Orte ihrer besiegten Feinde – ein tief symbolischer Akt der Eroberung der besiegten Zivilisation (und ihrer Religion). Aber auch praktische Aspekte kamen ins Spiel: Es war viel einfacher, ein bereits bestehendes Gebäude umzuwandeln, als ein neues zu bauen. Der grazile Glockenturm der Kathedrale von Sevilla „La Giralda" ist das beste Beispiel in Spanien für ein Minarett, das in einen Glockenturm zurückverwandelt wurde. Auch die Kathedrale del Salvador von Saragossa verfügt über ein Beispiel für diese Praxis.

13. ETAPPE

39,3 KM

Tudela – Gallur

↗ 103 m ↘ 160 m

„Es genügt nicht, dass ich allein Gott diene;
ich muss dazu beitragen, dass alle Herzen ihn lieben
und alle Zungen ihn loben.“

„Erforsche mich, Gott, und erkenne mein Herz, prüfe mich
und erkenne mein Denken! Sieh her, ob ich auf dem Weg bin,
der dich kränkt, und leite mich auf dem altbewährten Weg“
(Ps 139,23-24).

Heute liegt eine sehr lange Etappe vor uns. Es ist ratsam, am frühen Morgen zu starten, den Sonnenschutz nicht zu vergessen und in jedem Dorf die Wasserflaschen aufzufüllen. Wieder folgen wir im Ebrotal zum Teil der Eisenbahnlinie, zum anderen Teil aber dem Kaiserlichen Kanal (Canal Imperial), den Kaiser Karl V. im Jahr 1528 entworfen hatte. Am Kanal können wir die Leistungen der Ingenieure bewundern, bei Hitze verströmen die Bäume einen starken Duft und die Pilger freuen sich über den erfrischenden Anblick des Wassers.

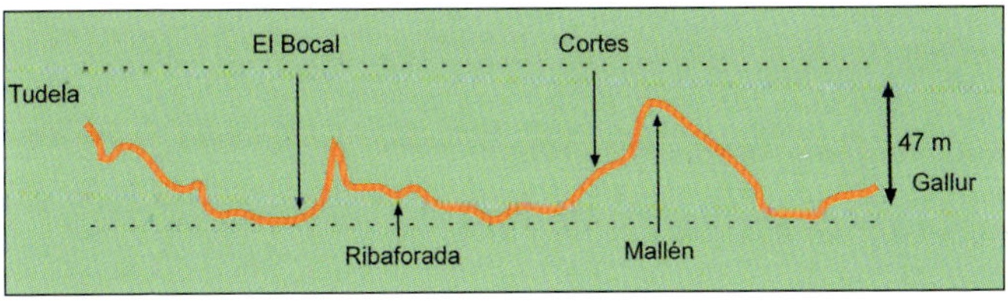

FÜR RADFAHRER: einfach. Allerdings gibt es zwei Stellen zwischen Ribaforada und Cortes, an denen man kurze alternative Strecken fahren sollte. Dabei folgt man den Feldwegen und orientiert sich immer an der Bahnlinie.

Tudela:	km 0	El Bocal:	km 8,7
Ribaforada:	km 13,5	Cortes:	km 26,2
Mallén:	km 29,2	Gallur:	km 39,3

Unterkünfte

Mallén:

- Hostal Pinocho, c/ Tudela 4, Tel. 976 850 225

Gallur:

- Pilgerherberge (32 Plätze, direkt neben dem Bahnhof), Tel. 976 864 396 oder 618 833 696
- Hotel El Colono (Spezialpreis für Pilger), c/ Constitución 13, Tel. 976 864 275

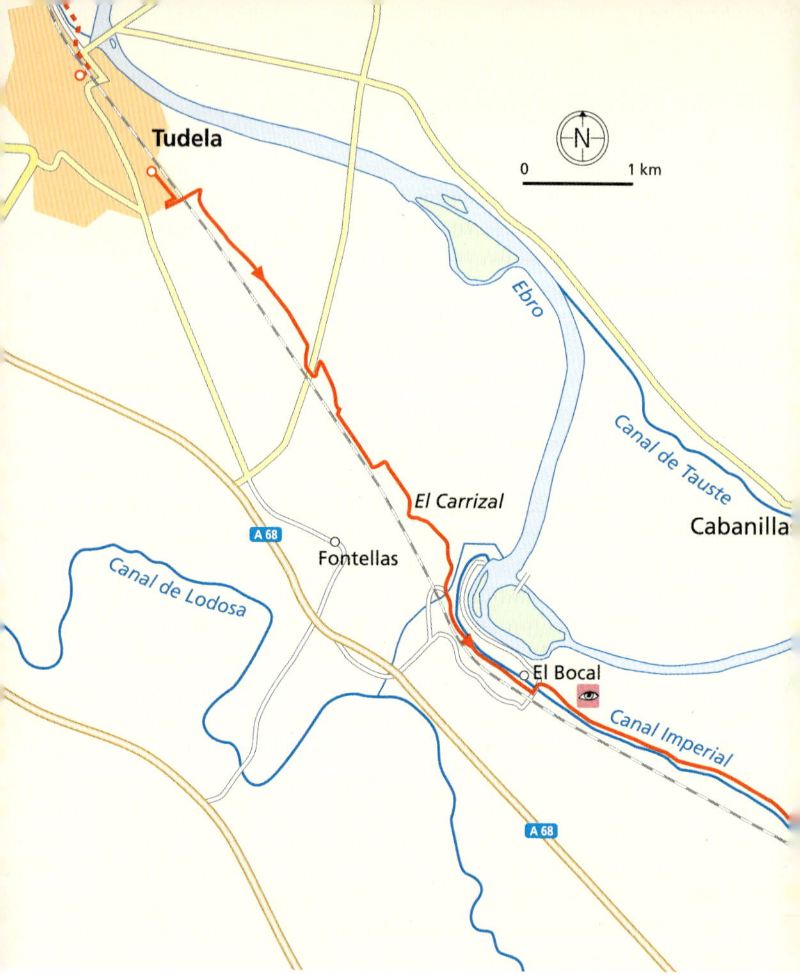

Wegbeschreibung:

Wir nehmen die Calle Camino Caritat nach links und gehen zu einer Brücke, die über die Bahnlinie führt. Ein kleiner Weg führt uns über die Brücke. Hinter der Bahnlinie bzw. der Brücke nehmen wir den Weg nach rechts, der eine Kurve nach hinten beschreibt und uns zu einem Umspannwerk bringt. Auf unserem breiten Weg gehen wir mühelos weiter geradeaus und lassen einige Gehöfte und Weiler hinter uns. Immer auf dem gleichen breiten Weg erreichen wir die Straße, die wir überqueren. Bei der Kreuzung hinter der Straße halten wir uns rechts und nähern uns der Bahnlinie. Nach etwa einem Kilometer beginnt ein asphaltierter Weg. Die Bahnlinie rechts begleitet uns, bis wir zum Eingang eines großen Grundstücks mit dem Namen „El Carrizal" kommen. Unser breiter Weg verläuft weiter flach und ohne Abzweigungen. Etwas später erreichen wir eine Straße, in die wir links abbiegen. Wir nähern uns dem Kaiserlichen Kanal, der uns heute den ganzen Tag begleiten wird. Die Straße liegt genau zwischen dem Kanal links und der Bahnlinie rechts. Wir kommen zur Brücke „Formigales“ und nehmen danach einen breiten Weg, der rechts abbiegt. Bald liegt „El Bocal“ hinter uns. Wir folgen dem Lauf des Wassers, das wir immer auf der rechten Seite sehen. Wir nehmen die erste Brücke über den Kanal und kommen kurz darauf ins Dorf **Ribaforada.**

Auf der gleichen Straße kommen wir über die Ortsmitte direkt zur Bahnlinie. Dort biegen wir links ab, ohne die Gleise zu überqueren. Wie ein freundlicher Reisebegleiter führt uns dieser „Camino de hierro“, der „eiserne Weg“ auf 10 km nach Cortes: Die Bahnlinie auf der rechten Seite gibt uns immer Orientierung. Nach 2 km biegt der Weg im 90-Grad-Winkel ab und entfernt sich von der Bahnlinie. Unübersehbar steht vor uns eine große Fabrik und in 200 m sieht man eine Brücke. Man kann auch direkt an der Bahnlinie entlang weitergehen bis hinter die Brücke, wo wir wieder auf den Weg parallel zur Bahnlinie stoßen.

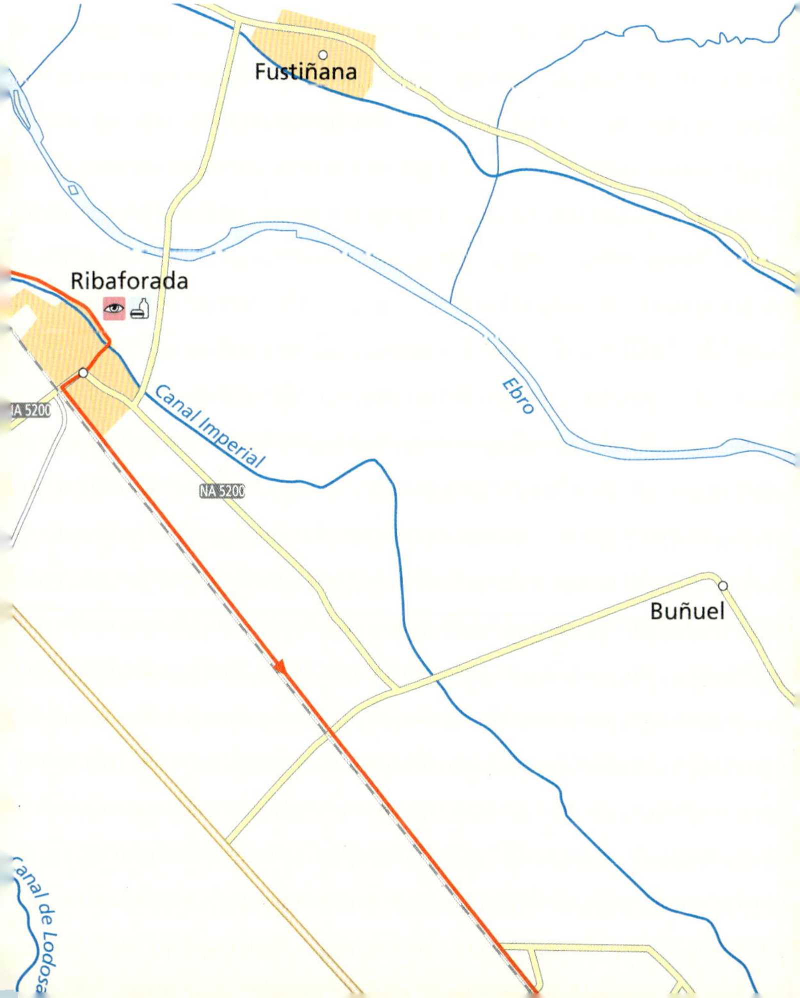

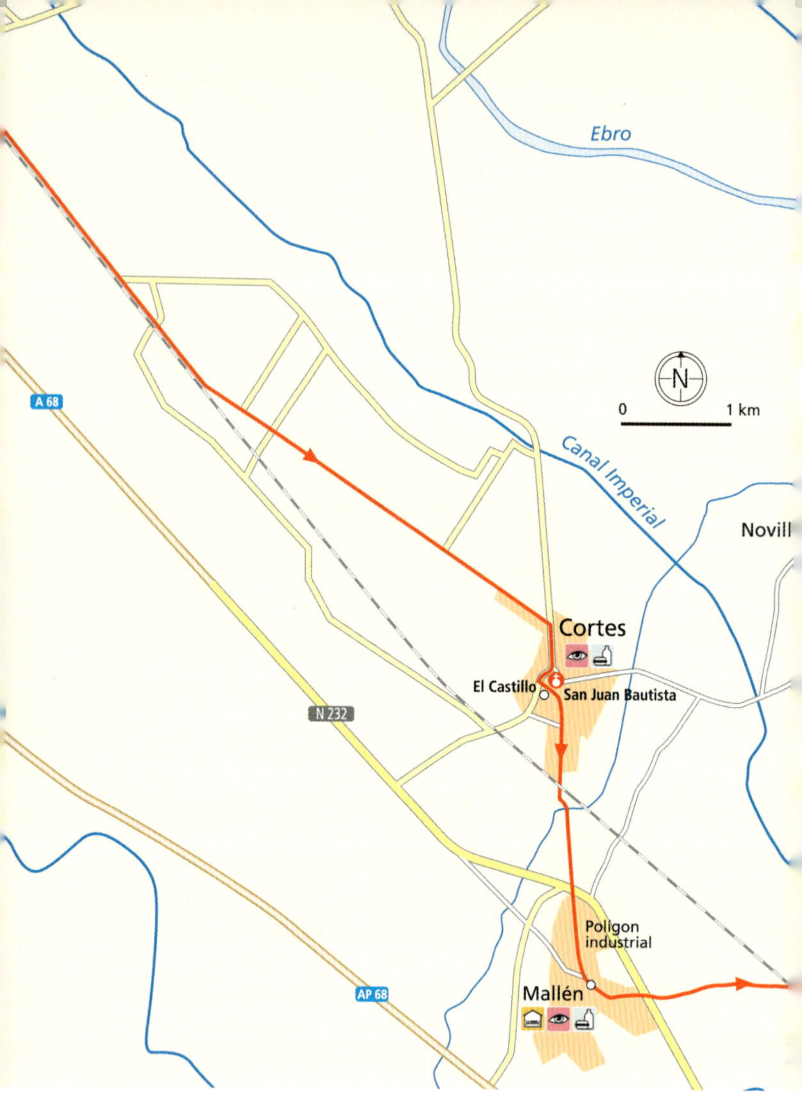

Nach weiteren zwei Kilometern entfernt sich der Weg wieder von der Bahnlinie. Die Fußpilger müssen hier besonders aufmerksam sein: Man kann weiter direkt an der Bahnlinie entlanggehen, immer geradeaus, obwohl es in diesem Abschnitt auf einer Länge von 200 m keinen Weg gibt. Nach diesem Abschnitt beginnt erneut ein Feldweg direkt an den Gleisen. Die Pilger mit Fahrrad folgen besser immer dem Feldweg. Dabei entfernt sich der Weg fast einen Kilometer von der Bahnlinie. Schließlich erreichen wir eine Kreuzung und halten uns dort rechts, bis wir auf einem breiten Weg wieder zurück zur Bahnlinie kommen. Wir folgen dem Weg und sehen die Bahnlinie auf der rechten Seite. Im weiteren Verlauf entfernt sich unser Weg langsam, aber kontinuierlich von den Schienen und führt uns zu den ersten Gehöften, die auf die Nähe des Dorfes Cortes hinweisen. Wir gehen weiter geradeaus bis zu einem großen Kreisverkehr am Ortseingang von **Cortes** und biegen dort rechts ab. Schließlich erreichen wir die Ortsmitte und gehen durch die Hauptstraße. Nach einer leichten Rechtskurve kommen wir zu einer engen Gasse auf der linken Seite, die uns zur Burg (El Castillo) und zur Kirche San Juan Bautista führt.

Wir gehen weiter geradeaus, bis die Straße in eine andere übergeht, der wir nach rechts folgen. Wir bleiben in der Calle de San Miguel, in Richtung Bahnhof. Wenn wir die Bahnlinie erreichen, gehen wir durch die Unterführung. Unser Weg macht eine leichte Rechtskurve und geht dann in eine lange, gerade, asphaltierte Straße über, die uns zu einem Kreisverkehr bringt. Wir kommen durch eine Unterführung und lassen die Nationalstraße N-232 hinter uns. Weiter geradeaus über einen zweiten Kreisverkehr begeben wir uns auf einen weiteren geraden Abschnitt, der uns direkt nach **Mallén** bringt.

Wir erreichen einen dreieckigen Platz mit einer Parkanlage auf unserer linken Seite, halten uns dort links und gehen um den Platz herum. Die Straße endet bei der Kirche Nuestra Señora de los Ángeles. Wir nehmen die Avenida Saragossa und nach 100 m biegen wir links ab in eine Straße, die zur Nationalstraße N-232 führt. Diese überqueren wir, kommen an einem ehemaligen Restaurant vorbei und gehen Richtung Industriegebiet von Mallén weiter. Geradeaus gehen wir am Industriegebiet vorbei und am Ende nehmen wir den Weg, der rechts abbiegt. An der ersten Abzweigung, nach nur 50 m, biegen wir links in einen Weg ein. Wir stoßen wieder an die Bahnlinie, benützen die Unterführung und erreichen nach 300 m den Kai-

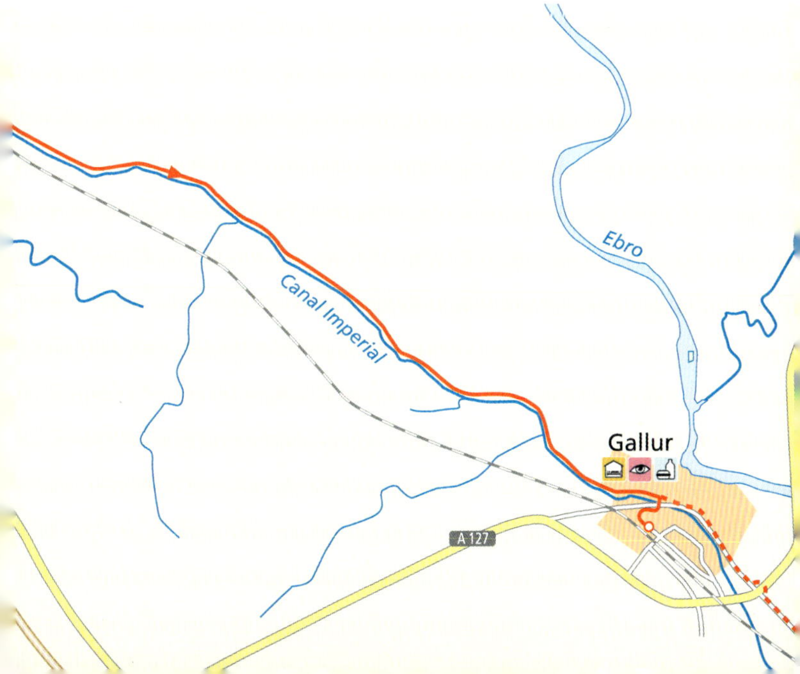

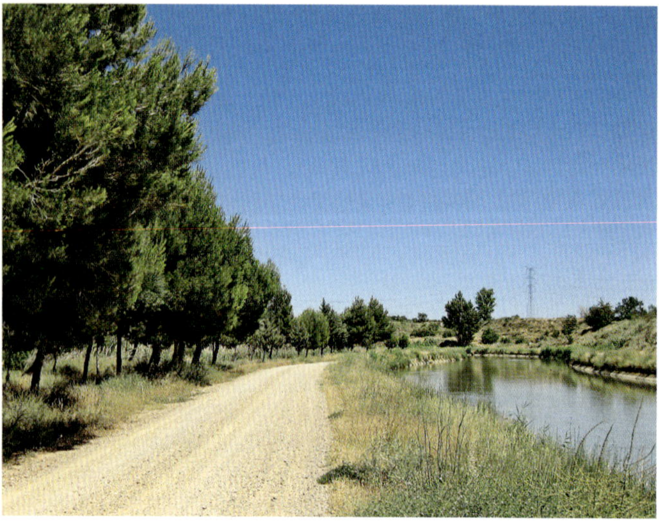

Am Kaiserlichen Kanal

serlichen Kanal. Dort halten wir uns rechts und überqueren den Kanal auf der Brücke, die wir vor uns sehen. Ab jetzt folgen wir dem Kanal etwa 7 km lang, bis wir in **Gallur** ankommen. Dort führt uns eine blaue Brücke über den Kanal. Auf der anderen Seite befindet sich das gemeindeeigene Schwimmbad, das für Pilger kostenlos ist. Genau gegenüber befinden sich der Bahnhof und daneben die Pilgerherberge und das Restaurant. Heute brauchen wir einen schönen Abschluss der Etappe und genau das finden wir hier!

Orte und Sehenswürdigkeiten

EL BOCAL: Hier beginnt der Kaiserliche Kanal von Aragón, der im Jahr 1528 von Karl V. entworfen und im 18. Jh. von Ramón de Pignatelli fertiggestellt wurde. Zwar konnte er noch vor seinem Tod den Kanal bis Saragossa vollenden, aber sein Traum, ihn bis zum Meer zu verlängern, erfüllte sich nicht. In der Nähe befindet sich der Kaiserpalast mit der ältesten Eiche von Navarra. Auf dem Weg durch das Dorf El Bocal kommen wir zum Schleusentorhaus (Casa de las Compuertas) mit dem im Jahr 1790 neu gebauten Stauwehr. Ein Besuch in El Bocal lohnt sich aufgrund seiner Ruhe und seiner landschaftlichen Schönheit. Man kann das alte Stauwehr und den Palast im Mudejar-Stil bewundern. Die Gärten des Palastes sind aus dem letzten Jahrhundert.

RIBAFORADA: Das Dorf mit rund 3000 Einwohnern wurde 1157 unter der Herrschaft des Sancho el Sabio de Navarra von den Tempel-

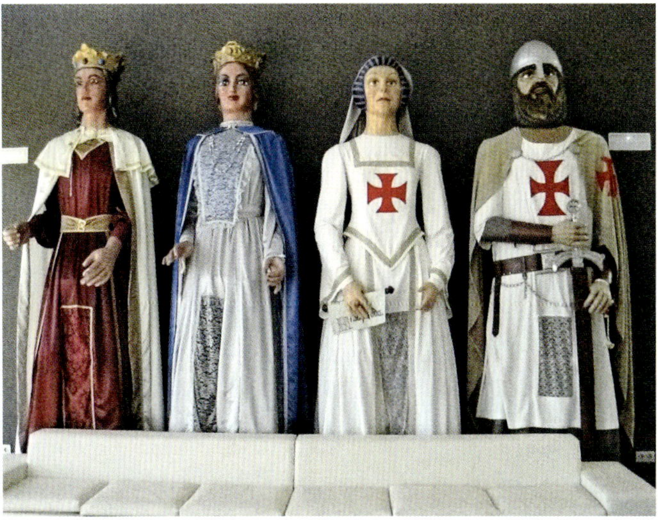

Ribaforada gedenkt seiner Gründer

rittern gegründet. Man geht davon aus, dass es den christlichen Pilgern auf dem Weg nach Santiago Schutz bot. 1313 wurde es vom Orden der Barmherzigen Brüder des hl. Johannes von Gott übernommen. Erwähnenswert ist auch die Kirche von San Blas aus Ziegelmauerwerk aus dem 12. Jh. mit Modifizierungen aus dem 16. und 17. Jh. Auf dem gleichen Platz kann man die Wappen der Tempelritter an den Fassaden der Häuser betrachten. Im Gemeindebezirk befindet sich auch die Einsiedelei Nuestra Señora de la Dehesa. Es gibt Restaurants, Apotheken, ein Gesundheitszentrum, Supermärkte und Banken; Rathaus, Tel. 948 864 005.

CORTES: Im Dorfzentrum fällt die Burg mit ihrem Burgturm aus dem 12. Jh. auf. Sie wurde im 16. Jh. restauriert. Die Kirche San Juan Bautista im gotischen Renaissancestil mit dem Turm im Mudejar-Stil ist ebenfalls sehenswert. Das Dorf hat rund 3000 Einwohner, es gibt Restaurants, Apotheken, ein Gesundheitszentrum, Supermärkte und Banken.

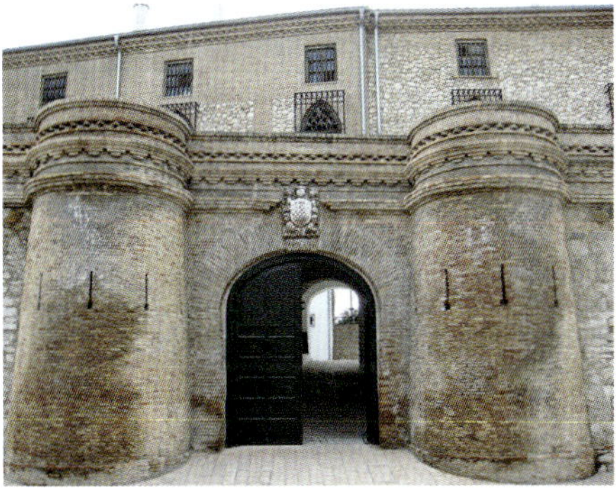

Die Burg von Cortes

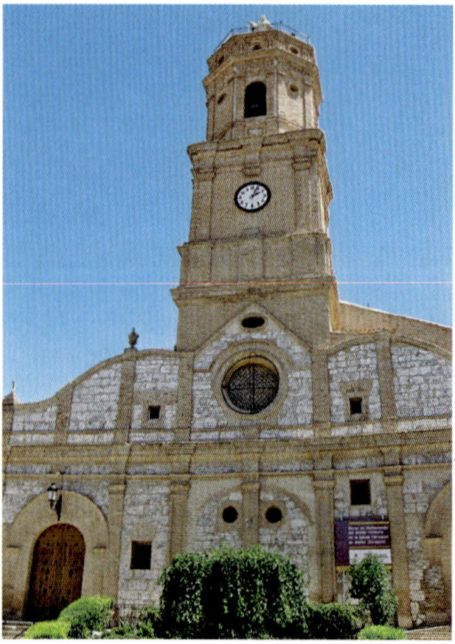

Mallén, Nuestra Señora de los Ángeles

MALLÉN: Der Ursprung des Dorfes, das schon zur Autonomen Region Aragón gehört, geht auf die Keltiberer zurück und die Römer bauten hier eine Straße, die Tarraco mit Asturica verband. Der Orden der Barmherzigen Brüder errichtete hier die Kirche Nuestra Señora de los Ángeles, in der man drei unterschiedliche Stile sehen kann: den romanischen (12. Jh.), den gotischen (13. Jh.) und den spätbarocken (18. Jh.). Bis zum 16. Jh. befand sich hier auch eine Kapelle, die dem Apostel Jakobus geweiht war. Mallén ist eine kleine Ortschaft, aber es gibt eine Fahrradwerkstatt, Restaurants, Apotheken, ein Gesundheitszentrum, Supermärkte und Banken; Rathaus, Tel. 976 850 005.

GALLUR: Seit der Jungsteinzeit gab es in dieser Gegend diverse Siedlungen, die durch die römische Besetzung im Ebrotal zunahmen. Der heutige Ortsname geht auf eine dieser Siedlungen zurück, die unter dem Namen *pagus gallorum* bekannt war und in der Gallier

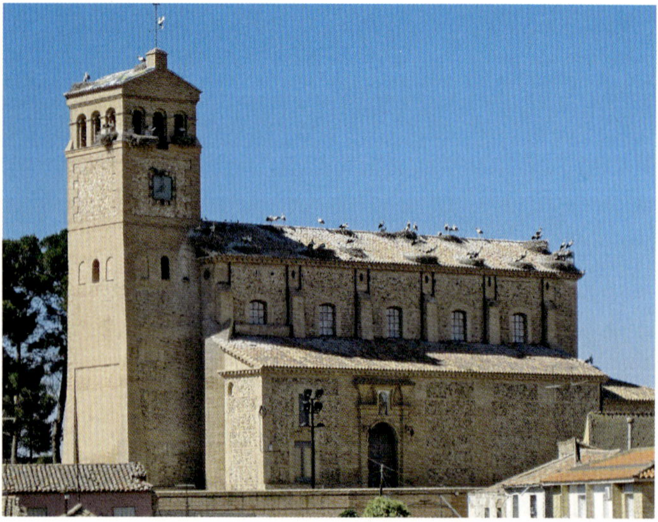

Gallur, Kirche San Pedro – von Störchen bewohnt

Der muslimische Einfluss auf dem Ignatiusweg

Was bedeuten Begriffe wie „Mudejar“ oder „Moriske“? Seit Anfang des 8. Jh. war der größte Teil des Gebietes, durch das uns der Ignatiusweg führt, in muslimischer Hand. Cordoba war die Hauptstadt von Al-Andalus, aber zu Beginn des 11. Jh. zerfiel das Land in kleinere Regierungseinheiten und der größte Teil des heutigen Aragón wurde von Saragossa aus verwaltet. König Alfons I. der Krieger und andere christliche Könige eroberten im 12. Jh. große Teile dieser Gebiete. Sowohl die Eroberung von Saragossa (1118) als auch die von Gallur und Tudela (1119) waren kritische Wendepunkte, die von den christlichen Spaniern als Wiedereroberungen angesehen wurden. Viele Muslime blieben dennoch in der Gegend und sogar zu Ignatius' Zeiten waren im Dorf Gallur die meisten Familien muslimisch.

Das Wort „mudejar“ kennzeichnet Muslime, die in einem christlich regierten Land lebten. Andere Muslime bekehrten sich, zumindest formell, zum christlichen Glauben: Der Begriff „morisco“ bezeichnet die Bekehrten, die versuchen, Elemente ihrer alten Kultur zu erhalten. In einigen Dörfern sprachen die Menschen bis weit ins 16. Jh. hinein weiter arabisch. Sowohl Mudejares als auch Morisken hinterließen in der Landwirtschaft und im Handwerk ihre sichtbaren Spuren, was man in vielen Dörfern oder Städten wie Saragossa noch heute sieht. Typische Mudejar-Aspekte sind: der Einsatz von Ziegelsteinen statt normaler Steine als Grundmaterial beim Bauen, glasierte Dachziegel, verzierte Glockentürme, fein ausgearbeitete geometrische Motive an Wänden und Geschirr (der islamische Glaube verbietet die Abbildungen menschlicher Figuren, weshalb die dekorative Kunst der Muslime sich ganz auf geometrische Motive konzentriert).

Der Begriff Mozaraber hingegen bezeichnete die Christen, die im mittelalterlichen Spanien unter muslimischer Herrschaft lebten. Sie übernahmen ihrerseits arabische Kulturelemente und vielfach auch die arabische Sprache.

wohnten. Der mozarabische Ort wurde 1119 von aragonischen Truppen unter Jaime I. erobert. Die Kirche San Pedro auf der Anhöhe des Dorfes hat einen galloromanischen Ursprung. Wo heute das neoklassische Gebäude (18. Jh.) mit einem Turm aus dem 20. Jh. steht, hatte im 12. Jh. König Alfons I. eine Burg errichtet. Ein Besuch der Eisenbrücke über den Ebro lohnt sich ebenfalls. Hier trifft der Nebenfluss Barba auf den Ebro.

Mit seinen mehr als 3000 Einwohnern bietet der Ort eine Fahrradwerkstatt, Restaurants, Apotheken, ein Gesundheitszentrum, Supermärkte, Banken und eine Touristeninformation; Rathaus, Tel. 976 864 073; Taxis Zueco, Tel. 976 857 318.

Gallur – Alagón

↗ 45 m ↘ 70 m

„Ein Mensch, der den Weg der Tugend schwierig findet, ihn aber mutig beschreitet, um sich selbst zu besiegen, gewinnt doppelt so viel wie die, denen ihr träges Gemüt und Naturell keinerlei Probleme bereitet."

„Ich aber bleibe immer bei dir, du hältst mich an meiner Rechten. Du leitest mich nach deinem Ratschluss und nimmst mich am Ende auf in Herrlichkeit. Was habe ich im Himmel außer dir? Neben dir erfreut mich nichts auf der Erde" (Ps 73,23–25).

Auch die heutige Etappe sollte man früh beginnen, nicht nur wegen der vielen Asphalt-Kilometer, die man besser nicht in der Mittagszeit macht, sondern auch, weil sie kulturell sehr interessant und voller Erinnerungen an den hl. Ignatius ist. Wir erreichen Luceni auf dem Camino Real, einem uralten Weg, auf dem vor Jahrhunderten Soldaten und Pilger von einem Ende der Halbinsel zum anderen unterwegs waren, vom Mittelmeer zum Atlantik und umgekehrt. In diesem Ort soll sich eine der bedeutendsten Episoden im Leben des Ignatius ereignet haben: Hier traf er den Moslem und hörte auf seinen besonnenen Esel. Und in Alcalá de Ebro werden wir an den Dichter Cervantes und sein bekanntes Werk „Don Quijote" erinnert: Wir sind genau in Barataria, jener Insel, die Don Quijote seinem treuen Diener Sancho Panza zum Regieren versprach.

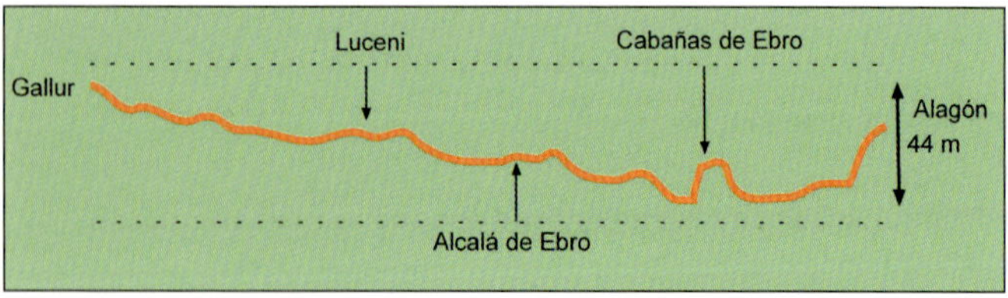

FÜR RADFAHRER: einfach, aber es gibt einen viel befahrenen Abschnitt auf der Landstraße CV-911, wo man sehr vorsichtig sein muss.

Gallur:	km 0	Luceni:	km 8,2
Alcalá de Ebro:	km 12,4	Cabañas de Ebro:	km 16,5
Alagón:	km 21,7		

Unterkünfte

Luceni:

- ⭑ Hotel La Imperial, ctra. De Logroño, km 37, Tel. 976 652 111
- ⭑ Pension Alejandro, c/ Horno 1, Tel. 679 441 838

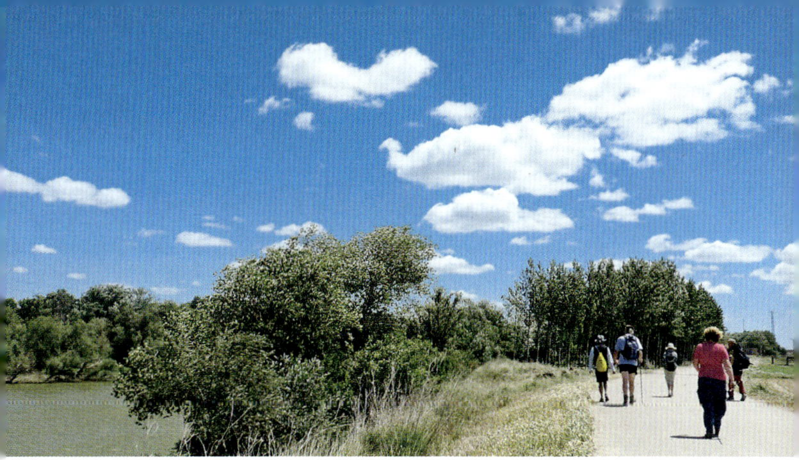

Vier Mal führt uns der Weg heute zum Ebro.

Cabañas de Ebro:
- Landgasthof Guadalupe, Callizo de la Jota 1–3, Tel. 637 524 363

Alagón:
- Hotel Los Ángeles, Plaza Alhóndiga 4, Tel. 976 611 340
- Hostal Baraka, c/ San Pedro 13, Tel. 976 616 011
- Pension Jarea, c/ Méndez Núñez 45, Tel. 699 745 729
- Pension M.ª Carmen, c/ Portillo 3,2.ª, Tel. 670 762 554

Wegbeschreibung

Wir beginnen unsere Etappe am Park Pignatelli, neben dem Kanal, und gehen durch die Calle del Camino Real. Die Straße trägt diesen Namen zu Ehren des alten Königsweges, den auch Ignatius damals ging. Heute ist es die breite und asphaltierte Straße VP-24.
Immer geradeaus erreichen wir auf dieser Straße nach 8 km **Luceni**, nachdem wir den Kreisverkehr mit der Straße nach Boquineni überquert haben. Wir gehen durch die Calle de Ramón y Cajal, auf der wir den ganzen Ort durchqueren. Wir sehen links den Dorfplatz mit Bänken und Platanen (leider ist das Wasser des Brunnens nicht trinkbar) und gehen weiter geradeaus. Am Ende des Dorfes kommen wir zu einer Abzweigung nach Pedrola, aber wir gehen weiter

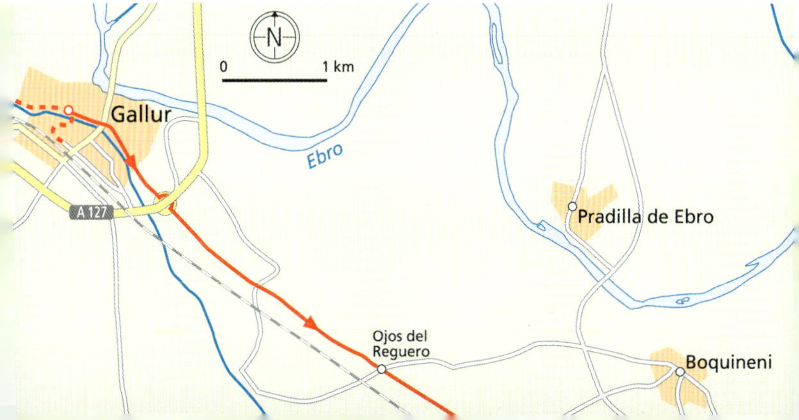

Auf dieser Etappe seiner Pilgerreise hat der noch immer „sehr ritterliche“ Ignatius eine Begegnung, die dem Lauf seines Lebens womöglich eine neuerliche Wendung gegeben hat. Gott hat auf eine Gelegenheit gewartet, um Ignatius den Wert der Klugheit zu lehren: Er soll sein impulsives Temperament zügeln – selbst wenn es um eine „gute Sache“ geht.

„Wie er nun seines Weges dahinzog, holte ihn ein Maure ein, der auf einem Maultier ritt. Im Dahinreiten redeten die beiden miteinander, und dabei kamen sie auch auf Unsere Liebe Frau zu sprechen. Der Maure meinte, er wolle zwar noch glauben, dass die Jungfrau empfangen habe, ohne einen Mann zu erkennen; aber dass sie nach der Geburt noch Jungfrau geblieben sei, das könne er nicht mehr glauben. Und er führte für seine Ansicht all die bloß natürlichen Gründe an, die er nur finden konnte. Obgleich nun der Pilger ihm viele Gegenbeweise vorbrachte, ließ er sich doch nicht von seiner Meinung abbringen. Der Maure war dann so eilig zugeritten, dass er ihn aus den Augen verlor, während er noch ganz in Gedanken über das Gespräch mit dem Mauren versunken war. Dabei überkam ihn eine innere Erregung, die seine Seele mit sich selber sehr unzufrieden sein ließ. Denn er glaubte, seine Pflicht nicht genügend getan zu haben, und zugleich regte sich in ihm ein großer Unwille gegen den Mauren, da es ihm schien, er habe schlecht gehandelt, dass er einen Mauren derartige Dinge über Unsere Liebe Frau aussprechen ließ. Er hielt es für seine Pflicht, für ihre Ehre einzutreten. So überkam ihn das Verlangen, dem Mauren nachzuspüren und ihm dafür einige Dolchstiche zu versetzen, dass er solche Worte gesagt habe. Durch geraume Zeit dauerte der Widerstreit der verschiedenen Meinungen in seiner Seele an, und zu guter Letzt blieb er immer noch unschlüssig, ohne zu wissen, was er eigentlich nun zu tun hätte.

Bevor der Maure noch vorausgeritten war, hatte er ihm gesagt, sein Reiseziel sei ein Ort, der ein Stück weiter in der Richtung seines eigenen Weges liege, und zwar ganz in der Nähe der Hauptstraße, die aber selbst nicht durch jenen Ort hindurchführte. So hatte er bei sich lange hin und her überlegt, was hier eigentlich zu tun wäre. Aber er wurde sich nicht klar darüber, wozu er sich entschließen sollte. Da beschloss er nun Folgendes: sein Maultier ohne Benützung der Zügel bis zu dem Punkt gehen zu lassen, wo der Weg von der Hauptstraße abzweigt; wenn dann das Maultier den Weg zu dem Dorf einschlage, dann würde er den Mauren aufspüren und ihm einige Dolchstiche versetzen; zöge es aber nicht in der Richtung zum Dorf, sondern auf der Hauptstraße weiter, dann wolle er ihn in Ruhe lassen. Da er nun seinen Plan durchführte, fügte es unser Herr, dass das Maultier auf der Heerstraße weiterging und nicht den Weg zum Dorf nahm, obwohl die Ansiedlung kaum mehr als dreißig oder vierzig Schritt abseits lag und der Weg, der zu ihr hinführte, ziemlich breit und bequem war.“

José Luis Martín Vigil hat diese Begebenheit in einer Weise nacherzählt, die sehr gut veranschaulicht, was Ignatius von Loyola auf dieser Etappe seines Pilgerwegs gedacht und empfunden haben könnte:

„Als ich [Ignatius] so meiner Wege ging, traf es sich, dass mich ein Maure einholte, der große Lust hatte, einen Plausch zu halten, was mir nicht missfiel, denn Höflichkeit ist die Pflicht des Wohlgeborenen. Wir sprachen also über dies und das, bis er mich nach dem Ziel meiner Reise fragte und ich ihm erklärte, dass ich zum Wallfahrtsort unterwegs sei, denn mir schien, dass er mein Vorhaben, ins Heilige Land zu reisen, nicht verstehen würde. Und auf diese Weise kamen wir auf die Jungfrau zu sprechen, und ich äußerte mich so ausführlich und begeistert, wie man es von einem Bekehrten erwarten darf. Der Maure hörte mich freundlich an und zeigte sich sogar respektvoll und vernünftig, da er gegen die Jungfräulichkeit Unserer Lieben Frau vor der Geburt gar nichts einzuwenden hatte, was bei einem Mauren schon viel besagt; doch die Jungfräulichkeit nach der Geburt wollte ihm nicht in den Kopf: Immer wieder nannte ich ihm Gründe und immer wieder weigerte er sich, sie zu akzeptieren, ohne dass wir darüber zu einer Einigung kamen. So sprachen wir viel und vergeblich, und am Ende ritt er voran und erklärte, dass er nach Pedrola wolle, einem maurischen Dorf, wohin in einigen Meilen ein Weg abzweige. Ich blieb nachdenklich und traurig zurück, weil mir nicht schien, dass ich mich dem Mauren gegenüber richtig verhalten hatte, und weil ich ihm erlaubt hatte, mehr als nötig über die Jungfrau zu sagen und sie zu beleidigen.

Hatte ich gut daran getan, das zuzulassen? Man muss mich nach den Maßstäben der Zeit beurteilen, in der ich lebte. Martin Luther, der kein Mann des Schwertes, sondern trotz seines Irrtums ein tüchtiger Theologe war, sagte 20 Jahre später, dass man einen Juden niederstechen dürfe, wenn man ihn etwas Gotteslästerliches sagen höre, und er erklärte sogar: „Wenn ich könnte, würde ich ihn zu Boden werfen und in meinem Zorn mit dem Schwert durchbohren. Da es nämlich nach menschlichem und göttlichem Recht erlaubt sei, einen Straßenräuber zu töten, viel mehr einen Gotteslästerer.“ Und über zweihundert Jahre vorher hatte ein König von Frankreich, der ein Heiliger war, zu seinen Rittern gesagt: „Wenn sie hören, dass der christliche Glaube verunglimpft wird, müssen die Laien ihn nicht mit Worten, sondern mit dem Schwert verteidigen und es dem Gläubigen so tief in den Bauch stoßen, wie sie nur können.“ Ist es denn da verwunderlich, dass der Pilger Mordgedanken hegte, da doch die Ehre seiner Herrin auf dem Spiel stand?*

Mich überkam ein heftiger Drang, den Mauren zu suchen und ihn mit Dolchstichen zu durchlöchern, doch trotz allem hatte ich Zweifel, worin nun meine Pflicht bestand. Und so beschloss ich, mit verhängten Zügeln zu reiten: Wenn wir an die Abzweigung kamen und mein Reittier den Weg nach Pedrola einschlug, wollte ich den Mauren suchen, um ihn zu töten; wenn es aber auf dem Königsweg blieb, dann wollte ich ihn in Ruhe lassen, und so kam es dann auch, und ich fand meinen Frieden wieder. Auf diese Weise geschah es, dass der Maure nie erfuhr, wie nahe er an jenem Abend dem Tod gewesen war, denn es hat Gott gefallen, ihn am Leben zu lassen, obwohl er so verblendet war, die jungfräuliche Geburt Seiner Mutter, unserer Herrin, zu leugnen“ (J. L. Martín Vigil, Yo, Ignatius de Loyola, Planeta, Barcelona 1989, 64).

Gott hat jenen muslimischen Reisenden gerettet, und er hat auch Ignatius von Loyola gerettet und ihn davor bewahrt, eine Tat zu begehen, die

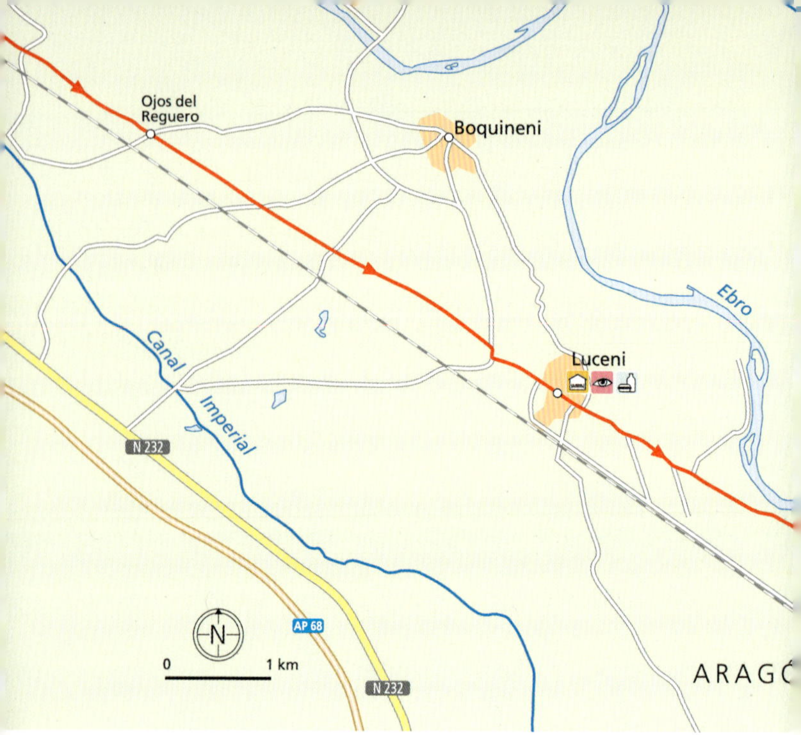

geradeaus. Nach einigen Kilometern nähert sich uns der Ebro in einer Biegung, die uns ankündigt, dass wir schon im Dorf **Alcalá de Ebro** sind.

Wir biegen links ab und gehen direkt zum Rathaus und zur Calle Cervantes, durch die wir das Dorf verlassen. 500 m nach dem Ortsausgang erreichen wir eine Kreuzung. Wir halten uns links, auf dem Weg nach Cabañas. Dieser Weg ist nach etwas mehr als einem Kilometer nur noch schwer zu erkennen und langsam nähern wir uns wieder dem Ebro. Wir gehen etwa 1 km am Fluss entlang geradeaus weiter, bis wir **Cabañas de Ebro** erreichen. Wir gehen im Ort links bis zur Kirche und durch das Dorf, das wir auf der Calle Mayor wieder verlassen und nehmen dann die Landstraße CV-411, die uns in 1,5 km zur Landstraße CV-911 führt. Dort gehen wir links weiter. Die Straße ist sehr befahren und wir sollten vorsichtig sein. Nach weiteren 1,5 km sehen wir rechts eine Unterführung unter der Autobahn AP-68. Wir gehen durch den Tunnel und erreichen schon bald einen weiteren, über den die Bahnlinie führt. Der Weg bringt uns direkt nach **Alagón.** Wenn wir die Straße überqueren und geradeaus weitergehen, kommen wir zur Avenida Portalada und auf ihr in die Ortsmitte.

Orte und Sehenswürdigkeiten

LUCENI: Mit Sicherheit stammt der Name des Dorfes mit seinen ca. 1000 Einwohnern aus der Römerzeit (Lucius). Bei archäologischen

schwerwiegende Folgen hätte nach sich ziehen können. Gott ist in unserer Geschichte gegenwärtig und offenbart sich auf vielfältige Weise. Wir können die Hand Gottes in den kleinsten Dingen und in den einfachsten Vorgängen entdecken – auch darin, dass wir unserem Maultier die Entscheidung über den weiteren Weg überlassen. Wenn wir im Licht unseres für Gott geöffneten Herzens leben, handeln und entscheiden, werden wir zu „Akteuren des Lebens" und nicht des Todes.

* Tischrede vom Frühjahr 1543. Nr. 5576. WA TR 5.257, 11-31. zitiert nach Walter Bienert (1982). Martin Luther und die Juden. Frankfurt a. M.: Evangelisches Verlagswerk, S. 172.

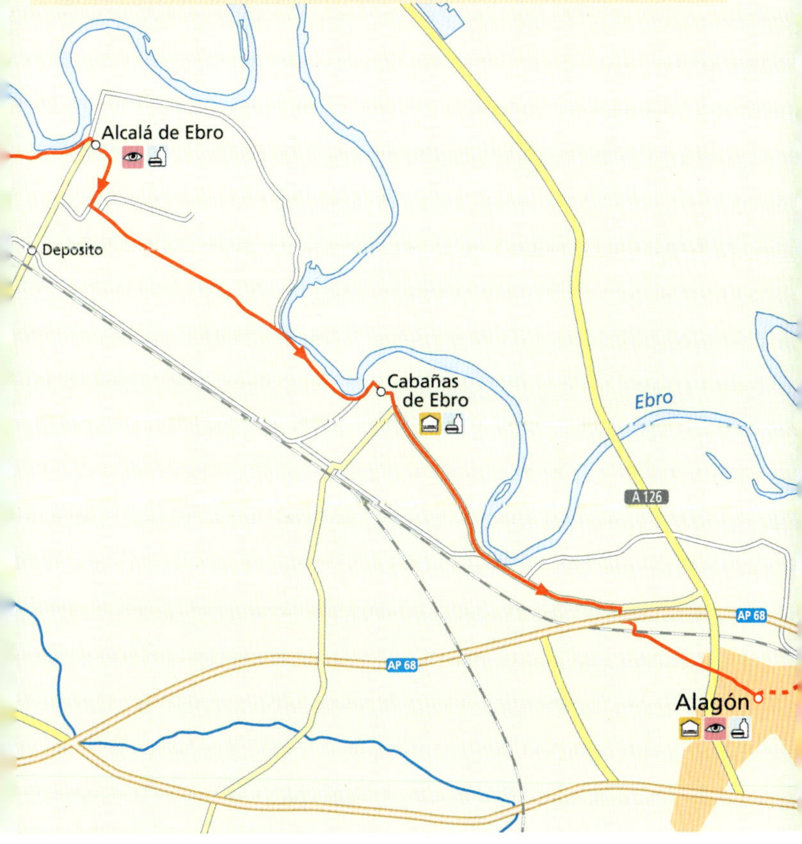

Ausgrabungen fand man Münzen und Medaillen aus der Zeit des Kaisers Antoninus Pius (2. Jh.) sowie westgotische Münzen aus der Zeit der Könige Wamba und Witiza (7. und 8. Jh.). Die Kirche Virgen de la Candelaria stammt aus dem 13. Jh.

Wahrscheinlich befindet sich am Ortsausgang, in der Calle Daoiz y Velarde bei der Hausnummer 37 jene Weggabelung, bei der Ignatius, wie er in seiner Autobiografie beschreibt, nicht in den Ort abbog, sondern seinem Esel folgend den Weg nach Alcalá fortsetzte. Luceni bietet eine Fahrradwerkstatt, Restaurants, Apotheken, ein Gesundheitszentrum, Supermärkte und Banken; Rathaus, Tel. 976 652 003

ALCALÁ DE EBRO: Die Burgruinen geben einen Hinweis auf den Ursprung des Ortsnamens, der vom arabischen Al-calat, die Burg, kommt. In der beeindruckenden barocken Trinitätskirche (17. Jh.) zeigt ein Gemälde den hl. Franz von Borja, den dritten Generaloberen der Jesuiten. Die beiden obligatorischen Fotomotive des Ortes sind der Ebro und hinter der Kirche die Statue von Sancho Panza, dem Don Quijote hier die Insel Barataria versprach. In Wirklichkeit ist das freilich keine Insel, aber wenn der Fluss Hochwasser hat, wird dieses Stück Land wie eine Insel vom Wasser eingeschlos-

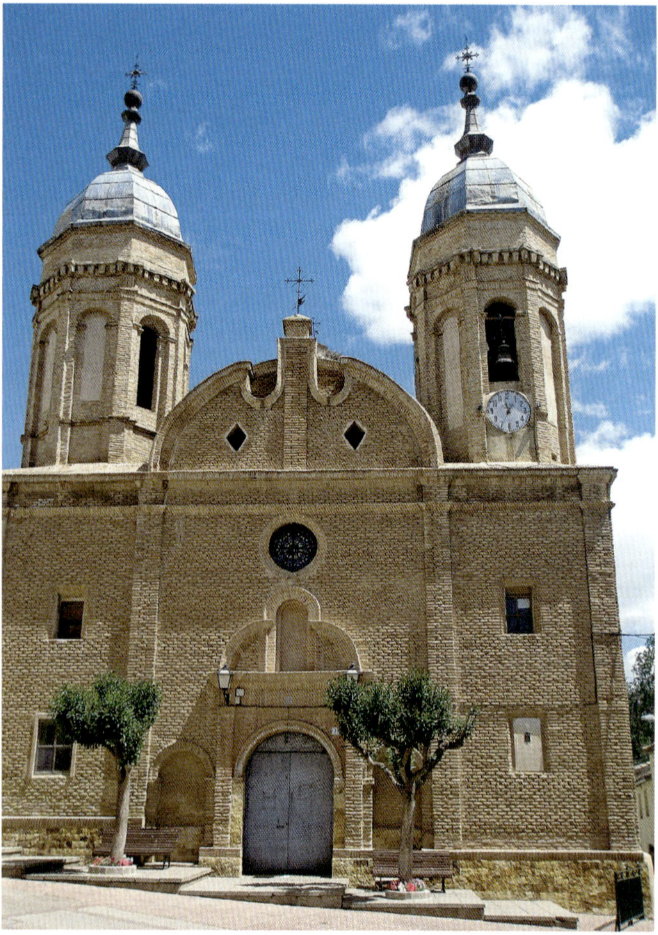

Alcalá de Ebro, Kirche Santísima Trinidad

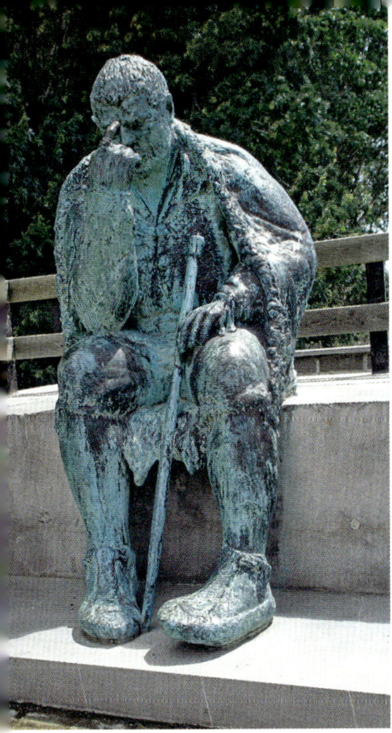

In Alcalá kann man bei Sancho Panza rasten.

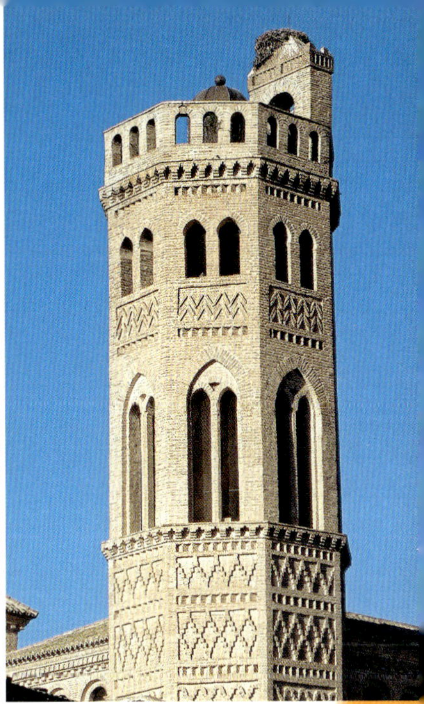

Alagón, der formschöne Kirchturm von San Pedro

sen. Mit seinen 300 Einwohnern bietet der Ort ein Restaurant, eine Apotheke, ein Gesundheitszentrum, einen Supermarkt und eine Bank.

CABAÑAS DE EBRO: Kleines Dorf mit 500 Einwohnern. Es gibt ein Restaurant und einen Laden; Rathaus, Tel. 976 611 086.

ALAGÓN: Ortschaft an der Einmündung des Flusses Jalón in den Ebro. Der Ursprung liegt in der iberischen Stadt Alaun, die östlichste Stadt in Vasconia (dem heutigen Navarra). Dort wurden Münzen im iberischen Alphabet geprägt. Im Jahr 714 wurde der Ort von den Arabern erobert. Aus der muslimischen Periode stammt ein beeindruckendes Mudejar-Werk in der Kirche San Pedro Apóstol. Die gesamte Kirche, die an der Stelle der alten Moschee steht, ist einen Besuch wert, vor allem der Hauptaltar (16. Jh.). Im alten Teil des Dorfes gleich neben der Kirche San Antonio de Padua befindet sich eine ehemalige Jesuitenschule. Es gibt Restaurants, Apotheken, ein Gesundheitszentrum, Supermärkte und Banken; Touristeninformation, Tel. 976 611 814; Rathaus, Tel. 976 610 300; Taxis: Autotaxi Ferruz, Tel. 976 854 063; Taxi Ángel, Tel. 657 529 269; Taxi Aguilar, Tel. 653 706 707.

Alagón – Saragossa

↗ 204 m ↘ 203 m

„Wenn ein Mensch seiner angesehenen Stellung oder seiner Amtspflicht wegen die Welt verändern will, muss er immer bei sich selbst beginnen."

„Nehme ich die Flügel des Morgenrots und lasse mich nieder am äußersten Meer, auch dort wird deine Hand mich ergreifen und deine Rechte mich fassen. Würde ich sagen: ‚Finsternis soll mich bedecken, statt Licht soll Nacht mich umgeben', auch die Finsternis wäre für dich nicht finster, die Nacht würde leuchten wie der Tag, die Finsternis wäre wie Licht" (Ps 139,9–12).

Heute erreichen wir eine der großen Städte auf unserer Pilgerreise, Saragossa, wo es sich lohnt, einen Ruhetag einzulegen, um den historischen und kulturellen Reichtum der Stadt zu genießen. Bevor wir die Hauptstadt Aragóns erreichen, liegt allerdings noch eine längere Etappe vor uns. Wir folgen wieder dem Lauf des Ebro nach Südosten, gehen aber nur einmal kurz an der Bahnlinie entlang, ansonsten geht's heute auf Feldwegen oder asphaltierten Nebenstraßen durch vier kleine Ortschaften, wo wir auch unseren Proviant auffrischen können. In jedem dieser Dörfer können wir Gebäude im Mudejar-Stil bewundern mit ihren Glockentürmen aus Ziegelsteinen, die so typisch sind für den muslimischen Einfluss. Auch viele der Bewässerungskanäle, die wir heute überqueren, stammen noch aus der muslimischen Periode.

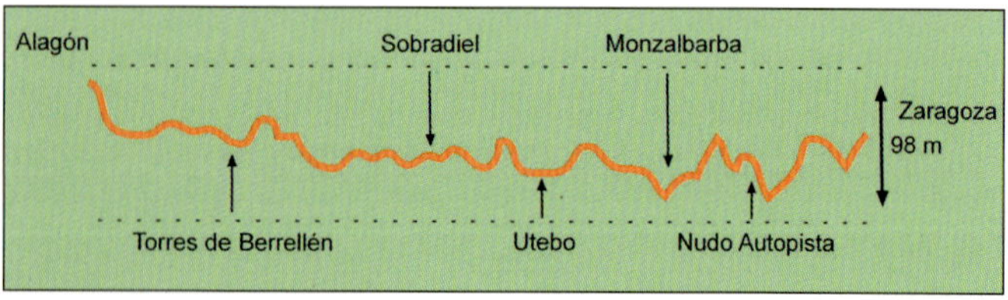

FÜR RADFAHRER: einfach

Alagón:	km 0	Torres de Berrellén:	km 7,3
Sobradiel:	km 10,9	Utebo:	km 16,5
Monzalbarba:	km 19,7	Autobahnkreuz:	km 24
Saragossa (El Pilar)	km 30,5		

Unterkünfte

Torres de Berrellén:

- ☆ Pilgerherberge (8 Plätze) vom Rathaus verwaltet, Tel. 976 653 101, im Café Aroa (Avenida Goya 8, Tel. 976 653 866) kann man die Schlüssel holen.

Utebo:

- ☆ Pension Don Juan, c/ San Lamberto 14, Tel. 650 770 575
- ☆ Pension Silvio, Paseo Berbegal 22, Tel. 976 770 503; Pension Arade, c/ Las Parras 4, Tel. 616 997 358
- ☆ Hotel El Águila, ctra. de Logroño km 13,4, Tel. 976 771 100
- ☆ Hotel Europe, c/ Ciudad de Ponce 4, Tel. 976 792 900
- ☆ Hotel Las Ventas, ctra. de Logroño km 10,5, Tel. 976 770 482

Saragossa:

- ☆ Pension Iglesias, c/ Verónica 14, Tel. 976 293 161
- ☆ Hostal San Jorge, c/ Mayor 4, Tel. 976 397 462
- ☆ Hostal El Descanso, c/ San Lorenzo 2, Tel. 976 291 741
- ☆ Pension Manifestacion, c/ Manifestacion 36, Tel. 976 295 821 oder 666 114 096
- ☆ Jugendherberge Saragossa, c/ Predicadores 70, Tel. 976 282 043
- ☆ Jugendherberge Baltasar Gracián (liegt nicht auf unserer Route), c/ Franco y López 4, Tel. 976 306 690
- ☆ Hotel Las Torres, Plaza del Pilar 11, Tel. 976 394 250

Wegbeschreibung

Unsere Etappe beginnt in der Ortsmitte von Alagón. Wir gehen auf der Calle Ramón y Cajal abwärts in Richtung Calle de la Estación. Schon etwas außerhalb des Dorfes kommen wir zu einer Brücke über die Bahnlinie. Gleich darauf erreichen wir eine zweite Brücke und überqueren die Autobahn AP-68. Nach der Autobahn halten wir uns rechts und gelangen auf einen Weg, der zu Beginn noch asphaltiert ist, aber kurze Zeit später in einen Feldweg übergeht. Dieser Weg führt uns an der Autobahn entlang, die wir eine Zeitlang rechts von uns sehen.

Wir erreichen wieder eine Brücke über die Autobahn, überqueren sie aber nicht. Die Brücke dient uns nur als Referenzpunkt, denn hier nehmen wir den Weg, der links von uns erscheint und auf dem wir uns von der Autobahn entfernen. Der Feldweg endet und wir befinden uns wieder auf Asphalt. Wir gehen weiter geradeaus und sehen rechts den Fluss Jalón, dem wir uns nähern und an dem wir dann entlanggehen. Wir überqueren den Fluss und kurze Zeit später

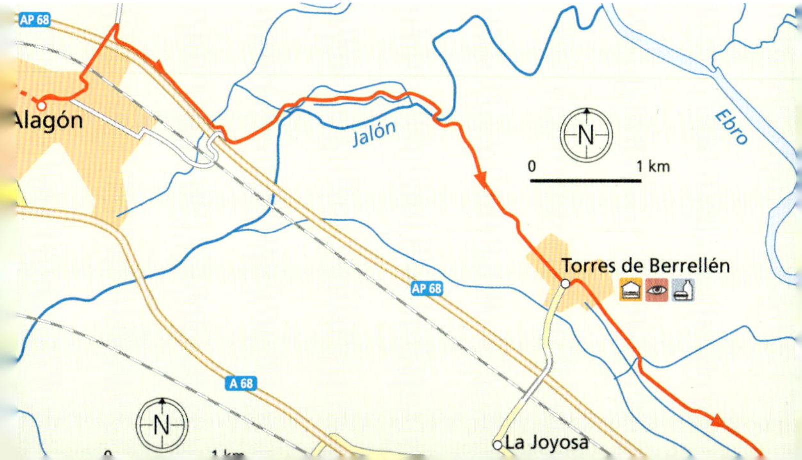

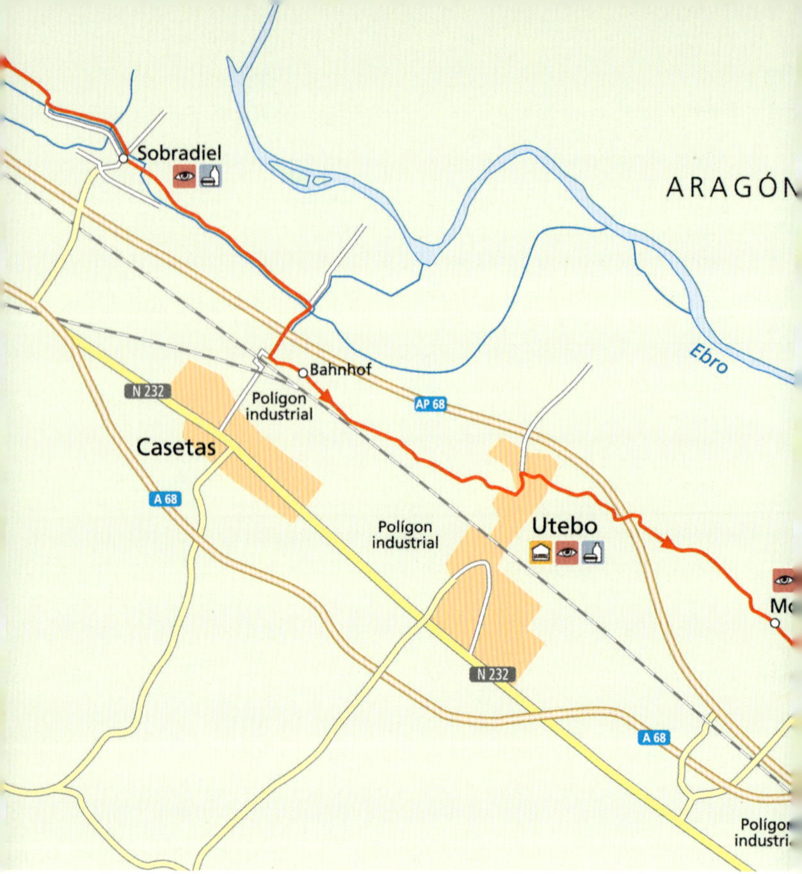

macht unser Weg eine scharfe Rechtskurve, durch die wir uns vom Jalón entfernen. Wir bleiben immer auf dem asphaltierten Weg, bis wir **Torres de Berrellén** erreichen.

Dort gehen wir durch die Calle Garfilán und kommen direkt zum Rathaus. In der Calle Aragón können wir die Kirche besuchen und schließlich verlassen wir das Dorf wieder auf der Calle Cervantes und dem Weg von Sobradiel, auf dem wir auf das freie Feld gelangen. Nach 600 m überqueren wir einen Bewässerungskanal und bleiben immer auf unserem Weg. Etwa 2 km weiter teilt sich der Weg und zwischen beiden Wegen beginnt ein Bewässerungskanal. Wir nehmen den linken Weg, sehen den Kanal auf der rechten Seite und gehen parallel zum Kanal weiter, bis er im kleinen Dorf **Sobradiel** endet.

Wir gehen zur Kirche in einem Park, von dort führt uns die Calle del Pino zum Ortsausgang. Immer auf der asphaltierten Straße kommen wir nach 1,6 km zu einer scharfen Rechtskurve. Wir kommen erneut zu einer Brücke über die Autobahn AP-68, überqueren sie und erreichen einen Kreisverkehr. Wir nehmen die zweite Straße, die uns in das Industriegebiet führt. Nach etwa 100 m beginnt eine asphaltierte Straße, die direkt an der Mauer der letzten Fabrik entlangführt.

Der Bahnhof von **Casetas** befindet sich auf der rechten Seite. Nach etwa 200 m sehen wir die Fabrik Magrisa, die wir rechts hinter uns lassen. Nach ca. 2 km erreichen wir Utebo, ohne ein einziges Mal die Bahnlinie zu überqueren und ohne den Ort Casetas zu betreten. In der Ferne sehen wir **Utebo** und gehen bis zur Kirche.

Dort biegen wir nach links ab in die Calle Joaquín Costa. Später geht diese in die Calle Miguel Hernández über. Wir gehen Richtung Dorfzentrum, kommen über einen Platz und in einem Park halten wir uns rechts und gehen in die Calle Antonio Machado. Auf dieser Straße verlassen wir das Dorf wieder und nach 1 km überqueren wir auf einer Brücke erneut die Autobahn.

Nach der Brücke gehen wir an einem Bewässerungskanal entlang geradeaus weiter. Etwas später überqueren wir den Kanal und laufen weiter an ihm entlang. Der Weg führt von einem Kanal zum nächsten, jetzt ist der Kanal rechts von uns. Wir gehen weitere 100

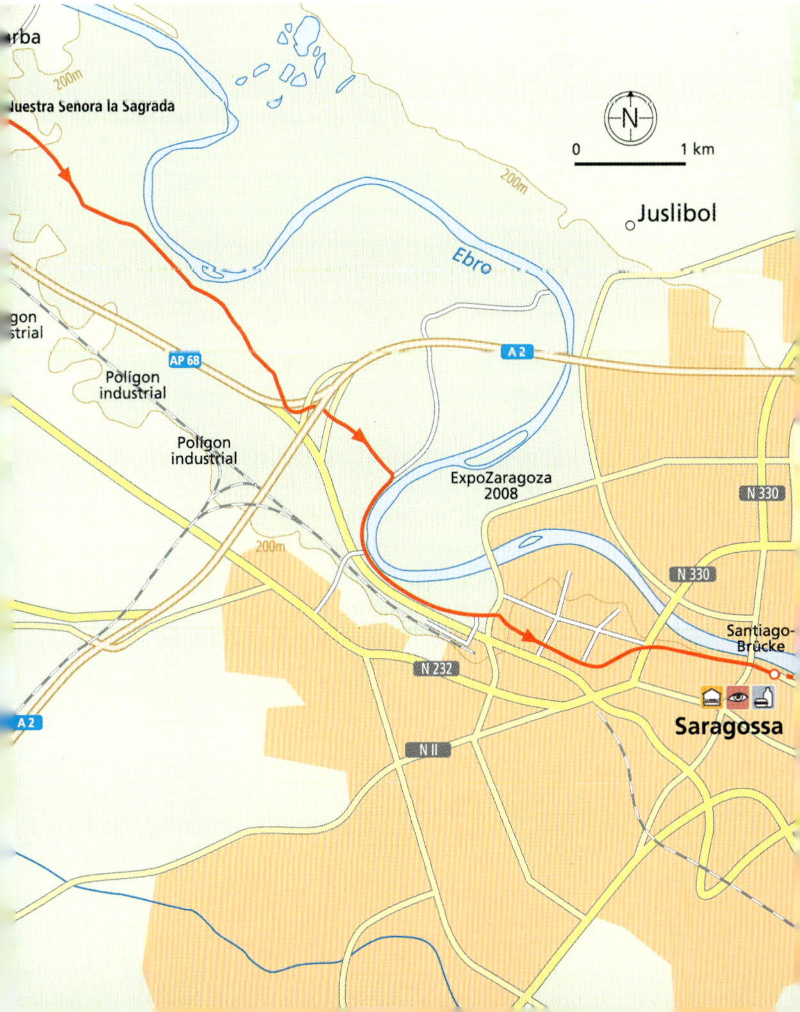

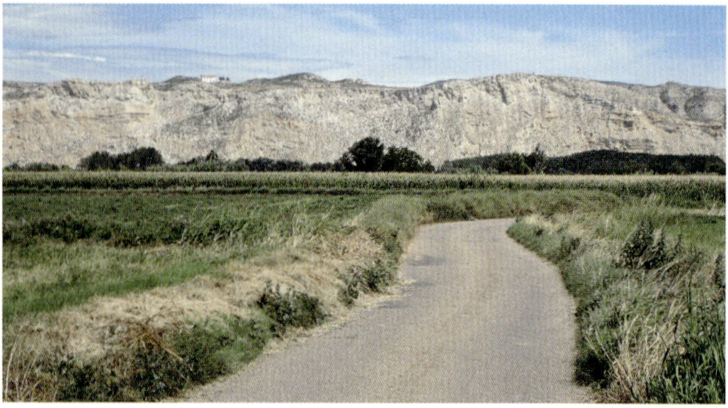

Die Montes de Castejon begrenzen das Ebrotal gegen Nordosten.

m an ihm entlang und dann geradeaus weiter auf einer Straße, bis sie in eine andere mündet, die uns den Weg ins nächste Dorf weist: **Monzalbarba**. Wir halten uns links und biegen in die Calle Nuestra Señora la Sagrada, eine alte Römerstraße, ein und gehen geradeaus durch das Dorf.

Beim Ortsausgang treffen wir – immer noch auf dem Weg von Monzalbarba – auf die Einsiedelei Nuestra Señora la Sagrada. Die Straße macht eine 90-Grad-Kurve nach rechts, wir aber gehen geradeaus auf einer asphaltierten Straße weiter. Wir sind jetzt auf dem Weg von Almozara. Nach einigen Kilometern sehen wir auf der rechten Seite eine Brücke über die Schnellstraße. Weiter geradeaus und bei der zweiten Brücke überqueren wir die Schnellstraße. Danach kommen wir durch eine Unterführung und überqueren eine weitere Brücke. Wir befinden uns in der Nähe des Autobahnkreuzes und kurz vor unserer Ankunft in Saragossa. Wir gehen weiter geradeaus und erreichen das Flussufer des Ebro. Hier gehen wir rechts und auf einer Promenade am Fluss entlang. Am anderen Flussufer sehen wir die Gebäude der ExpoZaragoza 2008, die dem Thema Wasser gewidmet war. Wir erreichen Saragossa, wo uns alle Wege zum Ziel bringen, wenn wir immer am Ebro entlanggehen. Die Altstadt und die Plaza del Pilar befinden sich in Flussnähe (der Fluss ist immer links von uns), hinter der Santiago-Brücke und vor der Piedra-Brücke.

Orte und Sehenswürdigkeiten

TORRES DE BERRELLÉN: Die Einsiedelei Nuestra Señora de Castellar aus dem 11. Jh. wurde im 20. Jh. restauriert. Die Ruinen einer Burg erzählen uns von Sancho Ramírez und Pedro I., die im 11. Jh. die von den Muslimen besetzten Gebiete wieder zurückeroberten. Es gibt ein Restaurant, eine Apotheke, ein Gesundheitszentrum, einen Supermarkt und eine Bank.

SOBRADIEL: Seit 1140, als Ramón Berenguer, Prinz von Aragón und Herzog von Barcelona, die Burg und das Dorf Sobradiel mit seinen Bewohnern und Gemeindebezirken seinem Lehnsmann Artal stiftete, waren die Einwohner des Dorfes Pächter der Herzöge von Sobradiel. Erst seit 1945 konnten die Bauern ihr Land kaufen und Eigentümer ihrer Felder werden. Neben dem Palast der Herzöge von Sobradiel (heute Sitz des Rathauses) befindet sich die barocke Kirche aus dem 17. Jh. aus rotem Ziegelstein, die dem Apostel Jakobus geweiht ist. Es gibt Restaurants, Apotheken, ein Gesundheitszentrum, Supermärkte und Banken.

UTEBO: Man sollte den erstaunlichen Glockenturm im Mudejar-Stil der Kirche Nuestra Señora de la Asunción nicht verpassen (der Teil im Gotik-Mudejar-Stil stammt aus dem 16. Jh. und der barocke Teil aus dem 18. Jh.). Er wächst aus einem quadratischen Teil und wird in würdevoller Form nach oben achteckig. Die Fliesen-Dekoration ist einzigartig. Ein Spaziergang durch diesen Ort mit seinen 13.000 Einwohnern lohnt sich auf jeden Fall. Sehenswert sind die Häuser und Paläste aus dem 16. und 17. Jh. Keramiken und Mosaiken weisen auf römische Wurzeln hin, liegt der Ort doch an der Römerstraße, die Cesaraugusta (Saragossa) mit Astúrica (die Stadt Astorga im Nordwesten der Halbinsel) verbindet. Es gibt Restaurants, Apotheken, ein Gesundheitszentrum, einen Supermarkt, eine Bank und eine Fahrradwerkstatt; Rathaus, Tel. 976 770 111.

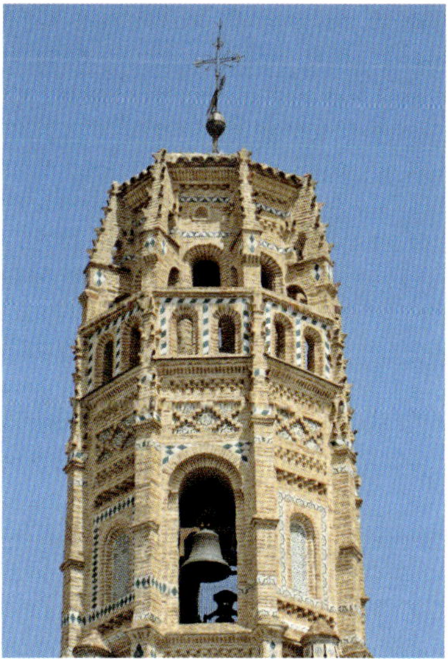

Glockenturm von Nuestra Señora de la Asunción

MONZALBARBA: Der eindrucksvolle Turm der alten Pfarrkirche im Mudejar-Stil grüßt uns auf unserem Weg. Die Kirche und die nahegelegenen Gebäude stammen aus dem 16. Jh. Wie wir bereits in den vergangenen Tagen gesehen haben, ist der muslimische Einfluss in diesem Abschnitt unseres Weges sehr stark, so auch in Monzalbarba. Ursprünglich handelte es sich um eine muslimische Berbersiedlung, die von Abdul Jabbar gegründet wurde, nachdem er sein Lager an der Flussinsel Santa Catalina errichtet hatte. Der Name des Dorfes „manzil-barbar“ bedeutet Berbersiedlung. Wir fin-

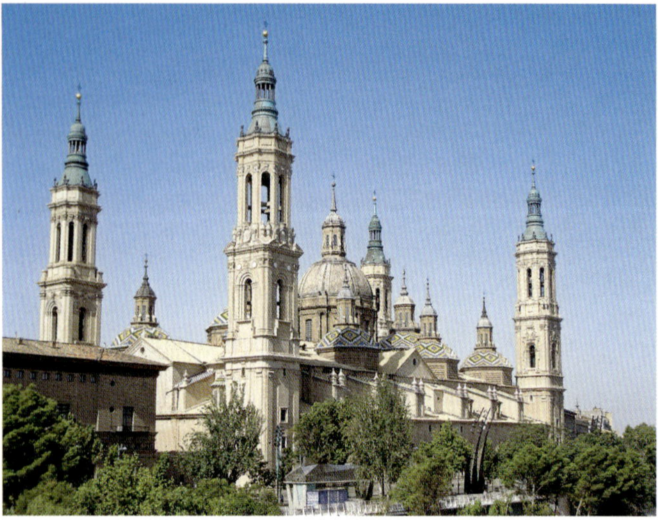

Saragossa, Basilika El Pilar

den hier Restaurants, ein Gesundheitszentrum, Supermärkte und Banken; Rathaus, Tel. 976 462 315.

SARAGOSSA: Eindrucksvolle Stadt mit rund 650.000 Einwohnern, in der die Basilika El Pilar wie ein Leuchtturm auf unserem Weg steht. Mit unserer begrenzten Zeit wird es schwierig sein, alle wichtigen Bauwerke dieser zweitausendjährigen Stadt (gegründet 13 vor Christus als Colonia Caesaraugusta) zu besichtigen. Obligatorisch ist der Besuch der Virgen del Pilar (Gnadenbild der Jungfrau Maria), die an die legendäre Reise des Apostels Jakobus durch Spanien erinnert. Die Basilika gilt als die älteste Stätte der Marienverehrung der Christenheit. In der Altstadt kann man auch die Kathedrale del Salvador („La Seo“) besichtigen, die von den Christen am Platz der alten Hauptmoschee errichtet wurde. Die Hauptmoschee wiederum stand am Ort einer ursprünglich westgotischen christlichen Kirche und diese war wiederum auf einer ehemals römischen Kirche gebaut worden. Die Könige von Aragón wurden in dieser Kathedrale gekrönt. Die zahlreichen Pilgerkrankenhäuser geben Zeugnis von der alten und langen Jakobspilgertradition in Saragossa und die Liebhaber der römischen Geschichte finden hier viele Zeugnisse aus dieser Epoche. Ebenso empfehlenswert ist ein Besuch der Kirche de la Magdalena im Mudejar-Stil und natürlich des Palastes Aljafería, der heute Sitz des Parlaments von Aragón ist.

Es gibt Fahrradwerkstätten, Restaurants, Apotheken, Gesundheitszentren, Supermärkte und Banken. Die Touristeninformation befindet sich neben der Basilika, Tel. 902 142 008 / 976 201 200, www.

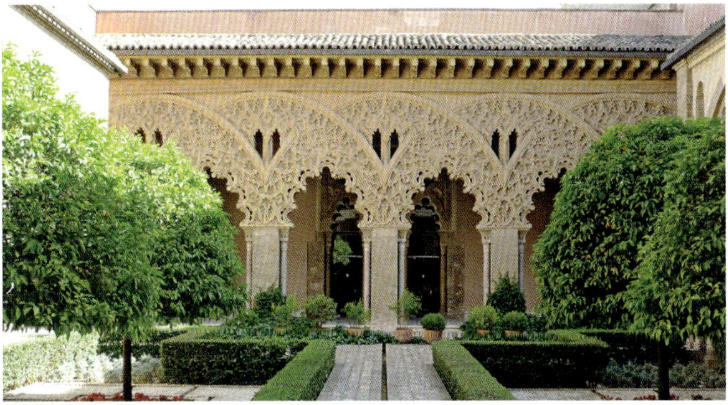

Saragossa, der Aljafería-Palast

Saragossaturismo.com; Taxis: Radio Taxi 24h, Tel. 976 424 242; Cooperativa de Auto Taxi, Tel. 976 751 414.

Jesuiten: Im Centro Pignatelli, Paseo de la Constitución 6, Tel. 976 217 217, können wir Jesuitenpater antreffen, die in diesem Zentrum für Kultur und Spiritualität arbeiten und uns freundlich unsere Pilgerdokumente abstempeln. Außerdem bekommen wir hier mehr Informationen über den Jesuitenheiligen José Pignatelli und können an einer Eucharistiefeier teilnehmen.

Nuestra Señora del Pilar

Die Überlieferung sagt, dass die Jungfrau Maria im Jahre 40 nach Christus dem Apostel Jakobus erschien, der nach Spanien gekommen war, um die damals heidnischen Stämme zum Glauben zu bekehren. (Es gibt keinen zeitgenössischen Beleg und auch keine archäologischen Zeugnisse einer Reise des Apostels Jakobus nach Spanien. Die ersten Hinweise darauf finden sich in Manuskripten des frühen Mittelalters.) Laut der tausendjährigen Überlieferung ruhte sich Jakobus am Ufer des Ebro aus und war aufgrund des ausbleibenden missionarischen Erfolges entmutigt. Da erschien ihm die Jungfrau auf einer Säule, sie ermutigte ihn weiterzumachen und durchzuhalten. Und sie bat ihn darum, an dieser Stelle eine kleine Kapelle zu errichten, um den Pfeiler zu bewahren, den sie als Beweis ihres Erscheinens zurückließ. Die Kapelle entwickelte sich zu einer romanischen Kirche und wurde mehrmals in verschiedenen Stilen um- und neugebaut. Im Jahr 1518 wurde nach 200 Jahren Bauzeit der Bau der Kirche im gotischen Stil mit Mudejar-Elementen abgeschlossen. Als Ignatius also im Jahr 1522 durch Saragossa reiste, war der Kirchenbau gerade vollendet worden. Es liegen uns keine Beweise dafür vor, aber es ist nur schwer vorstellbar, dass Ignatius durch diese wichtige Stadt kam, ohne das Heiligtum zu betreten und sich vor der Jungfrau Maria niederzuknien, wie er es immer tat.

Auf unserem Weg durch die Altstadt von Saragossa entdecken wir die Spuren eines Menschen, der vielleicht nicht sehr bekannt, aber von beispielhafter Bedeutung ist: der heilige José Pignatelli, Jesuit und sechstes Kind der adligen Familie der Grafen von Fuentes. 1773 hatte Papst Clemens XIV. die Gesellschaft Jesu verboten. José Pignatelli starb am 15. November 1811 in Rom; die Aufhebung des Verbots im Jahre 1814, für die er so sehr gekämpft hatte, erlebte er nicht mehr, doch 1797 hatte er mit dem Rest des Ordens, der in Russland weiterbestand, seine Gelübde erneuern können.

Das Leben des José Pignatelli war ein komplexes Geflecht aus Abenteuern und Leiden. Der kleine Junge, der am 27. Dezember 1737 in Saragossa zur Welt kam, ahnte noch nichts von den Schwierigkeiten, die das Leben für ihn bereithielt. Als er seine Mutter verlor, war er vier Jahre alt; die Familie übersiedelte nach Neapel, wo fünf Jahre später auch sein Vater starb; daraufhin brachte der älteste Bruder die Familie wieder zurück nach Saragossa. Dort besuchte José das Jesuitenkolleg und beschloss Jahre später, gemeinsam mit seinem jüngeren Bruder Nicolás selbst Mitglied der Gesellschaft Jesu zu werden. Mit seinem Eintritt ins Noviziat begann eine Zeit der Ausbildung, des Studiums und des Apostolats, die mit der Vertreibung der Jesuiten aus Spanien 1767 ein jähes Ende fand. Als das Kolleg der *Inmaculada* am 3. April 1767 von Soldaten besetzt wurde, geriet sein Leben aus den Fugen und nahm eine dramatische Wende. Nachdem er und die anderen Jesuiten einen Tag lang im Refektorium des Hauses eingesperrt gewesen waren, vertrieb man sie aus der Stadt und ließ ihnen nur, was sie auf dem Leibe trugen; sie flohen nach Tarragona und von dort mit dem Schiff in den Kirchenstaat, wo man ihnen jedoch kein Asyl gewährte. So begann eine strapaziöse Irrfahrt auf der Suche nach einem Ort, wo man sie aufnahm. Erst sieben Monate später, im Oktober, erreichten sie schließlich Ferrara, die Endstation ihres Leidensweges.

Mit der Vertreibung aus Spanien, so berichten die Biographen, wird der junge José, der noch nicht einmal seine Profess abgelegt hat, zum Ratgeber, Beistand und Helfer seiner Mitjesuiten; in schwierigen Zeiten ist er es, der die Führung übernimmt – der Provinzial wird ihn sogar offiziell zum Oberen seiner Gefährten ernennen – und die anderen begleitet, stärkt und ermutigt: Männer, die unter der Vertreibung, der Enge, der Lebensmittelknappheit und vor allem unter dem Gefühl leiden, dass sie nirgends willkommen sind, dass man sie hierhin und dorthin schickt, ablehnt und zurückweist. Seine Familie und insbesondere sein Bruder wird ihm bequemere Möglichkeiten nahelegen – er solle den Orden verlassen –, doch er bleibt seinem Gelübde bis zum Ende treu und hält in diesen schweren Zeiten zu seinen Mitbrüdern. Als Diözesanpriester in Bologna tätig, setzt er sich für die völlige Rehabilitation der Gesellschaft Jesu ein, die er jedoch nicht mehr erleben wird.

16. ETAPPE 30,2 KM

Saragossa – Fuentes de Ebro

↗ 144 m ↘ 292 m

„Gib mir nur deine Liebe und deine Gnade, o Herr, und ich bin schon reich genug; mehr verlange ich nicht."

„Öffnet mir die Tore zur Gerechtigkeit, damit ich eintrete, um dem Herrn zu danken" (Ps 118,19).

Teilweise direkt am Ebro, teilweise zwischen dem Fluss und der Autobahn A-68 bzw. der Überlandstraße N-232 geht es heute fast durchwegs in südwestliche Richtung. Für Abwechslung sorgen nach ca. 15 km die Einsiedelei Virgen de la Columna und die archäologische Ausgrabungsstätte La Cabañeta.

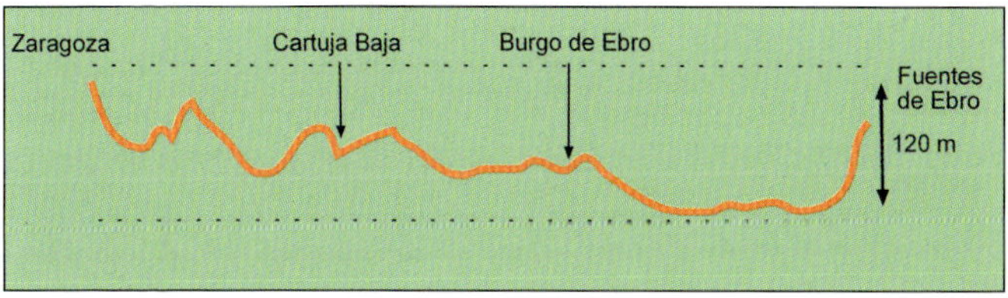

FÜR RADFAHRER: einfach

Saragossa (El Pilar):	km 0
Cartuja Baja:	km 9,3
Burgo de Ebro:	km 16,9
Fuentes de Ebro:	km 30,2

Unterkünfte

Fuentes de Ebro:

- Hostal San Miguel, c/ Trinque 8, Tel. 976 169 071
- Hostal patio, c/ Los Sitios 37, Tel. 976 161 065
- Hostal Texas, c/ Mayor 15, Tel. 976 160 419
- Hostal Elena (mit Ermäßigung für Pilger), Avenida Santiago Lapuente 9-11, Tel. 976 160 267 oder 628 478 199

Wegbeschreibung

Wir starten an der Basilika El Pilar und gehen Richtung Ebro, der immer links von uns liegt. Im Park zwischen dem Fluss und dem Paseo de Echegaray y Caballero wandern wir flussabwärts und unterqueren dabei mehrere Brücken. Am Stadtrand, nachdem wir unter der Brücke der Ronda de la Hispanidad (Z-30) und einer schönen, weißen Eisenbahnbrücke durchgekommen sind, folgen wir am Fluss dem Feldweg, der mit dem Namen „Camino Natural La Alfranca" markiert ist. Es geht immer geradeaus, die Markierungen des GR-99 und Wegweiser nach La Alfranca helfen uns bei der Orientierung.

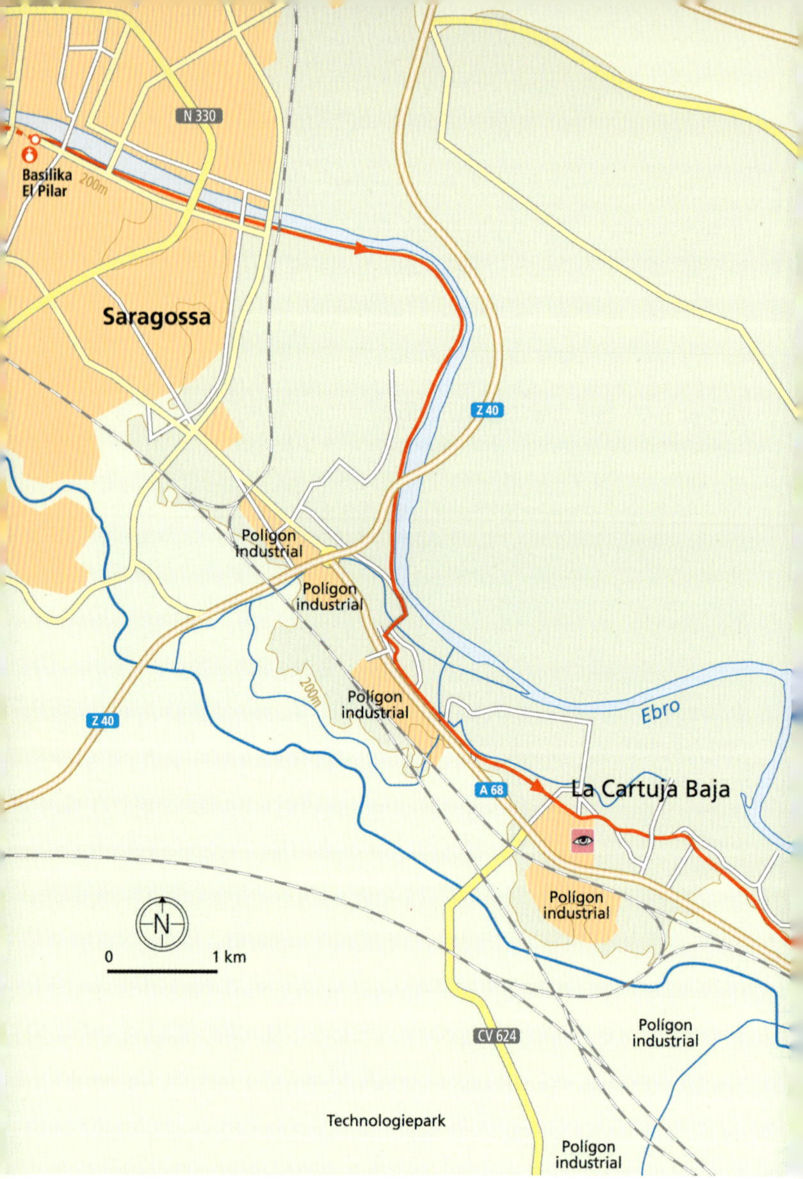

Wir folgen der Krümmung des Ebro nach rechts und 5 km nach dem Stadtzentrum kommen wir unter der Brücke der Z-40 durch. Unser Weg führt immer am Fluss entlang, bis wir zu einer Kreuzung kommen, an der wir nach rechts abbiegen. Der Weg ist gut ausgeschildert und außerdem sehen wir schon den Glockenturm der Kirche von **La Cartuja Baja** ca. 800 m direkt vor uns.

Wir gehen geradeaus auf der Calle Juan de la Viñas und kommen direkt an der Hauptfassade vorbei. Dann nehmen wir links den Camino de los Muros. Vor uns beginnt der Feldweg, dem wir 500 m folgen, bis wir zu einer Unterführung kommen, durch die wir gehen.

Auf unserem Feldweg gehen wir weiter geradeaus bis zu einer Kreuzung. Hier halten wir uns rechts und folgen jetzt den Markierungen des GR. Ohne abzubiegen gehen wir weiter geradeaus. Nach 2 km treffen wir wieder auf die Bahnlinie und die Schnellstraße, beide auf der rechten Seite. Wir gehen über eine Brücke und dann immer geradeaus. Nun sind wir im Industriegebiet „Galacho".

Geradeaus gehen wir weiter, immer parallel zur Schnellstraße. Wir erreichen einen Kreisverkehr: Unter der Schnellstraße hindurch würden wir nach Torre de Barracón kommen, aber das ist nicht unsere Richtung. Wir gehen weiter geradeaus, parallel zur Schnellstraße, die hier endet und in die Nationalstraße 232 übergeht. Wenn wir an ihr entlanggehen, kommen wir nach **Burgo de Ebro.**

Wir durchqueren den Ort von einem Ende zum anderen. Auf der gleichen Straße verlassen wir den Ort wieder und sehen beim Ortsausgang Sportanlagen (Schwimmbad, Fußballplatz). Hier beginnt links eine kleine asphaltierte Straße, die uns in ein Pinienwäldchen führt. Der Weg führt weiter geradeaus und steigt jetzt etwas an. Nach einem Kilometer kommen wir zu einer Kreuzung bei einem Strommasten. Wir nehmen den Weg links, der eine weite Kurve um die Siedlung **Virgen de la Columna** macht, deren Kapelle auf der rechten Seite zu sehen ist.

Links befindet sich die archäologische Grabungsstätte **La Cabañeta,** wir folgen dem Weg geradeaus. Auch an der nächsten Kreuzung

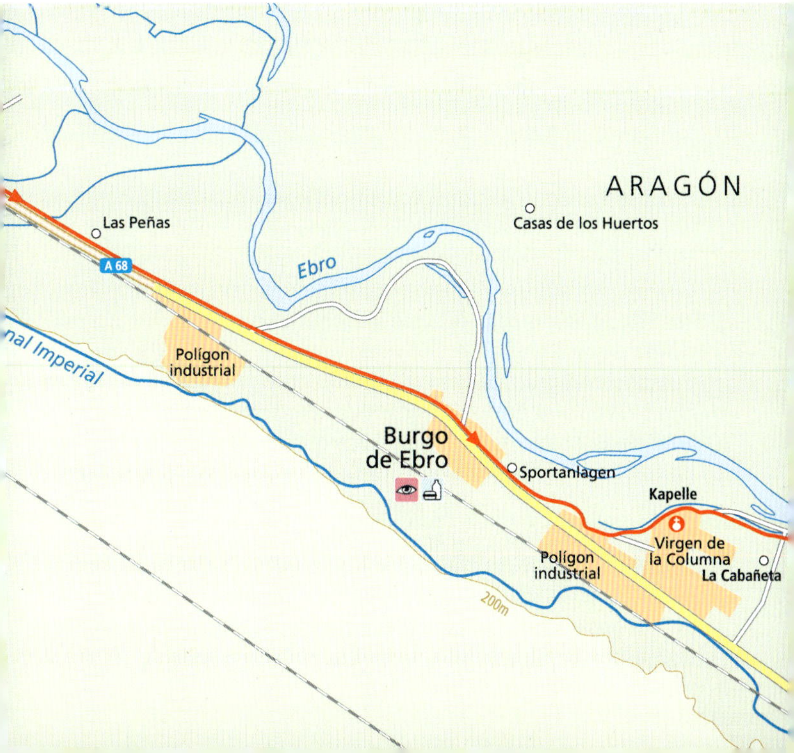

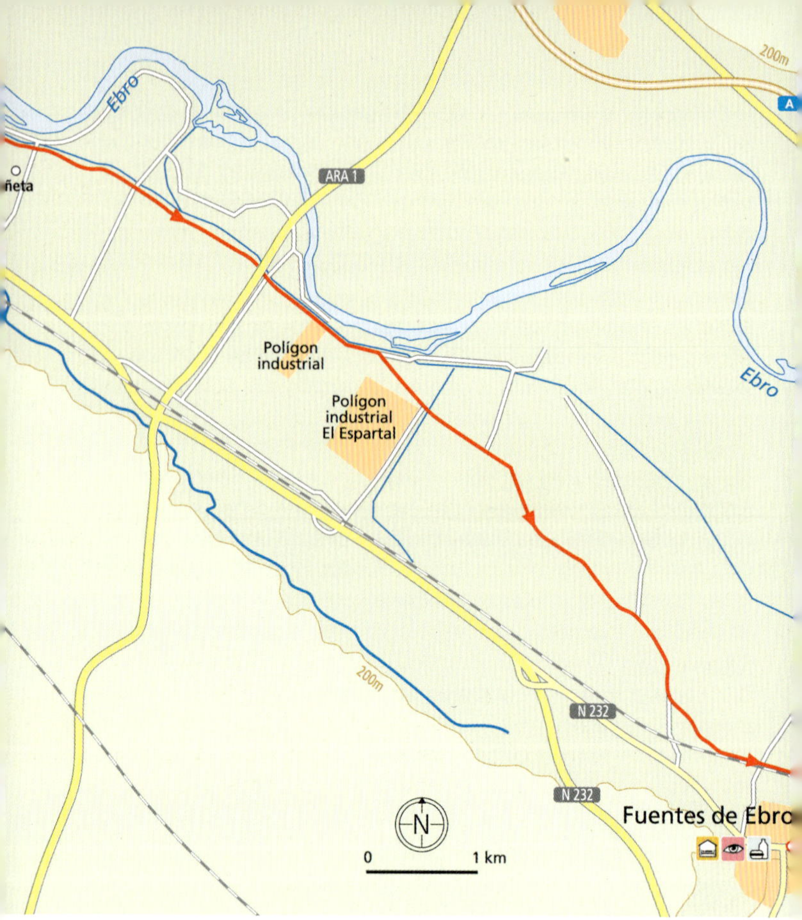

gehen wir geradeaus und schließlich unter einer Brücke hindurch, über die die Schnellstraße ARA-1 führt. Links von uns sehen wir einen Bewässerungskanal, in dessen Nähe wir immer bleiben. Schon bald sind wir im Industriegebiet El Espartal. In Höhe einer kleinen Brücke über den Kanal nehmen wir die Straße, die rechts von uns beginnt. Wir sind auf der Straße Cañada Real las Peñas.

Am Ende des Industriegebietes biegt die Straße rechts ab, aber wir gehen weiter geradeaus und überqueren den Kanal. Vor uns liegt **Fuentes de Ebro.** Auf dem gleichen Feldweg gehen wir weiter, immer in Richtung Dorf, bis wir eine asphaltierte Brücke sehen, die über die Bahnlinie geht. Wir überqueren sie nicht, sondern nehmen den Weg, der ca. 250 m vor der Brücke links direkt ins Dorf führt.

Dieser Weg bringt uns zur Bahnlinie, der wir in Richtung Fuentes folgen. Wir gehen zwischen zwei Gebäuden hindurch und nähern uns einer weiteren Brücke über die Bahnlinie. Wir gehen über diese Brücke und erreichen jetzt das Dorf. Wir folgen der Calle Francisco de los Ríos und stoßen auf die Nationalstraße N-232, die durch das Dorf führt.

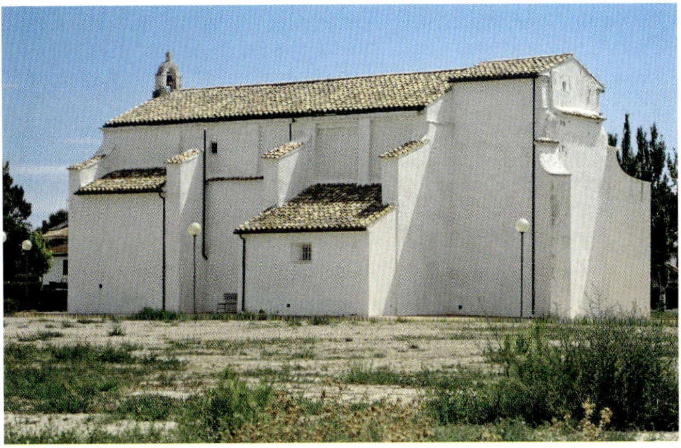

Einsiedelei Virgen de la Columna

Orte und Sehenswürdigkeiten

LA CARTUJA BAJA: Früher ein Kloster, das der Unbefleckten Empfängnis („Inmaculada Concepción") geweiht war (17. Jh.). Heute ist der Kreuzgang in Gassen umgewandelt und die Klosterzellen der Kartäusermönche sind Wohnungen. Es gibt ein Restaurant.

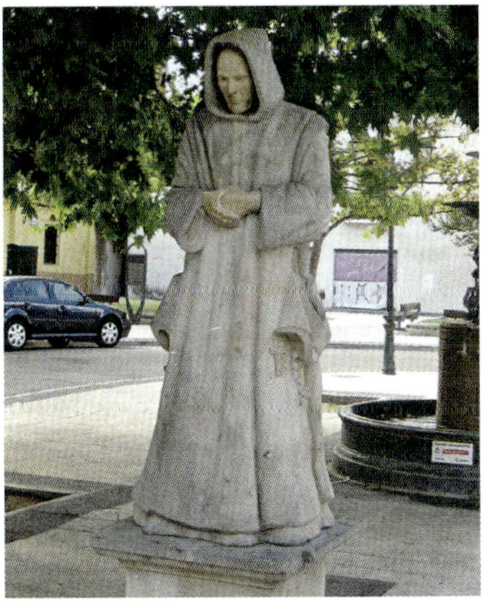

La Cartuja Baja erinnert an seine klösterliche Vergangenheit.

BURGO DE EBRO: Dieses kleine Dorf bietet uns ein Restaurant, ein Gesundheitszentrum, Apotheke, Supermarkt und Bank. Auf der Plaza de la Paz können wir unseren Durst an einem Brunnen löschen. Unweit des Dorfes befinden sich die Einsiedelei Virgen de la Columna und die archäologische Ausgrabungsstätte La Cabañeta, in der römische Reste aus dem 2. Jh. v. Chr. gefunden wurden.

FUENTES DE EBRO: Sehenswert ist die Kirche San Miguel Arcángel (18. Jh.) mit der Kapelle Nuestra Señora del Rosario. Mit seinen ca. 4600 Einwohnern bietet uns das Dorf Restaurants, Apotheken, ein Gesundheitszentrum, Supermärkte und Banken. Das Schwimmbad ist für Pilger kostenlos; Rathaus, Tel. 976 169 100; Taxi: Taxiva Sonia Rubio, Tel. 627 574 290.

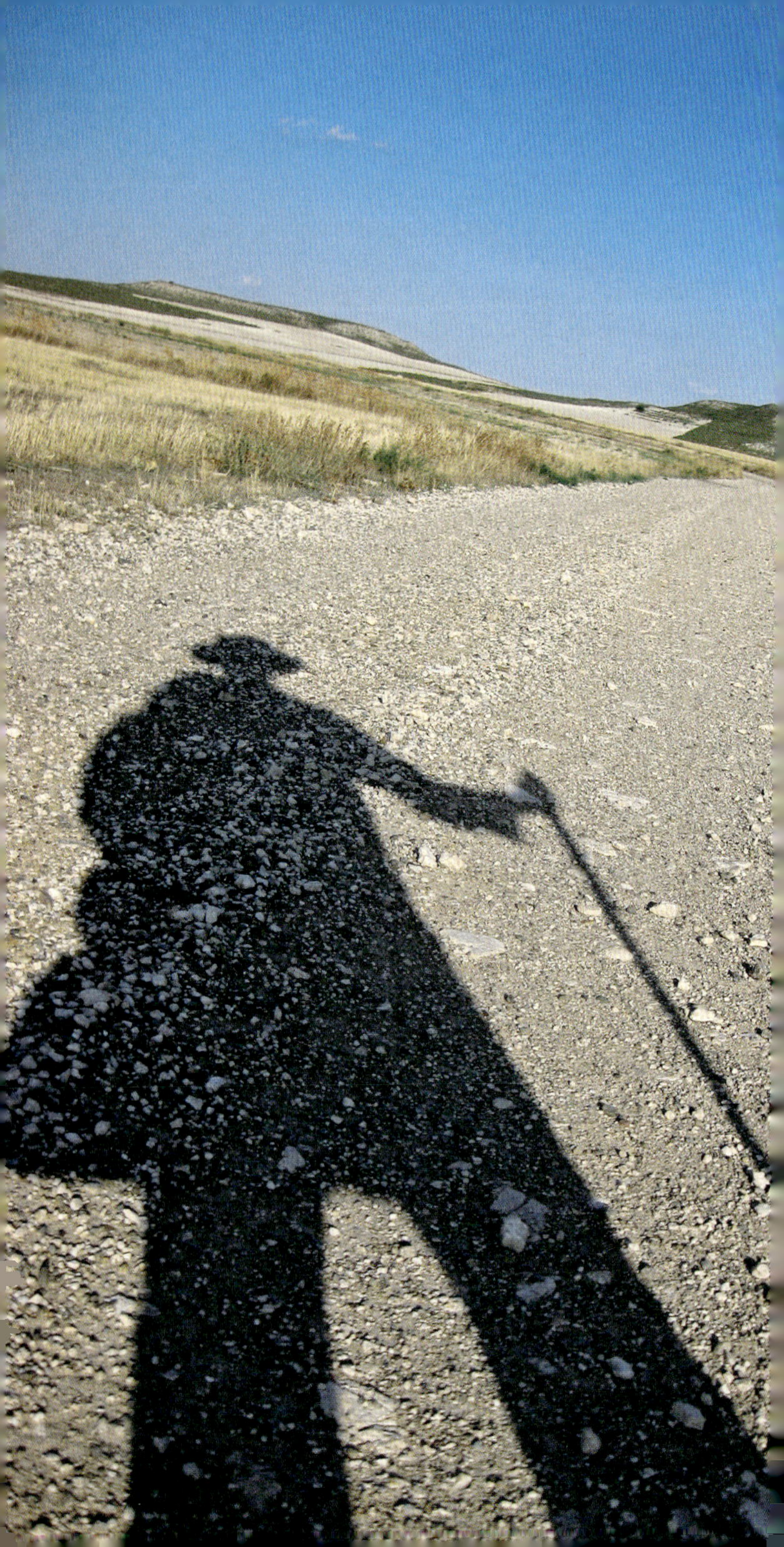

El Cierzo (Nordwind) und Los Monegros

Kurz hinter Saragossa betreten wir eine wüstenartige Landschaft: Los Monegros. Der Name stammt von den „Montes Negros", den schwarzen Bergen, die durch den dunklen Stamm und die dunklen Blätter des Wacholderbusches ihre typische Farbe bekommen. Moderne Bewässerungsanlagen haben Teile der Monegros in fruchtbares Ackerland verwandelt, aber der größte Teil des Gebietes ist nach wie vor trocken, im Sommer sehr heiß, im Winter sehr kalt, und bietet nur wenig Infrastruktur in Form von Geschäften oder Hotels.

Wahrscheinlich gab es auch zu Ignatius' Zeiten nicht mehr Bevölkerung auf diesem Streckenabschnitt. Während wir also hier wandern, können wir uns gut vorstellen, wie Ignatius neben uns hergeht, mit seinem Esel und dem verletzten Bein, wie er nur langsam vorankommt in dieser weiten und einsamen Gegend. Ignatius wanderte hier gegen Ende des Winters, also in einer Zeit, in der der Nordwind die Reise noch beschwerlicher macht. Dieser Nordwind, der so typisch ist für das Ebrotal und von dem es erste Aufzeichnungen bereits aus der Römerzeit gibt, kann im Winter und zu Beginn des Frühjahres Geschwindigkeiten von bis zu 100 Stundenkilometern haben. Die Bauern schützen ihre Felder mit Steinwällen vor der starken Winderosion, aber auch die Pilger können unter diesem Wind leiden. Ignatius brach Ende Januar oder Anfang Februar in seinem Haus in Loyola auf. Die nächtlichen Temperaturen lagen da wohl so bei null Grad und der Nordwind blies kräftig.

Die Pilger sollten diese unwirtliche Gegend nicht unterschätzen. Es ist vor allem sehr wichtig, genug Wasser bei sich zu führen, besonders auf dem Abschnitt zwischen Pina de Ebro (17. Etappe) und Bujaraloz (Zielpunkt der 18. Etappe). Man sollte auch beachten, dass es am Ende der 17. Etappe keine Übernachtungsmöglichkeit gibt, sodass man die Nacht unter freiem Himmel verbringen muss. Für Pilger, die das nicht können oder möchten, gibt es die Möglichkeit, um 15.35 Uhr von Venta de Santa Lucía mit dem Bus nach Bujaraloz zu fahren und von dort aus weiterzuwandern. Daneben gibt es auch die öffentliche Buslinie (www.agredasa.es).

Trotz dieser Schwierigkeiten verspricht die Etappe zu Fuß durch die Monegros die intensivste Erfahrung auf dem ganzen Ignatius-Weg zu werden, unvorstellbar für jene Pilger, die mit 120 km/h pfeifend im Bus durch diese Gegend fahren. Hier erfahren wir eine tiefe Solidarität mit Ignatius, der alleine durch diese damals noch einsamere und noch trostlosere Gegend gezogen ist. In dieser Einsamkeit gedeihen Gedanken und Gefühle und auch heute noch spüren die Pilger die tiefe Stille, die man auf diesem Abschnitt des Weges erlebt: eine ausgezeichnete Gegend, um die tiefsten Gedanken der eigenen Seele zu hören.

17. ETAPPE 29,6 KM ↗ 266 m ↘ 186 m

Fuentes de Ebro – Venta de Santa Lucía

„Je verzweifelter eine Situation zu sein scheint, desto fester müssen wir auf Gott vertrauen; wo die menschliche Hilfe fehlt, ist Gott nahe.“

„Von jedem bösen Weg halte ich meinen Fuß zurück; denn ich will dein Wort befolgen. […] Aus deinen Befehlen gewinne ich Einsicht, darum hasse ich alle Pfade der Lüge“ (Ps 119,101.104).

Mit Optimismus beginnen wir diese Etappe, die vielleicht die gefürchtetste des gesamten Ignatiusweges ist. Aber mit dem frohen Geist eines Pilgers, der Einfachheit und Einsamkeit sucht, schaffen wir auch diesen Abschnitt. Wir folgen nun dem Camino Real (Königsweg), den Ignatius von Loyola in Richtung Montserrat gegangen ist und der auch mit dem Katalanischen Jakobsweg in umgekehrter Richtung zusammenfällt. Dabei überqueren und verlassen wir den Ebro, der uns seit Tagen begleitet hat, und steigen zur Monegros-Hochebene auf. Hier gibt es weder Bäume noch Büsche, die uns Schatten spenden könnten, im Sommer kann das Thermometer bis auf 40 Grad ansteigen und Wasserquellen suchen wir hier umsonst. Im Winter hingegen sind die Nächte sehr kalt. Auf dem Weg begleitet uns der intensive Duft von Rosmarin und anderen Kräutern und immer wieder kreuzen Kaninchen und Hasen direkt vor uns den Weg. Auf der Hochebene selbst mit ihren großen Schafweiden ist Vorsicht angebracht: Der Weg ist manchmal nur schwer erkennbar, es gibt viele Abzweigungen und fast keine Markierungen. Unser Etappenziel Venta de Santa Lucía der Überlandstraße N-II kann dennoch nicht verfehlt werden, aber hier gibt es, wie gesagt, keine Übernachtungsmöglichkeit. Es bleibt uns nichts anderes übrig, als unter unter freiem Himmel ein Plätzchen zu suchen und in aller Ruhe zu beobachten, wie der Mond aufgeht.

148

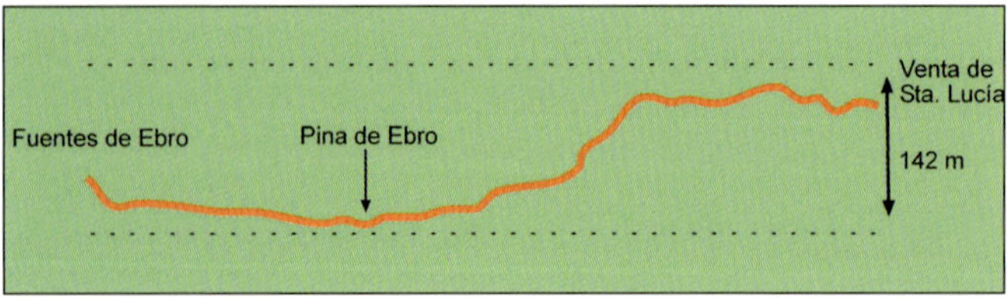

FÜR RADFAHRER: einfach, aber der Aufstieg zur Monegros-Hochebene ist anstrengend.

Fuentes de Ebro:	km 0	Pina de Ebro:	km 11,6
Venta de Santa Lucía:	km 29,6		

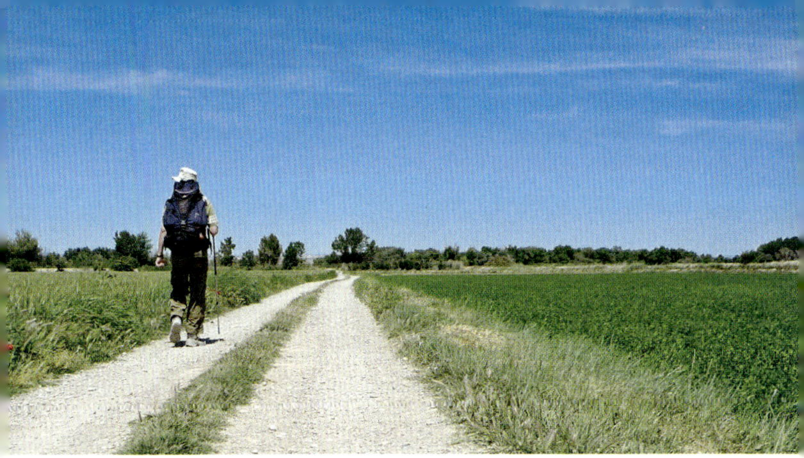

Der Weg ist flach – und Schatten Mangelware.

Unterkünfte

Pina de Ebro:

☆ Pension Los Valles, c/ Magisterio Nacional 7, Tel. 976 165 553 / 675 721 711

Venta de Santa Lucía: Keine Übernachtungsmöglichkeit

Wegbeschreibung

Wir verlassen Fuentes de Ebro auf der Calle Mayor, die gegenüber der Kirchentür beginnt und auf der wir bis zur Calle Ramón y Cajal gehen, die nach links abbiegt und durch die wir abwärts gehen. So erreichen wir die Nationalstraße, die wir überqueren, um geradeaus weiterzugehen, bis wir bei einer Weggabelung nach rechts in die Avenida Lorenzo Pardo abbiegen. Achtung, denn hier müssen wir nach 250 m nach rechts in die Calle del Baño abbiegen. Dann weiter geradeaus auf diesem Weg, der zu einem Feldweg wird, bis wir nach einem Steinbruch zu einer Unterführung für die Bahnlinie des Hochgeschwindigkeitszuges kommen. Achtung: An der Weggabelung beim Steinbruch halten wir uns rechts und gehen in Richtung der Bahnlinie des AVE (der Weg links bringt uns zu einer Unterführung der normalen Bahnlinie). Nach der Unterführung führt uns der Weg zu einer Brücke über die Bahnlinie Saragossa–Barcelona. Wir gehen über die Brücke und biegen rechts ab. Parallel zu dieser Bahnlinie gehen wir die nächsten drei Kilometer immer geradeaus in Richtung Südosten. Nach einigen Metern unterqueren wir eine Brücke und etwas später sehen wir rechts einen weiteren Bahnübergang, den wir aber ignorieren. Wir gehen immer geradeaus.

Von rechts kommt ein Weg, aber wir halten uns links. Nach 100 m biegen wir wieder links ab auf einen neuen Weg und wenige Meter weiter halten wir uns noch einmal links. Dann erreichen wir auf gerader Strecke den Ebro, der majestätisch vor uns liegt, und gehen nach rechts an seinem Ufer entlang. Wir erreichen die Straße A-1107 und biegen links ab, um über die Brücke zu gehen. Hier trennen wir

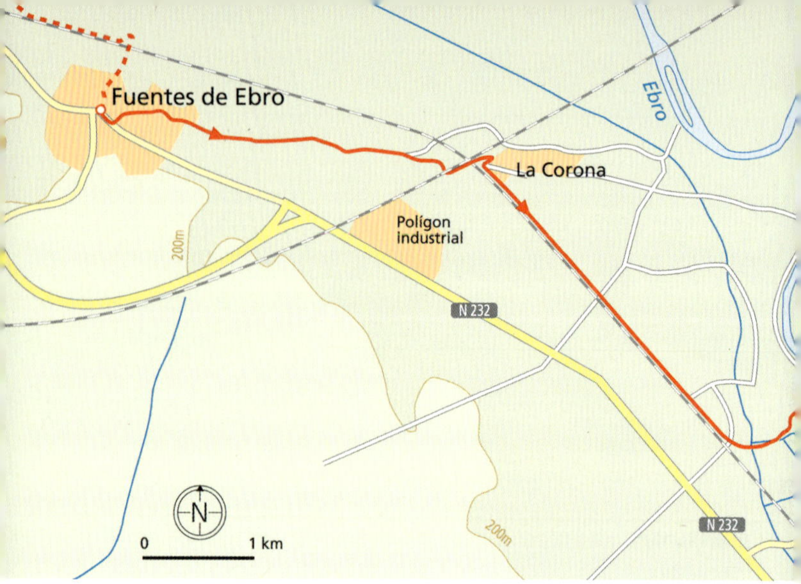

uns vom Jakobsweg am Ebro und folgen nun – immer in umgekehrter Richtung – dem Katalanischen Jakobsweg. Wir kommen nach **Pina de Ebro** und halten zunächst nach dem Kirchplatz Ausschau, der sich rechts von uns und in der Nähe des Flusses befindet. Hier können wir in einer der Bars oder Restaurants auf dem Platz neue Kräfte sammeln. Außerdem sollten wir für unsere heutige Etappe und vielleicht auch für einen Teil der nächsten Etappe die Wasservorräte auffüllen.

Wir verlassen das Dorf auf der Calle Fernando el Católico, die auf dem Kirchplatz beginnt. Am Ortsausgang treffen wir auf eine Straße, die zur Nationalstraße N-II führt. Ein großes landwirtschaftliches Lagergebäude der Genossenschaft COOPINA ist schon von weitem zu sehen. Nach 1,5 km sind wir bei der Landwirtschaftlichen Genossenschaft und nehmen dort den Feldweg, der an der Straße entlangführt.

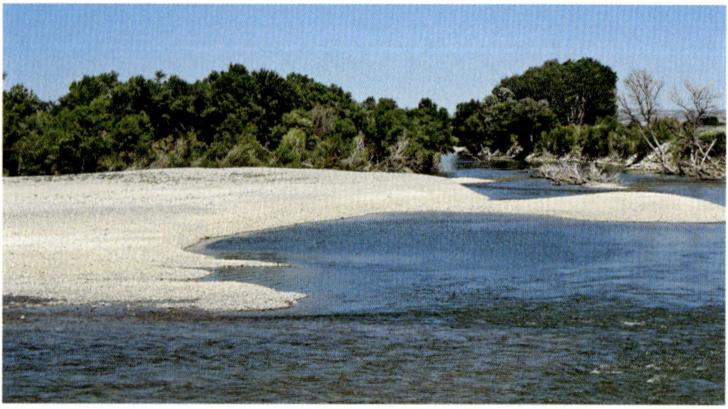

Seitenarm des Ebro

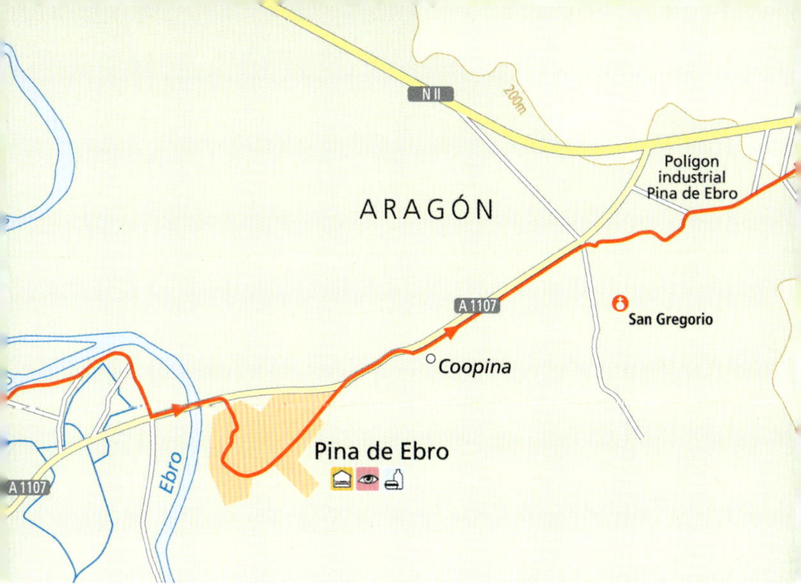

Wir gehen an der Genossenschaft vorbei und sehen rechts den Friedhof des Dorfes sowie auf einer Anhöhe die Kapelle San Gregorio. Unser Weg trifft auf einen Bewässerungskanal und wir entfernen uns von der Straße. Der Feldweg ist mit einem Schild „Mirador de San Gregorio" (Aussichtspunkt San Gregorio) markiert. Wir steigen auf dem Feldweg aufwärts, nehmen aber nicht die Abzweigung Richtung San Gregorio, sondern gehen weiter, bis wir die Asphaltstraße des Industriegebietes erreichen. Hier halten wir uns rechts und gehen abwärts. Bei der ersten Straße biegen wir links ab und folgen ihr in Richtung einiger großer Strommasten. An den Straßenlaternen können wir einige gelbe Jakobswegpfeile sehen. Bei einer Wegkreuzung direkt an einem Hochspannungsmasten wählen wir den Feldweg, der rechts abbiegt. Die Strommasten begleiten uns noch ein Stück auf unserem Weg und vor uns grüßt die Figur eines großen schwarzen Stieres, dem wir uns langsam nähern. Wir gehen weiter geradeaus, bis wir die Nationalstraße N-II erreichen, die uns ab jetzt begleiten wird.

Wir überqueren die Straße nicht, sondern halten uns rechts und gehen auf einem Weg, der uns für eine kurze Zeit von der Nationalstraße wegbringt. Aufwärts kommen wir der Hochebene Los Monegros näher. Wir bleiben immer auf unserem Weg, der sich durch die Felder schlängelt, und biegen nicht ab. Etwa 2,8 km nach der Nationalstraße N-II erreichen wir die Hochebene der Monegros und sehen dort auf der linken Seite einige große Viehställe. Dort angekommen teilt sich der Weg: Wir gehen links und bleiben dann auf diesem Weg.

Nach einem Kilometer erreichen wir erneut eine Weggabelung und hier halten wir uns rechts. Nach 1,8 km kommen wir wieder zu einer Kreuzung und gehen dort links. Bald darauf, nach 1 km, kommt

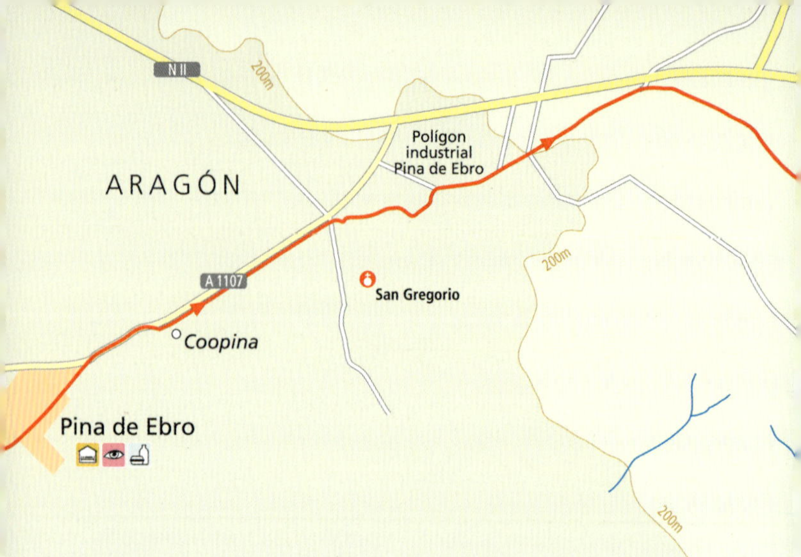

noch eine Kreuzung, wo wir den Weg rechts nehmen, der uns aufwärts führt. Wir gehen auf unserem Weg immer geradeaus und ignorieren die Wege, die aus den angrenzenden Feldern kommen. So nähern wir uns wieder der N-II und erreichen Venta de Santa Lucía.

Orte und Sehenswürdigkeiten

PINA DE EBRO: Dorf mit mehr als 2000 Einwohnern. Am Franziskanerkloster San Salvador (16./17. Jh.) können wir noch einmal den Mudejar-Stil bewundern. Es gibt ein Restaurant, eine Apotheke, einen Supermarkt und eine Bank; Rathaus, Tel. 976 165 007; Taxis: Taxi José M.ª Franco, Tel. 618 543 767; Transporte und Taxis Monegros SL, Tel. 976 173 313.

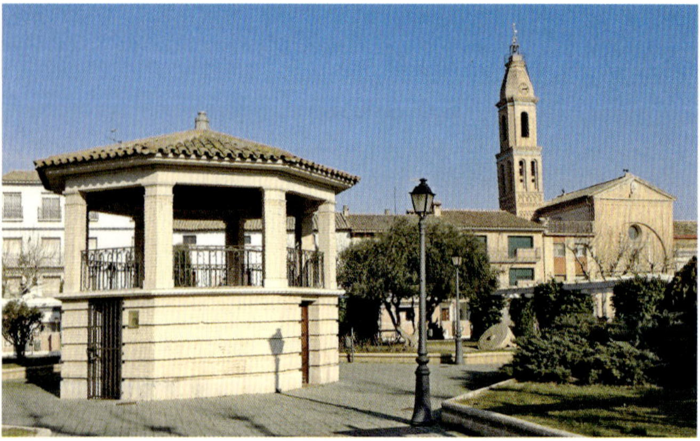

Pina de Ebro, Plaza de España

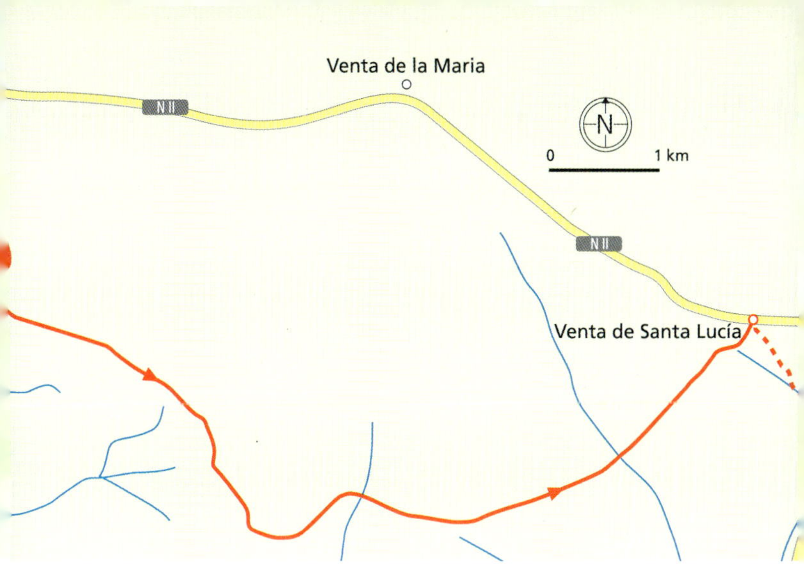

VENTA DE SANTA LUCÍA: Die Siedlung besteht aus wenigen Häusern bei km 372,3 an der Nationalstraße II. Dort gibt es ein Restaurant (Tel. 976 162 001), aber keine Übernachtungsmöglichkeit. Es ist empfehlenswert, von Pina de Ebro aus im Restaurant anzurufen, um sicher zu sein, dass es offen hat und uns Wasser und Abendessen anbieten kann. Falls dort niemand antwortet, ist es besser, Lebensmittel und Wasser in Pina einzukaufen, um etwas für das Abendessen und das Frühstück mitzuhaben.

Man kann in Venta auch den Bus nehmen (um 15.35 Uhr, www.agredasa.es), der nach Bujaraloz fährt. Damit überspringt man die nächste Etappe. Diese Buslinie fährt alle Orte zwischen Saragossa und Lleida an und ist daher für die Pilger unter Umständen sehr interessant.

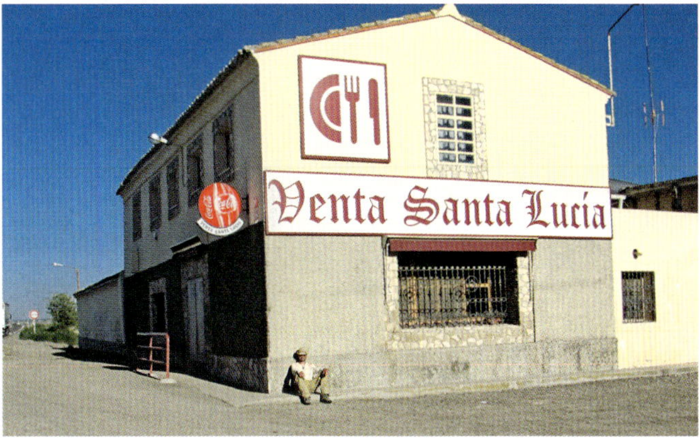

Einsame Raststation an der Nationalstraße

Venta de Santa Lucía – Bujaraloz ↗ 191 m ↘ 135 m

„Hüte dich, irgendjemandes Handeln zu verurteilen. Sieh auf die Absicht deines Nächsten, die oft redlich und arglos ist, auch wenn seine Tat dir nach außen hin böse zu sein scheint.“

„Die Wüste und das trockene Land sollen sich freuen, die Steppe soll jubeln und blühen. Sie soll prächtig blühen wie eine Lilie, jubeln soll sie, jubeln und jauchzen. [...] Man wird die Herrlichkeit des Herrn sehen, die Pracht unseres Gottes“ (Jes 35,1–3).

Falls wir unter freiem Himmel geschlafen haben, fällt es uns sicher nicht schwer, früh aufzustehen und vielleicht schon vor Sonnenaufgang aufzubrechen. Unser Weg führt heute bis auf die erste halbe Stunde immer parallel zur stark befahrenen Nationalstraße N-II nach Osten. Schon seit vielen Jahrhunderten verbindet hier der Camino Real die Dörfer. Es ist unmöglich sich zu verlaufen und ohne sonderliche Anstrengung erreichen wir Bujaraloz, was wir nach der mühsamen Etappe von gestern zu schätzen wissen.

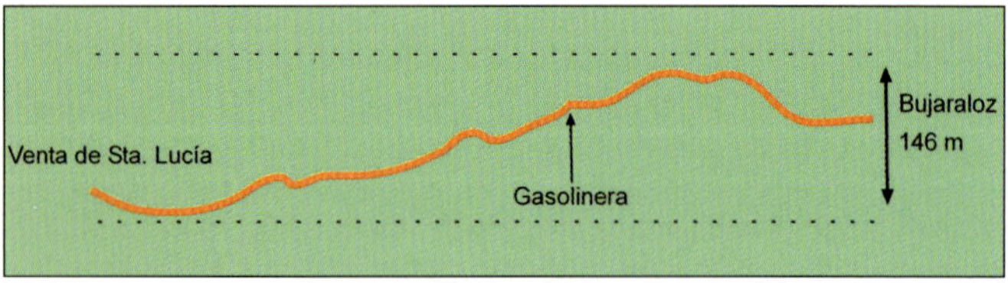

FÜR RADFAHRER: einfach

Venta de Santa Lucía:	km 0	Tankstelle:	km 11,4
Bujaraloz:	km 21,3		

Unterkünfte

Bujaraloz:

- Hostal La Parilla Monegros II, ctra. N-II, km 390,5, Tel. 976 173 230
- Hostal El Español (Preisermäßigung für Pilger und Frühstück ab 6.30 Uhr), ctra. N-II, km 390, Tel. 976 173 192 oder 976 173 043
- Hostal Las Sabinas, c/ Santa Ana 6-8, Tel. 976 173 450

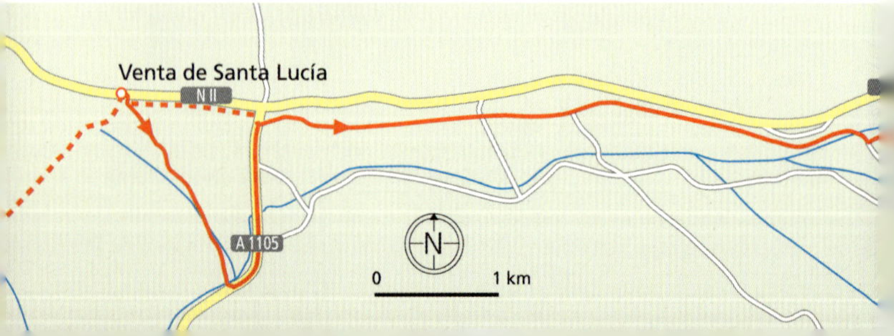

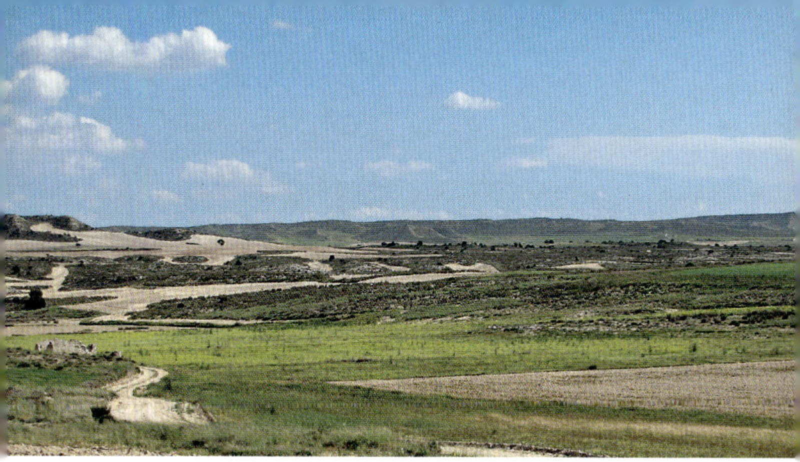

Durch die trockenen Monegros

Wegbeschreibung

Wir stehen auf und haben gleich eine Entscheidung zu treffen: Entweder folgen wir der Nationalstraße N-II am Straßenrand oder wir nehmen den Weg mit den gelben Pfeilen, der uns von der N-II wegbringt. Die erste Möglichkeit führt uns nach 1 km zur Kreuzung mit der Straße, die aus Quinto kommt, wo die beiden Varianten wieder zusammentreffen. Wer diesen Weg wählt, sollte wegen des Verkehrs sehr vorsichtig sein.

Die zweite Möglichkeit bringt uns zwar erst nach drei Kilometern zu diesem Punkt, aber hier haben wir den Vorteil, dass der Weg nicht an der N-II entlangführt. Dazu nimmt man den Weg rechts, der von der Nationalstraße wegführt. Wir gehen ohne abzubiegen immer geradeaus, bis wir die Landstraße A-1105 erreichen, die nach Quinto führt. Wir gehen auf ihr nach links aufwärts bis zur Nationalstraße N-II.

Nach 50 m auf der N-II nehmen wir rechts den Feldweg und folgen ihm geradeaus ohne abzubiegen. Im Zweifelsfall halten wir uns so nahe wie möglich an der N-II, die uns auf der linken Seite immer als Orientierung dient. So erreichen wir nach gut der Hälfte der heutigen Tagesetappe eine Tankstelle.

Wir folgen dem Feldweg, der bei der Tankstelle beginnt und den Weg fortsetzt, auf dem wir gekommen sind. Wir gehen immer parallel zur Nationalstraße N-II, die links von uns ist. Etwa 5 km nach der

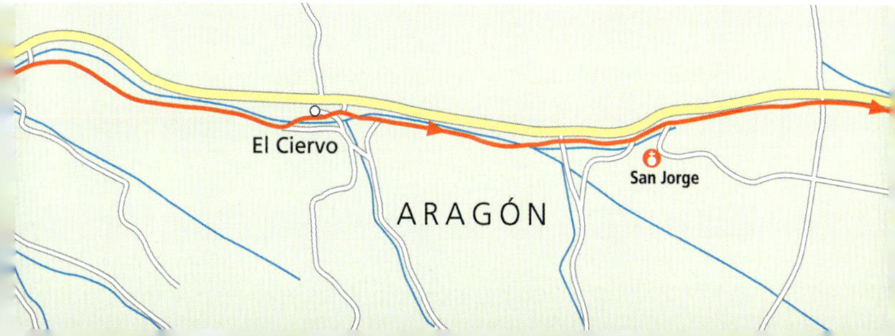

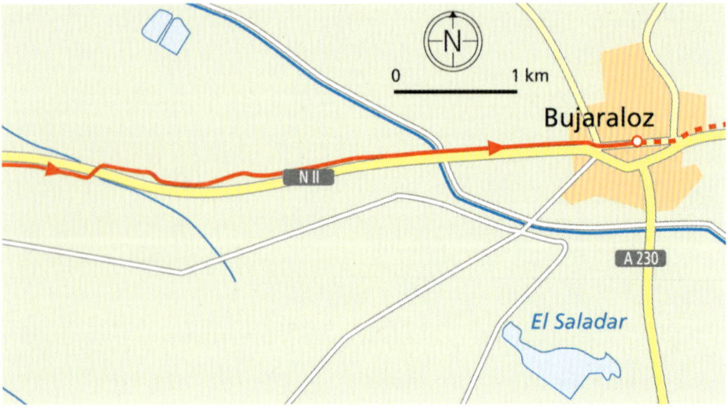

Tankstelle überqueren wir die Nationalstraße, gehen aber weiter parallel zur N-II, die nun rechts von uns ist. Immer geradeaus, ohne abzubiegen erreichen wir **Bujaraloz** und gehen auf der Calle de Santiago zur Plaza Mayor.

Orte und Sehenswürdigkeiten

BUJARALOZ: Kleine Ortschaft mit etwa 1000 Einwohnern. Die Barockkirche ist dem Apostel Jakobus geweiht, obwohl der Schutzpatron des Dorfes der hl. Augustinus ist. Man sagt, es habe auch eine Zeit gegeben, in welcher der hl. Fabian und der hl. Sebastian die Schutzheiligen von Bujaraloz waren. Aber nach einer fürchterlichen Heuschreckenplage, die aus Afrika kam, fühlten sich die Einwohner im Stich gelassen und entschieden sich, einen neuen Schutzpatron zu suchen, der sie vor den Heuschrecken beschützen sollte. Sie warfen kleine Zettel mit den Namen der Kandidaten in eine Urne. Drei Zettel wurden willkürlich gezogen und dreimal stand der Name

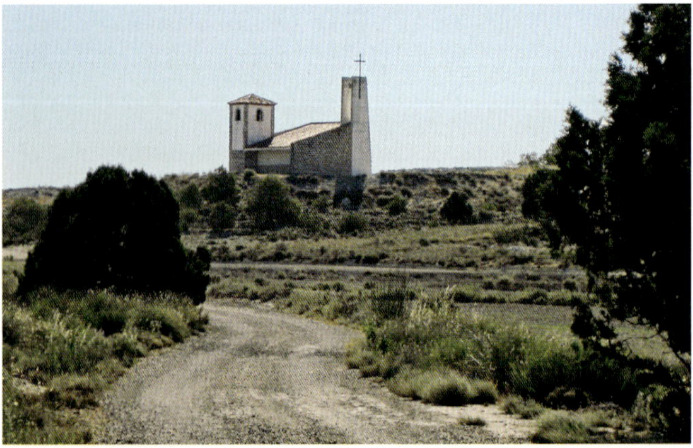

Ermita de San Jorge

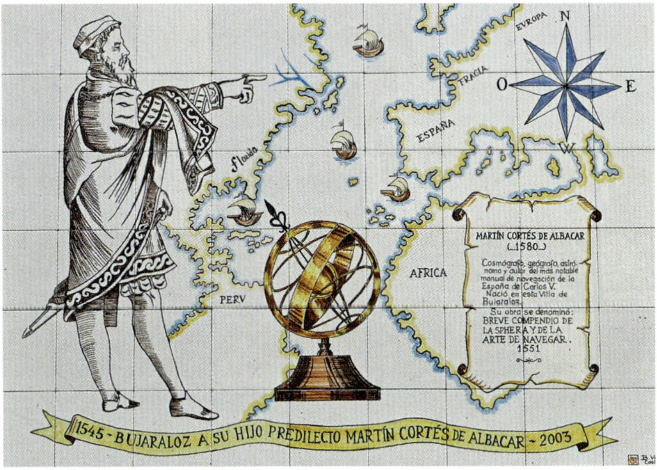

Bujaraloz gedenkt seines berühmten Sohnes, des Geographen Martín Cortés de Albacar

des hl. Augustinus darauf. Das Sonderbare daran war, dass zuvor gar kein Zettelchen mit dem Name Augustinus in die Urne gegeben worden war. Man nennt den Ort die „Hauptstadt" von Monegros, die 31 Gemeinden umfasst. Es gibt ein Restaurant, einen Supermarkt, eine Apotheke und eine Bank; Rathaus, Tel. 976 173 175; Taxis: Taxi Jesús, Tel. 976 173 104; Taxi Agustín, Tel. 976 173 551.

LAGUNA DE LA PLAYA: Etwa 10 km südlich von Bujaraloz treffen wir auf eine eigenartige Landschaft mit zahlreichen salzhaltigen Lagunen, die sich im Sommer aufgrund der Verdunstung in weite Salzplatten verwandeln. La Laguna de la Playa an der Straße nach Sástago ist mit einer Oberfläche von 2 auf 3 km die wichtigste.

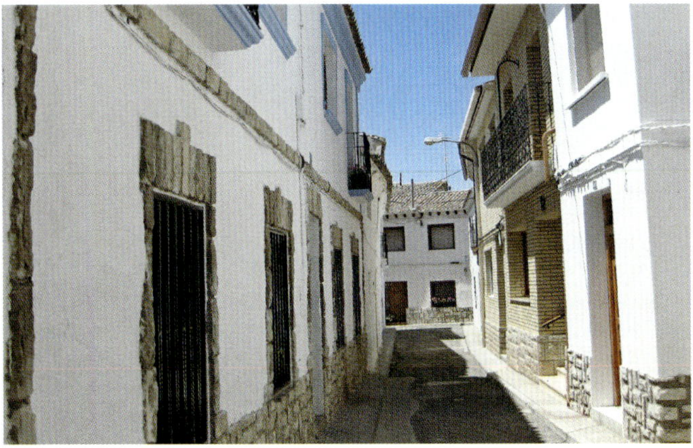

Bujaraloz

19. ETAPPE 21 KM

Bujaraloz – Candasnos

↗ 203 m ↘ 258 m

„Unternimm nichts, ohne Gott um Rat zu fragen."

„In der Wüste brechen Quellen hervor und Bäche fließen in der Steppe. Der glühende Sand wird zum Teich und das durstige Land zu sprudelnden Quellen. [...] Eine Straße wird es dort geben; man nennt sie den Heiligen Weg. [...] Dort gehen nur die Erlösten. Die vom Herrn Befreiten kehren zurück und kommen voll Jubel nach Zion. Ewige Freude ruht auf ihren Häuptern. Wonne und Freude stellen sich ein, Kummer und Seufzen entfliehen" (Jes 35,6–10).

Eine weitere kurze und einfache Etappe liegt vor uns und wieder gehen wir der aufgehenden Sonne entgegen. Der Feldweg nach Peñalba ist weit genug von der Nationalstraße entfernt, um die Ruhe der kargen Landschaft zu genießen. Manchmal geht es leicht aufwärts, aber fast immer ist der Weg eben oder wir gehen sogar abwärts. Die letzten Kilometer bis Candasnos müssen wir wieder an der Nationalstraße N-II zurücklegen. Auch auf dieser Etappe gibt es keine Bäume und damit auch keinen Schatten, ausreichend Wasser mitzuführen ist Pflicht!

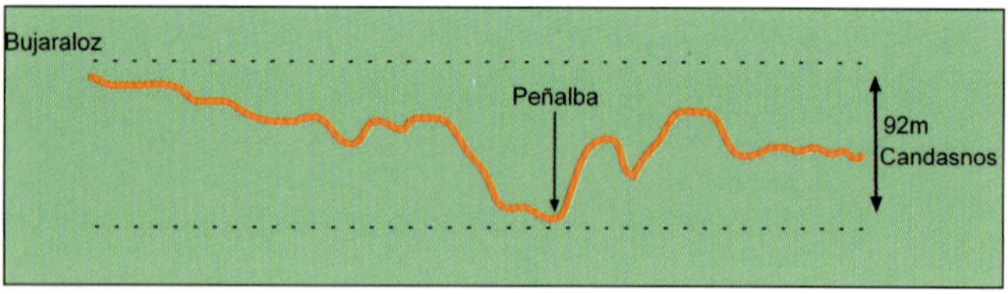

FÜR RADFAHRER: einfach, aber es gibt einen kurzen, 300 m langen Abschnitt zwischen Peñalba und Candasnos, wo der Weg nur schwer erkennbar und sehr schmal ist. Hier bietet es sich an, auf der Straße zu bleiben.

Bujaraloz:	km 0	Peñalba:	km 10,5
Candasnos:	km 21		

Unterkünfte

Peñalba:

- Landgasthof El Balsetón, c/ Carmen 24, Tel. 649 545 450

Candasnos:

- Pension La Colina (samstags geschlossen), c/ Saragossa 1, Tel. 974 463 051
- Pension El Pilar (sonntags geschlossen), c/ Saragossa 13, Tel. 974 463 017
- Hotel La Cruzanzana (ca. 2 km hinter dem Ort, der Wegbeschreibung der folgenden Etappe folgen), ctra. Nacional II, km 412, Tel. 974 463 025

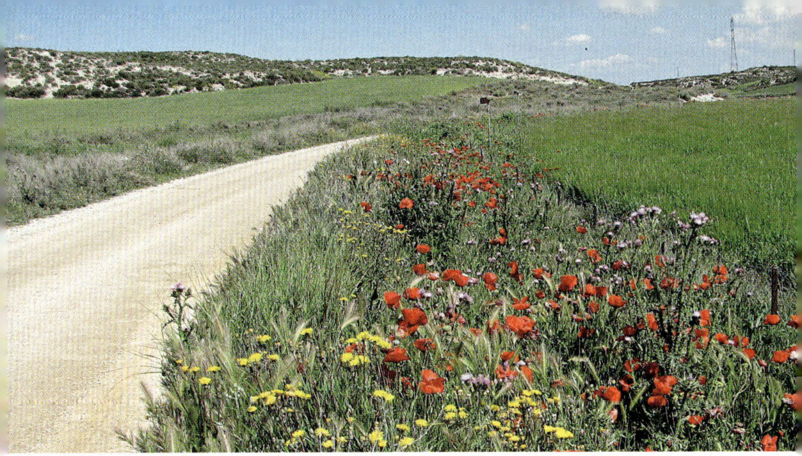

Es wird wieder grüner und bunter am Wegesrand.

Wegbeschreibung

Vom Dorfzentrum gehen wir zur Calle Baja und kommen an der Kapelle Nuestra Señora de la Misericordia vorbei. Schließlich erreichen wir die N-II und folgen ihr parallel auf einem asphaltierten Landwirtschaftsweg. Links sehen wir einige Industriegebäude. Ohne abzubiegen gehen wir auf unserem Weg immer geradeaus. Etwa 3 km nach Bujaraloz kommen wir zu einer Weggabelung und nehmen den Weg links, der Weg rechts steigt steil an. Links von uns befindet sich ein Bauernhof. Unser Weg mündet in einen anderen und hier halten wir uns rechts. Nach 250 m teilt sich der Weg und wir gehen links. Etwa 2 km weiter treffen wir auf die Landstraße A-2213, dort halten wir uns rechts, gehen einige Meter auf der Straße und gleich darauf nehmen wir einen asphaltierten Weg, der links beginnt.

Die asphaltierte Straße geht in einen Feldweg über, der abwärts führt. Am Ende des Gefälles nehmen wir den Weg rechts und erreichen schon bald **Peñalba.** Dort halten wir uns rechts, kommen zur Kirche und dem Rathaus und von dort geht es weiter zum Kanal, den wir auf einer Brücke überqueren. Nach der Brücke biegen wir rechts ab und gehen parallel zum Kanal zur Brücke der Nationalstraße N-II. Unter der Brücke geht's durch und weiter geradeaus kommen wir zu einem asphaltierten Weg, dem wir folgen, ohne den Kanal zu überqueren. Etwas weiter wird der Weg zum Feldweg, wir

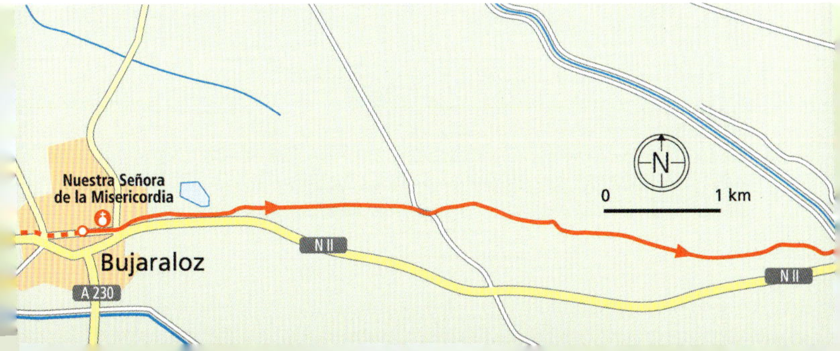

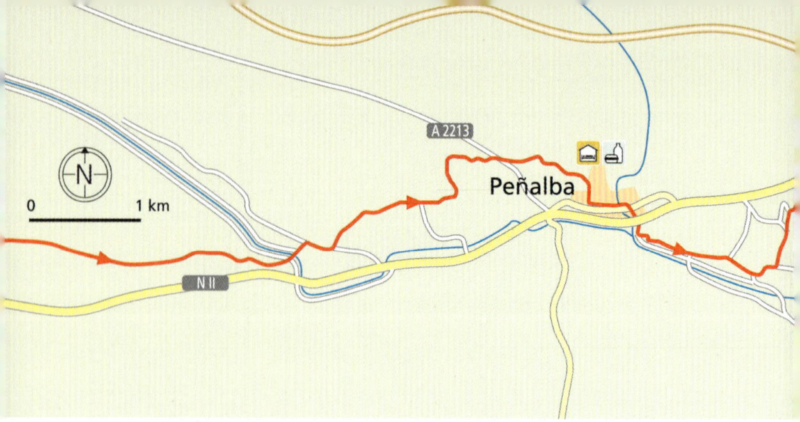

biegen nicht ab. Links sehen wir einige Bauernhöfe und auf einer kleinen Anhöhe die Silhouette eines schwarzen Stiers. Nachdem wir auf dem Feldweg weiter geradeaus gegangen sind, taucht vor uns auf der rechten Seite eine Lagune auf. Bald erreichen wir einen Strommasten, wo wir den Weg links nehmen, der uns aufwärts führt und auf dem wir weitere Strommasten sehen.

Schließlich kommen wir oben an. Gleichzeitig erreichen wir auch die Nationalstraße N-II, die wir nicht überqueren. Stattdessen nehmen wir parallel zu ihr einen Feldweg, der uns nach rechts ein Stück nach unten führt. Gleich darauf steigt der Weg an einem Wäldchen wieder an. Den Radfahrern empfehlen wir, dieses letzte Stück des Anstiegs zu vermeiden. Man kann diesen Abschnitt umfahren, indem man nach dem ersten Teil, der abwärts führt, für den Anstieg die Nationalstraße N-II nimmt. Das sind ca. 500 m und man sollte vorsichtig fahren, denn es gibt dort viele LKWs. Nach diesem Anstieg kommen wir zu einem Picknick-Gelände auf der rechten Seite mit einem

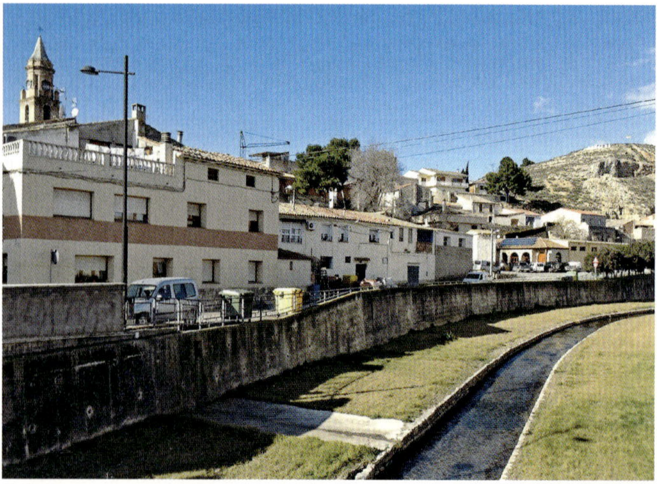

Peñalba

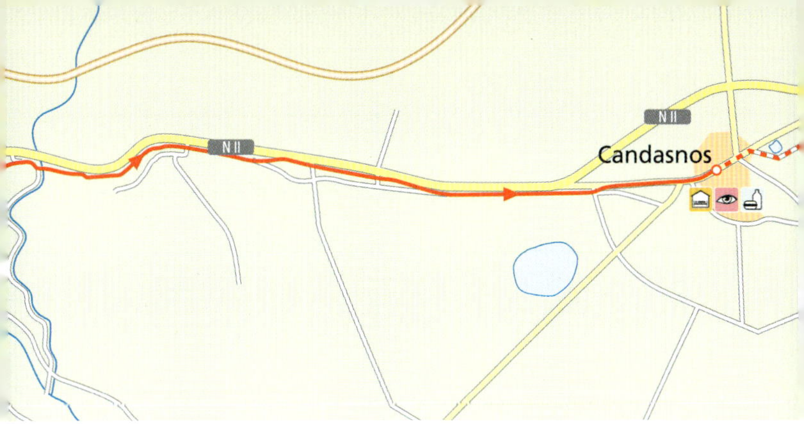

Obstladen. Hier kann man wieder den Weg parallel zur Straße nehmen. Die Pfeile helfen uns bei der Orientierung. Wir erreichen eine kleine Brücke über einen Bach, überqueren sie und gehen weiter entlang der N-II. In der Nähe von Candasnos gehen wir auf der Straße, bis wir das Dorf erreichen.

Orte und Sehenswürdigkeiten

PEÑALBA: Kleine Ortschaft mit Restaurants, Supermarkt, Apotheke und Bank.

CANDASNOS: Kleine Ortschaft mit 500 Einwohnern. Sehenswert ist hier die Kirche Santa María de la Asunción, die im 12. Jh. im romanischen Stil begonnen wurde. Damals benutzte man behauene Quadersteine und noch heute kann darauf die Steinmetzzeichen sehen. In diesem Stil wurden das Fundament und die halbrunde Apsis vollendet, dann wurde im 14. Jh. im gotischen Stil mit Ziegelsteinen weitergebaut. Bei der Apsis können wir diese Entwicklung im Übergang vom Halbrund in einen polygonalen Grundriss mit spitz zulaufenden Fensterbögen beobachten. Im Ort gibt es ein Restaurant, einen Supermarkt und eine Bank; Rathaus, Tel. 974 463 001; Taxis: Taxi Juan, Tel. 600 485 020; Taxista Fraga, Tel. 693 359 450.

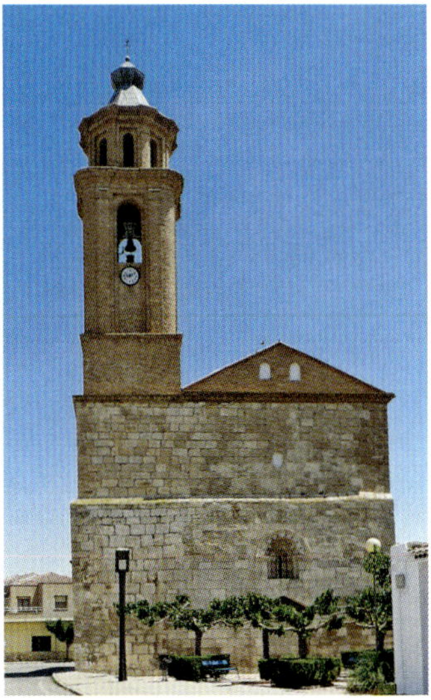

Candasnos, Kirche Santa María de la Asuncíon

20. ETAPPE 26,8 KM

Candasnos – Fraga

↗ 214 m ↘ 361 m

„Wer reich ist, soll sich nach Kräften bemühen, seine Güter zu besitzen und nicht von ihnen besessen zu sein.“

„Als ich jung und noch nicht unstet war, suchte ich eifrig die Weisheit […], so schritt mein Fuß auf geradem Weg; denn schon von Jugend an habe ich sie erkannt“ (Sir 51,15).

Die letzte Monegros-Etappe liegt vor uns: Die aufgehende Sonne im Osten und die Nationalstraße N-II dienen der Orientierung, wir gehen meistens auf ebener Strecke und gegen Ende lange bergab und es gibt kaum Dörfer und Bäume, sodass man genug Wasser mitnehmen und auf Sonnenschutz bedacht sein soll. Am Ende der Hochebene der Monegros liegen das herrliche Cinca-Tal und die heimelige Altstadt von Fraga vor uns.

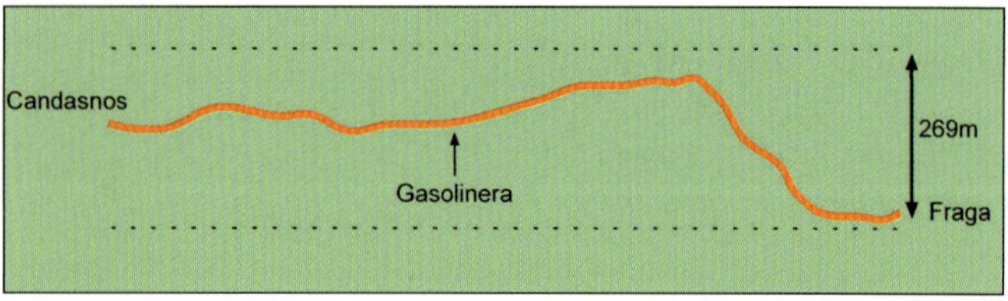

FÜR RADFAHRER: einfach, aber das Gefälle am Ende der Monegros ist steil und an einigen Stellen gibt es tiefe Furchen.

Candasnos:	km 0	Tankstelle Las Ventas del Rey:	km 13
Fraga:	km 26,8		

Unterkünfte

Fraga:

- Hostal Aribau, Avenida Madrid 25, Tel. 974 471 887
- Hostal Oasis, ctra. Nacional II, km 442, Tel. 974 479 654
- Hostal Trébol, Avenida Aragón 9, Tel. 974 471 533
- Pension Olles, Avenida Madrid 33, Tel. 974 453 834
- Mit einer Pilgerbescheinigung, die man in der Pfarrkirche bekommt (Tel. 974 470 183), kann man in Bungalows auf dem Campingplatz von Fraga übernachten, den man durch die Calle Soses nach oben steigend nach ca. 1 km erreicht.

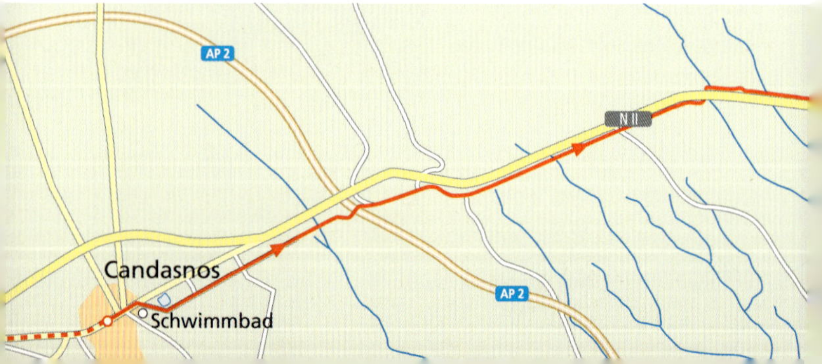

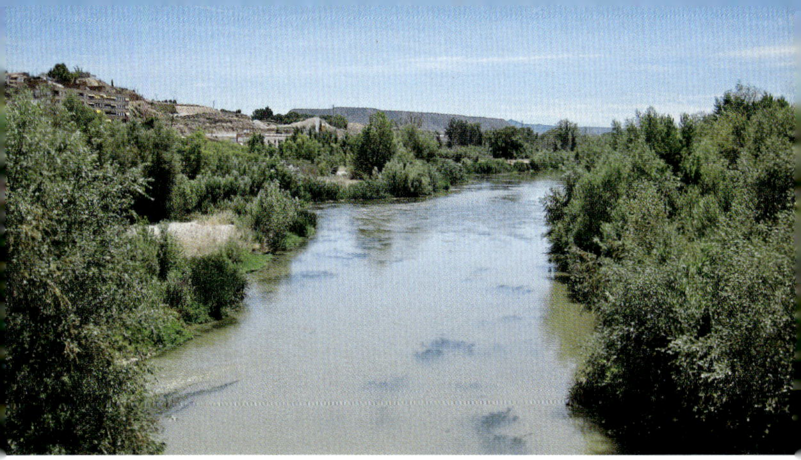

In Fraga erreichen wir den Fluss Cinca.

Wegbeschreibung

Von der Ortsmitte gehen wir auf der Calle Balsa del Tejar weiter, die am Kirchplatz beginnt. Wir kommen am Schwimmbad vorbei, das rechts von uns liegt, und gehen weiter geradeaus. Orientierung gibt uns wieder die N-II, die sich links von uns befindet. Wir erreichen die Cañada Real, die zu Beginn asphaltiert und später ein Feldweg ist. Auf einer Brücke überqueren wir die Nordöstliche Autobahn AP-2. Links von uns befindet sich das Hotel Cruzanzana. Wir bleiben parallel zur N-II und wechseln nach 3 km durch eine Unterführung die Straßenseite. Wir gehen weiter geradeaus nach Osten, mal mehr, mal weniger weit von der Nationalstraße entfernt, die aber immer in Sichtweite bleibt. Wir kommen an der Tankstelle Las Ventas del Rey vorbei und wandern weiter geradeaus. Eine Reihe von Strommasten dient uns als Orientierung.

Wir kommen zu einer verlassenen Tankstelle und befinden uns wieder in Nähe der N-II. Dort wandern wir auf einer kleinen Straße direkt neben der Nationalstraße, aber bald biegen wir links auf einen Weg ab, der uns von der Nationalstraße wegbringt. Wir bleiben auf diesem Höhenweg, während sich die Nationalstraße unten im Flusstal weiterschlängelt. Unser Weg verzweigt sich, wir halten uns rechts und sehen links einen weiteren Strommasten. Der Weg präsentiert

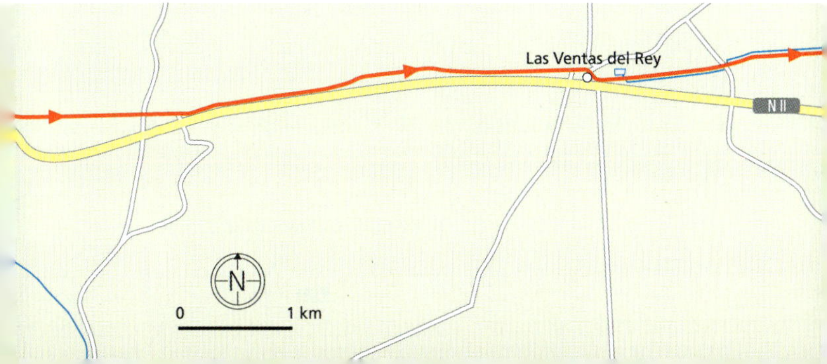

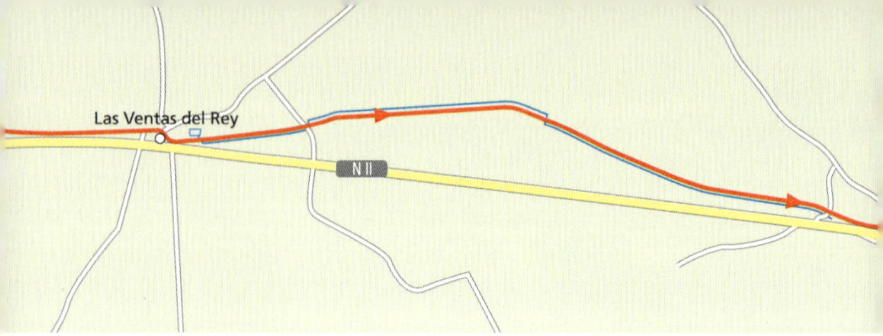

uns eine wunderbare Aussicht auf das Tal. Nach einem Gebäude aus Stein kommen wir bei einem Strommasten erneut an eine Weggabelung. Dort halten wir uns wieder rechts und gehen nach unten. Ein gelber Pfeil links erinnert uns daran, dass wir immer noch auf einem Jakobsweg „gegen den Strom" laufen.

Unser Weg geht jetzt steil abwärts. Bevor wir ganz unten ankommen, geht der Weg in einen anderen über. Dort halten wir uns links und gehen etwa 200 m weiter. Hier beginnt rechts ein neuer Weg, in den wir einbiegen. Dieser führt uns abwärts direkt nach Fraga. Rot-weiße Markierungen helfen uns bei der Orientierung, aber Achtung: Wir müssen rechts abbiegen, während die rot-weißen Markierungen weiter geradeaus gehen. Nachdem wir im Tal die Straße erreicht haben, biegen wir dort rechts ab. Nach 100 m kommen wir zu einem Kreisverkehr mit einem Schild „N-II a Lérida". Auf der N-II erreichen wir **Fraga** und schon bald befinden wir uns auf der schönen Avenida de Aragón. Immer geradeaus kommen wir zum Fluss Cinca. Der Ignatiusweg geht auf der anderen Seite des Flusses weiter und bringt uns in die Altstadt und zum Rathaus.

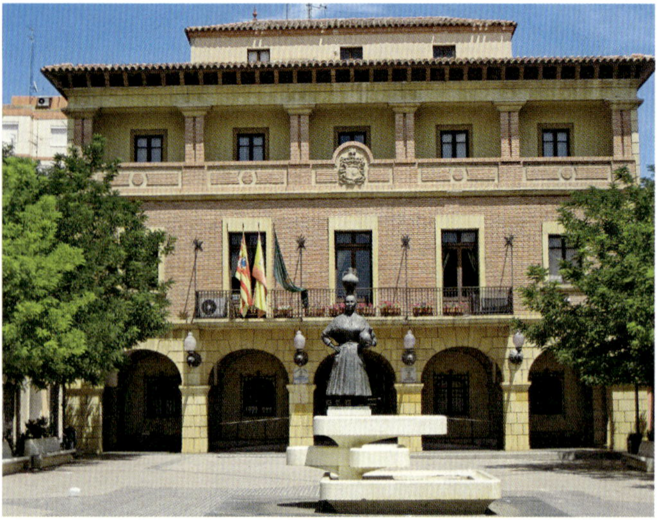

Fraga, Rathaus

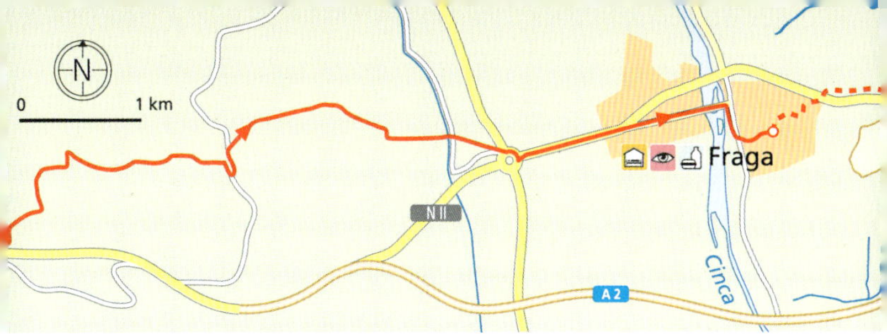

Orte und Sehenswürdigkeiten

FRAGA: Mit seinen rund 15.000 Einwohnern ist Fraga der wichtigste Ort am unteren Flusslauf des Cinca. Er ist iberischen Ursprungs, die nördlich der Stadt entdeckte Villa Fortunatus zeugt von römischer Besiedelung und die Struktur der Altstadt geht auf das maurische „Medina Afraga" zurück. 1709 wurde Fraga durch Philipp V. zur Stadt erklärt. Die gut restaurierte „Torre de los Frailes" wurde 1128 von den Tempelrittern erbaut. Sehenswert sind weiters die im romanischen Stil erbaute San-Pedro-Kirche (12. Jh.), die an der Stelle einer früheren Moschee errichtet wurde, das Haus von Junqueras, der Regierungspalast, das Haus der Escolapios und andere im gotischen Charakter des 16. und 17. Jh. erbauten Häuser. Ebenfalls einen Besuch wert ist das Stadtmuseum im Moncada-Palast (c/ San José de Calasanz 12. Tel. 974 472 533), ein erst kürzlich renoviertes Gebäude aus dem 17. Jh. Hier finden wir außerdem alles, was wir brauchen: Restaurants, Supermärkte, Gesundheitszentrum, Banken, Fahrradwerkstätten und Apotheken; TouristenInformation, Tel. 974 470 050; Rathaus, Tel. 974 470 050; Taxis: Taxi Fraga 24 h, Tel. 607 434 445; Taxi Eugenio, Tel. 690 627 475; Taxi Romera SL, Tel. 974 471 673.

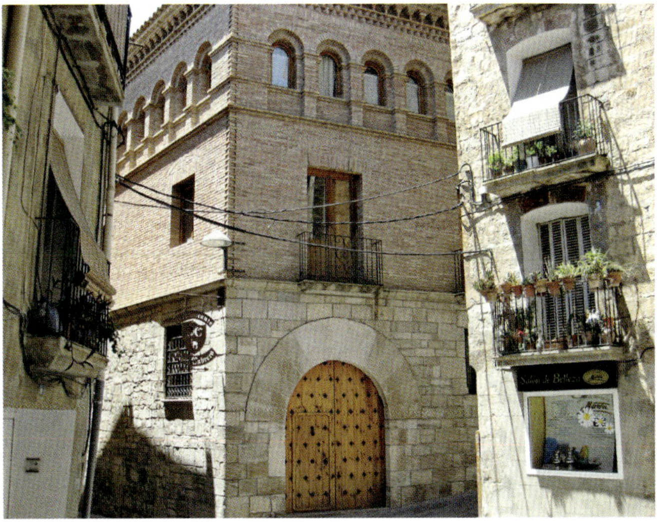

Fraga, Altstadt

Fraga – Lleida

↗ 265 m ↘ 233 m

„Wenn der Teufel jemanden angreifen will, dann prüft er zuerst, auf welcher Seite seine Verteidigung am schwächsten oder am schlechtesten organisiert ist, und dann bringt er seine Artillerie in Stellung, um an diesem Punkt eine Bresche zu schlagen."

„Wie ich mit Mose war, will ich auch mit dir sein. Ich lasse dich nicht fallen und verlasse dich nicht. […] Sei nur mutig und stark und achte genau darauf, dass du ganz nach der Weisung handelst, die mein Knecht Mose dir gegeben hat. Weich nicht nach rechts und nicht nach links davon ab, damit du Erfolg hast in allem, was du unternimmst" (Jos 1,5.7).

Die heutige lange Etappe verbindet die großen Städte Fraga und Lérida (oder katalanisch Lleida), das schon in Katalonien liegt, der letzten Region unserer Pilgerreise. Die Landschaft wird grüner und auf den nächsten Etappen begleiten uns viele Obstbäume. Gegen Ende des Tages stoßen wir auf den Fluss Segre, was nach der Dürre der letzten Tage eine Wohltat ist. Je nach Jahreszeit kann man hier Störche, Enten oder Schwäne beobachten. Schon kurz nach Fraga entdecken wir den ersten von vielen großen Wegweisern aus Holz, die uns ab jetzt bis Manresa den Weg zeigen.

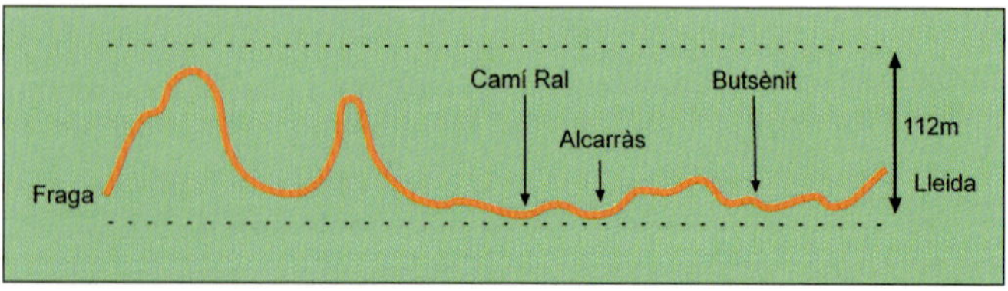

FÜR RADFAHRER: einfach, aber am Ortsausgang von Fraga gibt es ein steiles Gefälle und die verkehrsreiche Kreuzung in der Nähe des „Campo de Tiro de las Acanias". Bitte auch im Tunnel mit erhöhter Vorsicht fahren. Außerdem sollte man später aufpassen, dass man nicht in entgegengesetzter Richtung auf die Schnellstraße auffährt. In der detaillierten Wegbeschreibung findet man die alternative Streckenführung.

Fraga:	km 0	Camino Real:	km 13
Alcarrás:	km 19,3	Butsènit:	km 25
Lleida:	km 33		

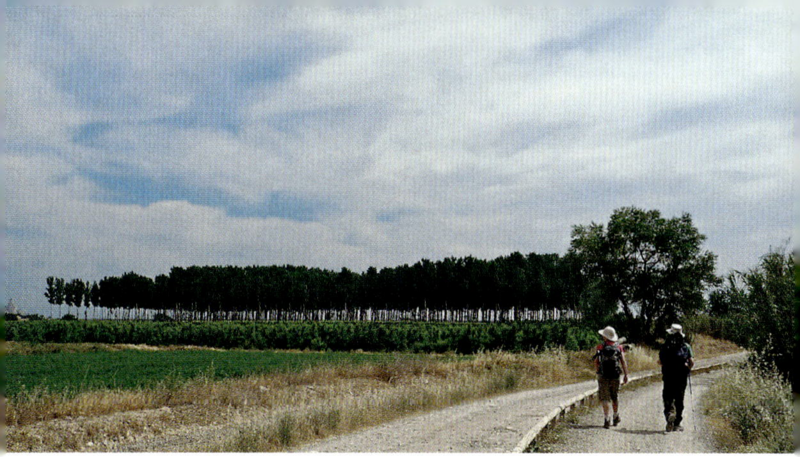

Nach anfänglichem Auf und Ab wieder eine flache Etappe.

Unterkünfte

Alcarràs:

- Gemeindeeigene Pilgerherberge, Tel. 973 790 004
- Hotel Gran Peixan, Avenida Catalunya 78, Tel. 973 791 012
- Hotel Restaurant Casa Miquel (etwa 2 km außerhalb des Ortes in Richtung Autobahn A-2), ctra. de Valmanya, km 2, Tel. 973 791 027

Butsènit: In der kleinen Ortschaft ist eine Pilgerherberge geplant (Tel. 629 312 614).

Lleida:

- Albergue Sant Anastasi (Nebensaisonpreise für Pilger mit Ausweis), Rambla d'Aragó 11, Tel. 973 266 099
- Casa de la Iglesia (Haus der Kirche) Academia Mariana, c/ Academia 17, Tel. 973 266 161 oder 695 478 097
- Hostal Mundial, Plaza Sant Joan 4, Tel. 973 242 700
- Hotel Real, Avenida Blondel 22, Tel. 973 271 031
- Hotel Catalonia Transit, Plaza Berenguer IV s/n, Tel. 973 230 008

Wegbeschreibung

Wir starten beim Rathaus auf der Plaza España: Wenn wir auf der Promenade Barrón Segoñe stehen und zum Rathaus blicken, beginnt links von uns die Calle Obradores Revolt, die uns in steilem Aufstieg direkt zur N-II führt. Dort nehmen wir entweder die weiße Brücke, über die wir zum Friedhof kommen, und gehen von dort auf der Straße parallel zur N-II aufwärts weiter. Oder wir gehen auf der rechten Seite parallel zur N-II weiter, ohne die Seite zu wechseln.
Sowohl auf der rechten als auch auf der linken Seite der N-II kommen wir zu einem Schild, das uns nach links auf einen asphaltierten Weg mit der Aufschrift „Campo de Tiro las Acacias" (Schießplatz) hinweist. Wir können weiter an der N-II entlanggehen oder nehmen diesen asphaltierten Weg. Hier haben wir den Vorteil, dass wir uns von der N-II und dem Verkehr entfernen, aber es erwartet uns ein steiler Auf- und Abstieg.

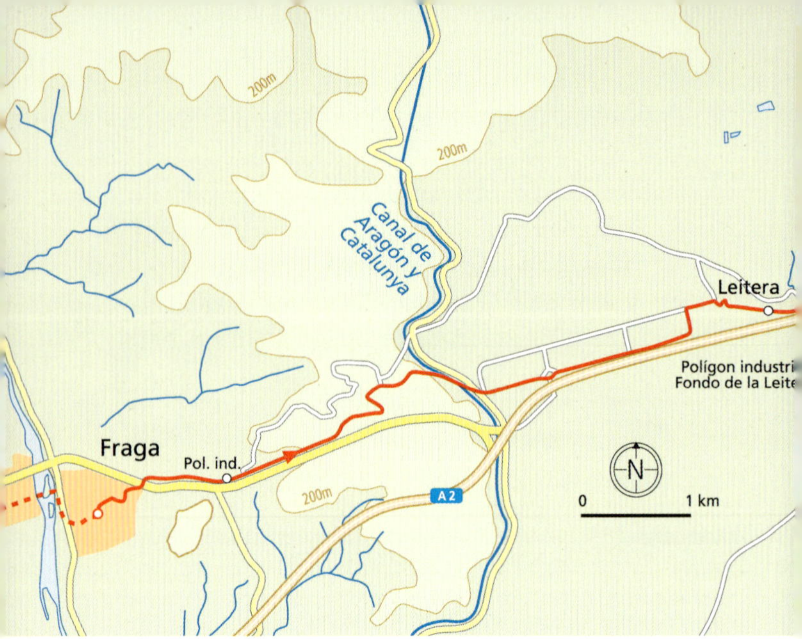

Die Radfahrer bleiben besser für etwa 2 km auf dem Seitenstreifen der Nationalstraße. Nach einem kleinen Tunnel setzen sie die Route auf diesem Seitenstreifen fort, der als „Via de servicio" (Betriebsweg) gekennzeichnet ist. Nicht auf die Autobahn A-2 auffahren, sondern nach der Brücke beim Kreisverkehr links abbiegen und durch einen Tunnel unter der A-2 durchfahren. Sie erreichen ein Industriegebiet, halten sich dort an der ersten Straße rechts und stoßen wieder auf den Weg der wandernden Pilger.

Wenn wir die „Schießplatz-Variante" gewählt haben, folgen wir den gelben Pfeilen auf dem Asphalt. Am höchsten Punkt angekommen nehmen wir den Weg links und gehen abwärts bis zu einer Kreuzung. Rechts von uns sehen wir einige gelbe Masten des Gasbetriebes ENDESA GAS. Wir folgen ihnen und erreichen ein Industriegebiet, das wir auf einer der Straßen parallel zur A-2 durchqueren. Nach 2 km kommen wir zu einem Kreisverkehr. Wir gehen immer parallel zur A-2 weiter, die rechts von uns liegt. Beim letzten Kreisverkehr treffen wir auf die alternative Weg-Variante an der Nationalstraße N-II.
Wir gehen im Kreisverkehr nach rechts und nehmen die zweite asphaltierte Möglichkeit, die wiederum mit „Via de servicio" (Betriebsweg) ausgeschildert ist. Ein auf den Asphalt gemaltes Stopp-Schild zeigt uns den Weg und führt uns zur Rückseite eines Hotel-Restaurants. Dort angekommen gehen wir zum Betriebsweg der A-2 und auf diesem weiter. Zwei rote Stoppschilder weisen uns wieder einmal darauf hin, dass wir immer noch gegen den Jakobsweg-Strom laufen!

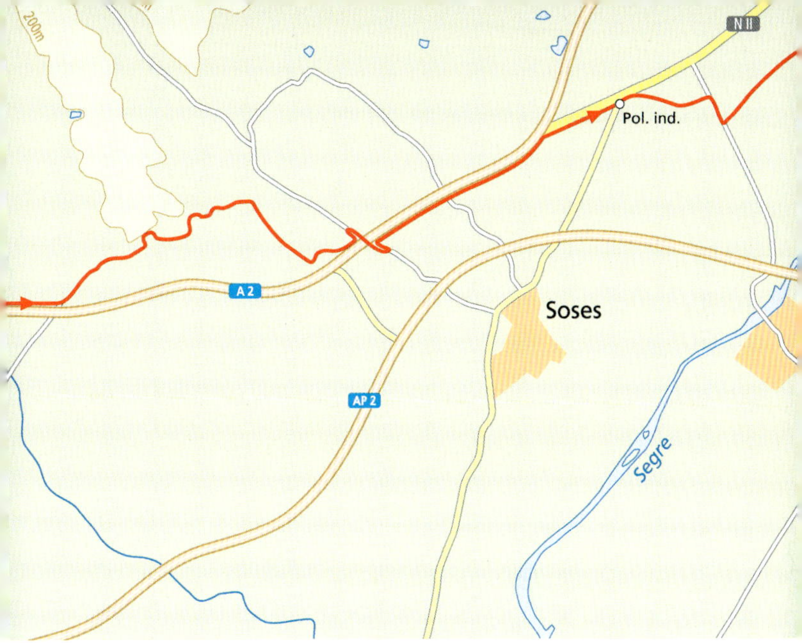

Wenn man mit dem Rad fährt, ist es nicht sehr empfehlenswert, auf dem Betriebsweg gegen die Fahrtrichtung zu fahren. Deshalb sollte man auf einer Brücke die A-2 überqueren und die erste Straße links nehmen. Das ist der Betriebsweg in Richtung Lleida. Wenn man diesem Weg einige Kilometer folgt und sich dabei immer an der A-2 orientiert, erreicht man schließlich Soses und von dort ist man wieder auf der Strecke, die in der Karte markiert ist.

Wir sind auf dem Betriebsweg, gehen unter einer Brücke durch, welche die A-2 überquert, und kommen schließlich zu einem Kreisverkehr. Hier verlassen wir die Autonome Region Aragon und betreten Katalonien. Ein Wegweiser zeigt uns die Richtung. Wir nehmen die zweite asphaltierte Straße auf der linken Seite. Sie ist eng und führt steil nach oben. Eine halb verdeckte Lagune erscheint auf der rechten Seite und wir gehen rechts nach oben auf den Weg, der um die Lagune herumführt. Oben angekommen geht unser Weg in einen anderen asphaltierten über und wir gehen dort links weiter. Aber nur 100 m, denn dann biegen wir erneut rechts auf einen Feldweg ab. Die Wegweiser geben uns klare Informationen. Wir biegen rechts und wenig später links ab und gehen auf einen Hochspannungsmasten und ein Wäldchen zu. Ein steiler Abstieg beginnt. Wir bleiben auf unserem Weg, der kurvig mal eher rechts, mal eher links verläuft, bis wir eine asphaltierte Straße erreichen. Ihr folgen wir geradeaus und kommen noch einmal zu einem Kreisverkehr an der Autobahn A-2.

Wir müssen nicht über den Kreisverkehr, sondern halten uns geradeaus und erreichen eine nahe Brücke, auf der wir die A-2 überqueren. Genau am Anfang der Brücke sehen wir ein Schild, das uns daran erinnert, dass wir uns noch immer auf dem „Camí Real" befinden, auf dem auch Ignatius von Loyola unterwegs war. Nach der Brücke kommen wir zu einem Kreisverkehr und gehen dort links Richtung A-2. Wir werden den Betriebsweg nehmen, der parallel zur Autobahn verläuft. Die Autobahn liegt links von uns. Wir kommen am Hostal Cataluña y Aragón vorbei und sehen auf der anderen Seite der Autobahn die Tankstelle CAMPSA. Wir gehen auf dem Betriebsweg weiter und treffen auf eine weitere Brücke, unter der wir durchgehen. Wir bleiben auf dem Betriebsweg und erreichen weiter unten einen großen Kreisverkehr. Hier halten wir uns rechts. Wir sind am Kilometer 448 der Nationalstraße N-II und folgen dem Seitenstreifen der N-II, der uns von der A-2 weg zu einigen Industriegebäuden führt. Wir überqueren einen Kreisverkehr mit einer modernen Skulptur aus Eisen in der Mitte und sehen die Fabrik CEMESA. Etwa 150 m nach dem Kreisverkehr beginnt rechts von uns ein Weg, in den wir abbiegen. Ein Wegweiser zeigt uns die Richtung nach Lleida. Der Weg wird zum Feldweg und bald erreichen wir die Straße, die nach Torres de Segre führt. Wir folgen ihr 250 m nach rechts und gehen dann auf einem asphaltierten Weg links Richtung Alcarràs weiter. Die Wegweiser lassen keine Zweifel aufkommen. Ohne abzubiegen gehen wir weiter und erreichen auf der Calle Cla-

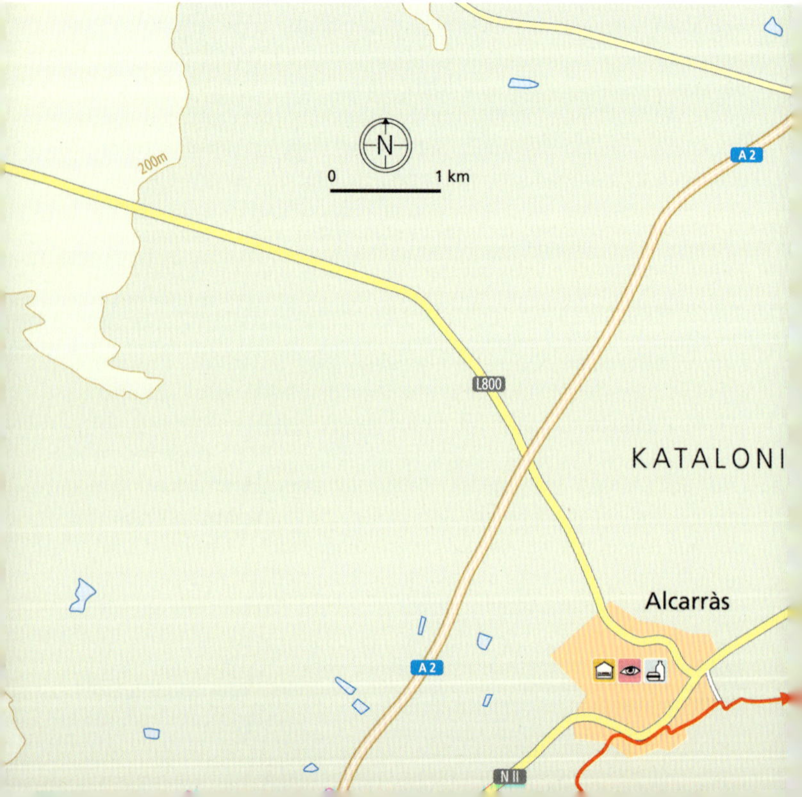

mor das Dorf **Alcarràs.** Wir gehen geradeaus und orientieren uns an der Nationalstraße N-II oder Avenida de Catalunya, die wir am Autoverkehr und an den Ampeln erkennen. Wir halten uns rechts und treffen nach einer Linkskurve auf den Passeig del Riu, wo wir rechts abbiegen. Hinter uns steht die Kirche von Alcarràs. Wir gehen durch den Passeig del Riu und an der ersten Kreuzung biegen wir links ab in Richtung Avenida Onze de Setembre.

Am Ende der Avenida Onze de Setembre angekommen, weist uns eine Markierung den Weg zum Dorf Butsènit. Wir nehmen den asphaltierten Weg rechts, bald biegen wir links ab und kommen an einigen landwirtschaftlichen Lagerhallen vorbei. Wir bleiben immer auf diesem Weg, ohne abzubiegen, die Markierungen geben uns Orientierung. Im rechten Winkel biegen wir schließlich links ab und erreichen geradeaus in Höhe einer Unterführung wieder die N-II. Aber wir nehmen nicht die Unterführung, sondern biegen rechts ab und gehen parallel zur N-II weiter. Auf der rechten Seite sehen wir einige Einkaufszentren und treffen bald auf einen weiteren Kreisverkehr. Ein Wegweiser zeigt uns, wie es weitergeht: Wir nehmen den asphaltierten Weg, der rechts beginnt, dann macht uns die Markierung darauf aufmerksam, dass wir links einen Pfad einschlagen sollen, der uns zu einem Flussbett führt. Nach einer schmalen Brücke gehen wir links weiter und kommen zu einer Rinderfarm. In der Nähe

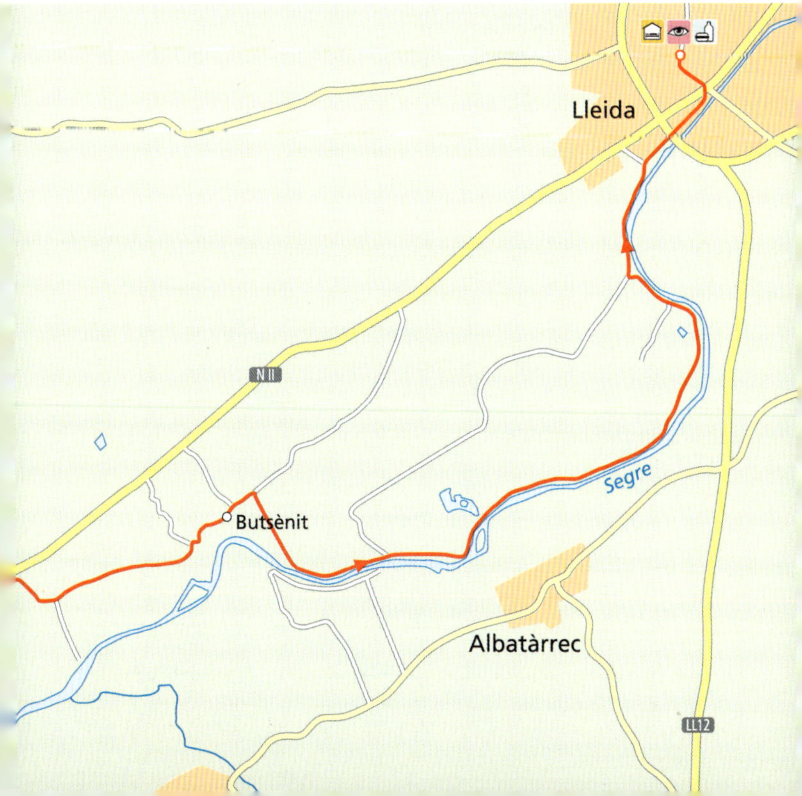

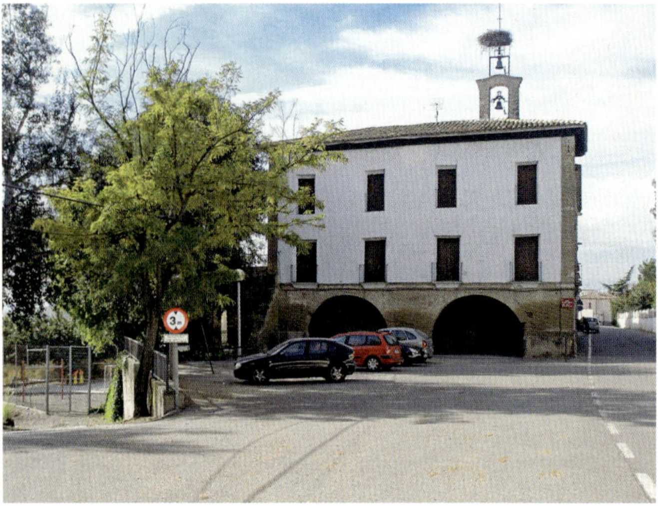

Butsènit, Kirche Santa María

des Eingangs führt ein ausgeschilderter Pfad nach rechts. Dort gehen wir weiter und sehen einige landwirtschaftliche Gebäude. Schon sind wir am Ortseingang von **Butsènit.** Auf der Straße am Ortseingang halten wir uns rechts und erreichen die Ortsmitte. Wir kommen an einer Schule vorbei und stehen schließlich vor der Kirche Nuestra Señora de la Asunción.

Im rechten Winkel biegen wir nach rechts ab auf einen Weg, der am Schulhof entlang steil nach unten zum Fluss Segre führt. Wir gehen am Fluss entlang, den wir immer rechts von uns sehen, und folgen seinen Kurven. Unter der Bahnlinie durch geht es immer auf diesem Weg parallel zum Fluss weiter. Dann erreichen wir eine asphaltierte Straße und halten uns dort rechts. Der Wegweiser hilft uns. Schließlich kommen wir in der Stadt **Lleida** an, die große Hauptstadt dieser Region. Auch in der Stadt folgen wir weiter dem Fluss, bis wir auf einer Brücke die Nationalstraße N-II überqueren und auf der Avenida Alcalde Areny das Stadtzentrum ansteuern.

Ganz in unserer Nähe befindet sich die unscheinbar im Untergeschoss eines Gebäudes untergebrachte Pfarrkirche Sant Ignasi de Loiola, die von Jesuiten geleitet wird. Wir finden sie nur 400 m von der Brücke entfernt, über die wir gerade gegangen sind, auf der linken Seite des Flusses (am besten danach fragen, nachdem man an der „Pasarela de los Maristas" vorbeigekommen ist).

Orte und Sehenswürdigkeiten

ALCARRÀS: Ortschaft mit etwa 9000 Einwohnern, die von der Landwirtschaft und der Viehzucht leben. Zu Ignatius' Zeiten lebten

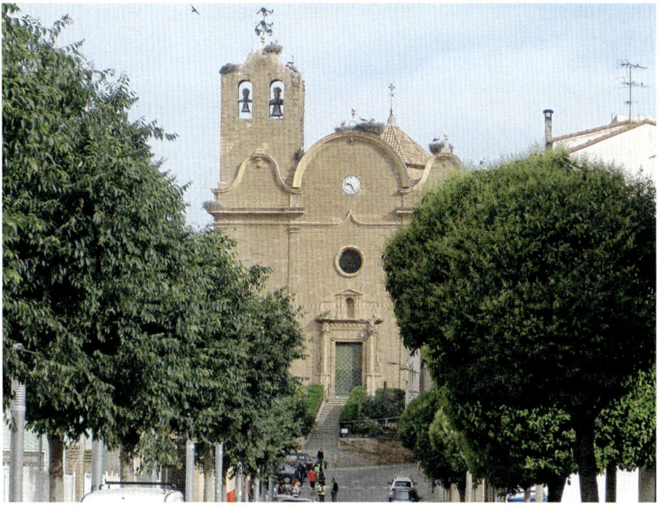

Alcarràs, Asunciòn-Kirche

hier nur 80 Familien. Die Kirche Asunción (18. Jh.) wurde auf dem Platz des alten Schlosses der Feudalherren errichtet. Hier finden wir ein Restaurant, Supermarkt, Apotheke, Gesundheitszentrum und Bank; Taxis: Taxi Joan Alarcón, Tel. 649 130 431; Taxi Alcarràs, Tel. 973 791 027.

LLEIDA: Große schöne Stadt mit Museen und einzigartigen Gebäuden. In der Touristeninformation (c/ Major, 31 bis, Tel. 973 700 319, www.paeria.es/turisme) erhält man wertvolle Tipps zur Besichtigung. Die Stadt ist iberischen Ursprungs und war zur Zeit der Römer, die sie Ilerda nannten, sehr bekannt. Lleida stand vier Jahrhunderte unter muslimischem Einfluss und wurde unter Herzog Ramón Berenguer Mitte des 12. Jh. wiedererobert. Die Kathedrale La Seu Vella, mit deren Bau im 13. Jh. begonnen wurde und die der Gottesmutter Maria geweiht ist, wurde im romanischen Stil auf dem Platz einer ehemaligen Moschee erbaut. Die ebenfalls romanische Kirche Santa Maria de Gardeny und ihr Turm beherbergen Reste eines Klosters der Tempelritter aus dem 12. Jh. Ganz in der Nähe befinden sich auch Reste der Stadtmauer und Ruinen der Zuda, einer arabischen Festung aus dem 9. Jh., die im 13. Jh. vom aragonischen König Jakob I. wieder aufgebaut wurde. Das Rathaus im romanischen Stil auf der Plaza de la Paeria stammt auch aus dem 13. Jh. Auf dem Platz der Kathedrale befindet sich die Seu Nova oder die Neue Kathedrale (18. Jh.) und daneben das Hospital de Santa María, ein altes Kloster mit einem eindrucksvollen gotischen Innenhof im Flamboyantstil des 15. Jh. Ebenfalls einen Besuch wert sind die romanische Kirche Sant Llorenç (12. bis 13. Jh.) und die Kirche

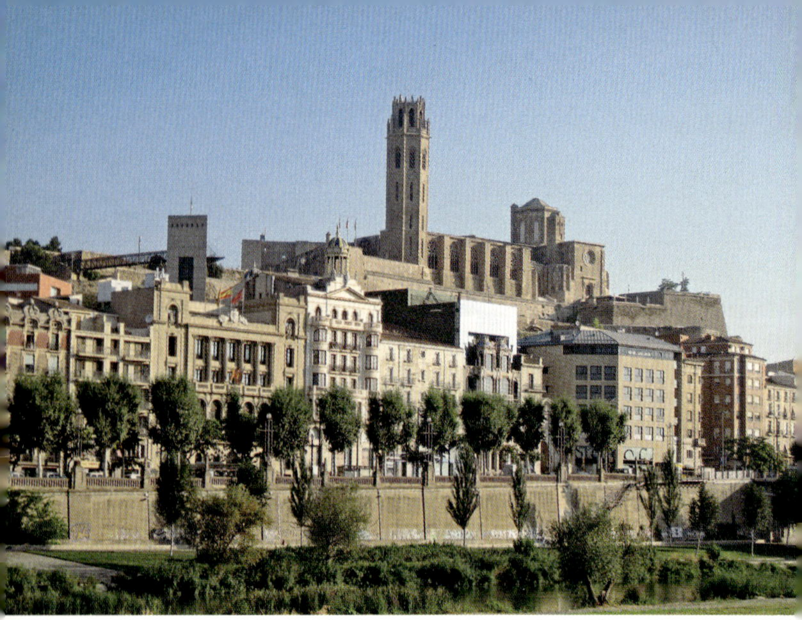

Lleida, La Seu Vella

San Martí (12. Jh.). Andere Sehenswürdigkeiten: Casino Principal (19. Jh.) und der Bischofspalast.

Für Pilger von speziellem Interesse ist die Kapelle in der Calle Mayor, in der an eine Legende über den Apostel Jakobus erinnert wird: Auf seinem Weg durch Spanien predigt er das Evangelium, aber wegen eines Stachels im Fuß kann er nicht mehr weitergehen. Aufgrund der Dunkelheit ist er nicht in der Lage, den Stachel zu sehen, und in diesem Moment der Verzweiflung kommen ihm Engel mit einer kleinen Laterne zu Hilfe. In Erinnerung daran gehen jedes Jahr am 24. Juli, dem Jakobusfest, die Kinder von Lleida mit kleinen Laternen durch die Altstadt und ehren so den Apostel.

Jesuiten in Lleida: Die von Jesuiten betreute Pfarrkirche Sant Ignasi befindet sich auf der Plaça Espanya 4 (Tel. 973 271 099). Von 18 bis 21 Uhr bieten die Jesuiten den Pilgern geistliche Orientierung und Betreuung. Natürlich stempeln sie auch die Pilgerdokumente.

Taxis: Tele Radio Taxi Lleida, Tel. 973 203 050 oder 680 203 050; Lleida Taxis, Tel. 676 200 300.

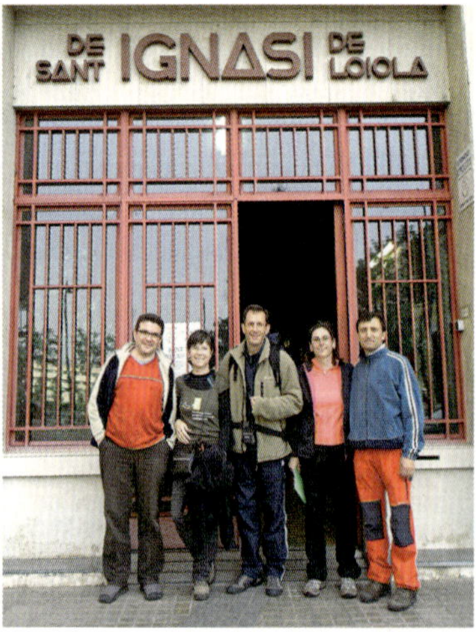

In der Sankt-Ignatius-Pfarre

22. ETAPPE 25,7 KM

Lleida – El Palau d'Anglesola

↗ 286 m ↘ 86 m

„Es ist töricht, wenn man eine unmittelbare Gelegenheit, Gott zu dienen, ungenutzt verstreichen lässt, weil man hofft, in der Zukunft Größeres tun zu können, denn es mag wohl sein, dass wir die eine Gelegenheit versäumen, es aber nie erleben, dass die andere auch wirklich eintritt."

„Der Herr festigt die Schritte des Mannes, er hat Gefallen an seinem Weg. Auch wenn er strauchelt, stürzt er nicht hin; denn der Herr hält ihn fest an der Hand. Einst war ich jung, nun bin ich alt, nie sah ich einen Gerechten verlassen" (Ps 37,23-25).

Im Vergleich zu den zurückliegenden Etappen erscheint uns die heutige kurz. Dennoch sollte man vor allem in den Sommermonaten nicht zu spät starten, da es in dieser Gegend im Juli und August sehr heiß werden kann. Der „Camino Real", auf dem Ignatius ging, ist heute zu Schnellstraßen und Autobahnen ausgebaut, deshalb werden wir wie in den letzten Tagen Feldwege wählen, die mehr oder weniger parallel zu diesen Straßen nach Osten verlaufen. Auf halber Strecke, in Bell-lloc d'Urgell, können wir unsere Vorräte auffrischen.

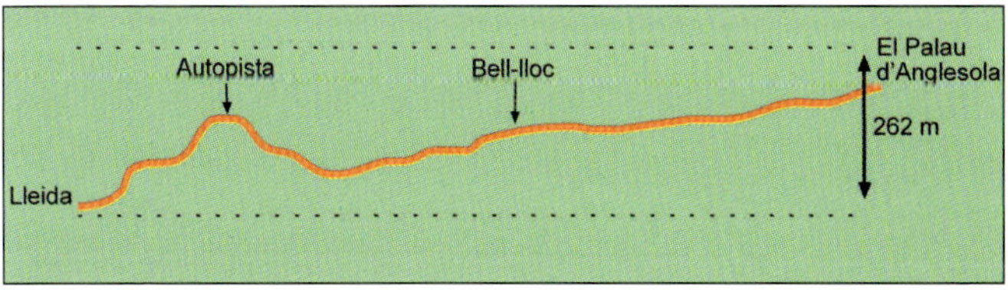

FÜR RADFAHRER: einfach

Lleida:	km 0
Bell-lloc d'Urgell:	km 15,6
El Palau d'Anglesola	km 25,7

Unterkünfte

Bell-lloc d'Urgell:

- Das Rathaus bietet normalerweise Unterkunftsmöglichkeiten an, Plaza Mayor s/n, Tel. 973 560 100

El Palau d'Anglesola:

- Pension Sant Antoni, c/ Sant Antoni 7, Tel. 973 602 158
- Pilgerherberge: amics.del.cami@gmail.com

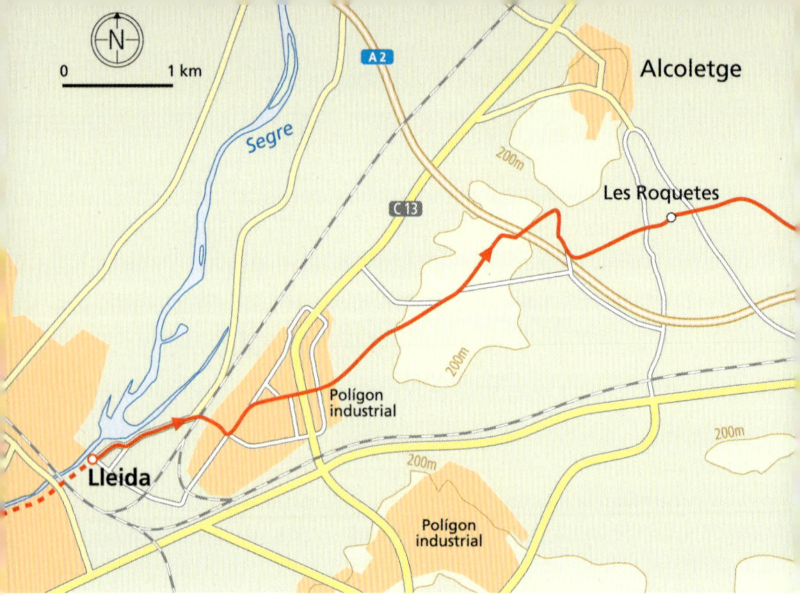

Wegbeschreibung:

Um die Stadt zu verlassen, folgen wir dem Lauf des Flusses Segre auf der Uferpromenade. Wir gehen unter der Brücke der Bahnlinie und wenig später unter der Pardinyes-Brücke durch. Danach gelangen wir über eine Treppe auf die Straße. Gelbe Pfeile und ein Wegweiser zeigen uns, dass wir auf dem richtigen Weg sind. Wir folgen auf dem alten Granyena-Weg weiter dem Fluss Segre. Im 90-Grad-Winkel biegen wir rechts ab, überqueren einen Kanal und gehen dann links. Auf der linken Seite sehen wir bald die Schleusentore des aufgestauten Flusses. Wir gehen etwa 500 m weiter geradeaus, biegen dann rechts ab und überqueren die Bahnlinie. An der Avenida de la Industria halten wir uns links, bis wir die Calle Enginyer Mies erreichen, in die wir rechts einbiegen. Dieser Straße folgen wir für rund 750 m, überqueren dann auf einer Brücke eine größere Straße (die C-13) und befinden uns schon am Ende des Gewerbegebietes. Jetzt geht es weiter durch die Felder.

Wir sind auf dem Camino de Alcoletge und folgen dieser Straße. Links sehen wir eine Kiesgrube. Ohne abzubiegen gehen wir auf dem Asphaltweg weiter und kommen zu einer Kreuzung, wo wir rechts abbiegen. Bald treffen wir auf eine Brücke, auf der wir die A-2 überqueren. Nach der Brücke halten wir uns rechts und gehen einige Meter weiter, bis wir zu einem Feldweg kommen, in den wir links einbiegen. Rechts von uns sehen wir einige landwirtschaftliche Gebäude. Bei einem Strommasten geht unser schmaler Weg in einen andern über, aber wir gehen weiter geradeaus. Ein Weg kreuzt. Wir gehen weiter geradeaus, bis wir zu einem anderen asphaltierten Weg kommen, in den wir nach rechts einbiegen. Unser Weg geht links weiter. Bei der nächsten Weggabelung halten wir uns rechts.

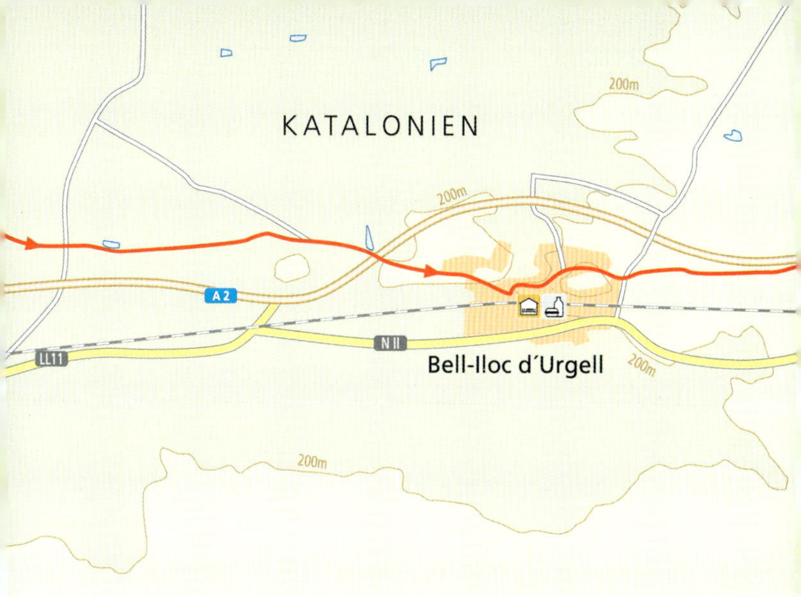

Wir überqueren einen Weg und gehen weiter geradeaus, ohne in angrenzende Wege abzubiegen. Bei der nächsten Kreuzung gehen wir in Richtung Mollerussa weiter und erreichen eine Brücke über die A-2. Wir überqueren die Brücke und entfernen uns wieder von der A-2. Unser Weg geht in einen anderen über, wir halten uns rechts und der Weg führt uns nach **Bell-lloc d'Urgell.**

Dort endet der Weg in der Calle Vilanova de la Barca; 50 m weiter befindet sich auf der rechten Seite die Bahnlinie. Wir gehen in diese Straße, halten uns aber links und gehen etwa 60 m bis zur Calle Sant

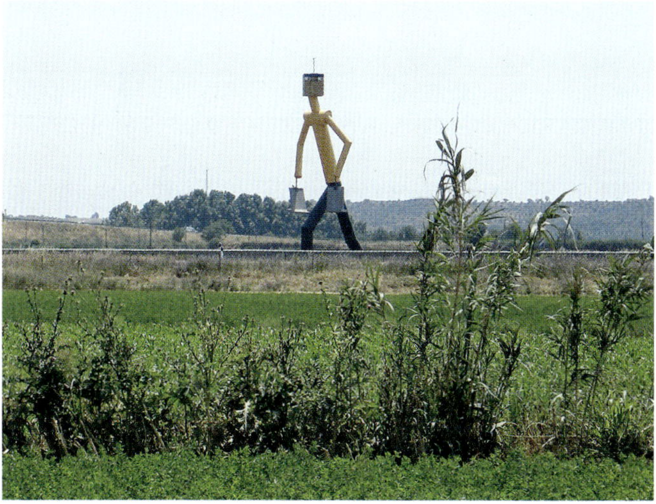

Bell-lloc d'Urgell

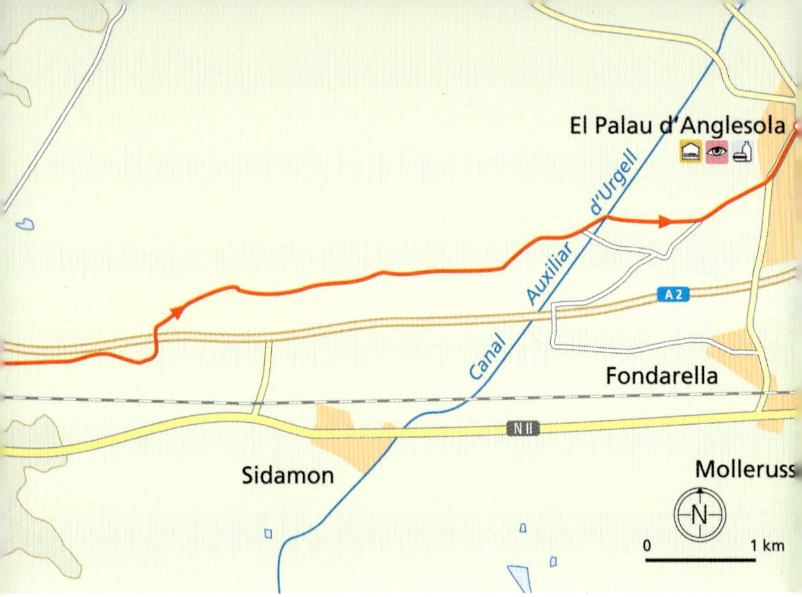

Jordi, die auf der rechten Seite beginnt. In dieser Straße gehen wir immer geradeaus und verlassen dabei das Dorf. Nachdem wir die Landstraße LV-3311 überquert haben, kommen wir zum Camino El Palau d'Anglesola. Die asphaltierte Straße führt uns zu einer Brücke über die A-2, die wir aber nicht nehmen, stattdessen gehen wir auf dem Feldweg parallel zur A-2 (links von uns) geradeaus weiter. Nach 1 km biegen wir in einen Weg nach rechts ab. Wir kommen zu einigen Häusern und einem Bauernhof. Zunächst entfernen wir uns von der Autobahn, dann nähern wir uns ihr aber wieder und überqueren sie auf einer Brücke.

Nach der Brücke halten wir uns rechts und gehen bei der ersten Möglichkeit wieder rechts. Auch an der Weggabelung nehmen wir

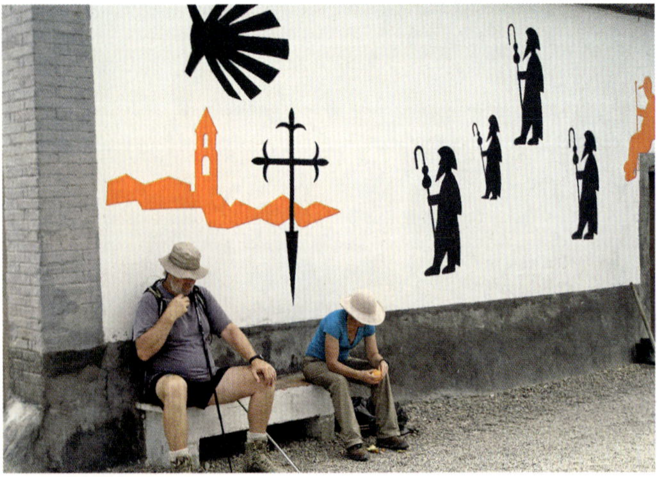

Pilgerrast unter Pilgergraffitis

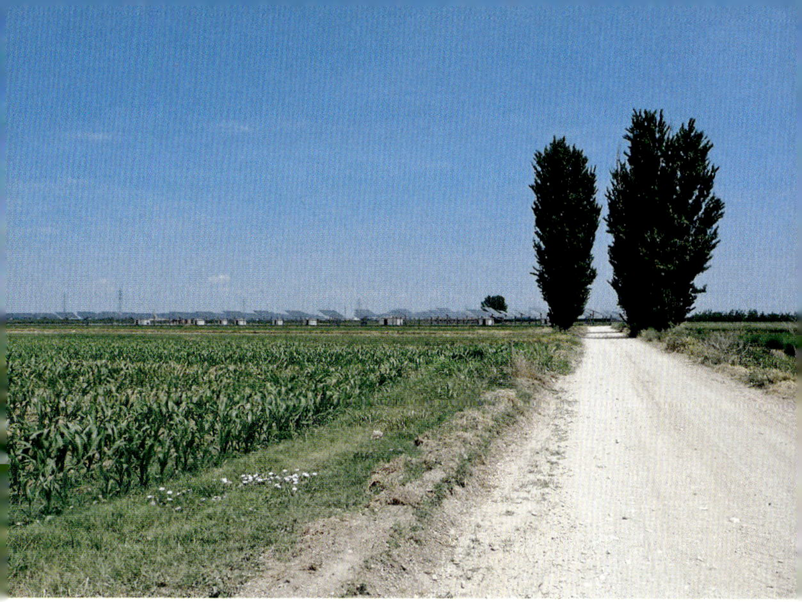

Der Weg steigt sanft an.

den rechten Weg. Jetzt geht es geradeaus bis zu einem Feld mit Solaranlage, das wir links von uns sehen. An der nächsten Kreuzung biegen wir rechts ab, kurz danach gehen wir links und kommen zum Wasserkanal von Urgell, den wir überqueren, und schon sind wir in **El Palau d'Anglesola.** Auf der Avendia San Roc, die später Calle Font heißt, kommen wir direkt auf die Plaza Mayor.

Orte und Sehenswürdigkeiten

BELL-LLOC D'URGELL: Kleiner Ort mit 2500 Einwohnern. Es gibt ein Restaurant, einen Supermarkt, eine Apotheke, ein Gesundheitszentrum und eine Bank; Taxi Miquel Bosch, Tel. 636 213 070.

EL PALAU D'ANGLESOLA: Dorf mit 2000 Einwohnern. Ursprünglich gab es hier nur einen arabischen Palast, der im Jahr 1085 in christliche Hände überging und im 17. Jh. umgebaut wurde. Es gibt ein Restaurant, einen Supermarkt, eine Apotheke, eine Bank und ein Gesundheitszentrum; Rathaus, Tel. 973 601 314; Taxi: Eurotaxi Albert, Tel. 619 605 805.

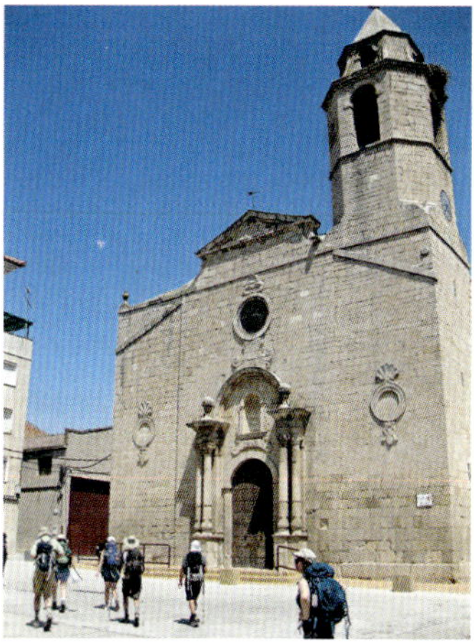

Palau d'Anglesola, Kirche San Juan Bautista

23. ETAPPE 24,7 KM

El Palau d'Anglesola – Verdú

↗ 272 m ↘ 98 m

„Es muss unsere beständige Sorge sein, Gott in allen Dingen zu sehen und unser Gemüt nicht nur während des Gebets zu ihm zu erheben."

„Danach hörte ich die Stimme des Herrn, der sagte: Wen soll ich senden? Wer wird für uns gehen? Ich antwortete: Hier bin ich, sende mich" (Jes 6,8).

Auch heute liegt eine ähnlich lange Etappe vor uns wie gestern, aber an ihrem Ende werden wir mit guten Übernachtungsmöglichkeiten entschädigt. An vielen Abzweigungen und Kreuzungen am Weg helfen uns die Wegweiser des Ignatiusweges bei der Orientierung. In Castellnou und Bellpuig können wir uns stärken, ehe wir bis Verdú, dem Geburtsort des Jeusitenheiligen Petrus Claver, an Olivenbaumplantagen, Weinbergen und Getreidefeldern mit der Jahreszeit entsprechendem, abwechslungsreichen Farbspektrum entlanggehen.

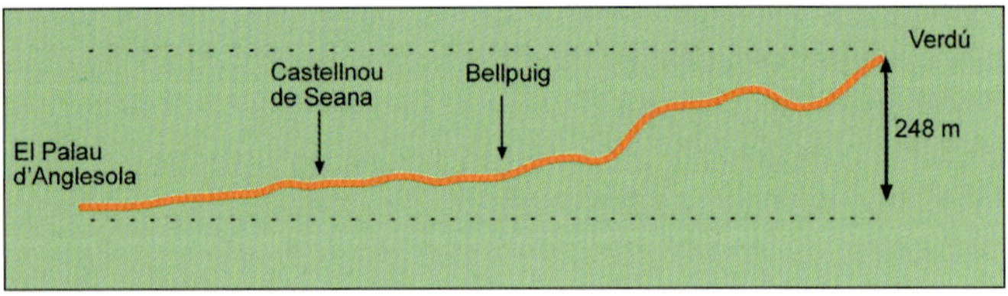

FÜR RADFAHRER: einfach

El Palau d'Anglesola:	km 0	Castellnou:	km 8
Bellpuig:	km 12	Verdú:	km 24,7

Unterkünfte

Castellnou de Seana:

- Das Rathaus bietet eine einfache Unterkunft für bis zu acht Pilger an, Tel. 973 320 705. Auch im Restaurant Café Modern erhält man Informationen dazu (c/ sant blai 23, Tel. 973 320 843).
- Landgasthof Olivé, c/ Abat Carrera 3, Tel. 973 321 373

Bellpuig:

- Hotel Bellpuig, ctra. Nacional II, km 498,5 (am Ortseingang), Tel. 973 321 541
- Hostal Agustín Martín Mingot, Avenida Catalunya 32, Tel. 973 320 076

Verdú:

- Pilgerherberge Freundeskreis des Heiligen Pedro Claver (30 Plätze), c/ Sant Pere Claver 30, Tel. 687 095 070
- Ferienapartments Cal Senyor Joan, Plaza Mayor 21, Tel. 636 990 493
- Landgasthof Ca N'Aleix, c/ Arquebisbe Terés 10, Tel. 973 311 393 oder 661 309 397
- Landgasthof L'Era de Can Roger, c/ Sant Miquel 34, Tel. 973 311 393 oder 678 640 343
- Im Rathaus kann man Informationen über die Herberge für Landarbeiter bekommen, Tel. 973 347 007.

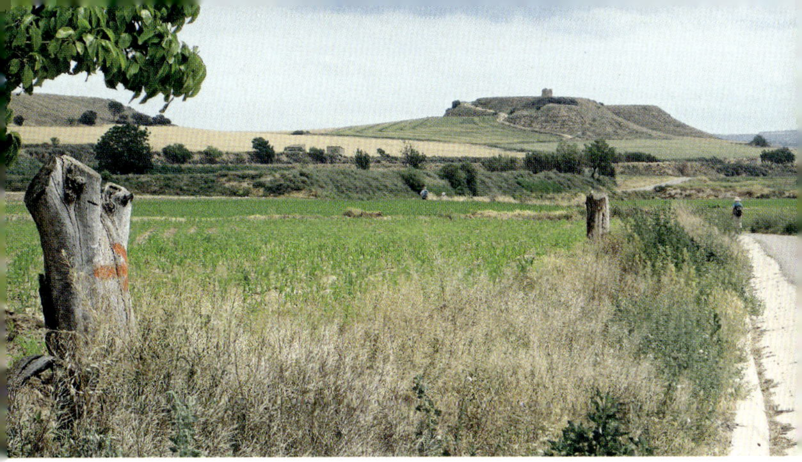

Die orangen Pfeile weisen uns den Weg.

IGNATIANISCHE SPURENSUCHE

Heute sprechen wir nicht über Ignatius, sondern über einen katalanischen Jesuiten, der in Katalonien und in Kolumbien als Patron der Gesellschaft Jesu verehrt wird: den heiligen Petrus Claver (1580–1654). Petrus Claver kam in Verdú als Kind einer wohlhabenden Familie zur Welt. Mit 17 wollte er Priester werden und ging nach Barcelona. Dort lernte er die Jesuiten kennen und schloss sich im Alter von 22 Jahren der Gesellschaft Jesu an. Anschließend verbrachte er drei Jahre auf dem Kolleg in Palma de Mallorca. Der dortige Pförtner, der heiligmäßige Jesuit Alonso Rodríguez, war ihm ein Freund und Lehrmeister, der sein Leben zutiefst prägte; er ermutigte ihn, in den amerikanischen Territorien zu arbeiten, die ein Jahrhundert zuvor entdeckt worden waren. Pedro folgte seinem Rat und bestieg am 15. April 1610 in Sevilla ein Schiff, das ihn nach Cartagena de Indias im heutigen Kolumbien brachte. Cartagena war eines der Zentren des transatlantischen Sklavenhandels: Damals trafen dort monatlich mehrere tausend in Afrika versklavte Menschen ein. Bis zu einem Drittel von ihnen starb während der Überfahrt; die Überlebenden wurden verkauft und allergrößtenteils entsetzlich schlecht behandelt. Claver stieg in die Lagerräume der übelriechenden Sklavenschiffe hinab, sobald sie anlegten, und kümmerte sich um die hungernden, verzweifelten und oft kranken Sklaven, welche die Strapazen der mehrmonatigen Reise überstanden hatten. Sein Dienst war umstritten, und er wurde nicht nur von den örtlichen Funktionären, die vom Sklavenhandel profitierten, sondern auch von einigen seiner jesuitischen Mitbrüder dafür kritisiert.

Obwohl Claver vor vier Jahrhunderten gelebt hat, verkörpert der Sendungsauftrag, den er erfüllte, im Wesentlichen moderne Ideale. Sein Vorbild ist ein beredter Appell, unsere Stimme gegen Ungerechtigkeit zu erheben und die zu verteidigen, die ihrer Grundrechte beraubt sind; trotz des Widerstands der Mächtigen an unserem Engagement für die gute Sache festzuhal-

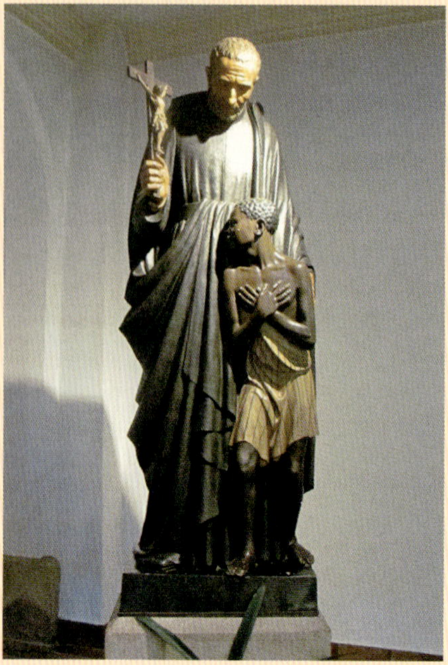

ten; uns sowohl um den Leib als auch um den Geist der Leidenden zu sorgen; und die angeborene Würde und Schönheit derer zu erkennen, welche die Gesellschaft zurückstößt. Die ignatianischen Pilger können in der Kirche des Heiligen eine Weile innehalten und um den Mut, das Mitgefühl und die Weitsicht bitten, die Claver uns so beispielhaft vorgelebt hat. Drei Schlüsselsätze bringen die außergewöhnliche Persönlichkeit des hl. Petrus Claver auf den Punkt:

1. Laut Eintrag des im Pfarrarchiv aufbewahrten Taufregisters wurde er am 26. Juni 1580 getauft. Unter den Eintrag setzte der Pfarrer die Worte: *Möge Gott ihn zu einem guten Christen machen.* Und so geschah es.
2. In einer dunklen, von der Sklaverei befleckten Zeit war Petrus Claver ein Engel der Liebe in menschlicher Gestalt. Er verkörperte das unzweideutige Beispiel einer menschlichen und frohbotschaftlichen Liebe zum versklavten Menschen. Er betrachtete die Sklaven stets als Menschen, die jedwede Aufmerksamkeit verdienten. Er nahm sie mit offenem Herzen und einem Lächeln auf den Lippen an, während er Kleidung, Nahrung, Wasser und Süßigkeiten unter ihnen verteilte. Wie er selbst schreibt, sprach er nicht mit Worten, sondern mit den Händen und mit Werken zu ihnen. Jede andere Sprache wäre sinnlos gewesen. Er kniete neben den Kranken nieder, wusch sie und versuchte sie mit allen Gesten der Zärtlichkeit aufzumuntern, zu denen die menschliche Natur einem Kranken gegenüber nur immer fähig ist. Er sorgte in materieller Hinsicht für die Schwarzen, unterwies sie im Glauben und taufte sie. Am 3. April 1622 legte er sein feierliches Gelübde als Jesuit ab und setzte darunter die Worte: *Immerdar Sklave der schwarzen Sklaven.* Er unterschrieb es und erfüllte es.
3. Papst Leo XIII., der ihn heiligsprach, sagte, dass ihn *nach dem Leben Christi kein Leben so tief beeindruckt habe wie das des Petrus Claver.* Bis zu seinem 75. Lebensjahr lebte er arm und frei auf dieser Erde: ein Mitleidender unter den Leidenden, ein Weißer unter Schwarzen und immer der Sklave der Sklaven. Ein Katalane, der wenige Worte machte und desto mehr tat.

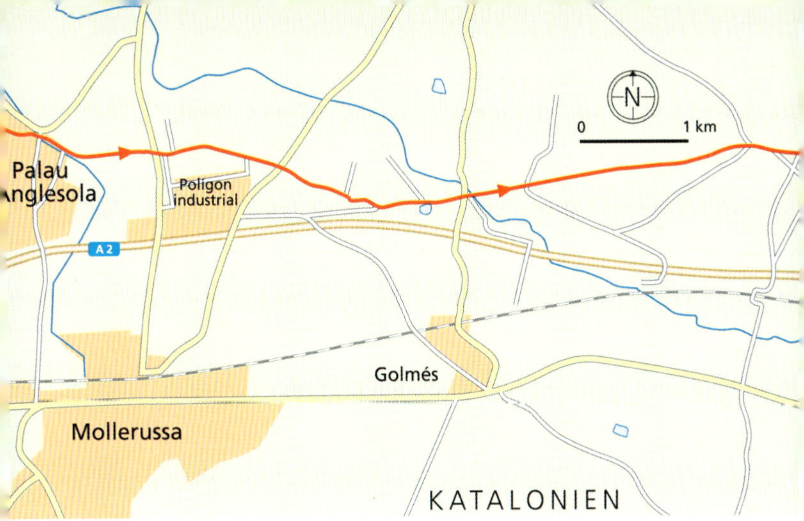

Wegbeschreibung

Wir verlassen El Palau d'Anglesola in Richtung Landstraße LV-3321 nach Vila-Sana und starten an der Plaza Mayor von El Palau. Dort biegen wir nach rechts und nach 500 m in die Calle Nueva (*Carrer Nou*) ab. Und schon sind wir außerhalb des Dorfes: Auf einer kleinen Brücke überqueren wir den Bewässerungskanal und nehmen den ersten Weg rechts, gleich nach der Brücke und einem Haus. Unser Weg verläuft parallel zum Kanal, den wir rechts von uns sehen. Nach 400 m kommen wir an eine Weggabelung und halten uns dort links. Wir entfernen uns vom Kanal, überqueren nach etwa 600 m eine Straße und 1 km später eine weitere.

Wir bleiben immer auf unserem Weg und gehen an allen Kreuzungen und Weggabelungen geradeaus. Nach 1,7 km überqueren wir noch einmal eine Straße. Hier bitte aufpassen: Wir nehmen nicht den ersten Weg, der rechts in Richtung Autobahn abgeht, sondern den zweiten, der weiter vorne ist. Auf dem Weg sehen wir links drei landwirtschaftliche Gebäude. Wir gehen weiter geradeaus und sehen vor uns schon **Castellnou de Seana.** Bevor wir das Dorf erreichen, gabelt sich der Weg. Wir halten uns links und kommen zur Calle Mayor und zum Kirchplatz. Das Rathaus ist ganz in der Nähe.

Bei den Schulgebäuden finden wir die Calle del Calvari, auf der wir das Dorf wieder verlassen. Wir stoßen auf die Calle Marius Tort, die links von uns beginnt, bleiben aber auf unserer Straße und gehen weiter immer geradeaus. Auf dem asphaltierten Weg kommen wir an Feldern und landwirtschaftlichen Gebäuden vorbei. Auf der linken Seite sehen wir eine Kiesgrube und nähern uns einer Brücke über die Autobahn A-2. Wir überqueren sie und gehen nach der Brücke weiter Richtung Bahnlinie. Nach 800 m nehmen wir eine Unterführung. Schon sehen wir den Ort **Bellpuig** vor uns. Beim ersten Kreisverkehr gehen wir links, beim zweiten halten wir uns rechts und erreichen über die Avenida d'Urgell das Dorf. Wir folgen dieser Straße

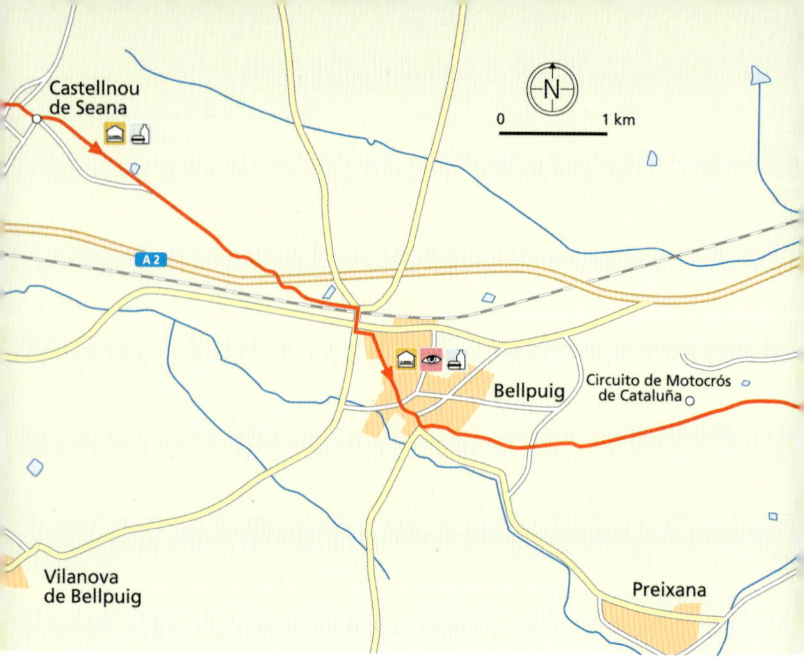

geradeaus, bis wir zur Plaza Ramon Folch kommen. Am Kreisverkehr gehen wir geradeaus bis zur Plaza Sant Roc und dann erreichen wir die Calle Mayor. An deren Ende biegen wir im 90-Grad-Winkel nach links in die Calle Balmes ab. Nach 80 m wenden wir uns nach rechts und verlassen das Dorf auf der Calle Balmes.

Auf einem asphaltierten Weg gehen wir immer geradeaus, überqueren eine zweispurige Straße und kommen – ohne rechts oder links abzubiegen – an der Rennstrecke „Circuito de Motocrós de Cataluña" vorbei. Wir folgen immer unserem Weg und kommen zu einem Bauernhof mit zwei Futterspeichern, auf denen der Name TEGAPOL zu lesen ist. Wir gehen rechts auf dem Feldweg weiter und am Metallzaun des Bauernhofes entlang. Wir überqueren einen Wasserkanal und weiter geht's immer geradeaus.

Der Feldweg wird zu einer asphaltierten Straße, sobald wir an einem typisch katalanischen Bauernhof und einer Straße ankommen, die Richtung Preixana führt. Der Bauernhof ist auf der rechten Seite und wir gehen geradeaus weiter. Nach 1,3 km biegen wir rechts in einen Feldweg ab, der nach 100 m links weitergeht. Jetzt geradeaus auf diesem Weg weiter, ohne nach rechts oder links abzubiegen. Einige Meter weiter sehen wir rechts eine Kiesgrube und bleiben auf unserem Weg, bis wir die Landstraße LV-2021 erreichen. Auf der rechten Seite steht die kleine Kapelle Madre de Dios del Remedio. Wir überqueren die Landstraße, gehen auf dem Feldweg weiter und erreichen eine Kreuzung mit fünf Wegen. Dort nehmen wir den zweiten Weg links, der ziemlich breit ist. Auf ihm bleiben wir, bis wir zur Landstraße C-14 kommen, die wir ebenfalls überqueren. Von dort geht es weiter geradeaus nach **Verdú.**

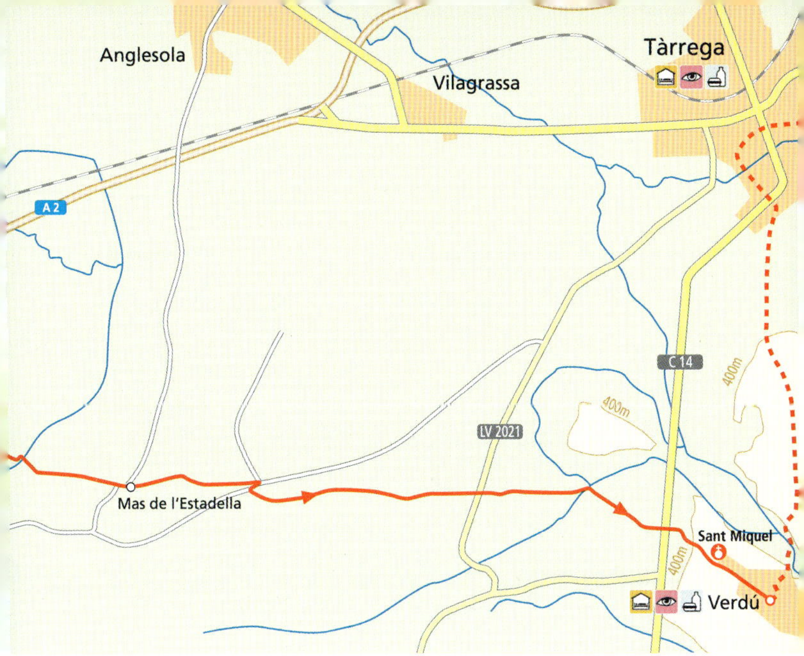

Wir überqueren einen Wasserkanal und stoßen auf die Einsiedelei Sant Miquel am Ortseingang. Geradeaus kommen wir in den Ort. Wir folgen der Calle Sant Miquel und gehen an einer Kreuzung geradeaus, bis wir die Calle Sant Pere Claver erreichen. Hier sehen wir gleich auf der linken Seite das „Santuari – Casa natal de Sant Pere Claver“ (Geburtshaus von Petrus Claver).

Orte und Sehenswürdigkeiten

CASTELLNOU DE SEANA: Kleine Ortschaft mit weniger als 1000 Einwohnern. Es gibt ein Restaurant, einen Supermarkt, eine Apotheke, ein Gesundheitszentrum und eine Bank.
Taxi Segarra, Tel. 630 538 180

BELLPUIG: Ortschaft mit rund 5000 Einwohnern. 1079 wurde die Burg von Bellpuig gebaut und während des 12. Jh. wurde sie zur Residenz der Barone von Bellpuig umgestaltet. Im Jahr 1472 wurde sie renoviert und während des Spanischen Erbfolgekrieges neu befestigt. Ein Teil des Gebäudes wurde während des Unabhängigkeitskrieges in die Luft gesprengt. In der Pfarrkirche San Nicolás (16. Jh.) können wir einen beeindruckenden Marmor-Sarkophag von Ramón Folc de Cardona-Anglesola (1525) bewundern, ein herausragendes Werk der katalanischen Renaissance. Die Freitreppe zur Kirche wurde 1792 im barocken Stil erbaut. In Bellpuig finden wir Restaurants, Supermärkte, eine Apotheke und eine Bank; Rathaus, Tel. 973 320 408; Taxis Bellpuig, Tel. 629 321 623

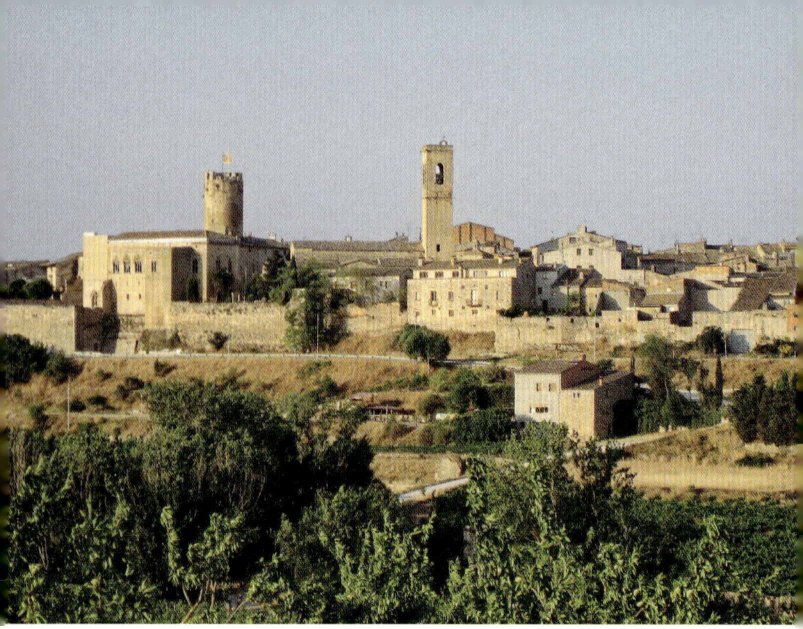

Verdú

VERDÚ: Ortschaft (1000 Einwohner) mit großer Bedeutung für den Jesuitenorden als Geburtsort des hl. Petrus Claver, des Verteidigers der schwarzen Sklaven im Hafen von Cartagena de Indias (Kolumbien). Der Freundeskreis des Heiligen vor Ort ist zwar klein, empfängt die Pilger jedoch immer mit offenen Armen. Die wichtigste Sehenswürdigkeit ist die Pfarrkirche Santa María (13. Jh.) mit ihrem romanischen Portal. Im Innern der Kirche finden wir eine geschnitzte gotische Madonna (15. Jh.) und eine Statue der hl. Flavia, der Schutzpatronin des Ortes. Im linken Seitenschiff steht ein beachtenswerter barocker Altar aus mehrfarbigem Holz von Agustí Pujol, der als wichtigstes Werk der katalanischen Skulpturarbeiten des 17. Jh. angesehen wird. Außerdem können wir den Hauptaltar mit Malereien von Jaume Miguell bewundern. Neben der Kirche befindet sich die Burg (12. Jh.), welche die Keimzelle des Ortes ist. Unter dem Einfluss des nahen Zisterzienserklosters Poblet verwandelte sie sich in eine Residenz für die Äbte, wenn sie in Verdú zu Besuch waren. Im Keller der Burg gibt es einen Weinkeller und eine Ölmühle. Schon am Weg in den Ort liegt die Einsiedelei Sant Miquel (14. Jh.), die im gotischen Stil erbaut wurde. Die Plaza Mayor ist umgeben von Häusern aus dem 17. und 18. Jh. Die Keramik, die in diesem Dorf hergestellt wird, ist aufgrund ihrer charakteristischen schwarzen Farbe sehr bekannt. In Verdú gibt es Restaurants, einen Supermarkt, ein Gesundheitszentrum und eine Bank; Touristeninformation: Plaza Bisbe Comelles 13, Tel. 973 347 216.
Taxi in Tàrrega: Taxi Jaime Font, Tel. 973 311 567.

Verdú – Cervera

↗ 299 m ↘ 148 m

„Je schärfer du auf die Fehler der anderen achtest, desto wahrscheinlicher ist es, dass du deine eigenen übersiehst.“

„Denn der Herr ist deine Zuflucht, du hast dir den Höchsten als Schutz erwählt. Dir begegnet kein Unheil, kein Unglück naht deinem Zelt. Denn er befiehlt seinen Engeln, dich zu behüten auf all deinen Wegen. Sie tragen dich auf ihren Händen, damit dein Fuß nicht an einen Stein stößt (Ps 91,9-12).“

Unsere heutige Etappe ist kurz, sodass wir etwas später aufstehen und den Morgen in Verdú genießen können. Oder wir gehen dennoch zeitig los und verbringen den Nachmittag in der alten Universitätsstadt Cervera. Eine dritte Möglichkeit ist, der Stadt Tàrrega mit der schönen Kirche Santa María del Alba mehr Zeit einzuräumen, und schließlich kann man den Weg auch für weitere 16 km bis nach La Panadella fortsetzen, um die lange Etappe 25 von 38,5 auf 22,6 km zu verkürzen. Je nach Verfassung und äußeren Umständen stehen dem Pilger also mehrere Möglichkeiten zur Wahl.

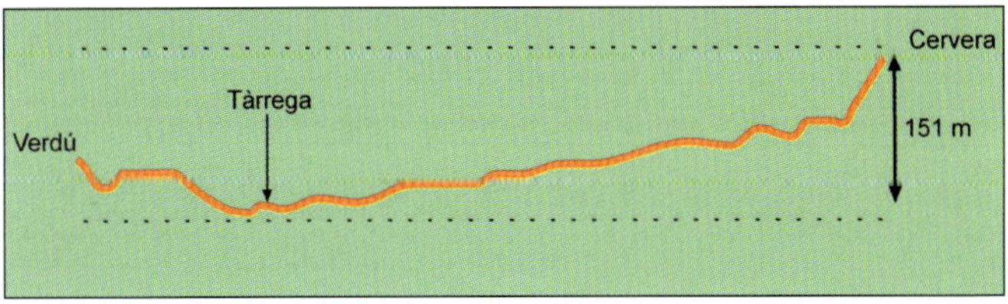

FÜR RADFAHRER: einfach

Verdú:	km 0	Tàrrega:	km 4
Cervera:	km 17		

Unterkünfte

Tàrrega:

- Hotel Pintor Marsà, Avenida Catalunya 112, Tel. 973 501 516
- Hotel Ciutat de Tàrrega, c/ Sant Pelegrí 95, Tel. 973 314 737
- Albergue de Ca N'Aleix de la Zarza, Plaza del Carme 5, Tel. 973 314 635

Cervera:

- Pilgerherberge Sagrada Familia, c/ Sabaters 6 (Eingang in Calle Mayor 51), Tel. 973 530 805
- Hostal Bonavista, Avenida Catalunya 14, Tel. 973 530 027
- Hostal La Sabina, Camí dels Horts 2, Tel. 973 531 393
- Hostal Bona Teca, Avenida Millenari 497, Tel. 973 530 325

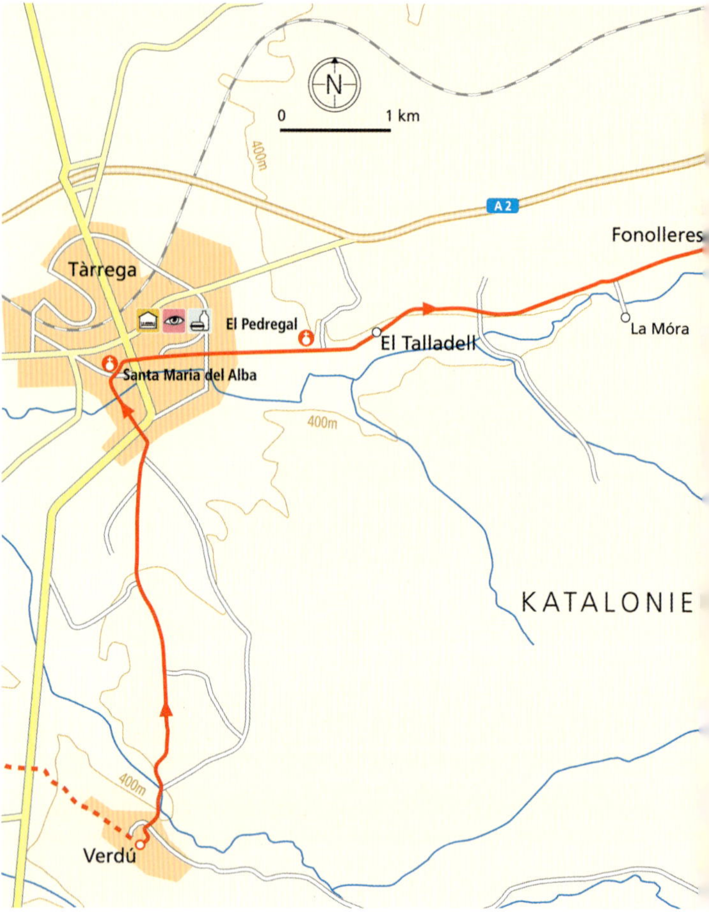

Wegbeschreibung

Wir verlassen das gastfreundliche Verdú auf der Calle de la Font, die bei der Kirche Santa María beginnt. Die Straße führt uns aus dem Ort und wir treffen auf einen Weg, der direkt vor uns beginnt und uns nach unten zu einigen Häusern in den Feldern bringt. Unser Weg ist breiter und klarer begrenzt als die anderen Wege, die wir sehen. Dennoch achten wir aufmerksam auf die Markierungen. Schließlich erreichen wir **Tàrrega** und betreten den Ort auf dem Feldweg, der dann in die Calle Guardia Civil übergeht. Wir gehen links in diese Straße und folgen ihr immer geradeaus, bis wir zum Fluss Ondara kommen. Wir überqueren ihn auf einem Steg und gehen weiter geradeaus auf der Calle Sant Agustí. An der Plaza Sant Antoni nehmen wir rechts die Calle Major, auf der wir zur Plaza Major gelangen, wo sich die Kirche Santa María del Alba befindet.

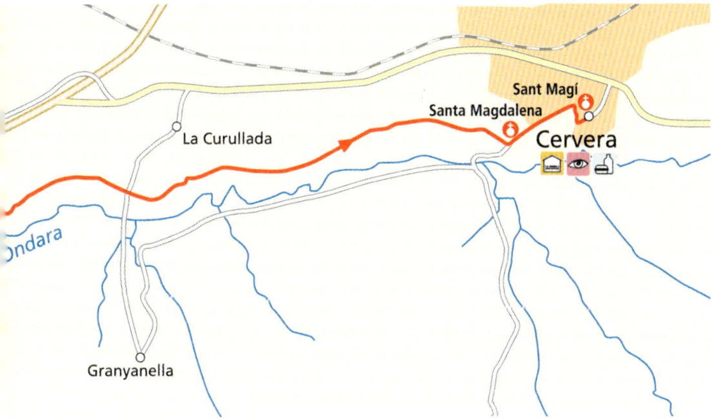

Wenn wir vor der Kirche stehen, gehen wir nach rechts durch die Calle Agoders. Immer geradeaus folgt die Calle Mossèn Jacint Verdaguer, die dann in die Avenida de la Generalitat übergeht. Wir folgen dieser Avenida und verlassen schließlich die Stadt auf dem Weg von Tàrrega nach El Talladell. Die Einsiedelei El Pedregal können wir auf der linken Seite sehen. Unserem Weg folgend erreichen wir schon bald **El Talladell.** Immer geradeaus durchqueren wir den Ort und bleiben auch am Ortsausgang in dieser Richtung, ohne auf einen der Wege abzubiegen, die links beginnen.

Wir sind jetzt auf dem sogenannten „Camí Ral" und gehen am Friedhof vorbei, der auf der linken Seite liegt. Obwohl der Weg an einigen Stellen scharf nach rechts abbiegt, müssen wir immer geradeaus gehen und nähern uns schon bald einer kleinen Ortschaft, **Fonolleres,** die etwas erhöht liegt. Wir lassen die Ortschaft links liegen und gehen auf unserem Weg weiter.

Wir halten die Richtung und sehen etwa 900 m nach Fonolleres auf der rechten Seite den verfallenen Wohnturm Saportella. Wir folgen dem breiteren und gut markierten Weg. Direkt bei den Ruinen der Einsiedelei Santa Magdalena endet unser Weg. Wir nehmen die asphaltierte Straße links Richtung Cervera. Etwa 700 m gehen wir auf dieser Straße und bei den ersten Häusern, die wir rechts von der Straße sehen können, befindet sich auch die Einsiedelei Sant Magí. Hier biegen wir rechts ab und gelangen direkt nach **Cervera.**

Wir sind in der Calle del Castell, die uns zu den Ruinen der alten Burg führt. Wenn wir links abbiegen, kommen wir in die Altstadt und zur Kirche Santa María. Die Pilgerherberge ist ganz in der Nähe.

Orte und Sehenswürdigkeiten

TÀRREGA: Stadt mit mehr als 16.000 Einwohnern und Hauptstadt der Region Urgell, bekannt für das Straßentheater-Festival im Sep-

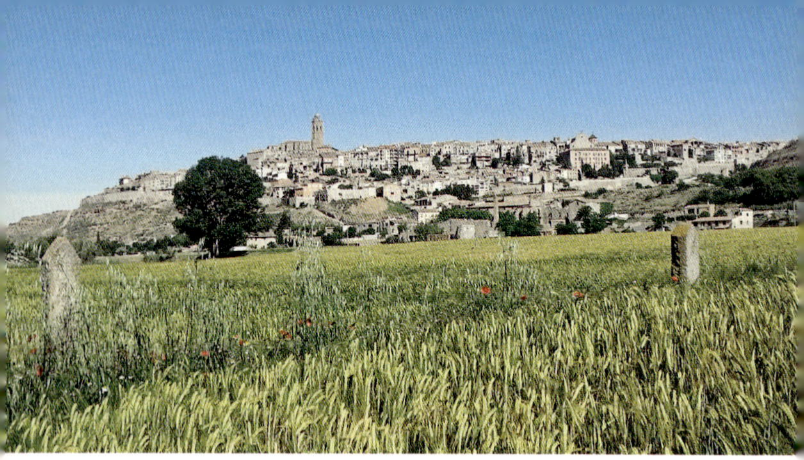

Cervera

tember, zu dem sich eine große Zahl von Künstlern hier versammelt und ihre Kunst darbietet. Es gibt Restaurants, Supermärkte, Apotheken, ein Gesundheitszentrum, Banken, Fahrradwerkstätten und eine Touristeninformation (c/ Agoders, 16. Tel. 973 500 707); Rathaus, Tel. 973 311 608; Taxi Jaime Font, Tel. 973 311 567.

CERVERA: In dieser Stadt mit rund 9000 Einwohnern kann man an den Gebäuden und Mauern Spuren bewundern, die dem Glanz des 18. Jh. entstammen. Die Kirche San Antonio ist aus dem Mittelalter und in der Kirche San Bernat wurden die Eheverträge der Katholischen Könige Isabella und Ferdinand unterzeichnet. Eindrucksvoll ist die Plaza Mayor mit den Gebäuden Paeria (17./18. Jh.) und der Kirche Santa María. Aus politischen Gründen hatte die einzige Universität von Katalonien während des 18. Jh. ihren Sitz in dieser Stadt. Hier gibt es Restaurants, Supermärkte, Apotheken, ein Gesundheitszentrum, Banken, Fahrradwerkstätten und eine Touristeninformation (Tel. 973 534 442 / 973 530 025); Rathaus, Tel. 973 530 025; Taxis: Auto Taxi Sala 24 h, Tel. 608 608 130; Taxi Agramunt, Tel. 973 923 327.

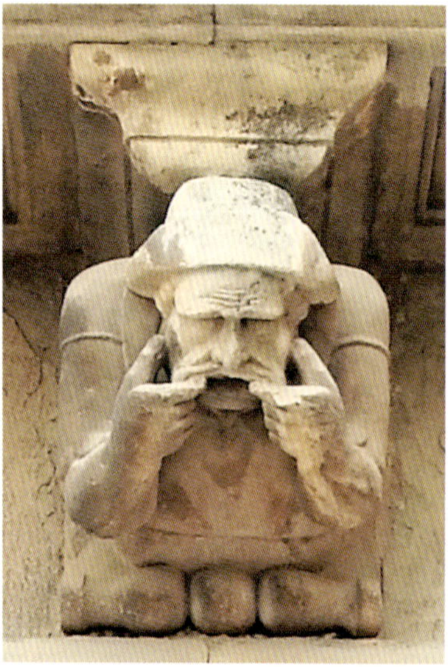

Cervera, Fratze am Balkon des Rathauses

25. ETAPPE 38,6 KM

Cervera – Igualada

↗ 346 m ↘ 539 m

„Tu alles, ohne Lobreden zu erwarten; aber tu es so, dass man dich nicht zu Recht beschuldigen kann.“

„Wenn der Himmel verschlossen ist und kein Regen fällt, weil sie gegen dich gesündigt haben, und wenn sie dann an diesem Ort beten, deinen Namen preisen und von ihrer Sünde lassen, weil du sie demütigst, so höre du sie im Himmel! Vergib deinen Knechten und deinem Volk Israel ihre Sünden; denn du führst sie den guten Weg, den sie gehen sollen. Spende Regen deinem Land, das du deinem Volk zum Erbbesitz gegeben hast“ (1 Kön 8,35-36).

Diese Etappe ist sehr lang, aber man kann sie nach Belieben abkürzen. In La Panadella (16 km) und in Jorba (31,6 km) gibt es Übernachtungsmöglichkeiten. Wir folgen am Vormittag an Rastplätzen vorbei dem Ondara flussaufwärts, am Nachmittag geht es dann dem Lauf des Anoia folgend abwärts, nachdem wir die Höhe von La Panadella überschritten haben. Den ganzen Tag über kommen wir durch kleine Ortschaften, in denen wir Proviant kaufen können.

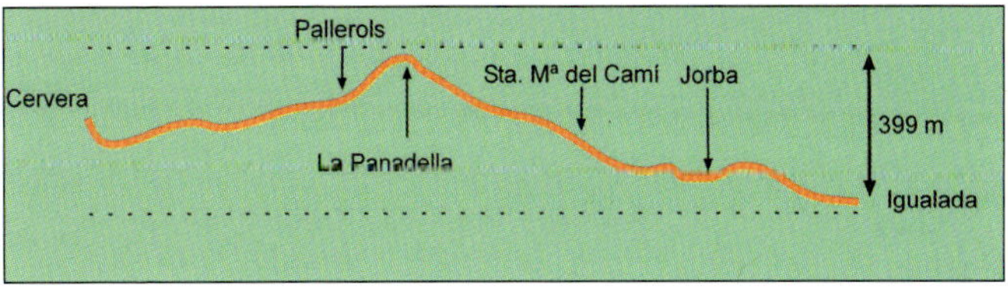

FÜR RADFAHRER: einfach und mit einer wunderbaren Abfahrt von La Panadella bis Igualada.

Cervera:	km 0	Pallerols:	km 12
Panadella:	km 16	Santa Maria del Camí:	km 23,8
Jorba:	km 31,6	Igualada:	km 38,6

Unterkünfte

La Panadella:

- Hostal Bayona (auf Anfrage mit Spezialpreis für Pilger), Tel. 938 092 011

Jorba:

- Pilgerherberge mit Verpflegungsmöglichkeit, Plaza de la Fuente 3, Tel. 938 094 101

Igualada:

- Pilgerherberge (12 Plätze), c/ Prat de la Riba 47, Tel. 938 045 515; Rezeption und Schlüsselübergabe von 8 bis 22 Uhr im Altersheim, ca. 150 m entfernt, Avenida Gaudí 26
- Hotel América, Avenida Mestre Montaner 44-45, Tel. 938 031 000
- Pension Canaletas, Avenida Mestre Montaner 60, Tel. 938 032 750

Wegbeschreibung

Wir verabschieden uns von Cervera und gehen vom Eingang der Paeria die Calle Santa Maria hinunter, wo wir nach links in die Calle Muralla abbiegen. Hier stoßen wir auf das Stadttor. Wir gehen links nach unten und folgen der Mauer. Wir erreichen die Tränke Sant Francesc, biegen rechts ab und folgen dem Weg, der am Fluss Ondara entlangführt. Bei einem Rastplatz sehen wir eine alte Wassermühle. Die Wegweiser zeigen uns den Weg nach Vergós an. Wir erreichen einen Punkt, an dem sich der Ignatiusweg teilt:

Eine Variante geht nach rechts über eine Brücke und eine nach links Richtung Vergós. Für die Pilger, die gerne Berge erklimmen, empfiehlt sich die Variante mit der Brücke. Sie führt bis hinauf auf den Kamm und von dort nach unten Richtung Sant Pere. Allerdings ist der Weg nicht gut markiert und erfordert erhöhte Aufmerksamkeit.

Wer nicht aufsteigen will, bleibt im Tal auf dem Weg Richtung **Vergós.** Im Zentrum von Vergós halten wir uns rechts und gehen an der Kirche San Salvador vorbei. Wir folgen der Straße, die aus dem Ort hinausführt, und erreichen die Nationalstraße N-II. Links von uns

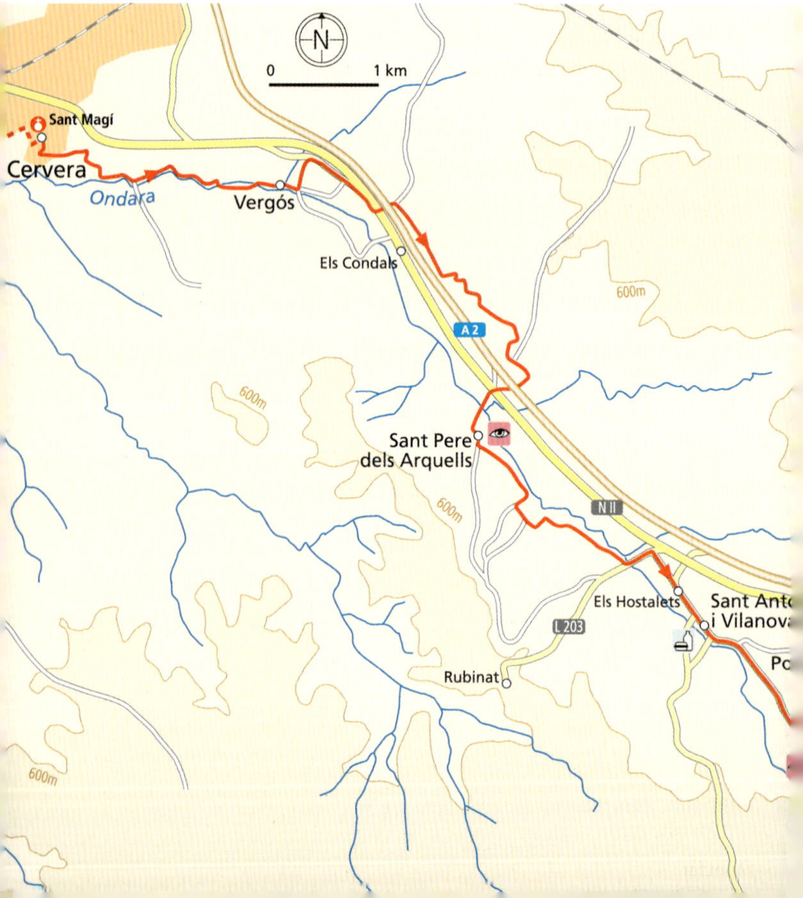

gibt es eine Unterführung, die wir nehmen, und folgen dann der Straße nach rechts. Wir wandern parallel zur Schnellstraße A-2. Bald kommen wir zu einer weiteren Unterführung, durch die wir aber nicht gehen. Nach 700 m biegt unser Weg nach links ab und wir entfernen uns von der A-2. Der Weg macht eine weite Rechtskurve und bringt uns erneut in die Nähe der A-2. Links von uns sehen wir eine alte Zementfabrik. Wir unterqueren neuerlich die A-2 und gelangen zu einem Kreisverkehr, den wir überqueren. Bald schon erreichen wir die ersten Häuser von **Sant Pere dels Arquells.** Auf einem kleinen Feld sehen wir ein paar Flugzeuge und gehen weiter geradeaus bis zum Brunnen von Sant Pere.

Hier biegen wir in einem 90-Grad-Winkel nach links ab. Etwa 200 m nach dem Brunnen gabelt sich unser Weg bei einem Bauernhof. Wir halten uns links und bleiben auf diesem kurvigen Weg. Nach 1,6 km stoßen wir auf die Landstraße L-203 und gehen dort nach links. Wir nähern uns wieder der N-II, aber kurz bevor wir sie erreichen, nehmen wir die Straße, die rechts beginnt und nach **Sant Antolí i Vilanova** führt.

Wir gehen auf der Straße durch den Ort und kommen rasch zum nächsten Dorf, **Pallerols.** Auch diesen Ort durchqueren wir, indem wir kontinuierlich auf der gleichen Straße bleiben. Aber jetzt Achtung! Die Straße macht eine 90-Grad-Kurve nach links und nach 100 m führt sie wieder nach rechts. Wir gehen 150 m weiter und biegen dann auf den Weg ab, der im 90-Grad-Winkel nach links abzweigt. Wir sehen auf der rechten Seite eine Baumgruppe. Ohne unseren breiten Weg zu verlassen, gehen wir weiter geradeaus und durchqueren eine Gegend mit vielen Bäumen. Nach 1,7 km erreichen wir die Raststätte **La Panadella.** Wir befinden uns wieder an der Nationalstraße N-II und gehen an der Tankstelle und dem Restaurant vorbei. Nach dem Kreisverkehr führt der Weg abwärts und wir folgen nun für rund 5 km der N-II. Dann sehen wir rechts etwas tiefer gelegen das Dorf **Porquerisses.** Geduldig gehen wir auf der N-II weiter. So wie wir heute sind schon Ignatius und viele andere Pilger vor uns

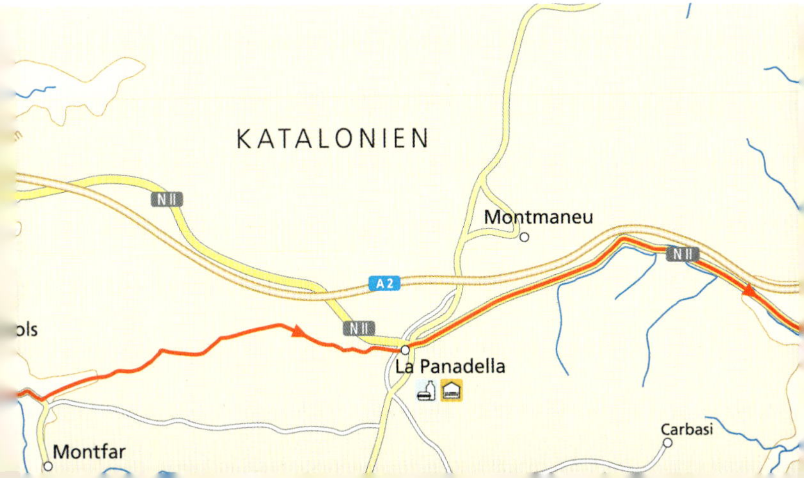

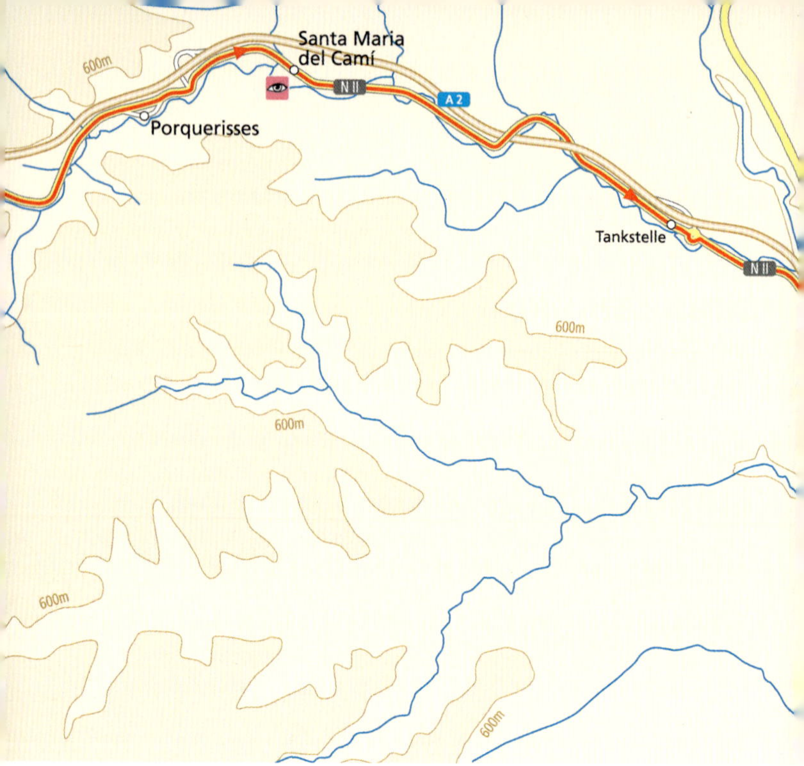

diesen Abschnitt des Königsweges gegangen. Auf der N-II kommen wir schließlich nach **Santa María del Camí.**

Wir bleiben auf der N-II und überqueren auf einer Brücke die Schnellstraße A-2. Nach 600 m gehen wir unter der A-2 durch. Wir halten uns parallel zur A-2 und kommen an einer Tankstelle vorbei. Weiter geradeaus erreichen wir einen Kreisverkehr. Wir gehen rechts und folgen der N-II. Parallel zur A-2 wandern wir weiter und kommen zu einem erhöhten Kreisverkehr über der A-2. Im Kreisverkehr überqueren wir die A-2 und nehmen dann die Ausfahrt, die zur N-II führt, auf der wir nach **Jorba** gelangen.

Wir durchqueren den Ort, ohne von der N-II abzubiegen. Am Ortsausgang nehmen wir eine asphaltierte Straße, die rechts beginnt. Es handelt sich um eine alte Straße, auf der wir jetzt fast parallel zur N-II laufen. Rechts von uns sehen wir einen Fußballplatz. Ohne die Straße zu verlassen erreichen wir die ersten Häuser von **Sant Genís.**

Wir gehen auf der Calle Mayor durch den Ort und folgen dann der gleichen Straße Richtung Igualada. Dabei nähern wir uns der A2, die wir auf einer Brücke überqueren. Wir setzen unseren Weg fort und kommen zu einem Kreisverkehr, den wir überqueren, und wandern dann in Richtung Santa Margarida de Montbui weiter. Vor uns liegt schon die Stadt Igualada. Wir sind jetzt auf der Carreterra Sant Jaume Sesoliveres, der B-222. Wir gehen geradeaus, immer auf der Straße nach unten in Richtung Igualada. Wir überqueren einen

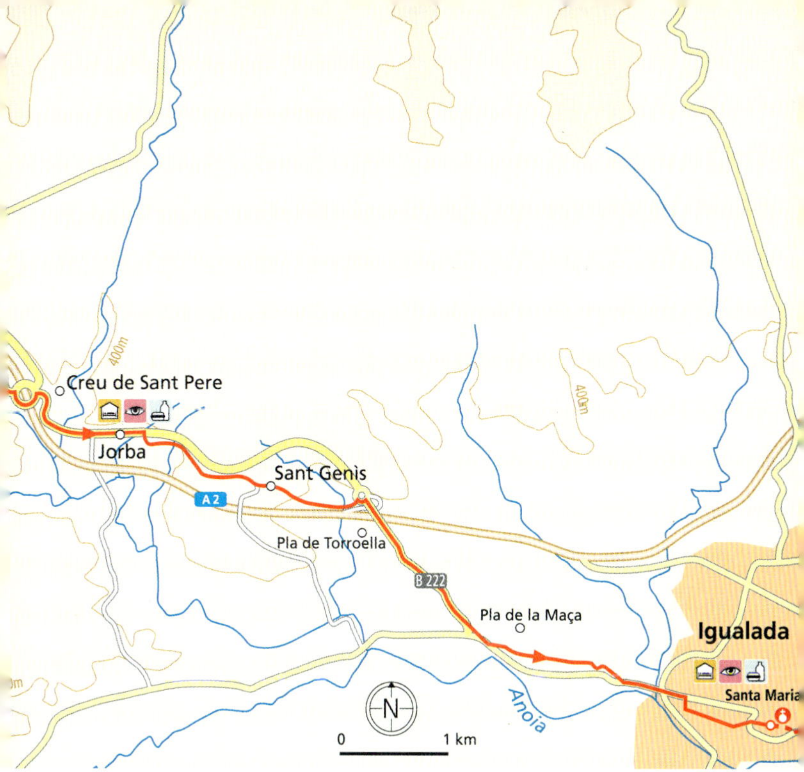

Kreisverkehr und laufen dann auf der Avenida Àngel Guimerà weiter. Die Einsiedelei Sant Jaume von Sesoliveres sehen wir links auf der Anhöhe. Von der Avenida Àngel Guimerà gehen wir auf die Calle Felicia Matheu und umgehen so den Straßenverkehr. Auf der Calle Jaume Serras Iglesias gehen wir geradeaus und gelangen nach einer Z-Kurve, die zuerst nach rechts und dann nach links führt, auf die Calle de Las Alzines. Weiter geradeaus kommen wir wieder auf die Avenida Àngel Guimerà und nach einer Brücke zu einem weiteren Kreisverkehr. Diesen überqueren wir, bleiben auf der Avenida und erreichen eine Tankstelle. Hier gehen wir rechts in die Calle Prat de la Riba, die eine Linkskurve macht. (In der gleichen Straße, aber nach links, gibt es nach 200 m eine Pilgerherberge in einer alten Fabrik.) Wir überqueren eine Straße und befinden uns jetzt in der Calle Sant Ignasi, der wir geradeaus folgen. Der Straßenname ändert sich, bald heißt sie Calle Sant Domènech. Wir erreichen den Plaza de la Creu. An diesem Platz beginnt die Calle de l'Argent, die uns zur Kirche Santa María im Zentrum von **Igualada** führt.

Orte und Sehenswürdigkeiten

VERGÓS: Sicherlich besuchte Ignatius, wie viele andere Pilger auch, die kleine Kirche San Salvador aus dem 12. Jh., die auf dem Camino Real liegt. Im Dorf gibt es eine Bar.

SANT PERE DELS ARQUELLS: Ein nicht alltägliches Bild: Die „geparkten" Flugzeuge auf einem Feld am Ortseingang. Außerdem fällt auf, dass hier jedes Haus einen Namen hat, der auf Fliesen geschrieben ist. Daneben sieht man eine Zeichnung, auf welcher der Beruf dargestellt ist, der in diesem Haus ausgeübt wurde. Keine Dienstleistungen für Pilger.

SANT ANTOLÍ I VILANOVA: Es gibt ein Restaurant, einen Supermarkt und eine Apotheke.

PALLEROLS: Für Pilger ist die schöne Jakobskirche interessant, die auf das 12. Jh. zurückgeht. Jakobsmuscheln kann man am Camino Real immer wieder sehen, ein Beweis der Jakobstradition auf diesem Weg. Auch hier gibt es keine Dienstleistungen für Pilger.

LA PANADELLA: Eine weitum bekannte Raststätte an der alten Nationalstraße. Es gibt eine Bäckerei, ein Hostal, ein Restaurant und einen Supermarkt in der Tankstelle.

SANTA MARÍA DEL CAMÍ: Romanische Kirche aus dem 12. Jh. Wahrscheinlich diente sie als Unterkunft für Pilger und Reisende – für die Pilger des 21. Jahrhunderts gibt es hier (noch) keine Unterkünfte.

JORBA: Die verfallene, aber auf der Anhöhe gut sichtbare Burg stammt aus dem 10. Jh. Es gibt ein Restaurant und einen Supermarkt.

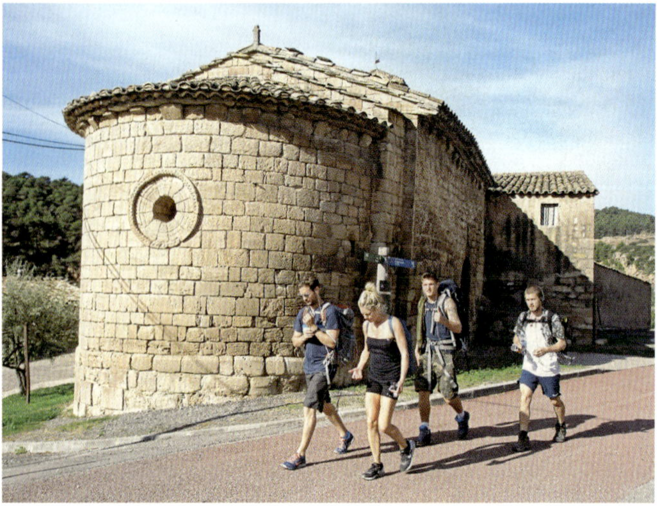

Kirche Santa María del Camí

IGUALADA: Wichtige Stadt in dieser Region mit knapp 40.000 Einwohnern. Man geht davon aus, dass Ignatius hier seine Kleider aus widerstandsfähigem Stoff kaufte, wie er in seinem Pilgerbericht schreibt. Bei seiner Ankunft in Igualada hatte er schon entschieden, auf dem Montserrat eine Gebetswache einzulegen, um sich seiner Identität als Höfling zu entledigen und die eines Pilgers anzunehmen. Wahrscheinlich ließ er hier einen einfachen Pilgerkittel nähen. Igualada ist bis heute für seine Textil- und Schuhproduktion bekannt. Die Kirche Santa María stammt aus dem 11. Jh., wurde jedoch im 17. Jh. umgebaut. In Igualada finden wir Restaurants, Supermärkte, Apotheken, ein Gesundheitszentrum, Banken, eine Fahrradwerkstatt und eine Touristeninformation (Tel. 938 051 585); Rathaus, Tel. 938 031 950; Taxis: Taxis Igualada, Tel. 609 478 219; Marcial Pérez, Tel. 938 045 503; Lorenzo Peña Peña, Tel. 938 036 899; Anoia Taxis, Tel. 629 722 450; Radio Taxi Igualada, Tel. 938 070 308.

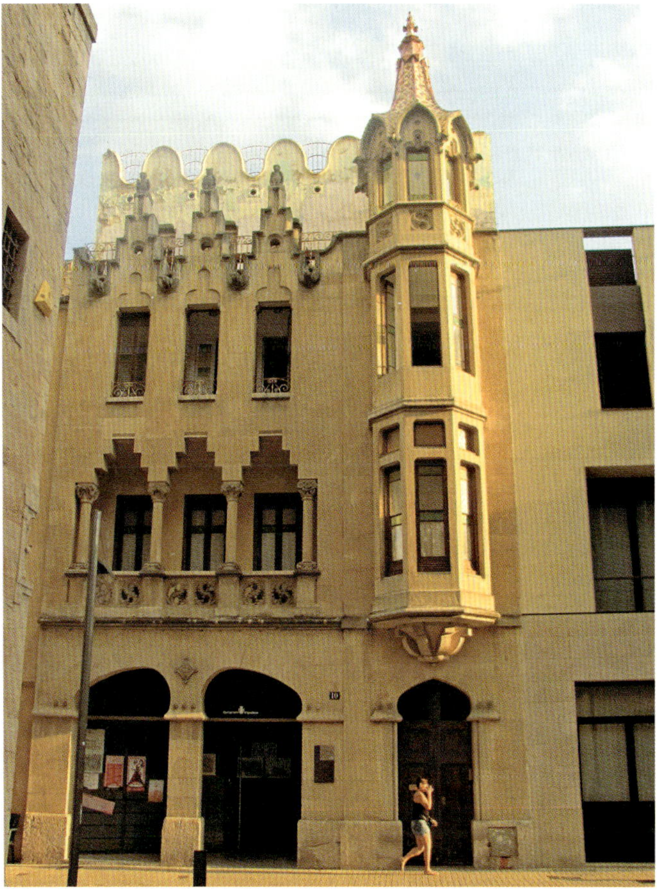

Igualada, Cal Ratés

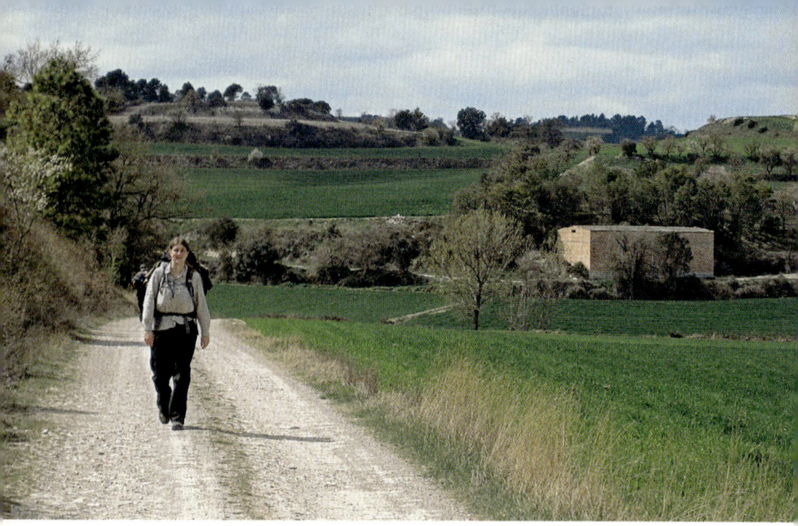

Die Landschaft wird wieder hügelig.

IGNATIANISCHE SPURENSUCHE

In Igualada beschloss Ignatius offenbar, sich das Pilgergewand zuzulegen, das er in Zukunft tragen wollte; Jahre später schildert er die Begebenheit wie folgt:

„Schließlich kam er in einen größeren Ort am Fuß des Montserrats. Dort wollte er sich das Gewand beschaffen, das er fernerhin zu tragen beabsichtigte und in dem er die Wallfahrt nach Jerusalem machen wollte. So kaufte er sich ein Stück grobgewebten und ganz rauen Stoffes, aus dem man gewöhnlich Säcke herstellt, und ließ sich daraus sofort ein langes Gewand machen, das bis zu den Füßen reichte. Er erstand ferner einen Reisestock und eine Kürbisflasche und befestigte alles vor dem Sattel des Maultiers. Außerdem kaufte er sich einige Hanfschuhe, von denen er jedoch immer bloß einen trug, und zwar nicht aus Bequemlichkeit, sondern weil das eine Bein ganz mit einem Verband umwickelt und in ziemlich üblem Zustand war. Obwohl er ritt, war es jeden Abend geschwollen, und deshalb hielt er es für notwendig, an diesem einen Fuß einen Schuh zu tragen."

Nutzen wir den Ort und den Augenblick, um darüber nachzudenken, „was wir mit uns tragen" und was uns belastet: Was sind das für „hübsche Kleider" und „Schmuckstücke", die wir Unserer Lieben Frau von Montserrat vielleicht zu Füßen legen sollten? Könnten wir uns nicht ab sofort mit einem Lebensstil anfreunden, der unserem Pilgersein eher entspricht? Was wäre für mich heute das Pendant zu Ignatius' rauem Gewand und seinen hanfenen Pilgersandalen? Was lassen wir hinter uns und wovon wollen wir uns nicht trennen? Gewiss hat der *Camino* dafür gesorgt, dass wir viele Dinge relativieren und andere in Frage stellen. Was wollen wir für immer ablegen, wenn wir vor das Gnadenbild hintreten? Doch sicher kein bloßes Beiwerk, sondern etwas, das uns daran hindert, Jesus aus größerer Nähe nachzufolgen.

26. ETAPPE — 27 KM

Igualada – Montserrat

↗ 1332 m ↘ 917 m

„Man soll keine Entscheidung über irgendetwas treffen, wenn der Geist von Zuneigung oder auch von großer Niedergeschlagenheit befangen ist, sondern die Entscheidung verschieben, bis die Bedrängnis vorüber ist, sodass wir tun können, was die reife und nicht impulsive Vernunft uns diktiert."

„Verschaff mir Recht, o Herr; denn ich habe ohne Schuld gelebt. Dem Herrn habe ich vertraut, ohne zu wanken. Erprobe mich, Herr, und durchforsche mich, prüfe mich auf Herz und Nieren! Denn mir stand deine Huld vor Augen, ich ging meinen Weg in Treue zu dir." (Ps 26,1–3)

Eine anstrengende Etappe mit dem steilen Aufstieg zum Coll de Can Massana und viel Auf und Ab am Nachmittag stehen uns bevor, aber die Schwarze Madonna von Montserrat, die Schutzheilige von Katalonien, im Benediktinerkloster machen uns Mut. Und die Anstrengung wird belohnt durch die einzigartige Schönheit des Naturparks Montserrat und den Besuch des Klosters, das so eng mit der Biografie des hl. Ignatius verbunden ist. 199

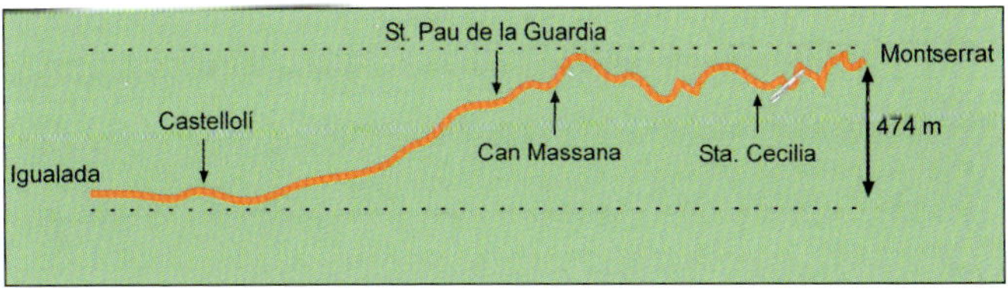

FÜR RADFAHRER: Mittlerer Schwierigkeitsgrad. Der Anstieg zum Montserrat ist ziemlich steil. Falls man dem Fußweg folgt, muss man das Rad schieben. Es empfiehlt sich deshalb, auf der Straße von El Bruc über die Anhöhe von Can Massana zu fahren. Dabei folgt man immer dem asphaltierten Weg.

Igualada:	km 0	Castellolí:	km 9,5
Sant Pau de la Guàrdia:	km 16	Can Massana:	km 18
Kapelle Santa Cecilia:	km 23,4	Kloster Montserrat:	km 27

Unterkünfte

Castellolí:

- Eine neue Unterkunftsmöglichkeit wurde kürzlich eingeweiht, Infos im Rathaus, Tel. 938 084 000

Sant Pau de la Guàrdia:

- El Celler de la Guàrdia, Hostal-Restaurant mit Zimmern für Pilger, Tel. 937 710 323

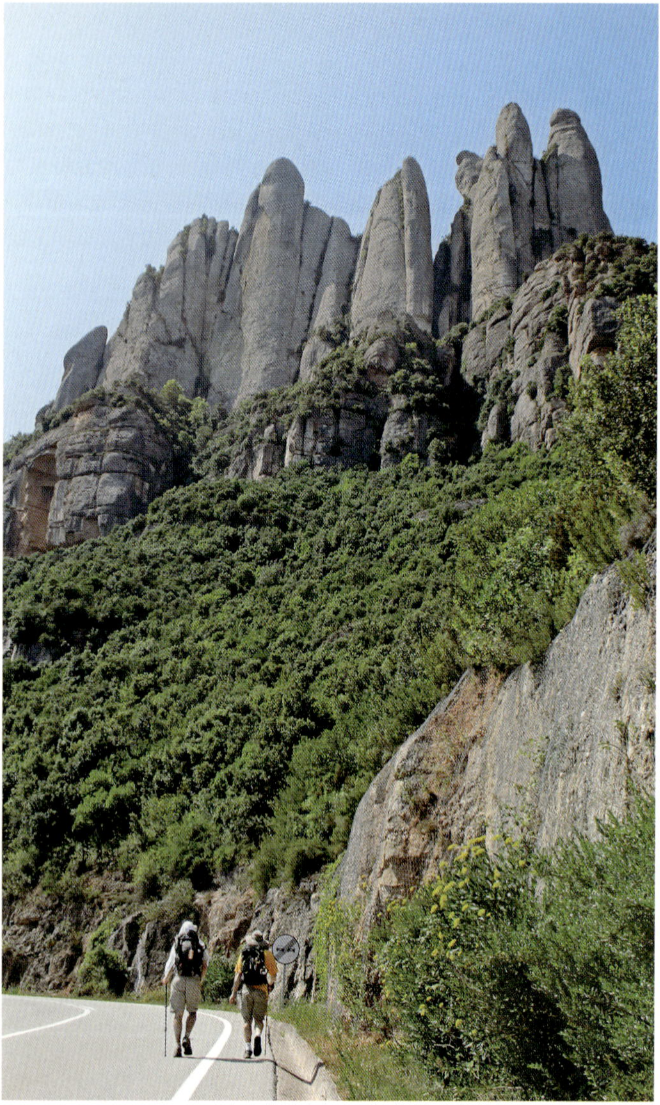

Die bizarren Felsformationen der Sierra de Montserrat

Santa Cecilia:

- Refugio Bartomeu Puiggròs, gehört zum Verband der katalanischen Wandervereine, es gibt 30 Plätze, aber man sollte rechtzeitig telefonisch reservieren, Tel. 938 350 566 oder 606 614 563.

Montserrat:

- Pilgerherberge des Klosters, Ankunft vor 17.30 Uhr notwendig, Tel. 938 777 765, www.abadiamontserrat.net
- Hotel Abat Cisneros, Tel. 938 777 701

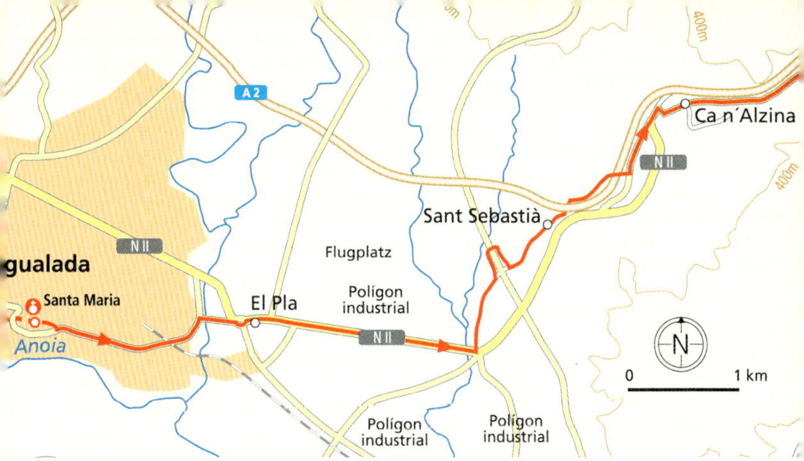

Wegbeschreibung:

Wir beginnen unsere heutige Etappe bei der Kirche Santa María in Igualada. Am Rathausplatz nehmen wir die Calle Santa Maria del Roser. Von dort kommen wir in die Calle de la Soledad, auf der wir immer geradeaus gehen. Die Straße wechselt mehrmals den Namen: Zuerst heißt sie Avenida de Caresmar und wird dann bei einer leichten Linkskurve zur Avenida de Montserrat. Wir überqueren die Bahngleise der Strecke Igualada–Barcelona. Auf der Avenida de Montserrat gehen wir weiter abwärts und biegen in die erste Straße nach rechts ein. Bald erreichen wir einen großen Kreisverkehr, den wir geradeaus überqueren. Auf der rechten Seite sehen wir oben ein großes Restaurant. Wir folgen der Nationalstraße N-II.

Vor uns liegen 2 km auf einer Straße, die durch ein Industriegebiet führt. Wir überqueren zwei Kreisverkehre und am dritten müssen wir an der ersten Straße nach links abbiegen. Wir entfernen uns von der Nationalstraße und damit auch vom Autoverkehr. Ein Wegweiser zeigt uns den Weg nach Montserrat.
Auf der asphaltierten Straße gehen wir immer geradeaus und kommen unter der Autobahn A-2 durch. Wir bleiben parallel zur A-2, die jetzt rechts von uns liegt. Bei einer Brücke überqueren wir die A-2 und gehen dann auf der asphaltierten Straße links weiter. Wir erreichen einen Kreisverkehr, überqueren ihn und gehen weiter auf der Asphaltstraße. Kurz darauf biegen wir nach rechts auf eine andere asphaltierte Straße ab und erreichen auf dieser **Ca n' Alzina.** Ein Wegweiser hilft uns bei der Orientierung.
Auf dem gleichen Weg immer geradeaus und parallel zur A-2 kommen wir nach **Castellolí.** Wir durchqueren den Ort und bleiben dabei immer auf derselben Straße. Nach einer Linkskurve führt die Straße zu einer Brücke über die A-2. Wir gehen nicht über die Brücke, sondern nehmen jetzt den Weg rechts, der parallel zur Autobahn verläuft. Kurz darauf folgen wir den Wegweisern und überqueren auf einer Brücke die A-2. Wir sind nun auf der Straße, die uns auf die Höhe von Can Massana bringt. Die Pfeile und die Wegweiser

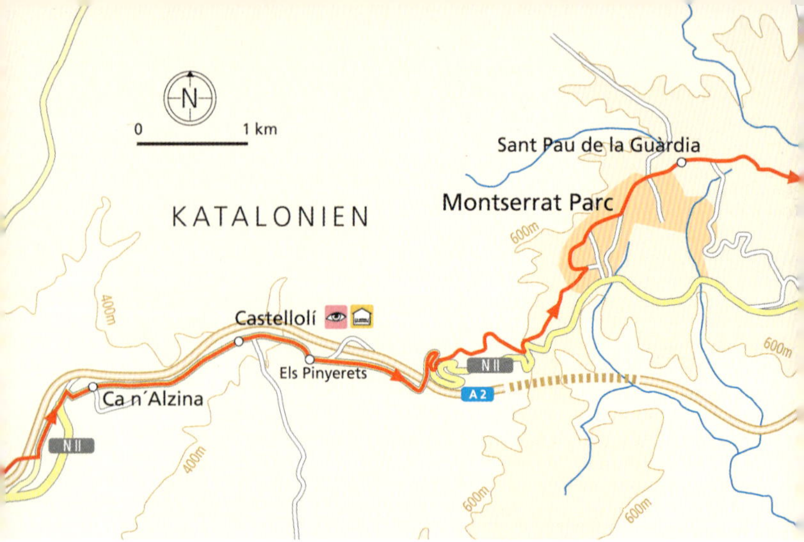

begleiten uns dabei. Man kann zum Aufstieg die ganze Zeit auf der Straße bleiben, für die Fußpilger gibt es aber bei zahlreichen Kurven Abkürzungen. Etwa 100 m nach der ersten scharfen Rechtskurve beginnt links ein Pfad, der uns vom Asphalt wegbringt und in einen Wald führt. Ein Wegweiser zeigt uns die Richtung.

Schließlich kommen wir zurück zur Straße und gehen auf ihr weiter aufwärts. An der ersten Kurve gehen wir nach links auf einen Pfad, der uns durch den Wald weiter nach oben führt. Später wird der Pfad zum Feldweg und führt in Richtung der Siedlung **Montserrat Parc.** 500 m nach der Kreuzung an der Straße verlassen wir den Weg und erreichen auf einem Pfad die ersten Häuser der Siedlung.

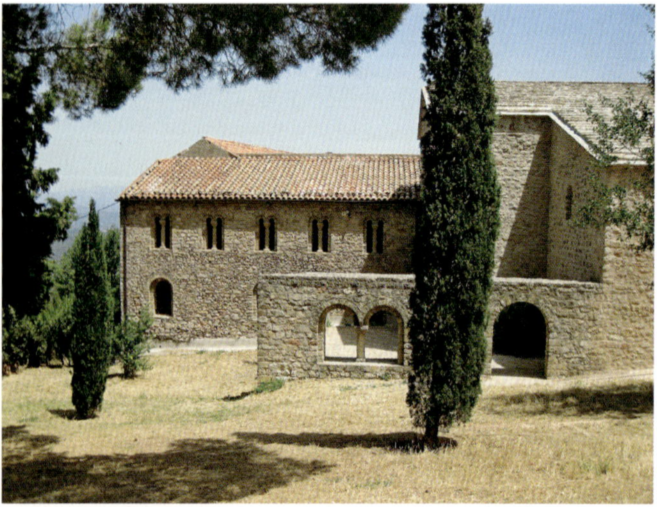

Kloster Santa Cecilia

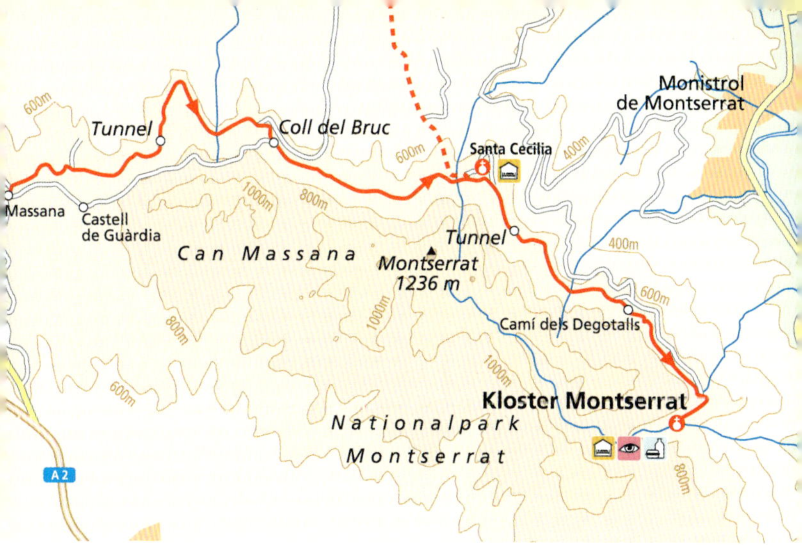

Wir befinden uns jetzt auf der asphaltierten Calle de Castellolí. Nach nur 100 m gehen wir links in die Avenida de la Verge de Montserrat. Wir folgen der Avenida, die eine leichte Rechtskurve macht und um die Siedlung herumführt. Ohne abzubiegen erreichen wir am Ende der Straße eine Wegkreuzung. Hier nehmen wir den gegenüberliegenden Weg und kommen nach **Sant Pau de la Guàrdia.**

Wir durchqueren die Ortschaft und verlassen sie auf einem Feldweg, der sich gabelt: Wir halten uns links und gehen auf einem breiten Weg weiter. Auf der linken Seite sehen wir den Friedhof von San Pau. Unser Weg steigt jetzt an und ist manchmal nur noch schwer zu erkennen. Wir nähern uns der Straße und der Höhe von Can Massana. Schließlich sehen wir **Can Massana** von unserem Pfad aus, der oberhalb der Straße verläuft.

Wir gehen hinunter zur Straße, halten uns dort links und gehen weiter bis zur Straßenkreuzung von Can Massana. Nun bleiben wir immer auf der Straße Richtung Montserrat (für die Pilger ist es nicht empfehlenswert, die Bergpfade zu benutzen). Auf der Straße kommen wir, vorbei an der Einsiedelei **Santa Cecilia**, direkt zum Kloster. Bevor wir es erreichen, sehen wir auf der rechten Seite einen Wegweiser mit dem Namen „Camí dels Degotalls". Dieser Weg bietet sich für die wandernden Pilger an, da er die letzten anstrengenden Meter etwas erleichtert. Schließlich sind wir am Kloster **Montserrat** und gehen bis zum Klosterplatz. Dort finden wir bei einer großen Tür auf der linken Seite die Anlaufstelle für die Pilger.

Orte und Sehenswürdigkeiten:

CASTELLOLÍ: Kleine Ortschaft. Der Name kommt von den Ruinen der Burg Aulí (Castillo de Aulí) aus dem 10. Jh. Es gibt eine Bäckerei mit Bar; Taxi, Tel. 686 229 384.

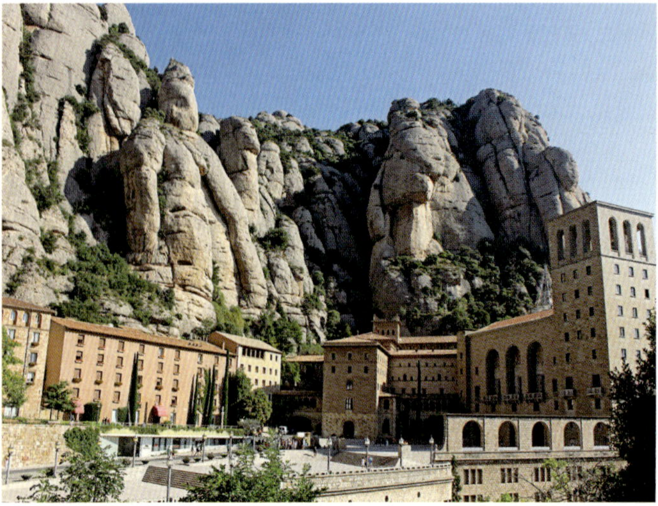

Kloster Santa María von Montserrat

MONTSERRAT: Der Berg vermittelt ein überraschendes Bild und macht seinem Namen alle Ehre: „Montserrat" bedeutet „gezackte Berge". Die Anfänge des Klosters liegen im Dunkeln, aber es ist wahrscheinlich, dass die Kapelle San Acisclo im Klostergarten auf das Jahr 880 zurückgeht. Das Benediktinerkloster wurde im 11. Jh. gegründet. Die Lebendigkeit der Benediktiner-Gemeinschaft zeigt sich in den Liturgien (die Eucharistiefeier findet täglich um 11 Uhr statt) und in ihrer Ausstrahlung auf das gesellschaftliche und politische Leben von Katalonien.

Die Jungfrau von Montserrat ist seit Jahrhunderten ein Anziehungspunkt und hier können wir Gott danken für den langen Weg, den wir schon zurückgelegt haben, und ihm die letzte Etappe anvertrauen, die uns in die Ignatius-Stadt Manresa führen wird. Laut Überlieferung soll die berühmte Schwarze Madonna im 1. Jh. vom Evangelisten Lukas geschnitzt worden und lange Zeit in der Heiligen Höhle vor den Muslimen verborgen worden sein. Folgt man hingegen den Historikern, dann stammt die Statue aus dem 12. Jh. Sie ist nicht aus schwarzem Holz geschnitzt, das dunkle Aussehen kommt vielmehr vom Rauch der vielen Kerzen, die vor ihr als Opfergaben aufgestellt wurden.

Montserrat ist heute eine touristische Sehenswürdigkeit und ein Pilgerziel mit mehr als zwei Millionen Besuchern pro Jahr. 1592 wurde die große Basilika geweiht, die während der Invasion unter Napoleon fast vollständig zerstört wurde. In den Jahren 1811 und 1812 ist sie zweimal abgebrannt. Nach dem Wiederaufbau wurde 1880 die Tausendjahrfeier begangen und 1881 erklärte Papst Leo XIII. die Jungfrau von Montserrat zur Schutzheiligen von Katalonien.

Mit Montserrat kommen wir an einen Ort, der für Ignatius und für viele Pilger seiner und auch unserer Zeit eine besondere Bedeutung hatte bzw. hat. Manche nennen ihn den „magischen Berg" und die Überlieferung schildert ihn als einen Ort, der von der Gegenwart des Geistes erfüllt ist. Lassen wir uns von seiner spirituellen Kraft tragen und halten wir es wie Ignatius: Machen wir der Schwarzen Muttergottes aus freiem Herzen unsere Jesusnachfolge und unseren Vorsatz zum Geschenk, ihm mehr zu dienen.

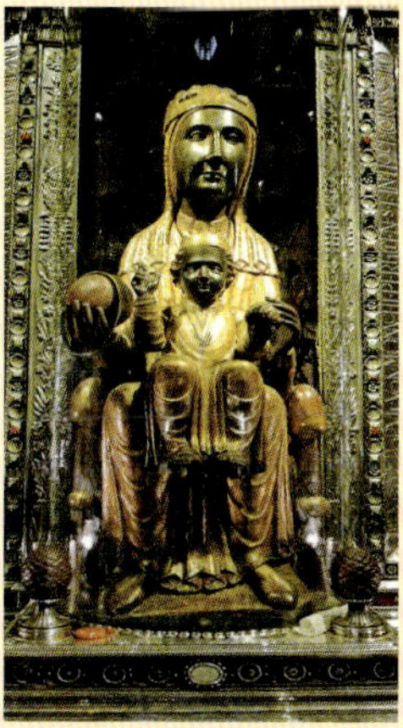

„Er setzte seinen Weg zum Montserrat fort. Und wie bisher immer, war er in Gedanken mit den Großtaten beschäftigt, die er aus Liebe zu Gott verrichten wollte. Da sein ganzer Sinn noch von jenen Geschichten des Amadís de Gaula und anderer Romane dieser Art erfüllt war, kamen ihm einige ähnliche Gedanken. Daher beschloss er, eine ganze Nacht lang vor dem Altar Unserer Lieben Frau vom Montserrat in seinen Waffen Wache zu halten, ohne sich niederzusetzen oder hinzulegen, teils aufrecht stehend, teils kniend. Er hatte den Entschluss gefasst, dort seine bisherigen Kleider abzulegen und das Wappenkleid Christi anzuziehen. Nachdem er nun von jenem Ort aufgebrochen war, ritt er so dahin und dachte, wie es seine Gewohnheit war, nur an seine Vorsätze. Auf dem Montserrat angekommen, betete er lange und besprach sich mit einem Beichtvater. Dann legte er eine schriftlich aufgezeichnete Generalbeichte ab, und diese Beichte dauerte drei Tage. Er machte auch mit dem Beichtvater aus, dieser solle dafür Sorge tragen, dass das Maultier weggeführt werde und dass man in der Kirche am Altar Unserer Lieben Frau das Schwert und den Dolch aufhänge. Dieser Beichtvater war der erste, dem er seinen Entschluss mitteilte; denn bis dahin hatte er noch keinem anderen Beichtvater seine Pläne verraten."

„Am Vortag des Festes Unserer Lieben Frau im März des Jahres 1522 ging er mitten in der Nacht so unauffällig, wie es nur möglich war, zu einem Bettler. Er legte alle seine Kleider ab und schenkte sie diesem Bettler. Dann zog er sein so sehr ersehntes neues Gewand an und ging wieder hin, um sich vor dem Altar Unserer Lieben Frau auf die Knie zu werfen. Teils kniend, teils stehend verbrachte er die ganze Nacht dort mit seinem Pilgerstab in der Hand."

Bei einer längeren Einkehr in der Basilika der *Virgen de Montserrat* wollen wir den Text aus 1 Kor 12,1-11 mit ins Gebet nehmen und Gott bitten, dass unser Leben zur größeren Ehre Gottes von den Gaben des Geistes begleitet sein möge. Bei dieser Gelegenheit können wir auch unsere alten Kleider ablegen und die neuen anziehen, die wir vielleicht in Igualada entdeckt haben: Ein neues Leben braucht neue Kleider. Was lasse ich hier auf dem Montserrat zurück? Was will ich wieder mit nach Hause nehmen?

Die Basilika von Montserrat wurde im Lauf ihrer Geschichte mehrmals zerstört und wiederaufgebaut, weil die Region immer wieder von Krieg heimgesucht wurde. Nachdem Ignatius heiliggesprochen worden war, markierte man, um die Erinnerung an ihn zu bewahren, die Stelle, wo er am Altar der Gottesmutter seine Gebetswache gehalten hatte, mit einem schwarzen Stein. Im Zuge der späteren Nachbauten verschob sich diese Stelle nach vorne und befindet sich heute am Eingang des arkadengesäumten Vorhofs der jetzigen Kirche. Unweit der Statue des heiligen Ignatius, auf dem Boden unterhalb des Bogens, erkennt man den runden schwarzen Stein und darauf die verblasste Inschrift, die uns daran erinnert, dass dies die Stelle ist, wo sich Ignatius Unserer Lieben Frau geweiht und sein neues Leben begonnen hat.

An der Fassade der Basilika, die 1968 fertiggestellt wurde, finden wir eine Darstellung von Christus und den zwölf Aposteln. Im Inneren der Basilika folgen wir den Wegweisern „Cambril de la Mare de Déu", um den Schrein der Schwarzen Madonna zu besuchen. Auf der anderen Seite des Eingangsbereiches der Basilika werden Weihgeschenke und Votivgaben ausgestellt. Das Museum von Montserrat zeigt unter anderem gotische Altäre und Werke von El Greco, Monet und Picasso. Ein audiovisueller Raum illustriert das Leben und die Spiritualität der Mönche.

Ein langer Weg führt hinunter zur Heiligen Höhle (Santa Cueva), dem Ort, wo die Schwarze Madonna entdeckt wurde. Die kreuzförmige Höhle ist im 17. Jh. ausgestaltet worden. Man kann die Hälfte des Weges auch mit einer Seilbahn zurücklegen.

Auf dem Klosterareal finden wir Restaurants, Supermärkte, Apotheken, ein Gesundheitszentrum, eine Bank und eine Touristeninformation (Tel. 938 777 777).

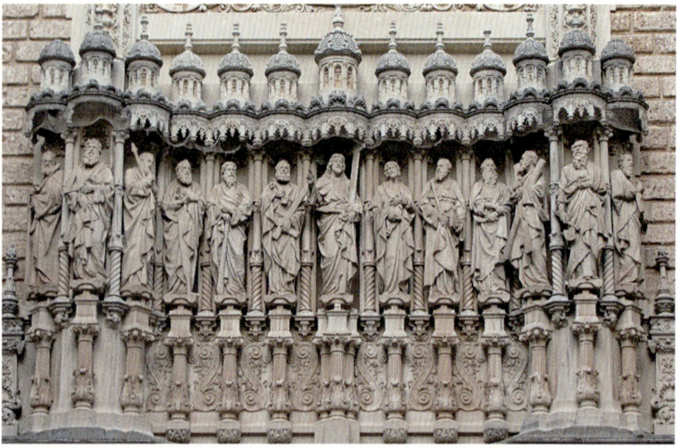

Jesus und die zwölf Apostel an der Fassade der Klosterkirche

27. ETAPPE 24,6 KM

Montserrat – Manresa

↗ 406 m ↘ 896 m

„Vermeide jedweden Starrsinn, doch wenn du etwas Gutes begonnen hast, dann halte daran fest und stiehl dich nicht aus Müdigkeit oder Verzweiflung wie ein gemeiner Dieb davon."

„Lass mich deine Huld erfahren am frühen Morgen;
denn ich vertraue auf dich. Zeig mir den Weg,
den ich gehen soll; denn ich erhebe meine Seele zu dir. [...]
Lehre mich, deinen Willen zu tun; denn du bist mein Gott.
Dein guter Geist leite mich auf ebenem Pfad." (Ps 143,8–10)

Frohen Mutes beginnen wir die letzte Etappe unseres Pilgerwegs. Mit Freude im Herzen wandern wir auf den letzten Kilometern, obgleich auch heute noch einmal ein Abschnitt mit steilem Aufstieg vor uns liegt. Aber am Ende werden wir vor der Einsiedelei Nuestra Señora de la Guia stehen, wie Ignatius die Steinbrücke überqueren, die das Cover unseres Pilgerführers ziert, hinaufziehen zur Höhle des heiligen Ignatius und zum St.-Lucia-Krankenhaus, in dem er gearbeitet hat, und wie der Heilige in der Basilika La Seu unser Dankgebet verrichten. Diese Aussichten geben uns die Kraft für die letzten Kilometer und am Ende des langen Weges lassen wir all den Emotionen freien Lauf, die hier an dem so sehr ersehnten Ort in uns aufsteigen.

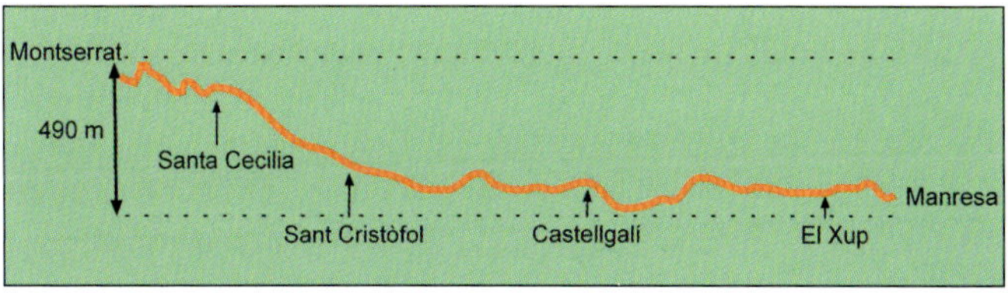

FÜR RADFAHRER: mittlerer Schwierigkeitsgrad. Für die Abfahrt ab Santa Cecilia ist es empfehlenswert, nicht den Wanderweg zu nehmen, sondern auf dem Feldweg zu bleiben. Auf der linken Seite sieht man ein Haus, wenig später überquert man den Bach und trifft dann wieder auf den Fußgängerweg. Bei der Abfahrt ab Castellgalí muss man das Rad schieben und besondere Vorsicht ist auf der kurzen Strecke auf der Landstraße C-55 geboten.

Montserrat:	km 0	Kapelle Santa Cecilia:	km 3,5
Sant Cristófol:	km 7,9	Castellgalí:	km 14,3
El Xup:	km 21	Turm von Santa Caterina:	km 23,5
Manresa:	km 24,6		

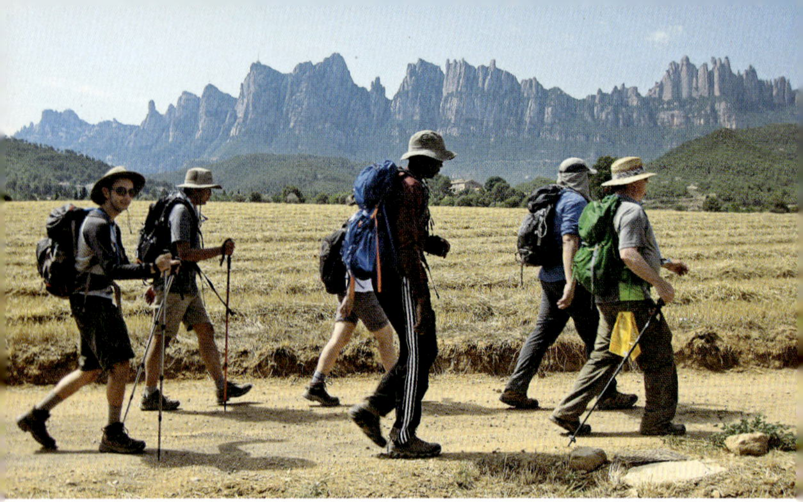

Bis Santa Cecilia geht es unter den Felsen von Montserrat retour.

Unterkünfte

Manresa:

- Haus der Geistlichen Übungen La Cova de Sant Ignasi, pasaje de la Cova, Tel. 938 720 422
- Alberg del Carme, Plaza Milcentenari s/n, Tel. 938 750 396
- Apartments Grup Urbi, c/ Codinella 9, entresol 2ª, Tel. 938 768 241 oder 606 993 537
- Apartments La Farola, c/ Canyelles 5, Tel. 938 731 300
- Hostal Turó de la Torre, c/ Sallent s/n, Siedlung Els Dolors, Tel. 938 733 286
- Hotel 1948, ctra. De Santpedor 54-58, Tel. 938 748 216
- Hotel Els Noguers, Av. Països Catalans 167, Tel. 938 743 258
- Pensión La Masia, Plaza Sant Ignasi 21, Tel. 938 724 237
- Pensión Roser Manila Sant Andreu, c/ Sant Andreu 9, Tel. 938 725 908

Wegbeschreibung

Wir verabschieden uns von der Schwarzen Madonna von Montserrat und beginnen unsere Etappe auf dem gleichen Weg, auf dem wir zum Kloster gekommen sind, dem Camí dels Degotalls. Wir kehren zurück zur Straße und gehen wieder in Richtung **Einsiedelei Santa Cecilia,** die wir schon kennen. Wir gehen auf dem Pfad parallel zur Straße und nachdem wir auf der rechten Seite durch den Tunnel gegangen sind, sehen wir oben an der Straße die Einsiedelei.

Dort angekommen nehmen wir einen asphaltierten Weg, der rechts abwärts führt. Wir sehen die Markierung „GR-4 a Sant Cristófol" und folgen ihr. Der Weg läuft parallel unterhalb der Straße und wir überqueren mehrere Sturzbäche.

Für die Fahrradpilger bietet sich der abwärts führende Feldweg an. In kurvigem Verlauf führt er an mehreren Bauernhöfen vorbei, die man links liegenlässt. Bei jeder Kreuzung nehmen die Radfahrer den Weg nach rechts und fahren immer abwärts. Schließlich erreicht man ein Flussbett, durchquert es und fährt auf dem Feldweg ein Stück nach oben, wo man dann wieder auf den Weg trifft, den die Wanderer genommen haben.

ÄUSSERLICH verändert und innerlich von dem Wunsch beseelt, alles zur größeren Ehre Gottes zu tun, hat Ignatius sich auf den Weg nach Manresa gemacht … doch plötzlich wird ihm bewusst, dass die Dinge, selbst wenn man sie in allerbester Absicht tut, niemals einfach sind.

„Beim Tagesanbruch verließ er den Ort, um nicht erkannt zu werden, und zog weiter, nicht auf dem geraden Weg nach Barcelona, wo er mit vielen zusammentreffen müsste, die ihn kannten und ihn ehrenvoll aufnehmen würden; sondern er bog vom geraden Weg ab zu einem Ort namens Manresa, wo er einige Tage lang in einem Armenspital zu bleiben gedachte. Als er so schon eine Meile vom Montserrat entfernt war, holte ihn ein Mann ein, der ihm in aller Eile nachgelaufen war, und fragte ihn, ob er wirklich einige Kleidungsstücke einem Bettler geschenkt habe, wie dieser behauptete. Und da er mit ja antwortete, füllten sich seine Augen mit Tränen aus Mitleid mit dem Bettler, dem er die Kleider geschenkt hatte. Es überkam ihn Mitleid, denn er begriff, dass man jenen belästigt habe in der Annahme, er habe die Kleider gestohlen. So sehr er aber jede Beachtung mied, konnte er sich doch nicht lange in Manresa aufhalten, ohne dass sich die Leute außerordentliche Geschichten über ihn erzählten; das, was sich auf dem Montserrat ereignet hatte, gab den Anlass zu diesen Gerüchten. Bald nahm das Gerede so zu, dass man mehr behauptete, als in Wirklichkeit vorlag: Er habe ein so und so großes Einkommen aufgegeben, und anderes mehr."

„In Manresa bettelte er jeden Tag um Almosen. Er aß kein Fleisch und trank keinen Wein, selbst wenn man ihm welchen schenkte. An den Sonntagen fastete er nicht und trank ein bisschen Wein, wenn man ihm solchen gab. Und da er früher entsprechend der Gepflogenheit jener Zeit sehr auf die Pflege seines Haares bedacht war und er noch immer eine schöne Frisur hatte, beschloss er nun, es einfach wachsen zu lassen, wie es wolle, ohne es zu kämmen oder zu schneiden oder irgendwie während der Nacht oder bei Tag zu bedecken. Aus dem gleichen Grund ließ er auch die Zehen- und Fingernägel wachsen, da er ebenfalls dafür früher besondere Sorgfalt aufgewendet hatte."

Aus den „einigen Tagen", die Ignatius in Manresa bleiben wollte, wurden über zehn Monate des persönlichen Wachstums. Gott hatte es nicht eilig mit ihm und Gott sei Dank hatte es auch Ignatius nicht eilig, diese Stadt, die ihn trotz einer gewissen Exzentrik seinerseits mit offenen Armen aufnahm, wieder zu verlassen. Vermutlich wird der Ignatiuspilger oder die Ignatiuspilgerin den eben bekehrten Ritter auch hier in irgendeinem Punkt nachahmen wollen; jedenfalls ist es vielleicht an der Zeit, zum Friseur zu gehen und sich die Haare schneiden zu lassen. Im Fremdenverkehrsbüro von Manresa und in der *Cova de san Ignacio* erhält der Pilger Schriften, in denen er die Fortsetzung dieser interessanten Geschichte nachlesen und mehr über die Zeit des Ignatius in Manresa erfahren kann.

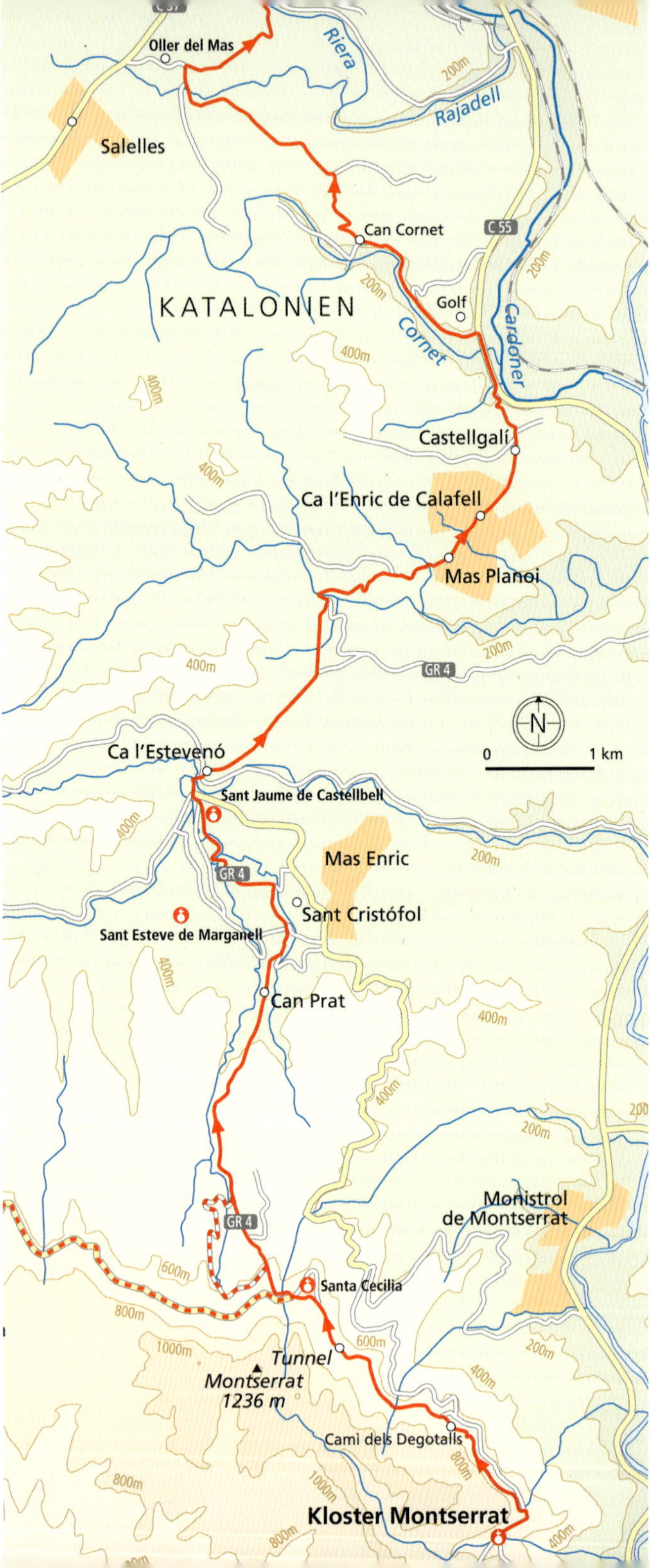
Oller del Mas
Riera
Rajadell
Salelles
200m
Can Cornet
C 55
Golf
KATALONIEN
Cornet
Cardoner
200m
400m
400m
Castellgalí
400m
Ca l'Enric de Calafell
Mas Planoi
200m
GR 4
400m
0
1 km
N
Ca l'Estevenó
Sant Jaume de Castellbell
400m
Mas Enric
200m
GR 4
Sant Cristófol
Sant Esteve de Marganell
400m
Can Prat
400m
400m
200m
Monistrol de Montserrat
GR 4
600m
Santa Cecilia
800m
1000m
600m
Tunnel
Montserrat 1236 m
200m
400m
Camì dels Degotalls
800m
800m
1000m
Kloster Montserrat
800m
400m

Die Fußpilger gehen direkt am Berghang nach unten. Ein Wegweiser in einer scharfen Kurve des Feldweges weist darauf hin. Wir sind jetzt auf einem Bergpfad mit steilem Gefälle und orientieren uns immer an den rot-weißen Markierungen des GR-4. Schließlich erreichen wir einen breiten Feldweg und gehen dort rechts.
Wir erreichen die Siedlung **Can Prat** auf der Calle Agulles und folgen weiter den rot-weißen Markierungen, immer geradeaus auf der gleichen Straße. Manchmal sind die Markierungen auf den Lichtmasten mit rosa Farbe übermalt, aber es ist unmöglich, sich zu verlaufen. Wir kommen zu einer sehr engen Kurve und dort gibt es einen Wegweiser, der uns die Richtung nach Manresa zeigt. Es geht nach links und wir folgen weiter den Markierungen des GR-4.
Bei der nächsten Kreuzung gehen wir nach rechts in Richtung Einsiedelei Sant Jaume de Castellbell. Auch hier begleiten uns die rot-weißen Markierungen. Unser Weg endet vor einigen Häusern der Ortschaft **Sant Cristófol,** die wir nicht durchqueren. Wir halten uns links und folgen den Wegweisern nach **Sant Jaume de Castellbell.** Dabei halten wir abwärts auf einen Bach zu, folgen den Markierungen des GR-4, überqueren das Flussbett und sehen links ein Haus. Bei der nächsten Kreuzung lassen wir uns wieder von den rot-weißen Markierungen leiten, und zwar nach rechts. Auch den Ort Sant Jaume durchqueren wir nicht.
Wir erreichen eine asphaltierte Straße und gehen dort links nach unten zu einer Brücke. Nach der Brücke und einem Restaurant taucht links ein Weg auf, der uns aufwärts führt. Ein Wegweiser bestätigt uns die Richtung nach Manresa. Wir gehen immer geradeaus und sehen auf der linken Seite einen großen Schweinezuchthof. Danach kommen wir zu einer Kreuzung. Wir halten uns links und folgen dem Weg. Ein Wegweiser bestätigt uns die Richtung. Wir verlassen den GR-4 mit seinen rot-weißen Markierungen und folgen jetzt blau-weißen Markierungen. Wieder kommt eine Kreuzung, bei der wir nach rechts gehen. Der Weg führt uns durch ein Flussbett und danach beginnt rechts ein neuer Weg. Ein Wegweiser zeigt uns die Richtung nach Manresa und Castellgalí. Ihm folgend gehen wir rechts. Unser Weg kreuzt einen anderen und auch dort biegen wir rechts ab. Kurz darauf beginnt links ein Weg, aber wir bleiben auf unserem. Sobald wir die ersten Häuser von **Castellgalí** erreichen, biegen wir in die erste Straße links ab und folgen den blau-weißen Markierungen. Wir sind auf dem Montserrat-Weg, der später Calle Montserrat heißt, und gehen immer geradeaus.
Bald kommen wir ins Dorfzentrum und sehen oben die Kirche. Auf der Calle Sant Antoni steigen wir hinauf und bei der Kirche angekommen verabschieden wir uns von den blau-weißen Markierungen und vom Katalanischen Jakobsweg, denn der Ignatiusweg verläuft hier weiter geradeaus, an der Fassade der Kirche vorbei. Wir gehen weiter geradeaus und bei den letzten Häusern des Dorfes beginnt

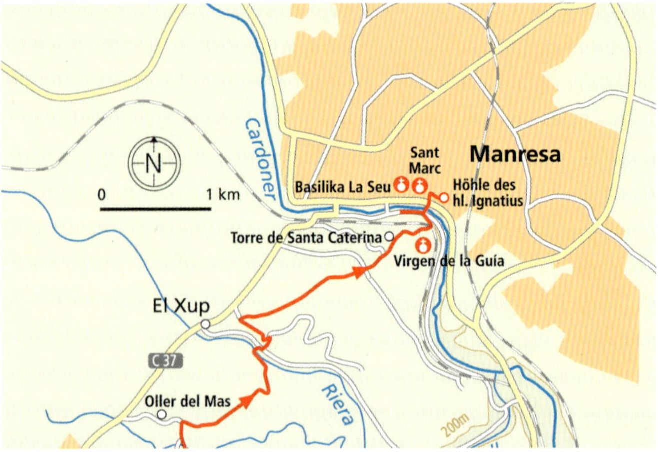

bei einem Strommasten ein Feldweg. Ein Schild macht uns darauf aufmerksam, dass wir uns ab jetzt auf dem alten Pilgerweg von Manresa nach Montserrat befinden, der aus dem 10. Jahrhundert stammt. Ein steiler Abstieg zur Landstraße C-55 beginnt. Unten angekommen gehen wir an der Landstraße nach links. Bitte aufpassen, denn hier herrscht viel Verkehr. Wir gehen ca. 500 m auf dieser Straße, kommen dann über eine Brücke und sehen links einen Golfplatz. Hier biegen wir links in einen Feldweg ab.

Wir gehen um den Golfplatz und das Bachbett von **Can Cornet** herum, das sich links befindet. An der Kreuzung halten wir uns rechts, damit wir nicht direkt zum Fluss kommen. Nach ca. 600 m erreichen wir das Privathaus La Masia und gehen nach rechts. Wir steigen im Zickzack steil aufwärts. Unser Pfad ist gesäumt von großen Steinen, die uns verraten, dass wir in der Nähe eines alten Steinbruchs sind, den wir vom Weg aus allerdings nicht sehen können. Wenn wir fast oben angekommen sind, sehen wir einige landwirtschaftlich genutzte Felder vor uns. Unser Pfad führt jetzt nach links und geht nach ca. 200 m in einen anderen über, der ebenfalls nach links führt. Schon bald eröffnet sich uns der Blick auf die Stadt Manresa.

Immer geradeaus auf unserem Weg erreichen wir, ohne abzubiegen, die Burg **Oller del Mas.** Nach ca. 1,5 km stößt ein Weg von links auf unseren und kurz darauf stehen wir etwa 100 m vor den Toren der Burg. Hier biegen wir rechts ab und kommen an einer Informationstafel vorbei, die uns darauf aufmerksam macht, dass sich hier die alte Römerstraße nach Manresa befand. Wir gehen nicht auf dem Weg weiter, der rechts nach unten führt, sondern in Richtung einiger Häuser, die wir links liegen lassen. Nach einem kurzen Abstieg kommen wir zum Eingang eines weiteren Hauses. Hier nehmen wir den Weg, der links zum Bachbett führt, das wir auf einer kleinen Brücke überqueren.

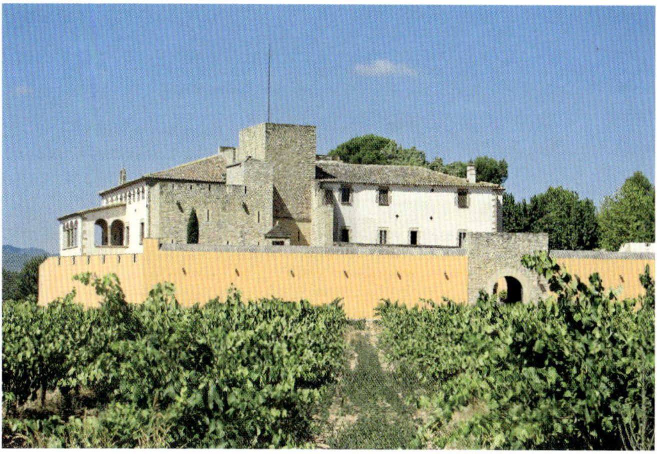

Die Burg Oller del Mas

Nach dem Bachbett biegen wir rechts ab und steigen nach ca. 50 m auf einem Weg nach oben. Der Weg führt an einer Steinmauer entlang. Oben angekommen halten wir uns links und kommen zu mehreren Häusern. Wir gehen geradeaus bis zur nächsten Kreuzung bei einigen gut sichtbaren Strommasten. Dort biegen wir rechts ab und entfernen uns von der Siedlung **El Xup.**

Weiter geht's geradeaus. Der Weg macht eine Rechtskurve und führt zu einem Bauernhof. Aber wir gehen auf einem alten, schlecht ausgebauten Weg geradeaus und kommen durch landwirtschaftlich genutzte Felder. Nach ca. 200 m gabelt sich der Weg. Wir nehmen den schmalen Pfad rechts, gehen an der Steinmauer entlang und überqueren einen asphaltierten Weg. Geradeaus weiter erreichen wir den alten Wachturm Santa Caterina. Auf der linken Seite sieht man einen Parkplatz. Direkt vor dem Turm beginnt ein Weg, der nach unten zur Höhle führt. Nach dem steilen Abstieg kommen wir fast direkt bei der Einsiedelei Virgen de la Guia an, die wir rechts sehen können.

Auf der Straße halten wir uns links, überqueren auf einer Brücke die Bahngleise und gehen nach unten zum Fluss Cardoner. Wir biegen rechts ab und kommen zur alten Brücke. Gegenüber sehen wir am Berg das Gebäude mit der Höhle des heiligen Ignatius. Der Ignatiusweg endet am Krankenhaus Santa Lúcia, auch bekannt unter dem Namen „Capilla del Rapto". Über die Calle San Marcos gelangt man nach oben zur Kapelle auf der anderen Seite der Brücke. Wir gehen hinauf, bis wir zur Plaza San Ignacio und zur alten Jesuitenschule (heute Landesmuseum) in **Manresa** kommen.

Wir sind nun am Ende des Ignatiusweges und feiern die Ankunft, während wir die Pilgerdokumente im Pilgerbüro des Rathauses in Empfang nehmen.

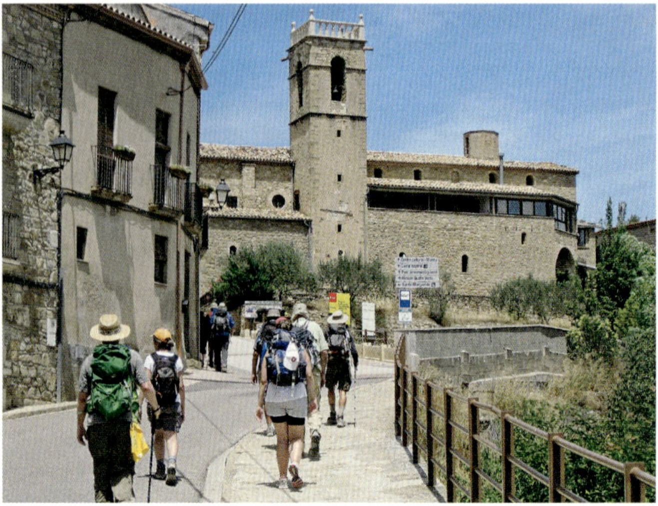

Castellgalí, Kirche San Miguel

Orte und Sehenswürdigkeiten:

CASTELLGALÍ: Ortschaft mit rund 1700 Einwohnern und einer langen Pilgertradition. Die Ursprünge des Ortes reichen in die Zeit der Iberer zurück, die vor allem die privilegierte Lage hoch oben zur Überwachung des Flusstales schätzten. Die römischen Siedler nannten den Ort Boades. Unter dem Einfluss der Pilger, die auf ihrem Weg nach Montserrat durch den Ort zogen, wurde das Dorf im Mittelalter bekannt für seine Herbergen und Schmieden. Ganz sicher zog Ignatius von Loyola während seines langen Aufenthaltes in Manresa auf seinem Weg von oder nach Montserrat mehrere Male durch Castellgalí. Heute findet man hier Restaurants, Supermärkte, eine Apotheke und eine Bank.

MANRESA: Manresa ist neben Montserrat der Höhepunkt des Ignatiusweges. Man kann die Bedeutung dieser Stadt im Leben von Ignatius, für die Spiritualität des Jesuitenordens und bei der Entwicklung der *Geistlichen Übungen* nicht genug betonen. Manresa verkörpert das Zentrum der ignatianischen Spiritualität: Gott finden „in allen Dingen“, nicht nur an stillen Orten, sondern auch in modernen und heterogenen Städten. Seit 1602 die ersten Jesuiten in die Stadt kamen, steht sie in der Tradition des hl. Ignatius und erlebt mit der Ankunft der Ignatiuspilger einen neuen Impuls. Ein längerer Aufenthalt in Manresa lohnt sich in jedem Fall. Man sollte genug Zeit für den Besuch der verschiedenen ignatianischen Stätten und der Sehenswürdigkeiten einplanen. Unterlagen gibt es im Tourismusbüro am Rathausplatz (Tel. 938 784 090, www.manresaturisme.cat), aber auch in der Höhle des hl. Ignatius (www.covamanresa.cat).

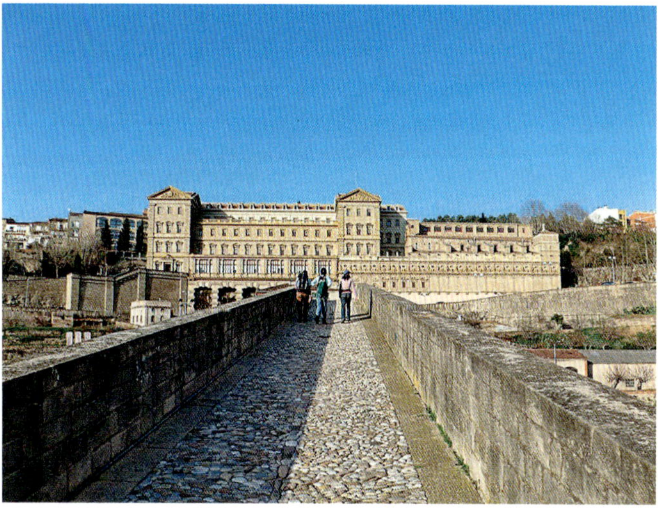

Manresa, Blick über die alte Steinbrücke zur Cova de Sant Ignasi

Der Turm Santa Catarina mit seinem zylindrischen Fundament, von dem aus man einen wunderbaren Blick auf Manresa hat, wurde 1836 errichtet und diente in den Karlisten-Kriegen als Wachturm.

Der erste ignatianische Ort von Manresa liegt noch vor dem Fluss Cardoner: Es ist die kleinen Einsiedelei Virgen de la Guia, die 1856 um einige Meter verlegt worden musste, um Platz zu machen für die Bahnlinie. Die Kapelle de la Guía (16. Jh.) stand früher an der Steinbrücke und war als Gebetshaus unter dem Namen Na Bastardes bekannt. Daneben befand sich das Haus des Eremiten und das Kreuz. Bei seiner Ankunft in Manresa betete Ignatius in der Kapelle und wohl auch beim Steinkreuz, das in der Nähe errichtet wurde.

Zweifellos überquerte Ignatius die alte Steinbrücke (Puente Viejo). Sie ist römischen Ursprung und erhielt im 12. Jh. ihre heutige Form mit acht Rundbögen. Im Jahr 1939 wurde die Brücke bei einem Bombenangriff zerstört und zwischen 1960 und 1962 originalgetreu wieder aufgebaut.

Die Basilika von Manresa, die einzigartige „Seu de Manresa", ist eine der weiträumigsten Kirchen Europas. Mit dem Bau wurde 1325 begonnen und etwa drei Jahrzehnte vor der Ankunft des Ignatius war er vollendet, was vom großen Wohlstand in Manresa in jener Zeit zeugt. Die gotische Kirche wurde von Berenguer de Montagut entworfen, der auch andere bedeutende Bauwerke wie die Kirche Santa Maria del Mar in Barcelona geplant hat. Die architektonische Konzeption ist charakteristisch für die katalanische Gotik: Schlicht in der Dekoration und Vorrang für horizontale Volumen mit breitem Kirchenschiff. Die Hauptfassade im neogotischen Stil geht auf Alexandre Soler i March zurück, der von Antonio Gaudí beraten wur-

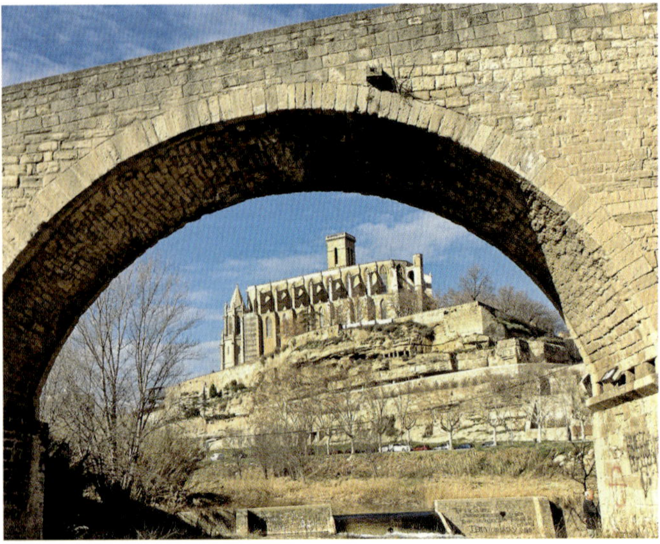

Manresa, Blick zur Basilika „Seu de Manresa"

de. Die Basilika ist auch aufgrund der zahlreichen Kunstwerke in ihrem Innern sehenswert. Besonders erwähnenswert sind dabei die gotischen Altarbilder.

Laut eines Zeugen im Heiligsprechungsprozess betete Ignatius bei seiner Ankunft in Manresa zwei Stunden in der Stiftskirche. Danach begab er sich zum Krankenhaus Santa Lucía, wo er sich einquartierte. Die Kapelle beim Alten Hospital de Santa Lucía, im Bürgerkrieg zerstört, erinnert an eines der Wunder, das sich während Ignatius' Aufenthalt in der Stadt im 16. Jh. ereignet haben soll: Acht Tage lang war Ignatius im Zustand einer spirituellen Entrückung und konnte sich nicht bewegen.

Das gotische Eingangsportal und eine liegende Statue von Ignatius, die schon vor dem Bürgerkrieg verehrt wurde, können besichtigt werden. Bei der Führung „Das Manresa von Ignatius" kann auch das Innere der Kapelle besichtigt werden.

Im heutigen Heiligtum „Cova de Sant Ignasi" befindet sich die kleine Höhle, wo Ignatius – wie es die Überlieferung sagt – einige bedeutende Abschnitte seiner Geistlichen Übungen schrieb. Für die Einwohner von Manresa war dieser Ort direkt mit Ignatius verbunden und so wurde 1603 die erste Kapelle errichtet, noch in ausreichender zeitlicher Nähe zur „lebendigen Erinnerung".

Die Autobiografie berichtet von außergewöhnlichen spirituellen Erleuchtungen, die Ignatius in Manresa erlebte, „während er den Fluss Cardoner betrachtete" und die sein Leben veränderten. Wo genau geschah das? Der Fluss fließt durch die Stadt und die Pilger können sich zahlreiche Plätze vorstellen, wo Ignatius vielleicht ausruhte und

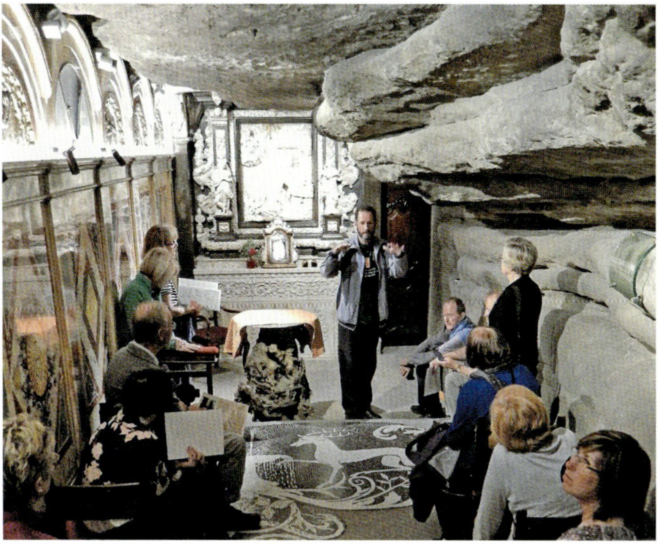

In der Höhle des hl. Ignatius

mystische Tröstungen erfuhr. Der Überlieferung nach war Ignatius auf dem Weg zur Kirche San Pablo, die etwa 1,5 km vom Stadtzentrum entfernt ist, als er am Ufer des Flusses jene bedeutsame Erleuchtung erlebte. Dieser Ort ist heute mit einem modernen Kunstwerk gekennzeichnet. Man findet es, indem man hinter dem Exerzitiengebäude auf dem alten Santa-Clara-Weg nach oben steigt. Vor dem Kloster biegt man rechts ab und kommt zur Calle del Peix und einem Park. Eine Bank weist auf diesen besonderen Platz hin.
Die Pilger von heute finden mit Leichtigkeit die vielen Spuren von Ignatius, da er an verschiedenen Orten wohnte, zahlreiche Kirchen und Klöster besuchte, sich in der Pflege der Kranken und Armen engagierte und sich an mehreren Orten zum Beten aufhielt. So wohnte er beispielsweise während mehrerer Monate in einer Wohnung im Erdgeschoss eines Hauses, das heute unter der Adresse Calle Sobrerroca 25 zu finden ist. Am Ende dieser Straße kann man die Reste eines mittelalterlichen Stadttores besichtigen. Als Ignatius krank war, war er bei der vermögenden Familie Amigant untergebracht. Die Kapelle Sant Ignasi Malalt erinnert an diesen Ort.
Auf der heutigen Plaza Sant Domènec befand sich früher ein Dominikanerkloster, in dem Ignatius ebenfalls eine Zeitlang wohnte. Eine begehbare moderne Skulptur (ein Tor, das sich öffnet) thematisiert dort das Ringen des Ignatius um die Wahrheit und den inneren Frieden. Die Hände und die Schale auf dem Bronzetor symbolisieren den brüderlichen Empfang für die Pilger beim Eintreffen in der ignatianischen Stadt. Ignatius suchte regelmäßig die Kirchen in Manresa auf und zu seinen Lieblingskirchen gehörte die Kirche del Carme der

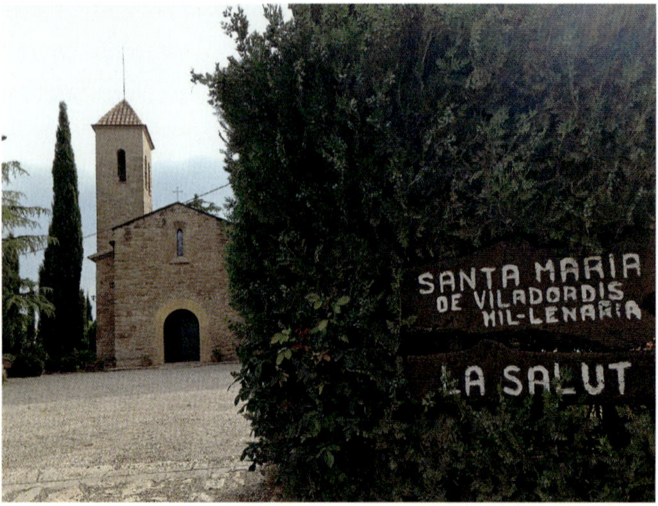

Kirche Nuestra Señora de la Salut, Viladordis

Karmeliter, die auf dem höchsten Punkt der Stadt, dem Puig Mercadal, erbaut wurde. Im Spanischen Bürgerkrieg wurde die Kirche zerstört, aber einige Teile des alten Kreuzgangs sind noch erhalten oder wiederaufgebaut. Er betete auch in der kleinen Kapelle Sant Marc, wie einige Zeugen im Heiligsprechungsprozess von Ignatius aussagten.
Die Kirche Santa María de la Salut de Viladordis befindet sich schon außerhalb der alten Stadtmauern. Sie stammt aus dem 10. Jh. und war ebenso ein bevorzugter Ort zum Beten von Ignatius. In der Kirche kann man einen Stein sehen, auf dem er normalerweise niederkniete, um zur Jungfrau zu beten.
Auf seinem Weg zum Kloster Santa Clara verweilte er gern und häufig zum Beten am Cruz del Tort, wo er sicher auch die schöne Aussicht genoss.
Taxis: Taxis Manresa, Tel. 938 770 877, Manuel Artero, Tel. 630 918 900; Radio Taxi Manresa, Tel. 938 744 000.

VON MANRESA NACH BARCELONA

Von Manresa nach Barcelona, zum Hauptbahnhof Sants, fährt man am besten mit dem Zug, Linie R4 oder R5. Der Zug fährt alle 30 Minuten.
Vom Stadtzentrum Barcelona gibt es verschiedene Möglichkeiten, um zum Flughafen Barcelona Prat zu kommen: mit der U-Bahn-Linie L9 Sud, mit dem Flughafenbus Aerobus ab Plaza Catalunya oder mit der Bahnlinie R2.

Am Ende des Ignatiusweges besuchen viele Pilger auf ihrer Heimreise die Stadt Barcelona. Auch hier gibt es bedeutsame Orte, die im Leben von Ignatius eine wichtige Rolle spielten. Nach seinem langen Aufenthalt in Manresa verbrachte er einige Wochen in Barcelona, um hier seine Weiterreise ins Heilige Land vorzubereiten, die zu einer Odyssee werden sollte: Er brach nach Rom auf, und von dort ins Heilige Land zu reisen. Allerdings wurde er von den Franziskanermönchen bei ihrer Kontrolle der ankommenden Pilger im Heiligen Land nach nur drei Wochen wieder nach Barcelona zurückgeschickt. Dort blieb er zwei Jahre lang und absolvierte das Grundstudium der lateinischen Grammatik.
Ignatius war insgesamt fünf Mal in Barcelona, schloss dort viele Freundschaften und traf wohltätige Familien, die ihn in den Ausbildungsjahren und in der Anfangszeit des Jesuitenordens großzügig unterstützten. Aus diesem Grund schrieb er: „Mir scheint, dass ich ohne Zweifel mehr Schulden aus diesem Leben bei der Bevölkerung von Barcelona habe als bei einem anderen Volk."

Ignatianische Orte in Barcelona

In der Stadt gibt es viele Zeugnisse der Geschichte des Ignatius bzw. des Jesuitenordens. Beim Besuch der Stadt sollten wir uns vor Augen halten, dass sie damals etwa 40.000 Einwohner hatte und nicht wie heute 1,6 Millionen. Das Stadtzentrum lag im heutigen Gotischen Viertel. Wir können davon ausgehen, dass Ignatius während seines zweijährigen Aufenthalts durch fast alle Straßen des alten Viertels ging. In den engen Gassen rund um die Kirche Santa María del Mar im Stadtteil Ribera, dem damaligen wirtschaftlichen Zentrum der Stadt, oder im Gotischen Viertel können wir eintauchen in die Atmosphäre dieses Ortes, wo noch viele Gebäude und Straßen aus dem Mittelalter erhalten sind. Das Stadttor

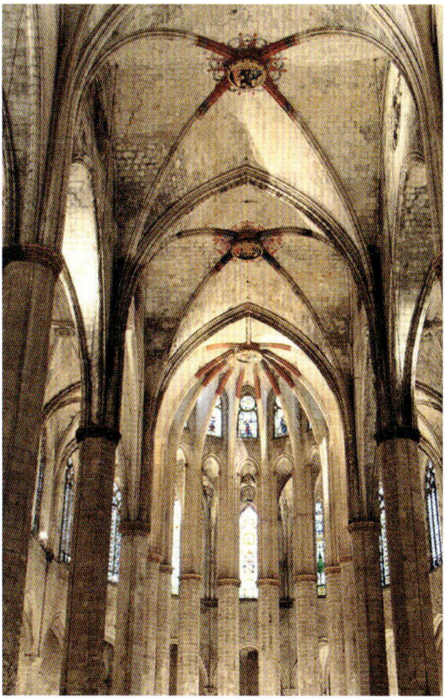

Barcelona, Basilika Santa María del Mar

der von Mauern umschlossenen mittelalterlichen Stadt war an der Plaza Agustí Vell, wo die Calle Portal Nou endet. Zweifellos verweilte Ignatius in der Kapelle d'en Marcus aus dem 12. Jh. (an der Einmündung der Calle dels Carders und der Calle Montcada), wo die Reisenden das Bildnis Madre de Dios de la Guia anbeteten. Parallel zur Via Laietana verläuft eine schmale und kurze Gasse, die Calle Sant Ignasi. Inés Pascual, eine gute Freundin und Wohltäterin aus Manresa, wohnte in einem Haus an der Kreuzung Calle Sant Ignasi

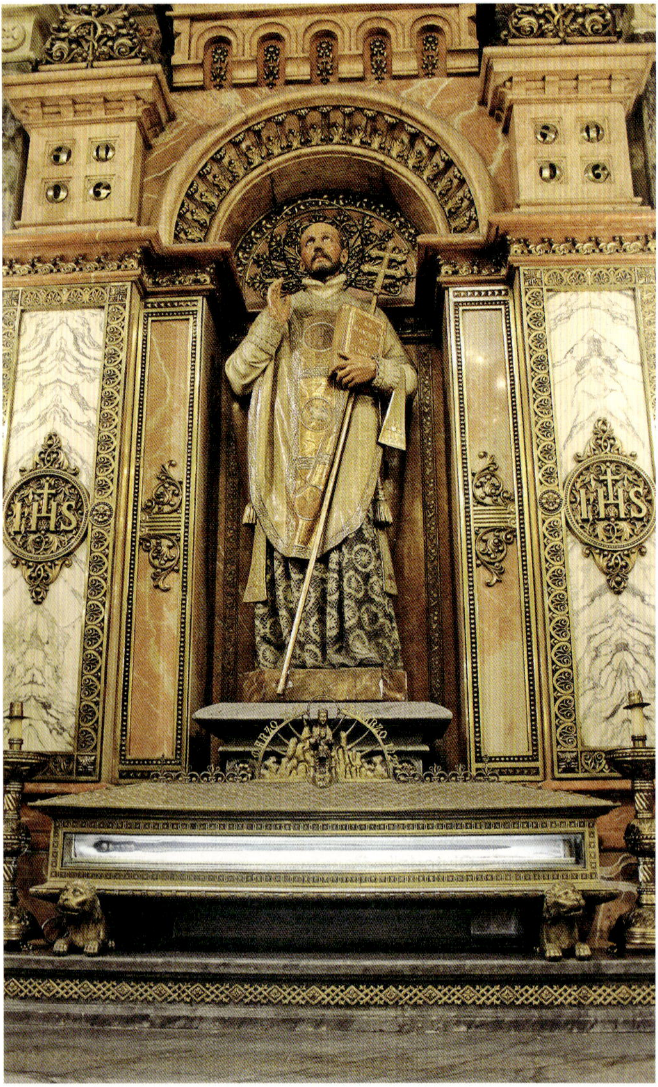

Barcelona, Jesuitenkirche Sagrado Corazón, Ignatiusaltar mit dem Schwert des Heiligen

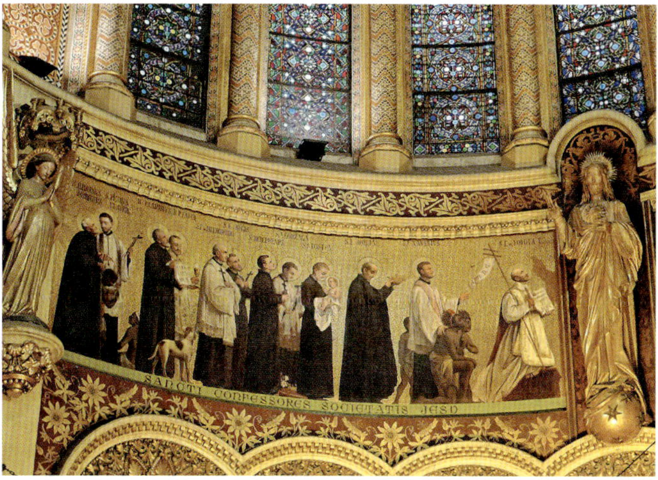

Barcelona, Jesuitenkirche: Jesuitenheilige im Apsismosaik

und Calle Princesa, das jedoch beim Bau der neuen Straße abgerissen wurde.

Ignatius lernte Latein bei Jeroni Ardèvo, der auch im Stadtteil Ribera, und zwar in der Calle dels Mirallers wohnte.

Die Basilika Santa María del Mar (14. Jh.) ist eine weitere wichtige Stätte von Ignatius. Neben der linken Seitentür gibt es eine Kapelle, die Ignatius gewidmet ist. Ein Schild erinnert daran, dass Ignatius genau an dieser Stelle oft um Almosen bat. Bedeutend ist auch die Basilika de los Santos Mártires Justo y Pastor, wo sich Ignatius oft setzte, meist in Begleitung von Kindern, und die Predigten der Franziskaner hörte. Seine Frömmigkeit erregte die Aufmerksamkeit von Isabel Roser, die mit der Zeit zu einer guten Freundin und bedeutenden Wohltäterin wurde. Ihr Haus stand gegenüber der Basilika, direkt beim Gebäude mit Blumenmotiven an der Fassade.

Auf Ignatius verweist natürlich auch die Jesuitenkirche Sagrado Corazón in der Calle Casp 27. Am Altar können wir das Schwert sehen, das Ignatius der Schwarzen Madonna in Montserrat übergeben hat.

Und schließlich erinnert auch der Platz, an dem sich heute der große Springbrunnen im Ciutadella-Park befindet, an Ignatius: Hier stand früher ein Dominikanerinnenkloster. Ignatius versuchte hier eine Reform durchzusetzen, was ihm eine Tracht Prügel einbrachte, von der er sich nur langsam erholte.

Natürlich gibt es in Barcelona nicht nur die ehemaligen Wirkungsstätten des Ignatius zu besichtigen. Der katalanische Jugendstil, die Werke Gaudís und viele andere interessante Plätze und Gebäude füllen die Tage der Pilger in Katalonien zum Abschluss ihrer Pilgerreise.

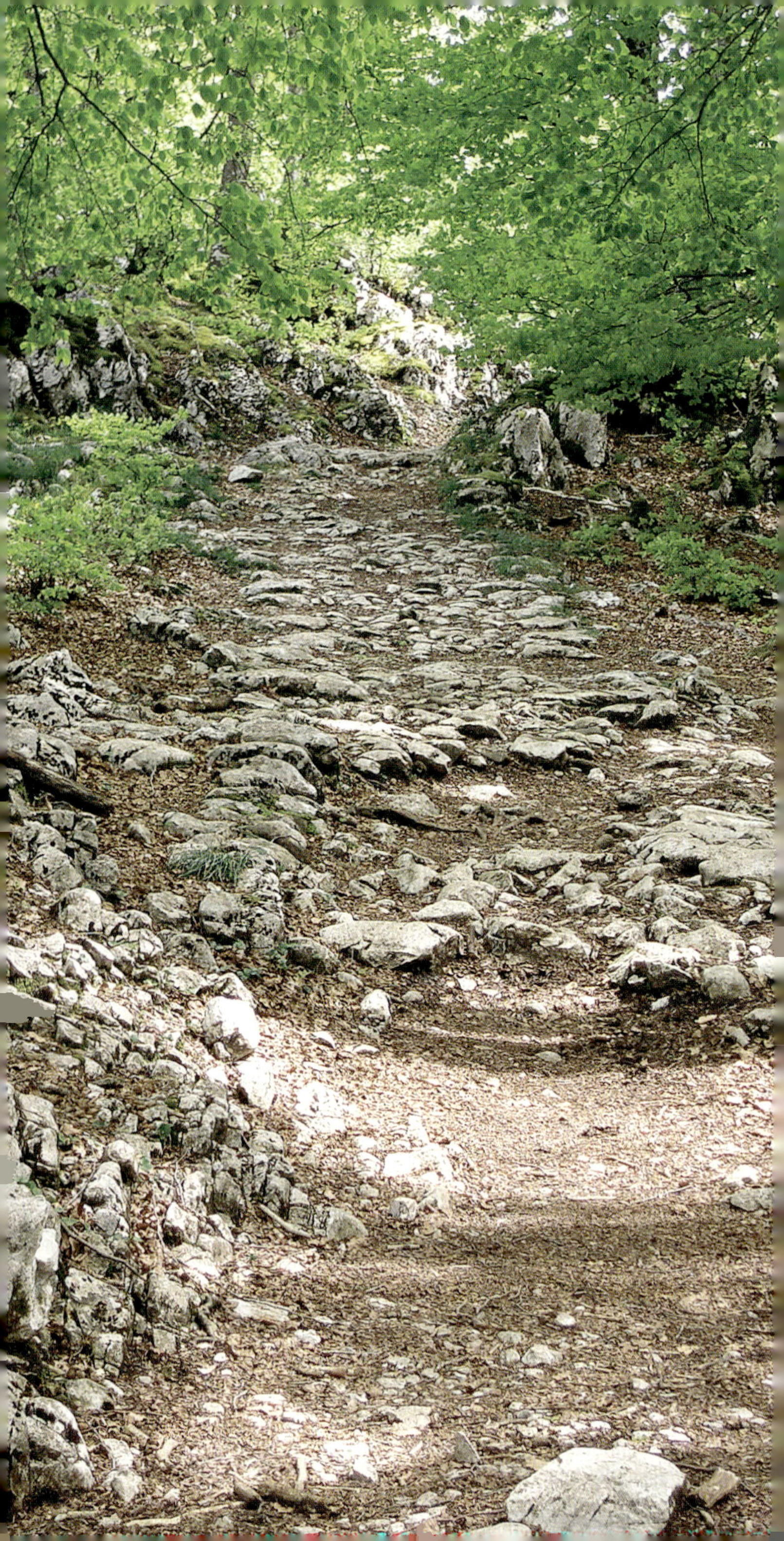

Pilgerführer für den inneren Weg

Wie eingangs schon erwähnt, ist dieser dritte Teil eine tägliche Ergänzung des zweiten. Zum großen geistigen Erbe, das der hl. Ignatius von Loyola hinterlassen hat, gehören die sogenannten „Exerzitien". Tatsächlich sind diese „Übungen" zum „Üben" gedacht, um damit eine gute „geistliche Verfassung" zu erlangen. Nun ist der Ignatiusweg vorzüglich dazu geeignet, die körperliche Fitness auf Vordermann zu bringen. Warum aber nicht einen Schritt weiter gehen und auch ein geistliches Trainingsprogramm absolvieren, während man auf den Straßen und Wegen der Iberischen Halbinsel unterwegs ist?

„Unter geistlichen Übungen", schreibt Ignatius in seinem Exerzitienbuch, „versteht man jede Art, das Gewissen zu erforschen, zu betrachten, zu beschauen, mündlich und geistig zu beten und andere geistliche Tätigkeiten ... Denn gleichwie Umherwandeln, auf ein Ziel zugehen und Laufen körperliche Übungen sind, so nennt man geistliche Übungen jede Art, die Seele vorzubereiten und in Stand zu setzen, damit sie alle ungeordneten Neigungen von sich entferne und nach ihrer Entfernung den göttlichen Willen suche und finde in der Regelung des eigenen Lebens zum Heile der Seele."

Wir greifen dieses „jede Art" auf und bieten einen geistlichen Führer an, der sich an den Exerzitien des hl. Ignatius orientiert. Wir schlagen für jeden Tag einige „Übungen" vor, eine kleine Reflexion oder Schriftlesungen, die einen Anreiz schaffen sollen zu beten.

Ignatius schlägt vor zu beten, wie wenn wir mit Jesus sprechen würden, „wie ein Freund mit einem anderen Freund spricht". Beim Pilgern können wir uns vorstellen, wie es wäre, wenn Jesus wie ein Freund neben uns herliefe. Diese Vorstellung ist nicht unsinnig: Die Evangelien zeigen Jesus und seine Kameraden in ständiger Bewegung, zu Fuß reisten sie von Dorf zu Dorf, sie hatten nur ein paar wenige Habseligkeiten bei sich, sie hatten keine Angst vor der Hitze oder dem Regen – so wie wir beim Pilgern. Nutzen wir dieses Bild für unsere Meditation. Tag für Tag sind wir mehrere Stunden unterwegs und haben dementsprechend viel Zeit zum Beten!

VIER WOCHEN

Die geistlichen Übungen sind in vier Wochen aufgeteilt, was mehr oder weniger mit den Etappen des Ignatiusweges übereinstimmt: die erste Woche von Loyola nach Navarrete; die zweite von Navarrete bis Saragossa, die dritte von Saragossa bis Lleida; die vierte von Lleida bis Manresa. Die Schwierigkeit des Weges im Baskenland mit den enormen Höhenunterschieden und den rauen Landschaften erinnert uns an die Suche nach dem Willen Gottes in unserer persönlichen Geschichte mit ihren Auf und Abs. Die Ebenen im Ebrotal und die grünen Ufer lassen uns das Glücksgefühl derjenigen erahnen, die an der Seite des Meisters wanderten, und der anschließende Anstieg zum Hochland der Monegros lädt uns ein, in die Schwierigkeiten der Nachfolge einzutreten und den durch das Kreuz markierten Horizont zu sehen, dem wir nicht entkommen können. Zurück im fruchtbaren Land des Flusses Segre treffen wir schließlich auf die Anwesenheit der Auferstehung, die uns einlädt, den Meister erneut in Galiläa zu suchen.

Für die Pilgerinnen und Pilger, die nicht den gesamten Ignatiusweg gehen möchten, sondern nur Teile davon, empfiehlt es sich, die Vier-Wochen-Struktur zu übernehmen, in die Ignatius seine Erfahrung untergliedert hat, und pro Jahr eine volle Woche zu pilgern. Auf diese Weise können die Exerzitien ihre ganze Bedeutung entfalten und die Pilgerinnen und Pilger den Zusammenhang zwischen den vorgeschlagenen Betrachtungen und den Etappen des Ignatiuswegs nachvollziehen. Wer nur eine kurze Pilgerreise plant, kann die Betrachtungen selbst auf seine Bedürfnisse abstimmen.

DEN WEG ATMEN

Die Atmung ist die Grundlage unseres Lebens. Wir atmen, um zu leben, und wir atmen, weil es unser Leben ist. Sie besteht aus vier Phasen: Einatmen, Innehalten, Ausatmen, Leere, und auf unserem Weg können wir uns durch die Atmung die Anwesenheit des Lebens in uns bewusst machen. Die Einatmung muss tief sein und die Ausatmung länger als die Einatmung. Die Pause nach der Einatmung und der Moment der Leere nach der Ausatmung können länger oder kürzer sein, je nach unserem Wanderschritt, aber wir sollten uns bewusst sein, dass sie existieren.

Diese vier Phasen sind eine Metapher für die Dynamik des Lebens, für das Wechselspiel von Geben und Nehmen. Fühlen wir uns bedürftig und bittend und werden wir uns dessen bewusst, was wir bekommen.

Die Einatmung ist der Augenblick, in dem wir das bekommen, was wir sind: Unser Leben und unsere geschichtliche Existenz. Wir bekommen und werden uns bewusst, dass wir Empfangende sind. Der Weg macht uns zu Empfängern unseres Lebens. Wir fühlen uns demütig, wenn wir erkennen, dass wir „empfangen" wurden von anderen und vom Anderen.

Das Innehalten der eingeatmeten Luft gibt uns einen Moment, um uns klar zu werden, was wir bekommen haben, es zu genießen, zu spüren, dass das Leben in uns ist. Es handelt sich um die Vereinigung des Äußeren mit dem Inneren, wir fühlen, wie das, was vorher außerhalb von uns war, jetzt ein Teil unseres eigenen Wesens ist.

Die Ausatmung ist der Moment des Gebens. Die Existenz, die unser war, verlässt uns wieder, um nach uns weiter zu sein. Ausatmen

bedeutet sich lösen. Die lange und tiefe Ausatmung zeigt uns, dass unser letzter Sinn nicht in uns liegt, sondern im Teilen. Die empfangene Luft hat etwas von unserem Wesen genommen und jetzt teilen wir es mit dem Universum. Wir fühlen uns als Teil des Ganzen, als Mitwirkende einer Fülle, die wir selbst empfangen haben.
Die vierte Phase der Atmung, die Leere, die nach der Ausatmung kommt, lädt uns ein, mit dem Wunsch nach der Fülle zu experimentieren, die uns versprochen wurde und auf die wir warten. Aus unserer Leere heraus wünschen wir uns die Fülle. Die Leere ist die Voraussetzung, um zu empfangen. In der Leere werden wir uns bewusst, wie bedürftig wir sind, und die Demut begleitet uns auf unserem Weg.
Durch die Atmung können wir aus unserem Wandern eine Erfahrung des Verzichts und des Zusammenwirkens, der Verlassenheit und des Aufbaus machen. Die Atmung hilft uns zu sehen, was uns der Ignatiusweg mitteilt.
Atmen wir!

DIE TÄGLICHE STRUKTUR

Für jeden Tag ist eine Betrachtung vorgesehen, die von neutestamentlichen und einigen alttestamentlichen Texten begleitet wird; Letztere sind im Unterschied zu den neutestamentlichen Texten aus der Einheitsübersetzung abgedruckt. Das haben wir in dem Gedanken getan, dass der Pilger bzw. die Pilgerin vielleicht eine kleine, leichte Ausgabe des Neuen Testaments mithat. Das gibt ihm oder ihr auch die Möglichkeit, die Lektürevorschläge nach Gutdünken zu erweitern und andere Texte zu lesen. Man weiß nie, wo Gott uns vielleicht überrascht und uns etwas eingibt, das in diesem Moment unseres Lebens für uns von wesentlicher Bedeutung sein kann.
Bei den *Hinweisen* handelt es sich um sehr knapp gehaltene Instruktionen, die helfen, sich in eine betende Haltung zu versetzen; die *Bitten* sind das, was man erreichen will oder, wie Ignatius sagen würde, das, was ich als Frucht des Gebets begehre; die *Impulse* sollen helfen, sich auf das Thema des Tages einzustellen; die *Texte* aus der Bibel sind die konkrete Grundlage der Betrachtung; und das *abschließende Zwiegespräch* ist wie der Schlussstein der Gebetszeit: der Augenblick, da die Seele sich in die abschließende Begegnung mit ihrem Schöpfer hineinbegibt.

DER ABLAUF DER MEDITATION

Nehmen Sie sich zuerst einige Minuten Zeit, um sich der Gegenwart Gottes bewusst zu werden. Das heißt, lösen Sie sich von Ihren Ängsten und von störenden Ablenkungen, zum Beispiel von den Gedanken an das nächste Essen. Ein Lieblingsmusikstück spiritueller Art kann dabei helfen, uns in gute Stimmung für das Gebet zu bringen, aber dann sollten wir das Gerät ausschalten. Achten wir einige Minuten nur auf den natürlichen Rhythmus des Atems, auf unsere Schritte oder auf das Gezwitscher der Vögel.

Dann beten wir – mit unseren Worten – das Vorbereitungsgebet und die Bitte des Tages. Anschließend lesen wir den Impuls, der die wichtigsten Themen für die Meditation des Tages aufzeigt, und die Textstelle(n) aus der Bibel für den Tag. Langsames Lesen hilft, sich in die Texte hineinzuversetzen, und Textstellen, von denen wir uns angesprochen fühlen, sollten wir über den Tag verteilt ein zweites oder drittes Mal lesen.

„Über-denken" Sie Ihr Gebet nicht zu viel, d. h. überfrachten Sie es nicht mit Gedanken. Achten Sie vielmehr darauf, ob Sie bereit dafür sind, dass Gott mit Ihnen spricht, ob Sie bereit sind, ihn im Gebet zu treffen. Dabei ist es wichtig, mit sich selbst und mit Gott Geduld zu haben. Ignatius sagt, dass man dort eine Pause machen soll, „wo man die Frucht findet". Das ist ein sehr nützlicher Gedanke. Wenn Sie sich von einem Satz aus einem Schriftabschnitt oder einer Idee angezogen fühlen, kosten Sie es aus, solange Sie wollen. Die Ablenkungen tauchen unvermeidlich von alleine auf. Lassen Sie sie vorüberziehen, ohne ihnen größere Bedeutung zu schenken und ohne sie im Geist zurückzuhalten.

Es kann helfen, einen stabilen Zeitplan für das Beten zu haben, zum Beispiel die erste Stunde der Wanderung jeden Tag oder auch eine halbe Stunde am Morgen und eine andere halbe Stunde am Nachmittag. Man sollte sich an die gewählten Zeiten halten, aber Gebetsgedanken willkommen heißen, wann immer sie auftauchen. Auf den langen Abschnitten entlang der Ebrokanäle kann es Momente geben, in denen man den Eindruck hat, geistlich stromabwärts zu schweben. Genießen Sie solche Momente, in denen Sie ganz in der Natur und bei Gott sind, der durch die Natur mit uns spricht.

Aber steigern Sie sich nicht in etwas hinein, vor allem, wenn Sie über etwas Schmerzliches oder Schwieriges meditieren. Eine schmerzliche Idee kann einen in einen mentalen Teufelskreis bringen. Vermeiden Sie diese Falle, die einen erschöpft und vom guten Weg abbringt.

Man sollte jeden Gebetsmoment mit der gleichen Formel beenden. Das Wichtigste ist, dankbar zu sein. Danken wir Gott für die Zeit des Gebets und für alles, was uns der Tag schenkt, dafür, dass wir die Zeit, die finanziellen Mittel, die Gesundheit und den Wunsch hatten, zu dieser Pilgerfahrt aufzubrechen. Wir enden mit einem Vaterunser.

Es empfiehlt sich, ein Tagebuch zu führen. Notieren Sie nach jeder Gebetsphase oder am Ende des Tages Ihre Gedanken und Ideen. Wer in einer Gruppe pilgert, kann sich mit den anderen austauschen. Das bedeutet nicht zu debattieren oder sich einzumischen. Es sollte ein Moment sein, bei dem man einander mit Respekt zuhört, und es ist nicht angebracht, „Gottes Rolle im Leben des anderen zu spie-

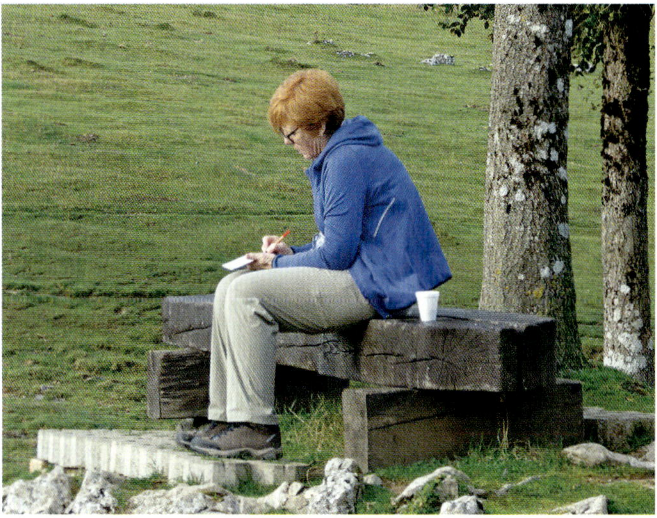

len". Der Weg der geistlichen Übungen ist grundsätzlich persönlich, etwas zwischen „dem Schöpfer und seinem Geschöpf".

DAS VORBEREITUNGSGEBET

Wir folgen Ignatius von Loyola und schlagen vor, jede Meditationszeit mit folgendem Gebet zu beginnen:

> *„Ich bitte Gott den Herrn darum, dass alle meine Absichten, Handlungen und Beschäftigungen allein auf den Dienst und Lobpreis Gottes ausgerichtet seien."* (Geistliche Übungen Nr. 46)

Dieser Text von Ignatius kann an die persönlichen Bedingungen des Pilgers angepasst werden, zum Beispiel kann man sagen: „Herr, ich bitte, dass ich für dich lebe und nicht für mich. Dass alles, was ich tue, nur für die Suche nach deinem Dienst und Lobpreis sei und nicht für mich selbst." Oder auch: „Herr, mein ganzes Dasein soll auf dich ausgerichtet sein, von deinem Willen will ich mich nicht lösen, weder im Bewussten noch im Unbewussten. Ich will mich nur an dir orientieren. Zieh mich vollkommen an."

Worum wir bitten, ist eine Gabe, eine Gnade. In Wirklichkeit bitten wir darum, uns selbst kennenzulernen und dass wir in diesem Kennenlernen das Glück finden, das die Gegenwart Gottes bedeutet. Deshalb bitten wir, dass sich unsere Absichten (Wünsche, Motivationen), Handlungen (nach außen gerichtete Taten) und Beschäftigungen (reflektieren, planen, fragen, gefallen) nach dem Licht des Lebens richten.

Durch die konstante Wiederholung dieser Bitte im Laufe aller Geistlichen Übungen bilden wir ein Magnetfeld, das alle unsere Moleküle auf den Einzig Wahren richtet, auf die Quelle der Glückseligkeit.

Etappe 1: Loyola – Zumarraga

HINWEIS: Wir wollen unseren Weg behutsam beginnen und doch schon zur Sache kommen. Es ist sehr wichtig, dass wir uns ausreichend Zeit für das **Vorbereitungsgebet** nehmen: für die Bitte, dass alles, was ich bei dieser Übung tun werde, alle meine Absichten, Verhaltensweisen und Handlungen einzig und allein auf den Dienst und Lobpreis Gottes hingeordnet sind. Wenn wir im Lauf des Gebets an irgendeinem Wort oder Aspekt „hängenbleiben“, sollten wir nicht einfach darüber hinweggehen, sondern an diesem spirituellen „Ort“ verharren und zulassen, dass seine Tiefe zu uns spricht. Ignatius sagt, dass das „innere Verspüren und Verkosten“ wichtiger ist als großes Wissen.

BITTE: Ich begehre, Herr, dass du mir die Gnade gewährst, deine Liebe in meinem Leben von innen her und in tiefer Dankbarkeit zu spüren.

IMPULS: Einer Definition zufolge heißt Spiritualität, „durchs Leben zu reisen und es in einen Weg zu Gott zu verwandeln“. In diesem Sinne hoffen auch wir, unsere Reise durch Spanien in eine spirituelle Reise verwandeln zu können.

Fürs Erste wollen wir uns unsere Umgebung anschauen: diese schöne Landschaft rings um Loyola. Wir gehen ruhig und in dem Bewusstsein, was für ein Geschenk es ist, eine Zeit unseres Lebens auf diese Begegnung mit Gott, mit der Welt und mit uns selbst verwenden zu dürfen. Es ist ein Privileg, dass wir diese „Exerzitien“ machen können! Unser Herz jubelt vor Dankbarkeit darüber, dass unsere Pilgerreise nun beginnt. Er, der uns von allem Anfang an liebt und uns in unserem Leben leitet, hat uns hierher gebracht. In dieser Überzeugung machen wir uns auf den Weg. Gott, unser Vater und unsere Mutter, ist in allem, was wir sehen, und seine Gegenwart erfüllt uns mit Dankbarkeit.

TEXTE

Jes 55,1–11: Aus lauter Liebe zu mir lädt Gott mich ein, zu ihm zu kommen.

„Auf, ihr Durstigen, kommt alle zum Wasser! Auch wer kein Geld hat, soll kommen. Kauft Getreide und esst, kommt und kauft ohne Geld, kauft Wein und Milch ohne Bezahlung! Warum bezahlt ihr mit Geld, was euch nicht nährt, und mit dem Lohn eurer Mühen, was euch nicht satt macht? Hört auf mich, dann bekommt ihr das Beste zu essen und könnt euch laben an fetten Speisen. Neigt euer Ohr mir zu und kommt zu mir, hört, dann werdet ihr leben. Ich will einen

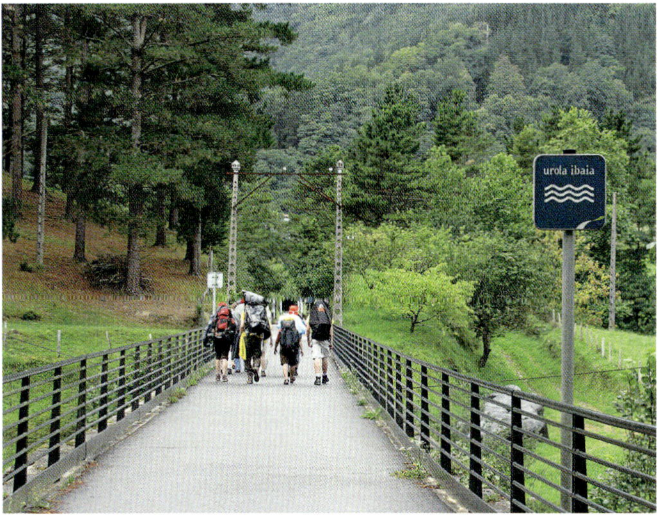

ewigen Bund mit euch schließen gemäß der beständigen Huld, die ich David erwies. Seht her: Ich habe ihn zum Zeugen für die Völker gemacht, zum Fürsten und Gebieter der Nationen. Völker, die du nicht kennst, wirst du rufen; Völker, die dich nicht kennen, eilen zu dir, um des Herrn, deines Gottes, des Heiligen Israels willen, weil er dich herrlich gemacht hat. Sucht den Herrn, solange er sich finden lässt, ruft ihn an, solange er nahe ist. Der Ruchlose soll seinen Weg verlassen, der Frevler seine Pläne. Er kehre um zum Herrn, damit er Erbarmen hat mit ihm, und zu unserem Gott; denn er ist groß im Verzeihen. Meine Gedanken sind nicht eure Gedanken und eure Wege sind nicht meine Wege – Spruch des Herrn. So hoch der Himmel über der Erde ist, so hoch erhaben sind meine Wege über eure Wege und meine Gedanken über eure Gedanken. Denn wie der Regen und der Schnee vom Himmel fällt und nicht dorthin zurückkehrt, sondern die Erde tränkt und sie zum Keimen und Sprossen bringt, wie er dem Sämann Samen gibt und Brot zum Essen, so ist es auch mit dem Wort, das meinen Mund verlässt: Es kehrt nicht leer zu mir zurück, sondern bewirkt, was ich will, und erreicht all das, wozu ich es ausgesandt habe."

Ps 63: Ich antworte auf Gottes Einladung und sage ihm, wie sehr ich mich danach sehne, ihm zu begegnen.

„Gott, du mein Gott, dich suche ich, meine Seele dürstet nach dir. Nach dir schmachtet mein Leib wie dürres, lechzendes Land ohne Wasser. Darum halte ich Ausschau nach dir im Heiligtum, um deine Macht und Herrlichkeit zu sehen. Denn deine Huld ist besser als das Leben; darum preisen dich meine Lippen. Ich will dich rühmen mein Leben lang, in deinem Namen die Hände erheben. Wie an Fett und

Mark wird satt meine Seele, mit jubelnden Lippen soll mein Mund dich preisen. Ich denke an dich auf nächtlichem Lager und sinne über dich nach, wenn ich wache. Ja, du wurdest meine Hilfe; jubeln kann ich im Schatten deiner Flügel. Meine Seele hängt an dir, deine rechte Hand hält mich fest. Viele trachten mir ohne Grund nach dem Leben, aber sie müssen hinabfahren in die Tiefen der Erde. Man gibt sie der Gewalt des Schwertes preis, sie werden eine Beute der Schakale. Der König aber freue sich an Gott. Wer bei ihm schwört, darf sich rühmen. Doch allen Lügnern wird der Mund verschlossen."

ABSCHLIESSENDES ZWIEGESPRÄCH: Ich will das, was ich während der Gebetszeit betrachtet habe, noch einmal Revue passieren lassen. Dabei spreche ich zu Jesus, so wie ein Freund zum andern spricht, und vertraue ihm alles an, was mir auf dieser Etappe in den Sinn gekommen ist.

Etappe 2: Zumarraga – Arantzazu

HINWEIS: Wir beten wieder mit besonderer Andacht das Vorbereitungsgebet, das ein grundlegendes Mittel unserer inneren Pilgerschaft ist. Für den Fall, dass wir im Lauf des Gebets an irgendeinem Wort oder Aspekt „hängenbleiben", erinnern wir uns daran, dass es besser ist, nicht darüber hinwegzugehen, sondern an diesem spirituellen „Ort" zu verharren und zuzulassen, dass seine Tiefe zu uns spricht. Heute empfiehlt es sich, dem Beispiel des Ignatius zu folgen und an der Wallfahrtsstätte von Arantzazu eine längere Gebetszeit zu halten, um für unser ganzes Leben und für alles zu danken, was uns bisher geschenkt worden ist. Denken wir dabei auch an das jüngste, nicht eben kleine Geschenk: dass wir hier sein dürfen!

BITTE: Ich begehre, Herr, dass du mir die Gnade gewährst, deine Liebe in meinem Leben von innen her und in tiefer Dankbarkeit zu spüren.

IMPULS: Während wir uns der Wallfahrtskirche Unserer Lieben Frau von Arantzazu nähern, verwenden wir einen zweiten Tag darauf, uns mithilfe des Gebets in unsere Glücksgeschichte zu vertiefen. Wandernd und betend erinnern wir uns an besondere Zeiten in unserer Geschichte des Gnadenhaften und Guten – insbesondere an solche Zeiten, die wir jetzt, im Rückblick, als Wendepunkte erkennen. Gab es Momente, wo wir in der Gegenwart Gottes eine wichtige Entscheidung getroffen haben, oder Momente der Prüfung, die wir gemeinsam mit ihm überwunden haben? Gab es vielleicht Momente, in denen wir das Gefühl hatten, dass Gott nicht da war? Momente, in

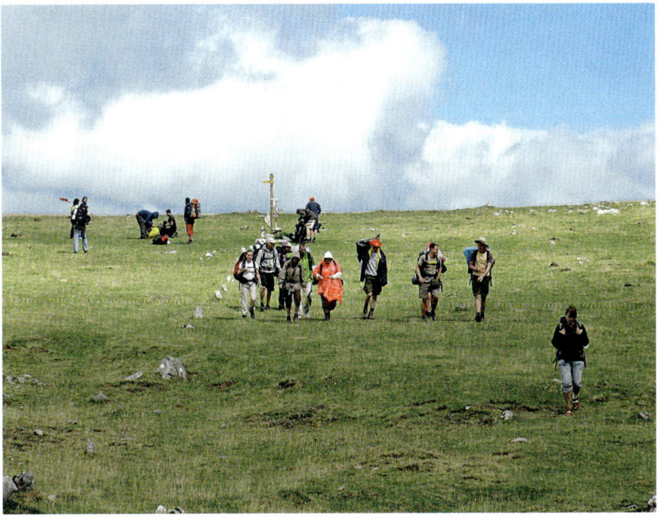

denen wir nicht an die Gegenwart Gottes glauben konnten? Und doch war er immer bei uns: als unser bester Freund, als ein verlässlicher Vater, als eine liebevolle Mutter. Bewahren wir alle diese Momente in unserem Herzen und fühlen wir, wie es sich mit Dankbarkeit für die Menschen und Begegnungen unseres bisherigen Lebens füllt: Gott ist in unserer Umgebung immer am Werk. Was spricht dagegen, alle diese Momente und alle diese Menschen Gott anzuempfehlen und ihnen dafür zu danken, dass sie seine Hände und Arme sind?

TEXTE

Lk 1,46–55: Meine Seele preist die Größe des Herrn.
Lk 12,22–34: Herr, du kennst alle meine Bedürfnisse. Ich muss mich um nichts sorgen.

ABSCHLIESSENDES ZWIEGESPRÄCH: Ich versuche das, was ich während der Gebetszeit betrachtet habe, noch einmal Revue passieren zu lassen und mit Maria wie mit einer Mutter darüber zu sprechen. Heute führt mein Weg mich zu ihrem Gnadenbild, und diese Gelegenheit will ich nutzen, um ihr alles anzuvertrauen, was mir auf dieser Etappe in den Sinn gekommen ist.

Etappe 3: Arantzazu – Araia

HINWEIS: Wir achten wieder besonders darauf, dass wir uns genügend Zeit für das Vorbereitungsgebet nehmen. Denken wir daran: Ignatius sagt, „inneres Verspüren und Verkosten“ sei wichtiger als großes Wissen. Wir müssen uns also nicht beeilen. Heute wollen wir damit beginnen, unser Prinzip und Fundament, das heißt das Ziel zu betrachten, auf das hin wir geschaffen sind. Der Blick auf das Ganze ist die unerlässliche Ausgangsbasis für jeden konkreten Schritt.

BITTE: Ich begehre, Herr, dass du mir die Gnade gewährst, deine Liebe in meinem Leben von innen her und in tiefer Dankbarkeit zu spüren. Herr, hilf mir, das Fundament meines Lebens zu entdecken, wie es deinem Willen entspricht.

IMPULS: Wir besinnen uns zunächst darauf, dass unser ganzes bisheriges Leben eine spirituelle Reise gewesen ist. Unterwegs denken wir eine Weile über unsere persönliche Geschichte nach, will sagen: Wir lassen im Gebet unsere Gedanken schweifen. Wir erinnern uns und lassen uns von Gott die entscheidenden Momente unserer Vergangenheit zeigen: ein Fotoalbum mit Aufnahmen jeglicher Art, auf denen schmerzliche und freudige Augenblicke festgehalten sind. Das ist die Geschichte, die uns hierhergeführt hat. Wer bin ich? Wie bin ich an diesen Punkt in meinem Leben gelangt? Welche Menschen, Orte oder Momente besitzen einen besonderen Stellenwert und haben dazu beigetragen, mich zu der Person zu machen, die ich heute bin? Mögen uns diese Bilder, die nun an die Oberfläche kommen, und die dazugehörigen Gefühle der Dankbarkeit oder Wehmut heute auf unserem Weg begleiten.

Gewiss gibt es neben den schönen Erinnerungen auch Augenblicke, Menschen oder Aspekte in unserem Leben, die Groll in uns wachrufen, Momente, die wir gerne leugnen würden oder von denen wir uns nicht vorstellen können, dass Gott sie annimmt. Bringen wir ihm diese Momente dar und bitten wir ihn darum, dass wir lernen, uns selbst zu akzeptieren. Setzen wir uns nicht selbst unter Druck: Wir müssen uns nicht vollständig mit unserem Leben aussöhnen oder heute irgendetwas „lösen". Doch die Menschen, Momente und Gefühle, die heute an die Oberfläche kommen, können im weiteren Verlauf unserer Pilgerreise zu einer Saat für unser Unterwegssein mit Gott werden. Wir haben begonnen, unser ganzes Leben vor Gott „aufzurollen", und das ist ein Prozess, der uns mit Freude und Dankbarkeit, aber auch mit Reue oder Scham erfüllen kann. Die Früchte, die wir ernten wollen, sind Dankbarkeit, Verständnis, die Fähigkeit, uns selbst zu akzeptieren, und das Bewusstsein, dass wir von Gott akzeptiert sind. Stellen wir uns vor, wir wären „Goldwäscher" und würden unsere Biografie im Strudel der unzähligen Ideen spülen, die uns in den Sinn kommen, bis nur noch das schwere „Gold" am Boden zurückbleibt: diejenigen Aspekte unseres Lebens, an denen wir etwas lernen oder an denen wir wachsen können, und diejenigen Situationen, in die Gott uns hineinbringt, um uns zum Nachdenken anzuregen.

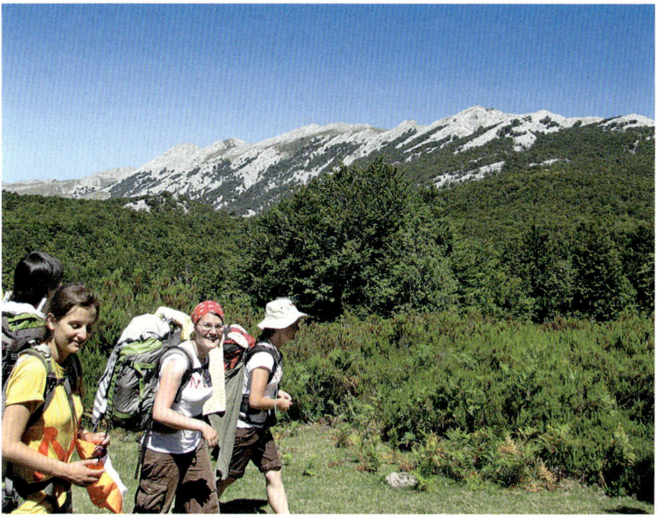

TEXTE

Hos 11,1–9: Er liebt mich mit zärtlicher Liebe

„Als Israel jung war, gewann ich ihn lieb, ich rief meinen Sohn aus Ägypten. Je mehr ich sie rief, desto mehr liefen sie von mir weg. Sie opferten den Baalen und brachten den Götterbildern Rauchopfer dar. Ich war es, der Efraim gehen lehrte, ich nahm ihn auf meine Arme. Sie aber haben nicht erkannt, dass ich sie heilen wollte. Mit menschlichen Fesseln zog ich sie an mich, mit den Ketten der Liebe. Ich war da für sie wie die (Eltern), die den Säugling an ihre Wangen heben. Ich neigte mich ihm zu und gab ihm zu essen. Doch er muss wieder zurück nach Ägypten, Assur wird sein König sein; denn sie haben sich geweigert umzukehren. Das Schwert wird in seinen Städten wüten; es wird seinen Schwätzern den Garaus machen und sie wegen ihrer Pläne vernichten. Mein Volk verharrt in der Treulosigkeit; sie rufen zu Baal, doch er hilft ihnen nicht auf. Wie könnte ich dich preisgeben, Efraim, wie dich aufgeben, Israel? Wie könnte ich dich preisgeben wie Adma, dich behandeln wie Zebojim? Mein Herz wendet sich gegen mich, mein Mitleid lodert auf. Ich will meinen glühenden Zorn nicht vollstrecken und Efraim nicht noch einmal vernichten. Denn ich bin Gott, nicht ein Mensch, der Heilige in deiner Mitte. Darum komme ich nicht in der Hitze des Zorns.“

Ps 139,1–14.17–18: Herr, du kennst mich

Voller Ehrfurcht mache ich mir bewusst, dass Gott in meiner Freude und in meinem Schmerz, in meinen Erfolgen und in meinem Scheitern, in meiner Treue und selbst in meiner Treulosigkeit immer für mich dagewesen ist.

„Herr, du hast mich erforscht und du kennst mich. Ob ich sitze oder stehe, du weißt von mir. Von fern erkennst du meine Gedanken. Ob ich gehe oder ruhe, es ist dir bekannt; du bist vertraut mit all meinen Wegen. Noch liegt mir das Wort nicht auf der Zunge – du, Herr, kennst es bereits. Du umschließt mich von allen Seiten und legst deine Hand auf mich. Zu wunderbar ist für mich dieses Wissen, zu hoch, ich kann es nicht begreifen. Wohin könnte ich fliehen vor deinem Geist, wohin mich vor deinem Angesicht flüchten? Steige ich hinauf in den Himmel, so bist du dort; bette ich mich in der Unterwelt, bist du zugegen. Nehme ich die Flügel des Morgenrots und lasse mich nieder am äußersten Meer, auch dort wird deine Hand mich ergreifen und deine Rechte mich fassen. Würde ich sagen: ‚Finsternis soll mich bedecken, statt Licht soll Nacht mich umgeben', auch die Finsternis wäre für dich nicht finster, die Nacht würde leuchten wie der Tag, die Finsternis wäre wie Licht. Denn du hast mein Inneres geschaffen, mich gewoben im Schoß meiner Mutter. Ich danke dir, dass du mich so wunderbar gestaltet hast. Ich weiß: Staunenswert sind deine Werke. […] Wie schwierig sind für mich, o Gott, deine Gedanken, wie gewaltig ist ihre Zahl! Wollte ich sie zählen, es wären mehr als der Sand. Käme ich bis zum Ende, wäre ich noch immer bei dir."

Geistliche Übungen [5]:
„Für den, der die Übungen macht, ist es von großem Nutzen, in sie einzutreten mit großmütigem Geist und Freiherzigkeit gegenüber seinem Schöpfer und Herrn, indem er Ihm seine ganze Willenskraft und Freiheit darbringt, damit seine göttliche Majestät sich sowohl seiner Person wie alles dessen, was er besitzt, entsprechend ihrem heiligsten Willen bediene."*

ABSCHLIESSENDES ZWIEGESPRÄCH: Ich lasse das, was ich während der Gebetszeit betrachtet habe, noch einmal Revue passieren. Dabei spreche ich zu Jesus, so wie ein Freund zum andern spricht, und vertraue ihm alles an, was mir auf dieser Etappe in den Sinn gekommen ist.

* Diese und auch alle folgenden Ausschnitte aus den Geistlichen Übungen werden zitiert nach: Ignatius von Loyola, Geistliche Übungen, Übertragung und Erklärung von Adolf Haas, Freiburg: Herder, 10. Auflage 1991.

Etappe 4: Araia – Alda

HINWEIS: Wir achten wieder besonders darauf, dass wir uns genügend Zeit für das Vorbereitungsgebet nehmen. Denken wir daran: Ignatius sagt, „inneres Verspüren und Verkosten" sei wichtiger als großes Wissen. Wir müssen uns also nicht beeilen. Wir werden heute damit fortfahren, unser Prinzip und Fundament zu betrachten.

BITTE: Ich bitte dich, Herr, dass ich alles, was ich tue, auf deine Eingebung hin und mit Hilfe deiner Gnade vollbringe; und dass alle meine Absichten und Handlungen stets von dir ausgehen und bei dir ihren glücklichen Abschluss finden.

IMPULS: Die vorangegangenen Betrachtungen haben uns daran erinnert, wo und was Gott gewesen ist und nach wie vor ist: eine treue Gegenwart auf unserem Lebensweg. Heute verlagert sich unsere Aufmerksamkeit und richtet sich auf den größeren Rahmen oder weiteren Horizont: den Sinn und die Richtung des „Lebenswegs" der gesamten Menschheit. Was hat Gott mit uns Menschen vor? Wozu pilgern wir durch diese Welt? In den Geistlichen Übungen findet Ignatius eine ganz einfache und doch sehr tiefe Antwort auf diese Fragen: Gott hat uns geschaffen, damit wir Gott loben, ehren und ihm dienen und so unsere Seelen retten. Und die gesamte übrige Schöpfung hat Gott geschaffen, damit sie uns hilft, diesen Zweck, zu dem er uns geschaffen hat, zu erfüllen.
Diese Aussage ist schlicht, aber tief. Gott hat uns geschaffen, um uns mit sich zu vereinigen („unsere Seelen zu retten", wie Ignatius sagt). In diesem irdischen Leben nähern wir uns Gott mit unserem Lobpreis und unserer Dankbarkeit für die Wunder dieser Welt, mit der Ehrfurcht, die wir ihm erweisen, mit unserer tiefempfundenen Achtung vor der Menschheit und den gottgeschaffenen Gaben und mit dem Gottesdienst, den wir an unseren Mitmenschen verrichten. Echte spirituelle Freiheit besitze ich dann, wenn ich so vollständig von der Liebe Gottes gefangen bin, dass alle Wünsche meines Herzens und alle Taten, Neigungen, Gedanken und Entscheidungen, die daraus erwachsen, einzig und allein auf Gott, meinen Vater und meine Mutter, und auf seinen Dienst und Lobpreis hingeordnet sind.
Fangen wir an, nachzudenken und uns im Stillen zu fragen: Wir wissen, wozu eine Kaffeemaschine da ist – aber wissen wir, wozu die Menschen da sind?

TEXTE

Ps 104: Der Gott, der mich ruft, ist der Gott, der mich und alles andere geschaffen hat, weil er mich liebt.

„Lobe den Herrn, meine Seele! Herr, mein Gott, wie groß bist du! Du bist mit Hoheit und Pracht bekleidet. Du hüllst dich in Licht wie in ein Kleid, du spannst den Himmel aus wie ein Zelt. Du verankerst die Balken deiner Wohnung im Wasser. Du nimmst dir die Wolken zum Wagen, du fährst einher auf den Flügeln des Sturmes. Du machst dir die Winde zu Boten und lodernde Feuer zu deinen Dienern. Du hast die Erde auf Pfeiler gegründet; in alle Ewigkeit wird sie nicht wanken. Einst hat die Urflut sie bedeckt wie ein Kleid, die Wasser standen über den Bergen. Sie wichen vor deinem Drohen zurück, sie flohen vor der Stimme deines Donners. Da erhoben sich Berge und senkten sich Täler an den Ort, den du für sie bestimmt hast. Du hast den Wassern eine Grenze gesetzt, die dürfen sie nicht überschreiten; nie wieder sollen sie die Erde bedecken. Du lässt die Quellen hervorsprudeln in den Tälern, sie eilen zwischen den Bergen dahin. Allen Tieren des Feldes spenden sie Trank, die Wildesel stillen ihren Durst daraus. An den Ufern wohnen die Vögel des Himmels, aus den Zweigen erklingt ihr Gesang. Du tränkst die Berge aus deinen Kammern, aus deinen Wolken wird die Erde satt. Du lässt Gras wachsen für das Vieh, auch Pflanzen für den Menschen, die er anbaut, damit er Brot gewinnt von der Erde und Wein, der das Herz des Menschen erfreut, damit sein Gesicht von Öl erglänzt und Brot das Menschenherz stärkt. Die Bäume des Herrn trinken sich satt, die Zedern des Libanon, die er gepflanzt hat. In ihnen bauen die Vögel ihr Nest, auf den Zypressen nistet der Storch. Die hohen Berge gehören dem Steinbock, dem Klippdachs bieten die Felsen Zuflucht. Du hast den Mond gemacht als Maß für die Zeiten, die Sonne weiß, wann sie untergeht. Du sendest Finsternis und es wird Nacht, dann regen sich alle Tiere des Waldes. Die jungen Löwen brüllen nach Beute, sie verlangen von Gott ihre Nahrung. Strahlt die Sonne dann auf, so schleichen sie heim und lagern sich in ihren Verstecken. Nun geht der Mensch hinaus an sein Tagwerk, an seine Arbeit bis zum Abend. Herr, wie zahlreich sind deine Werke! Mit Weisheit hast du sie alle gemacht, die Erde ist voll von deinen Geschöpfen. Da ist das Meer, so groß und weit, darin ein Gewimmel ohne Zahl: kleine und große Tiere. Dort ziehen die Schiffe dahin, auch der Leviátan, den du geformt hast, um mit ihm zu spielen. Sie alle warten auf dich, dass du ihnen Speise gibst zur rechten Zeit. Gibst du ihnen, dann sammeln sie ein; öffnest du deine Hand, werden sie satt an Gutem. Verbirgst du dein Gesicht, sind sie verstört; nimmst du ihnen den Atem, so schwinden sie hin und kehren zurück zum Staub der Erde. Sendest du deinen Geist aus, so werden sie alle erschaffen und du erneuerst das Antlitz der Erde. Ewig währe die Herrlichkeit des Herrn; der Herr freue sich seiner Werke. Er blickt auf die Erde und sie erbebt; er rührt die Berge an und sie rauchen. Ich will dem Herrn singen, solange ich lebe, will meinem Gott spielen, solange ich da bin. Möge ihm mein Dichten gefallen. Ich will mich freuen am Herrn. Doch die Sünder sollen von der Erde verschwinden und es sollen keine Frevler mehr da sein. Lobe den Herrn, meine Seele! Halleluja!"

Gen 22,1–18: Über Glaube, Gottvertrauen und Freiheit

Der Text über Abrahams Glauben hinterfragt die Freiheit meines Glaubens und meine eigene Freiheit.

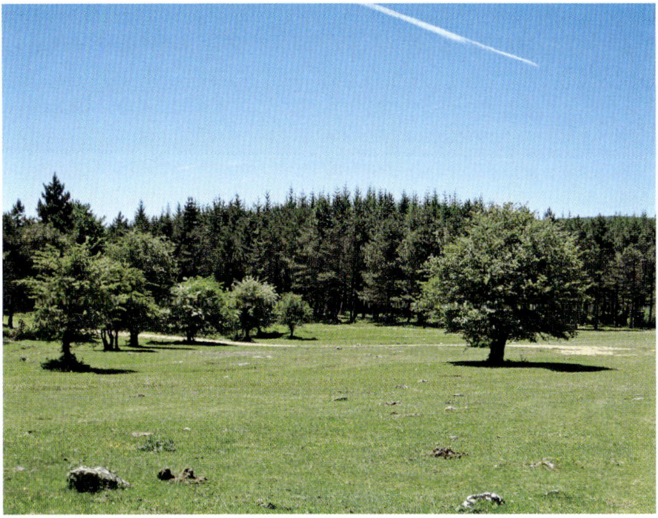

„Nach diesen Ereignissen stellte Gott Abraham auf die Probe. Er sprach zu ihm: Abraham! Er antwortete: Hier bin ich. Gott sprach: Nimm deinen Sohn, deinen einzigen, den du liebst, Isaak, geh in das Land Morija und bring ihn dort auf einem der Berge, den ich dir nenne, als Brandopfer dar. Frühmorgens stand Abraham auf, sattelte seinen Esel, holte seine beiden Jungknechte und seinen Sohn Isaak, spaltete Holz zum Opfer und machte sich auf den Weg zu dem Ort, den ihm Gott genannt hatte. Als Abraham am dritten Tag aufblickte, sah er den Ort von weitem. Da sagte Abraham zu seinen Jungknechten: Bleibt mit dem Esel hier! Ich will mit dem Knaben hingehen und anbeten; dann kommen wir zu euch zurück. Abraham nahm das Holz für das Brandopfer und lud es seinem Sohn Isaak auf. Er selbst nahm das Feuer und das Messer in die Hand. So gingen beide miteinander. Nach einer Weile sagte Isaak zu seinem Vater Abraham: Vater! Er antwortete: Ja, mein Sohn! Dann sagte Isaak: Hier ist Feuer und Holz. Wo aber ist das Lamm für das Brandopfer? Abraham entgegnete: Gott wird sich das Opferlamm aussuchen, mein Sohn. Und beide gingen miteinander weiter. Als sie an den Ort kamen, den ihm Gott genannt hatte, baute Abraham den Altar, schichtete das Holz auf, fesselte seinen Sohn Isaak und legte ihn auf den Altar, oben auf das Holz. Schon streckte Abraham seine Hand aus und nahm das Messer, um seinen Sohn zu schlachten. Da rief ihm der Engel des Herrn vom Himmel her zu: Abraham, Abraham! Er antwortete: Hier bin ich. Jener sprach: Streck deine Hand nicht gegen den Knaben aus und tu ihm nichts zuleide! Denn jetzt weiß ich, dass du Gott fürchtest; du hast mir deinen einzigen Sohn nicht vorenthalten. Als Abraham aufschaute, sah er: Ein Widder hatte sich hinter ihm mit seinen Hörnern im Gestrüpp verfangen. Abraham ging hin, nahm den Widder und brachte ihn statt seines Sohnes als Brandopfer dar. Abraham nannte jenen Ort Jahwe-Jire (Der Herr sieht), wie man noch heute sagt: Auf dem Berg lässt sich der Herr sehen. Der Engel des Herrn rief Abraham zum zweiten Mal vom Himmel her zu und sprach: Ich habe bei mir geschworen – Spruch des Herrn: Weil du das getan hast und deinen einzigen Sohn mir nicht vorenthalten hast, will ich dir Segen schenken in Fülle und deine Nachkommen zahlreich machen wie die Sterne am Himmel und den Sand am Meeresstrand. Deine Nachkommen sollen das Tor ihrer Feinde einnehmen. Segnen sollen sich mit deinen Nachkommen alle Völker der Erde, weil du auf meine Stimme gehört hast."

Mk 12,28–34: Mein Prinzip und Fundament ist die Liebe Gottes

ABSCHLIESSENDES ZWIEGESPRÄCH: Ich lasse das, was ich während der Gebetszeit betrachtet habe, noch einmal Revue passieren. Dabei spreche ich zu Jesus, so wie ein Freund zum andern spricht, und vertraue ihm alles an, was mir auf dieser Etappe in den Sinn gekommen ist.

Etappe 5: Alda – Genevilla

HINWEIS: Wir wissen inzwischen, wie wichtig das Vorbereitungsgebet ist. Und wir denken auch daran, dass wir uns während der Betrachtung nicht beeilen müssen. Heute wollen wir all die „Mittel" erwägen, die Gott einsetzt, um uns seine Liebe zu bekunden – und wie wir mit diesen „Mitteln" umgehen sollten.

BITTE: Ich bitte dich, Herr, dass ich alles, was ich tue, auf deine Eingebung hin und mit Hilfe deiner Gnade vollbringe; und dass alle meine Absichten und Handlungen stets von dir ausgehen und bei dir ihren glücklichen Abschluss finden.

IMPULS: Heute wollen wir über den Sinn und Zweck des menschlichen Lebens nachdenken und dabei einen Satz aus Ignatius' Geistlichen Übungen zu Hilfe nehmen: „Die anderen Dinge auf der Oberfläche der Erde sind zum Menschen hin geschaffen, und zwar damit sie ihm bei der Verfolgung des Zieles helfen, zu dem hin er geschaffen ist." Einige der in diesem Satz enthaltenen Schwierigkeiten werden uns von Ignatius selbst erklärt: „Hieraus folgt, dass der Mensch dieselben so weit zu gebrauchen hat, als sie ihm auf sein Ziel hin helfen, und sie so weit lassen muss, als sie ihn daran hindern. Darum ist es notwendig, uns allen geschaffenen Dingen gegenüber gleichmütig (indifferent) zu verhalten [...]. Auf diese Weise sollen wir

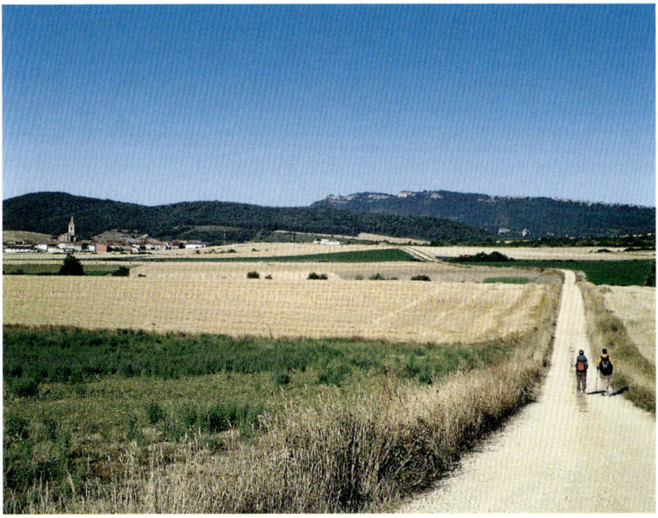

von unserer Seite Gesundheit nicht mehr verlangen als Krankheit, Reichtum nicht mehr als Armut, Ehre nicht mehr als Schmach, langes Leben nicht mehr als kurzes, und folgerichtig so in allen übrigen Dingen. Einzig das sollen wir ersehnen und erwählen, was uns mehr zum Ziele hinführt, auf das hin wir geschaffen sind." (Geistliche Übungen 23)

„Gleichmütig" zu sein, wie Ignatius es nennt, bedeutet, „frei" zu sein: Wir sollen uns von jedweder Beeinflussung, Bevormundung, Versklavung oder Bestrickung durch all das bloß „Geschaffene" oder Menschliche frei fühlen, das sich uns so oft in den Weg stellt und uns hindern will, unserem eigentlichen Ziel gemäß zu leben. Gleichmut heißt also, dass wir nicht von der Vorstellung besessen sind, ein angenehmes Leben zu führen, das nicht den Plänen Gottes, sondern nur unseren eigenen Absichten dient. Wir wollen all dem gegenüber gleichmütig sein, was uns in unserer Freiheit einschränken könnte, unseren eigentlichen Zweck zu erfüllen. Wir wollen die Gottesliebe über jede bloß menschliche Anhänglichkeit stellen. Wir müssen ein ausgewogenes, auf das Leben hingeordnetes Leben führen, das heißt, eine ausgewogene Beziehung zu anderen Menschen, zum Geld und zu den Dingen haben, damit sie uns nicht versklaven und an die Welt ketten. Die irdischen Dinge können uns helfen, unser Ziel zu erreichen, aber sie können uns auch davon ablenken, wenn wir von ihnen besessen sind und uns mehr auf sie konzentrieren als auf unseren höheren Lebenssinn. Wir dürfen die geschaffenen Dinge nicht mit dem Zweck unseres Lebens verwechseln und sie zu unserem Gott machen.
Wir könnten eine Liste von Menschen aufstellen, die wir in dieser Hinsicht bewundern. Wofür bewundern wir sie am meisten? Viel-

leicht denken wir an Menschen, die sich in der Vergangenheit durch ihre Heiligkeit ausgezeichnet haben, oder an Menschen, die wir heute kennen und denen es offenbar gelingt, diesen gesunden, ausgeglichenen und freien Lebensstil zu verwirklichen. Es ist jetzt nicht der Moment, über uns selbst zu urteilen und unsere Fehler zu erkennen. Für den Augenblick versuchen wir nur, uns eine klare Vorstellung von unserem Prinzip und Fundament und von den Idealen zu machen, die wir in unserem Leben anstreben wollen.

TEXTE

Ps 8: Was ist der Mensch, dass du trotz all seiner Schwäche an ihn denkst?

„Herr, unser Herrscher, wie gewaltig ist dein Name auf der ganzen Erde; über den Himmel breitest du deine Hoheit aus. Aus dem Mund der Kinder und Säuglinge schaffst du dir Lob, deinen Gegnern zum Trotz; deine Feinde und Widersacher müssen verstummen. Seh ich den Himmel, das Werk deiner Finger, Mond und Sterne, die du befestigt: Was ist der Mensch, dass du an ihn denkst, des Menschen Kind, dass du dich seiner annimmst? Du hast ihn nur wenig geringer gemacht als Gott, hast ihn mit Herrlichkeit und Ehre gekrönt. Du hast ihn als Herrscher eingesetzt über das Werk deiner Hände, hast ihm alles zu Füßen gelegt: All die Schafe, Ziegen und Rinder und auch die wilden Tiere, die Vögel des Himmels und die Fische im Meer, alles, was auf den Pfaden der Meere dahinzieht. Herr, unser Herrscher, wie gewaltig ist dein Name auf der ganzen Erde!“

Röm 8,5–6.12–18: Alle, die sich vom Geist Gottes leiten lassen, sind Kinder Gottes. Wer nach dem Geist lebt, trachtet nach dem, was dem Geist entspricht.

Phil 1,21–26; 3,7–16; 4,10–13: Für mich ist Christus das Leben und Sterben

Bis zu welchem Punkt kann ich mich hier und jetzt mit der Haltung des heiligen Paulus identifizieren?

ABSCHLIESSENDES ZWIEGESPRÄCH: Ich lasse das, was ich während der Gebetszeit betrachtet habe, noch einmal Revue passieren. Dabei spreche ich zu Jesus, so wie ein Freund zum andern spricht, und vertraue ihm alles an, was mir auf dieser Etappe in den Sinn gekommen ist.

Etappe 6: Genevilla – Laguardia

HINWEIS: Heute beginnen wir damit, die Gegenwart des Bösen in unserem Leben zu betrachten. Wir sind aufgefordert, Schmerz über

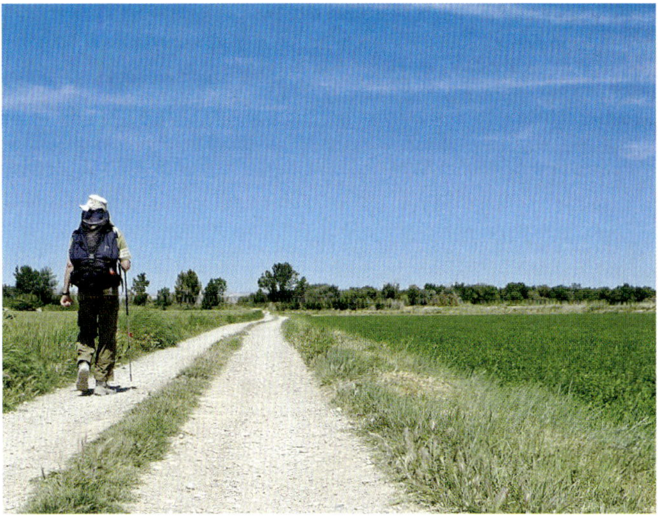

unsere Sündhaftigkeit zu empfinden. Es soll ein „trauriger Tag“ werden, denn wir wollen uns diese Realität in unserer Welt bewusst machen. Ignatius ruft uns dazu auf, uns in unserem Wandern und Betrachten den Tag über auf diese gedrückte Stimmung einzulassen, weil uns das hilft, uns das Böse deutlicher vor Augen zu führen. Die Sünde ist uns nicht fremd. Die Jesuiten haben sich selbst wie folgt definiert: „Was heißt es, Jesuit zu sein? Es heißt, dass man ein Sünder und dennoch berufen ist, wie Ignatius ein Gefährte Jesu zu sein. [...] Was bedeutet es heute, ein Gefährte Jesu zu sein? Es bedeutet, dass man sich verpflichtet, unter dem Banner des Kreuzes am entscheidenden Kampf unserer Zeit teilzunehmen: dem Kampf für den Glauben und dem darin eingeschlossenen Kampf für die Gerechtigkeit“ (32. Generalkongregation, [11–12]).

BITTE: Im Wissen um das Ziel, auf das hin ich geschaffen worden bin, und um die Berufung, zu der Gott mich einlädt, bitte ich dich, Herr Jesus, um die Gnade, die Gegenwart der Sünde in mir und der ungeordneten Neigungen in meinem Leben von Grund auf zu begreifen, damit ich Verwirrung und Scham empfinde und so Heilung und Vergebung finden kann.

IMPULS: Wir haben über den Plan Gottes mit der Menschheit und über die Harmonie nachgedacht, die sich einstellt, wenn unsere Beziehungen zu unseren Mitmenschen und zur Welt in einem guten Zustand sind. Heute denken wir über die Realität der Sünde, das heißt über die gravierende Unordnung in unserer Welt nach. Die Sünde ist nicht einfach ein Unglücksfall oder ein Irrtum. Die Sünde ist der Mensch, der sich bewusst entscheidet, im Leben anderer

(und in seinem eigenen Leben) Unordnung und Chaos zu stiften, weil sein Sinnen und Trachten nicht mehr auf sein eigentliches Ziel ausgerichtet ist: der Händler, der seine Kunden betrügt, um sich zu bereichern; der Zuhälter, der Kinder als Sexsklaven verkauft; der Regierungsfunktionär, der Gelder unterschlägt, während seine Mitbürger in Armut leben; der Ehepartner, der seinen Kindern nicht die Liebe schenkt, die sie verdienen.
Heute denken wir weniger über unsere persönliche Sündengeschichte nach (damit werden wir uns morgen beschäftigen) als vielmehr über die harte und grausame Wirklichkeit der Sünde in unserer Welt und darüber, wie viel Unordnung, Leid und Chaos sie verursacht. Die Sünde hat Konsequenzen. Und wir werden das Bild des gekreuzigten Christus betrachten, ein Bild, mit dem wir jedes Mal konfrontiert werden, wenn wir eine Kirche betreten. Christus ist in die Geschichte gekommen und hat ebenfalls unter den Folgen der menschlichen Sündhaftigkeit gelitten. Christus hat sich entschlossen, die Menschen zu erlösen und unseren Weg des Bösen in einen Weg des Guten zu verwandeln. Wir werden über das nachdenken, was unsere heutige Kultur vielleicht verloren hat: das Wissen um die Realität der Sünde. Dabei können wir uns die Bilder der Welt vor Augen halten, die unter den Ungerechtigkeiten des Welthandels leidet; die Bilder der Wirtschaftskrise, der gescheiterten Revolutionen und ihrer Ursachen; Bilder von Situationen, die uns die Wurzeln der Sünde und des Egoismus vor Augen führen. Auf unserem Weg durch diese leidende Welt wollen wir darum beten, dass wir die Sünde, die völlig schamlos in unserem Leben am Werk ist, klar erkennen. Und wir wollen darum beten, dass wir in unserem Inneren Scham über all diese Unordnung empfinden können.

TEXTE

Jer 18,1–10: Das Tongefäß missriet in der Hand des Töpfers, und er machte ein anderes daraus.

„Das Wort, das vom Herrn an Jeremia erging: Mach dich auf und geh zum Haus des Töpfers hinab! Dort will ich dir meine Worte mitteilen. So ging ich zum Haus des Töpfers hinab. Er arbeitete gerade mit der Töpferscheibe. Missriet das Gefäß, das er in Arbeit hatte, wie es beim Ton in der Hand des Töpfers vorkommen kann, so machte der Töpfer daraus wieder ein anderes Gefäß, ganz wie es ihm gefiel. Da erging an mich das Wort des Herrn: Kann ich nicht mit euch verfahren wie dieser Töpfer, Haus Israel? Spruch des Herrn. Seht, wie der Ton in der Hand des Töpfers, so seid ihr in meiner Hand, Haus Israel. Bald drohe ich einem Volk oder einem Reich, es auszureißen, niederzureißen und zu vernichten. Kehrt aber das Volk, dem ich gedroht habe, um von seinem bösen Tun, so reut mich das Unheil, das ich ihm zugedacht hatte. Bald sage ich einem Volk oder einem Reich zu, es aufzubauen und einzupflanzen. Tut es aber dann, was mir missfällt, und hört es nicht auf meine Stimme, so reut mich das Gute, das ich ihm zugesagt habe."

1 Joh 1,5–2,2: Von Sünden befreit
Wenn wir sagen: „Wir sind frei von Sündenschuld", betrügen wir uns selbst und die Wahrheit ist nicht in uns. Doch wenn wir unsere Sünden bekennen, können wir darauf vertrauen, dass er, der gerecht ist, unsere Sünden vergibt und uns von aller Bosheit reinigt.

ABSCHLIESSENDES ZWIEGESPRÄCH: „Anschaulich sich vorstellen, wie Christus unser Herr gegenwärtig ans Kreuz geheftet ist, und ein Zwiegespräch beginnen. Wie er als Schöpfer gekommen ist, um sich zum Menschen zu machen, vom ewigen Leben zum zeitlichen Tod, um so für meine Sünden zu sterben. Ebenso dann den Blick auf mich selber richten: Was ich für Christus getan habe, was ich für Christus tue, was ich für Christus tun soll. Indem ich ihn derartig ans Kreuz geheftet schaue, überdenke ich das, was sich gerade anbietet. Das Zwiegespräch vollzieht sich durch eigentliches Sprechen, so wie ein Freund zum andern spricht oder ein Diener zu seinem Herrn, bald um irgendeine Gnade zu erbitten, dann sich wegen eines begangenen Fehlers anzuklagen und schließlich seine Anliegen mitzuteilen und für sie Rat zu erbitten. Und ein Vaterunser beten." (Geistliche Übungen 53f.)

Etappe 7: Laguardia – Navarrete

HINWEIS: Wir wollen weiterhin die Gegenwart des Bösen in unserem Leben betrachten, jetzt aber einen persönlicheren Blickwinkel einnehmen. Wieder versuchen wir uns unsere Fehler bewusst zu machen, und Ignatius rät uns zu einem zweiten „traurigen Tag", um diese Realität der Sünde in unserem Leben zu entdecken. Behalten wir diese gedrückte Stimmung während der Betrachtung bei, damit sie uns hilft, uns das Böse deutlicher vor Augen zu führen.

BITTE: Im Wissen um das Ziel, auf das hin ich geschaffen worden bin, und um die Berufung, zu der Gott mich einlädt, bitte ich dich, Herr Jesus, um die Gnade, die Gegenwart der Sünde in mir und der ungeordneten Neigungen in meinem Leben von Grund auf zu begreifen, damit ich Verwirrung und Scham empfinde und so Heilung und Vergebung finden kann.

IMPULS: Gestern haben wir um die Gnade gebetet, die Realität einer sündigen Welt tiefer zu begreifen; heute denken wir über die unangenehme und unbequeme Wahrheit unserer, meiner eigenen Sündhaftigkeit nach. Dass wir Sünder sind, gilt nicht nur für überführte Schwerverbrecher: Jeder von uns ist ein Sünder. Das beginnt beim Papst und reicht hinunter bis zu den unglücklichen Menschen, die die Zeitungen mit ihren Straftaten füllen. Jeder von uns hat wiederkehrende Verhaltensmuster der Auflehnung gegen Gottes Plan. Worin besteht dieses Muster in meinem Fall?

„Der Herr hört den Schrei der Armen", heißt es im Psalm. Und was ist mit uns? Gibt es in unserem Verhalten vielleicht Symptome einer chronischen Taubheit gegenüber „den Bedürftigen", die uns begegnen: den Armen, den Alten, den weniger interessanten „Freunden", den Ausgegrenzten usw.? Gibt es in unserem Verhalten Hinweise darauf, dass wir Menschen oder Situationen benutzen und missbrauchen, um unsere eigenen Bedürfnisse zu befriedigen: Aufmerksamkeit zu erregen, auf nicht ganz saubere Weise Geld zu verdienen, rücksichtslos das sexuelle Vergnügen zu suchen, uns Anerkennung zu erkaufen oder in egoistischer Bequemlichkeit, Gleichgültigkeit und Nichtbeteiligung zu verharren?

Heute bitten wir um die Gnade, unsere eigene Sündhaftigkeit zu begreifen. Viel zu oft lassen wir uns von unserer Kultur „betäuben", um keine Verantwortung für unser persönliches Böses übernehmen zu müssen. „Ein Leben ohne Selbstprüfung verdient es nicht, gelebt zu werden", hat Sokrates einmal gesagt. Wir beziehen dies auf die Notwendigkeit, uns heute selbst auf unsere Fehler und schlechten Angewohnheiten hin zu überprüfen: die dunklen Ecken in unserem Leben, aber auch die vermeintlich „normalen" Angewohnheiten, die uns zu Boden drücken und uns hindern umzukehren und in einer angemessenen Beziehung zu Gott, zu unseren Mitmenschen und zu Gottes Welt zu leben. Wir können Gott bitten, dass er uns den Mut schenkt, uns mit uns selbst und mit unseren Sünden, unseren blinden Flecken zu konfrontieren, damit wir sie wirklich sehen – und damit wir sehen, wie abscheulich sie sind.

Vergewissern wir uns, dass wir wirklich mit Gott und mit Jesus sprechen. Uns mit unserer Sünde alleingelassen zu fühlen ist das genaue Gegenteil der Gnade, die wir uns für den heutigen Tag erhoffen. Das Bewusstsein unserer Sünden soll uns nicht in Selbstmitleid oder Depression verfallen lassen. Bitten wir vielmehr um eine Gnade, die dem entgegenwirkt: um ein Gefühl der Bewunderung und Dankbarkeit gegenüber dem, der uns „geliebt hat, obwohl wir Sünder waren", gegenüber jenem Gott, der uns so sehr geliebt hat, dass er uns der Hingabe seines eingeborenen Sohnes für würdig hielt. Jesus hat uns so sehr geliebt, dass er, obwohl er wusste, dass wir Sünder sind, in vollem Umfang mit dem Willen des Vaters zusammenarbeiten wollte. Ignatius lädt uns ein, wirkliche Scham über unsere Sünden und gleichzeitig ein großes Erstaunen darüber zu empfinden, dass wir noch immer da sind und leben: das Erstaunen des-

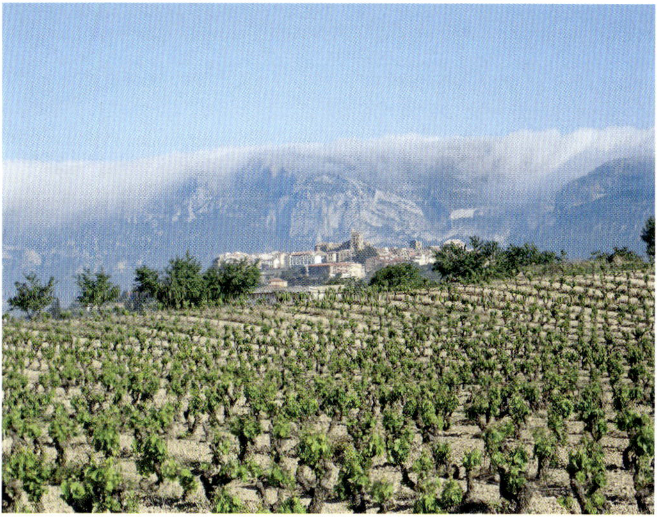

Laguardia vor dem Kantabrischen Gebirge

sen, der weiß, dass er ein Sünder und als Sünder geliebt und erlöst ist. In dem Wissen, dass wir geliebte Sünder sind, suchen wir nach innerer Heilung.

TEXTE

Lk 15,1–7: Jesus ist der Mensch, der die Sünder annimmt und mit ihnen isst.
Lk 5,1–11: Ich sage zu Jesus: „Geh weg von mir, Herr, lass mich, ich bin ein Sünder!"
2 Kor 12,8–10: Wenn ich schwach bin, dann bin ich stark.

ABSCHLIESSENDES ZWIEGESPRÄCH: „Anschaulich sich vorstellen, wie Christus unser Herr gegenwärtig ans Kreuz geheftet ist, und ein Zwiegespräch beginnen. Wie er als Schöpfer gekommen ist, um sich zum Menschen zu machen, vom ewigen Leben zum zeitlichen Tod, um so für meine Sünden zu sterben. Ebenso dann den Blick auf mich selber richten: Was ich für Christus getan habe, was ich für Christus tue, was ich für Christus tun soll. Indem ich ihn derartig ans Kreuz geheftet schaue, überdenke ich das, was sich gerade anbietet. Das Zwiegespräch vollzieht sich durch eigentliches Sprechen, so wie ein Freund zum andern spricht oder ein Diener zu seinem Herrn, bald um irgendeine Gnade zu erbitten, dann sich wegen eines begangenen Fehlers anzuklagen und schließlich seine Anliegen mitzuteilen und für sie Rat zu erbitten. Und ein Vaterunser beten."

HINWEIS: Nach wie vor betrachten wir die Gegenwart des Bösen in unserem Leben, heute jedoch auf ganz andere Weise: Heute öffnen wir uns der Barmherzigkeit unseres Vaters. Ignatius lädt uns zu der überraschenden Erfahrung ein, in unserer sündigen Realität von Angesicht zu Angesicht Gottes grenzenlosem Erbarmen zu begegnen. Heute wollen wir uns auf dem Camino in die innere Haltung des reuigen, aber vor allem des unermesslich geliebten Sünders versetzen.

BITTE: Lieber Vater, ich bitte dich um die Gabe, meine Sünde von innen her zu erkennen und so auch deine tiefe Liebe, einen immer stärkeren Wunsch nach Umkehr und eine neue Begeisterung für die Jesusnachfolge zu erfahren.

IMPULS: Wir haben über die Wirklichkeit der menschlichen und unserer eigenen Sünde nachgedacht. Heute denken wir über die unglaubliche Gegenwart der Barmherzigkeit Gottes nach: Wir sind geliebt und in vollständiger Vergebung angenommen. „Kehrt um und glaubt an das Evangelium." Beides, Umkehr und Glaube, geht Hand in Hand, das will sagen: Wir müssen zunächst die Realität unserer Sünde akzeptieren, wir müssen wahrhaft bereuen, dass wir in unserem Leben und in der Welt Zwietracht und Unordnung gestiftet haben, und dann das Evangelium, die gute Neuigkeit erfahren: dass Gott barmherzig ist, es schon immer war und es immer sein wird. Was zählt, ist nicht unsere Treue zu Gott (niemand von uns ist zu vollkommener Treue fähig), sondern Gottes Treue zu uns. Es ist immer derselbe Gott, der uns begleitet: in den Augenblicken des größten Stolzes, wenn alle uns bejubeln, und in den Augenblicken der größten Schande, wenn alle uns tadeln und wir wissen, dass sie Recht damit haben. Wir können die Liebe Gottes nicht verdienen – und wir müssen sie nicht verdienen! Gottes Liebe verschenkt sich in völliger Freiheit, sie ist so frei, wie wir es gar nicht für möglich halten! Der Vater aus dem Gleichnis hätte allen Grund, verärgert zu sein, doch er hegt nicht den geringsten Groll: Der Sohn hat den Vater gekränkt und dessen hart erarbeitetes Vermögen verschleudert. Der Empfang, den ihm der Vater bereitet, ist für uns Menschen beinahe inakzeptabel. Und tatsächlich: der ältere Sohn ist nicht imstande, die Güte des Vaters zu akzeptieren.
Wir sind in unserem sündigen Leben nicht allein. Uns wird Vergebung zuteil. Uns wird Liebe zuteil. Und ebendas erfüllt uns mit Reue und mit dem Willen, uns zu bessern. Doch wir müssen Gott um seine Gnade bitten, damit wir die geeigneten Vorsätze fassen: Es geht um mehr als bloß um die Wahl der korrekten Handlungsweise. Beten wir zu Jesus. Bitten wir im Gebet um die Bereitschaft, gänzlich

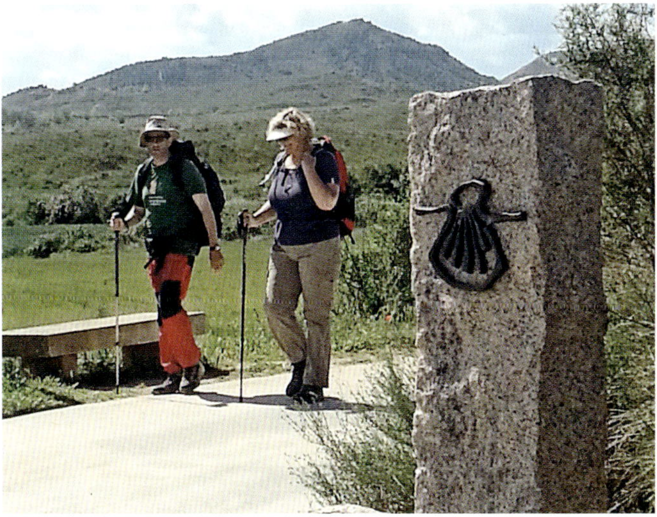

zu akzeptieren, was Gott uns so freigiebig schenken will: seine Vergebung. Viele von uns schleppen ihre Schuld wie eine lähmende Last durchs Leben. Gott bittet uns, dass wir in seiner Liebe wandeln und die Freiheit erfahren, die er uns bietet.

TEXTE

Lk 15,11–32: Mein Sohn war tot und lebt wieder, er war verloren und ist gefunden worden.
Lk 5,17–26: Als Jesus seinen Glauben sah, sagte er: „Deine Sünden sind dir vergeben."
Joh 8,2–11: Und Jesus sagte: „Auch ich verurteile dich nicht. Geh hin und sündige nicht mehr."
Röm 5,1–8: Gott erweist uns seine Liebe darin, dass Christus für uns gestorben ist, als wir noch Sünder waren.

ABSCHLIESSENDES ZWIEGESPRÄCH: Ich spreche zu Jesus, so wie ein Freund zum andern spricht, und lasse mich von wachsendem Staunen darüber ergreifen, dass ich in diesem Augenblick lebendig bin, dass ich mich in einer Welt als lebendig erfahre, die dazu bestimmt ist, in der Liebe Gottes gerettet zu werden. Nachdem ich über die Zerstörung der Sünde nachgedacht habe, betrachte ich die Schöpfung und die Geschichte und spreche mit Jesus über die Gnade der empfangenen Vergebung. Es ist ein Gespräch der Barmherzigkeit: Voller Dankbarkeit mache ich mir bewusst, dass Gott, unser Herr, mir bis jetzt das Leben geschenkt hat, und nehme mir vor, mich mit seiner Gnade weiter zu bessern. Zum Abschluss bete ich ein andächtiges Vaterunser.

Etappe 9: Logroño – Alcanadre

HINWEIS: Heute beginnen wir mit der „zweiten Woche“ der Geistlichen Übungen. Die Hinführung erfolgt im Wesentlichen über eine Betrachtung, die uns einlädt, auf unseren König Christus zu hören, der uns in seine Nachfolge ruft. Da uns unser Weg heute durch eine große Stadt führt, können wir die Wunder eines „irdischen Königreichs“ sehen und gleichzeitig versuchen, uns das Königreich Gottes vorzustellen. Wir denken über die Richtung unseres Lebens nach: Sind wir mit Jesus unterwegs oder folgen wir anderen Anführern?

BITTE: Im Wissen um meine Grenzen und um die Liebe des Vaters in mir bitte ich um die Gnade, mich persönlich berufen zu fühlen: berufen, Jesu Weggefährte und Mitarbeiter zu sein.

IMPULS: Das tiefe Bewusstsein der barmherzigen Liebe Gottes (die Gnade, um die wir gestern gebetet haben) weckt häufig den Wunsch, diese Liebe zu erwidern. Heute beginnen wir darüber nachzudenken, dass Jesus uns einlädt, ihm bei seiner Arbeit zur Seite zu stehen. In den Geistlichen Exerzitien lässt Ignatius die Betrachtung von Gottes Ruf, mit Jesus zusammenzuarbeiten, gleich auf die Betrachtungen unserer menschlichen Sündhaftigkeit folgen, und diese Anordnung ist kein Zufall: Gott liebt uns so, wie wir sind, und nachdem er uns durch und durch erkannt hat, beruft er uns dazu, voll und ganz mit ihm zusammenzuarbeiten. Wir sind als geliebte Sünder berufen – genau wie der heilige Paulus es uns erklärt, nachdem er den Herrn gebeten hat, ihn mit sich zu versöhnen: „Er aber antwortete mir: Meine Gnade genügt dir; denn sie erweist ihre Kraft in der Schwachheit. Viel lieber also will ich mich meiner Schwachheit rühmen, damit die Kraft Christi auf mich herabkommt“ (2 Kor 12,9). Obwohl wir Sünder sind, fühlen wir uns heute berufen, uns für diese von unserer Sünde versehrte Welt einzusetzen und mit der barmherzigen Liebe, die uns geschenkt worden ist, für Frieden und Gerechtigkeit zu arbeiten. Wir glauben an einen Gott, der Gerechtigkeit ist, weil er Liebe ist. Der Weg zur Gerechtigkeit in unserer Welt und der Weg des Glaubens sind untrennbar miteinander verbunden. Glaube und Gerechtigkeit gehen im Evangelium Hand in Hand. Uns ist zutiefst bewusst, wie oft und wie schwer wir gegen das Evangelium gesündigt haben; und dennoch halten wir daran fest, es würdig, das heißt in Liebe, Armut und Demut verkünden zu wollen. So hat es die 32. Generalkongregation der Jesuiten formuliert.

In seiner berühmten Betrachtung über den „Ruf des Ewigen Königs“ stellt Ignatius sich vor, wie überzeugend der Ruf eines wahrhaft würdigen Königs wäre, der sich in unserer Welt einzig für Glauben und

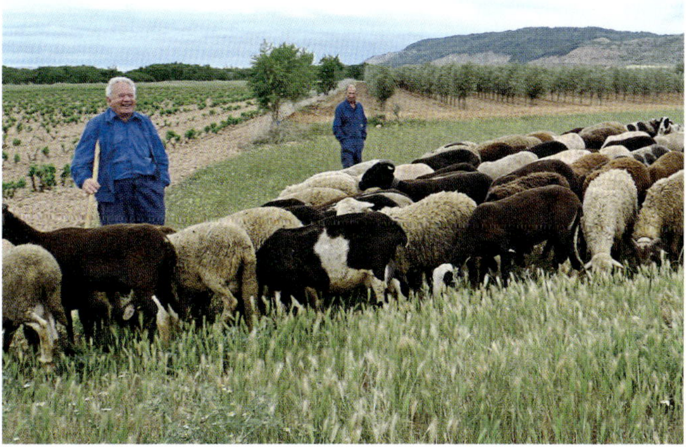

Gerechtigkeit einsetzen würde. Nach dieser Erwägung wenden wir uns an Jesus, dessen Ruf noch weitaus mehr gilt, weil Christus, unser Herr und ewiger König, jeden einzelnen Menschen persönlich anspricht und zu ihm sagt: „Ich will aus allem in der Welt das Beste machen und das Reich der ewigen Liebe aufbauen." Ignatius sieht, dass jeder, der mit Christus unterwegs sein will, mit ihm zusammenarbeiten muss, damit er ihm durch Schmerz und Leiden hindurch in die Herrlichkeit dieses Reichs nachfolgen kann.

Der Ruf des Königs ist ein Ruf, ihm Gesellschaft zu leisten, um ihn besser kennenzulernen und im Dienst an seinem Volk seine Liebe und unser Einssein mit ihm zu erfahren. Dieser König kommt zu uns, ja er ist einer von uns und bis zum Letzten bereit, unser Schicksal zu teilen. Heute konzentrieren wir uns auf das Wunder unserer Berufung und darauf, dass sie in der Liebe wurzelt; morgen können wir beginnen uns zu fragen, wie wir auf diese Berufung reagieren.

TEXTE

Ps 102: Der Herr ist gütig und barmherzig

„Herr, höre mein Gebet! Mein Schreien dringe zu dir. Verbirg dein Antlitz nicht vor mir! Wenn ich in Not bin, wende dein Ohr mir zu! Wenn ich dich anrufe, erhöre mich bald! Meine Tage sind wie Rauch geschwunden, meine Glieder wie von Feuer verbrannt. Versengt wie Gras und verdorrt ist mein Herz, sodass ich vergessen habe, mein Brot zu essen. Vor lauter Stöhnen und Schreien bin ich nur noch Haut und Knochen. Ich bin wie eine Dohle in der Wüste, wie eine Eule in öden Ruinen. Ich liege wach und ich klage wie ein einsamer Vogel auf dem Dach. Den ganzen Tag schmähen mich die Feinde; die mich verhöhnen, nennen meinen Namen beim Fluchen. Staub muss ich essen wie Brot, mit Tränen mische ich meinen Trank; denn auf mir lasten dein Zorn und dein Grimm. Du hast mich hochgerissen und zu Boden geschleudert. Meine Tage schwinden dahin wie Schatten, ich verdorre wie Gras. Du aber, Herr, du thronst für immer und ewig, dein Name dauert von Geschlecht zu Geschlecht. Du wirst dich erheben, dich über Zion erbarmen; denn es ist Zeit, ihm gnädig zu sein, die Stunde ist da. An Zions Steinen hängt das Herz deiner Knechte, um seine Trümmer tragen sie Leid. Dann fürchten die Völker den Namen des Herrn und alle Könige der Erde deine Herrlichkeit. Denn der Herr baut Zion wieder auf und erscheint in all seiner Herrlichkeit. Er wendet sich dem Gebet der Verlassenen zu, ihre Bitten verschmäht er nicht. Dies sei aufgeschrieben für das kommende Geschlecht, damit das Volk, das noch erschaffen wird, den Herrn lobpreise. Denn der Herr schaut herab aus heiliger Höhe, vom Himmel blickt er auf die Erde nieder; er will auf das Seufzen der Gefangenen hören und alle befreien, die dem Tod geweiht sind, damit sie den Namen des Herrn auf dem Zion verkünden und sein Lob in Jerusalem, wenn sich dort Königreiche und Völker versammeln, um den Herrn zu verehren. Er hat meine Kraft auf dem Weg gebrochen, er hat meine Tage verkürzt. Darum sage ich: Raff mich nicht weg in der Mitte des Lebens, mein Gott, dessen Jahre Geschlecht um Geschlecht überdauern! Vorzeiten hast du der Erde Grund gelegt, die Himmel sind das Werk deiner Hände. Sie werden vergehen, du aber bleibst; sie alle zerfallen wie ein Gewand; du wechselst sie wie ein Kleid und sie schwinden dahin. Du aber bleibst, der du bist, und deine Jahre enden nie. Die Kinder deiner Knechte werden (in Sicherheit) wohnen, ihre Nachkommen vor deinem Antlitz bestehen."

Lk 5,27–32: Folge mir nach

Mi 5,1–4: Ein mächtiger König wird kommen und seine Herde im Namen Jahwes befreien.

„Aber du, Betlehem-Efrata, so klein unter den Gauen Judas, aus dir wird mir einer hervorgehen, der über Israel herrschen soll. Sein Ursprung liegt in ferner Vorzeit, in längst vergangenen Tagen. Darum gibt der Herr sie preis, bis die Gebärende einen Sohn geboren hat. Dann wird der Rest seiner Brüder heimkehren zu den Söhnen Israels. Er wird auftreten und ihr Hirt sein in der Kraft des Herrn, im hohen Namen Jahwes, seines Gottes. Sie werden in Sicherheit leben; denn nun reicht seine Macht bis an die Grenzen der Erde. Und er wird der Friede sein."

ABSCHLIESSENDES ZWIEGESPRÄCH: Wir sprechen mit Jesus wie mit einem Freund. Wir lassen die Gedanken und Gefühle der Betrachtung über das Reich und die Bedeutung der Nachfolge noch einmal Revue passieren. Wir halten Zwiesprache mit Jesus, und wenn es uns ein echtes Bedürfnis ist, bitten wir ihn, uns als seine Weggefährten anzunehmen.

Etappe 10: Alcanadre – Calahorra

HINWEIS: Vergessen wir das „Vorbereitungsgebet" nicht, denn es ist die reifste Frucht der gesamten Erfahrung. Wir dürfen dieses wichtige Gebet nicht vernachlässigen. Diese „zweite Woche" der inneren Pilgerreise ist durch vertraute Nähe gekennzeichnet: Wir wollen unseren Herrn und König besser kennenlernen, um ihm aus nächster Nähe nachzufolgen. Vertrautheit ist unbedingt notwendig! Versuchen wir uns diese Gnade der vertrauten Nähe zu Jesus Christus schenken zu lassen.

BITTE: Ich bitte den Vater um drei Dinge, die ich brauche und die nur er mir geben kann: eine vertrautere Bekanntschaft mit Jesus, der einer von uns geworden ist; eine persönlichere Erfahrung seiner Liebe zu mir, damit ich ihn zärtlicher liebe; und eine engere Bindung an Jesus und seine Sendung, den Menschen das Heil zu bringen.

IMPULS: Dem Weggefährten Jesu wird immer deutlicher bewusst, wer sein König ist, wofür er steht, wer seine Feinde sind, welche Ziele und Pläne er verfolgt. Die Vertrautheit wächst durch die Erfahrung der liebevollen Gegenwart dieses Königs, der seine Jüngerinnen und Jünger so, wie sie sind, ruft, lehrt, heilt, herausfordert, annimmt und stärkt. Der Weggefährte Jesu, des Königs, ist bereit, mit ihm durch alle Übel, Misshandlungen und jedwede Armut hindurchzugehen, wenn die innere Gemeinschaft mit ihm dies erfordert. Der Weggefährte weiß, dass er bei keiner Unternehmung jemals allein ist. Er steht in Arbeit, Gebet und Freizeit in beständiger Gemeinschaft mit dem König. Wer dem Handeln des Königs nachfolgt, macht sich seinen Sendungsauftrag völlig zu eigen: allen Völkern die gute Nachricht der Befreiung und des Heils, der Gerechtigkeit und des Friedens zu bringen. Wenn Jesus ruft, dann – das sollten wir uns bewusst machen – kann niemand vorhersagen, wohin die Pilgerreise unseres Lebens, die Wendungen in unserem Werdegang, unsere Beziehungen, unerwartete Todes- oder außergewöhnliche Glücksfälle uns führen werden. Über unseren Weg an der Seite Jesu wissen wir nicht mehr als über die Begegnungen, die uns am Ende unserer heutigen Etappe erwarten. Deshalb sind wir eingeladen, uns großzügig und vertrauensvoll mit Jesus zu vereinen.
Diese Großzügigkeit und innige Einswerdung entsprechen Gottes tiefstem Wunsch für die Menschheit. Gott sieht die Menschen an und hört in sich diesen Wunsch und Ruf nach Vertrautheit. Die

Menschwerdung ist Gottes großzügige Reaktion auf diesen seinen Wunsch nach Vertrautheit. Ignatius lädt uns ein, die Heiligste Dreifaltigkeit anzusehen, die die Menschheit ansieht; er lädt uns ein, zu sehen, was Gott sieht: „die Person[en], die einen und die andern […] auf der Oberfläche der Erde, in so großer Verschiedenheit sowohl der Kleidung wie des Verhaltens, die einen weiß und die andern schwarz, die einen im Frieden und die andern im Krieg, die einen weinend und die andern lachend, die einen gesund und die andern krank, die einen bei der Geburt und die andern beim Sterben usw." Und dann lädt er uns ein, die drei göttlichen Personen zu sehen und zu betrachten, die gleichsam auf dem Königsthron ihrer göttlichen Majestät sitzen. Sie blicken auf die Erde und sehen die enorme Blindheit aller Völker, die an der Sinnlosigkeit der Sünde leiden und sterben: „Hören, was die göttlichen Personen sagen, nämlich: „Lasst uns die Erlösung des Menschengeschlechtes verwirklichen […]" (Geistliche Übungen 106f.)
Zuvor haben wir über die Wirklichkeit der Sünde und die Auflehnung gegen Gottes Plan nachgedacht. Jetzt denken wir darüber nach, wie sich Gott mitfühlend und frei für diese sündige Welt entschieden hat: dafür, dass Jesus in unsere menschliche Geschichte kommen sollte, um uns eine neue Seinsweise zu zeigen, uns zu erlösen und unseren Herzen aus Stein die Liebe zu bringen.

TEXTE

Lk 1,26–38: Gott ersucht Maria um ihre Mitwirkung am Geheimnis der Menschwerdung. *Obwohl sie nein sagen könnte, sagt Maria aus freiem Willen ja. Wir spüren das Hoffnungsfrohe und Wunderbare dieser Szene: Für Gott ist alles möglich. Elisabet dachte, sie sei unfruchtbar, und ist doch schon im siebten Monat, denn für Gott ist nichts unmöglich. Wenn Gott das in der Welt vollbringen kann, was kann er dann nicht?*

Phil 2,5–11: Er hielt nicht daran fest, wie Gott zu sein.
Ich versetze mich in die Gegenwart der Dreifaltigkeit, die beschließt, dass der Sohn einer von uns werden soll, und während ich Jesus im Leib seiner Mutter Maria betrachte, bringt dieser alte Hymnus das wunderbare Geheimnis Gottes zum Ausdruck: dass das grenzenlose Sein sich selbst beschränkt und der unendliche reine Geist im Fleisch Mensch wird.

Joh 1,1–14: Gott ist Mensch geworden
Ich bete mit dem Prolog des Johannesevangeliums und lasse zu, dass Gott mich mit Ehrfurcht erfüllt vor diesem Geschenk seiner selbst, das er mir und seinem ganzen Volk macht.

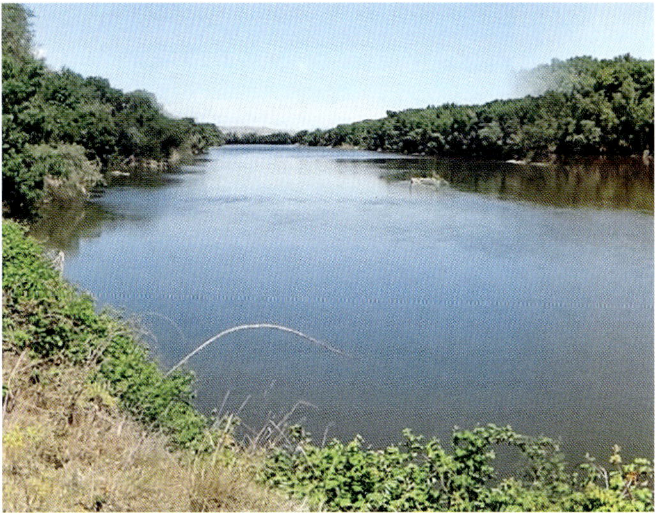

Lk 1,39–55: „Da hüpfte das Kind vor Freude in meinem Leib"
Wir betrachten den Besuch Marias bei Elisabet und versuchen dem menschlichen und göttlichen Drama nachzuspüren, das sich bei dieser Begegnung abspielt. Dabei achten wir besonders auf Jesus, der im Mutterschoß Mariens bereits gegenwärtig ist. Mit Johannes dem Täufer heißt die Menschheit Jesus, den Sohn Gottes, willkommen.

ABSCHLIESSENDES ZWIEGESPRÄCH: Ich lasse das, was ich während der Gebetszeit betrachtet habe, noch einmal Revue passieren. Dabei spreche ich zu Jesus, so wie ein Freund zum andern spricht, und vertraue ihm alles an, was mir auf dieser Etappe in den Sinn gekommen ist. Zum Abschluss bete ich das Vaterunser.

Etappe 11: Calahorra – Alfaro

HINWEIS: In dieser „zweiten Woche" führt Ignatius eine andere Gebetsweise ein: die kontemplative Betrachtung der Geheimnisse des Evangeliums. Bei diesen Betrachtungen geht es nicht darum, „Fakten" aus dem Leben Jesu zusammenzutragen, sondern „ihn deutlicher zu sehen, inniger zu lieben und ihm aus größerer Nähe nachzufolgen". Vergessen wir das „Vorbereitungsgebet" nicht, denn es ist die reifste Frucht der gesamten Erfahrung.
Ignatius will, dass wir uns im kontemplativen Gebet „üben", einem von der Vorstellungskraft getragenen Gebet, an dem alle unsere Sinne beteiligt sind. Im Folgenden bieten wir dazu eine kleine Anleitung: Wir lesen den Text aus dem Evangelium und legen ihn anschließend

beiseite. Wir beginnen damit, die Erzählung langsam noch einmal durchzugehen, und stellen uns dabei den Schauplatz so detailliert vor, wie wir nur können. Wo spielt die Erzählung? Wir nehmen alle Dinge am Schauplatz und darum herum in den Blick. Wer ist da? Wer kommt hinzu? Wie ist die Temperatur, ist es warm oder kalt? Wonach riecht es? Dann versetzen wir uns noch intensiver in die Szene hinein und werden selbst zu einer der beteiligten Personen. Wir stellen uns vor, dass wir in der Menge stehen oder eine der Hauptfiguren sind. Wenn ich das Gefühl habe, dabei zu sein, lasse ich zu, dass sich die Ereignisse abspielen und ihren Lauf nehmen. Wenn wir erst einmal in der Szene angekommen sind, müssen wir uns nicht mehr so eng an das halten, was im Text gesagt und getan wird. Wir können uns frei in die Szene hineindenken, gehen, wohin wir möchten, empfangen, was uns im Gebet geoffenbart wird, was in den Worten und Taten der Personen zutage tritt, oder auch einfach selber sprechen und die Erfahrung unserer eigenen inneren Reaktion in Worte fassen. Die Einzelheiten des Texts sind nicht mehr so wichtig, denn es kommt darauf an, die Erzählung zu erfahren und uns im Herzen von ihr bewegen zu lassen. Den Abschluss bildet ein Gebet: Wir sprechen mit unserem Herrn von Herz zu Herz, von Freund zu Freund, wie es uns in den Sinn kommt, und bringen unsere Dankbarkeit für die eben empfangenen Gnaden zum Ausdruck.

Diese Methode der Kontemplation wollen wir heute am Geheimnis der Menschwerdung üben. Seien wir nicht enttäuscht, wenn uns diese Art des Betens schwerfällt: Wir sollen mit unserem eigenen Leben beten, mit dem, was jeder auf seinem persönlichen Weg vor Gott hinträgt! Ignatius fand diese Gebetsweise sehr nützlich, und so wird es sicher gut sein, wenn wir uns ein wenig daran versuchen.

BITTE: Wir bitten darum, dass wir durch die Personen Marias und Josefs und durch ihre Antwort das Wunder der Menschwerdung beständig zu würdigen lernen; wir bitten um die Gnade, die gute Nachricht, dass Jesus unter uns ist, glauben und annehmen und unseren Anteil daran akzeptieren zu können; und wir bitten um eine immer tiefere Wertschätzung des Wunders, dass Gott in menschlicher Gestalt geboren worden ist.

IMPULS: Verankern wir das Wunder der Menschwerdung in der Gegenwart, indem wir versuchen, es in uns wahr werden zu lassen. Die Krippendarstellungen in unseren Kirchen zeigen uns meist einen engelgleichen Jesus in einer aufgeräumten, reinlichen Umgebung, der seinen Eltern und den Hirten zulächelt. Doch die Überlieferung sagt uns, dass Jesus nach einer langen und mühseligen Reise an einem Ort geboren wurde, der aller Wahrscheinlichkeit nach reichlich heruntergekommen und schmutzig war. Seine Eltern waren von der Reise erschöpft und fühlten sich vermutlich überfordert und ängst-

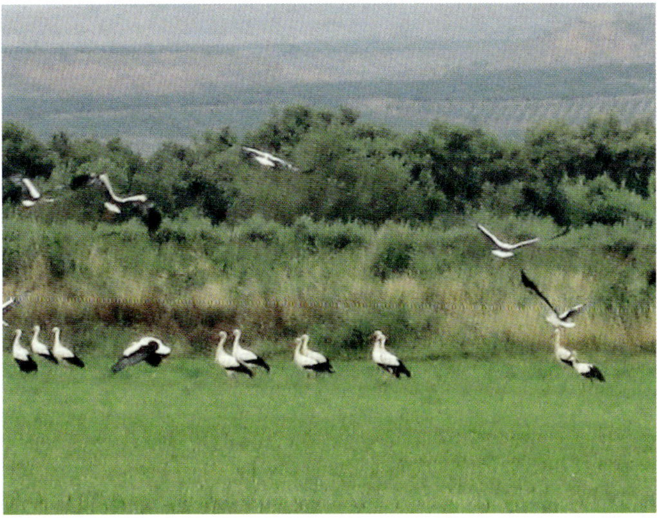

lich, weil ihr Kind an einem ungesunden und unbekannten Ort geboren werden sollte und keiner ihrer Verwandten bei ihnen war, um bei der Geburt zu helfen. Der Fürst des Friedens wurde unter uns gegenwärtig – doch auf eine ganz andere Weise, als wir uns das vorgestellt hätten. Vom ersten Augenblick an erfährt Jesus, wie schwer es ist, in unserer Welt ein Mensch zu sein. Wir können uns in unserer aktuellen Situation als Pilger und Reisende gut in die Familie Jesu hineinfühlen: Was ist, wenn ich mich verirre? Wenn unterwegs irgendetwas schiefgeht? Wird die Unterkunft angemessen sein? Was passiert, wenn ich krank werde? Und jetzt multiplizieren wir alle diese möglichen Schwierigkeiten und Sorgen mit 100, versetzen uns in die Zeit Jesu und stellen uns vor, wir wären gemeinsam mit einem geliebten Menschen und mit einem Baby unterwegs.
Ignatius lädt uns zum Sehen ein: „Unsere Herrin und Josef und die Magd und das Jesuskind, nachdem es geboren ist; dabei mache ich mich zu einem armseligen und unwürdigen Knechtlein, das sie anschaut, sie betrachtet und ihnen in ihren Nöten dient, ganz so, als wäre ich gegenwärtig, mit der größtmöglichen Ergebenheit und Ehrfurcht. […] Schauen und erwägen, was sie tun, etwa wie sie reisen und mühevoll arbeiten, dazuhin, dass der Herr in größter Armut geboren werde und am Ende von so vielen Mühen, von Hunger und Durst, von Hitze und Kälte, von Schmähungen und Beschimpfungen am Kreuz sterbe, und das alles für mich." (Geistliche Übungen, 114 und 116)

TEXTE

Mt 1,18–25: Josef nahm seine Frau zu sich

Wir versenken uns in die Kontemplation des Menschwerdungswun-

ders und fühlen uns in Josef und seinen persönlichen Kampf zwischen Gesetz und Liebe hinein.

Lk 2,1–20: Maria gebar ihren Sohn, den Erstgeborenen, sie wickelte ihn in Windeln und legte ihn in eine Krippe, weil in der Herberge kein Platz für sie war.
Mit innerem Frieden bin ich bei der Geburt dabei und empfange Jesus mit Freude und Dankbarkeit als ein Geschenk des Vaters an mich und an sein Volk.

ABSCHLIESSENDES ZWIEGESPRÄCH: Den Abschluss bildet ein Gebet: Wir sprechen mit unserem Herrn von Herz zu Herz, von Freund zu Freund, wie es uns in den Sinn kommt, und drücken unsere Dankbarkeit für die eben empfangenen Gnaden aus. Danach beten wir das Vaterunser.

Etappe 12: Alfaro – Tudela

HINWEIS: Erinnern wir uns daran, dass das Ziel der Betrachtungen der zweiten Woche darin besteht, Jesus deutlicher zu sehen, inniger zu lieben und ihm aus größerer Nähe nachzufolgen. Vergessen wir das „Vorbereitungsgebet" nicht, denn es ist die reifste Frucht der gesamten Erfahrung.

BITTE: Ich bitte den Vater um drei Dinge, die ich brauche und die nur er mir geben kann: eine vertrautere Bekanntschaft mit Jesus, der einer von uns geworden ist; eine persönlichere Erfahrung seiner Liebe zu mir, damit ich ihn zärtlicher liebe; und eine engere Bindung an Jesus und seine Sendung, den Menschen das Heil zu bringen.

IMPULS: An einem bestimmten Punkt, als er um die 30 war, verließ Jesus seine Arbeit und sein Zuhause, um sein öffentliches Wirken zu beginnen. Versuchen wir uns vorzustellen, was er in diesem Augenblick gedacht haben mag. Das öffentliche Leben Jesu begann mit einer Reise, einer Art Pilgerfahrt. Er verließ sein Zuhause in Nazaret und pilgerte an den Jordan, wo er von Johannes dem Täufer getauft wurde. Johannes' Aufgabe hatte darin bestanden, die Sünder zu Reue und Umkehr aufzurufen. Johannes war bekannt und geachtet: Jesus wird sicherlich mit der Botschaft dieses Propheten, den Gott seinem jüdischen Volk gesandt hatte, vertraut gewesen sein. Jesus wusste, was er tat. Erwägen wir, was es bedeutet, dass Jesus, der Mensch ohne Sünde, sich zu Beginn seines Wirkens unter den Sündern einreiht und sich mit ihnen solidarisiert. Die Symbolkraft dieser Geste, die in den ersten Versen der Evangelien überliefert ist, lässt

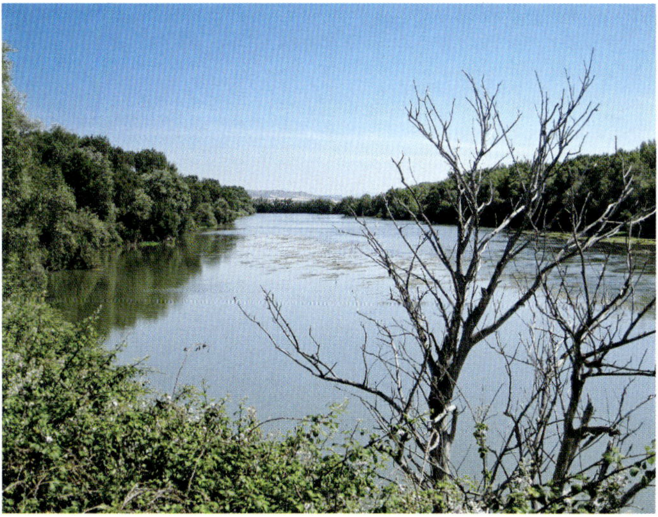

einen großen Reichtum an Bildern in uns aufsteigen: Bilder einer inneren Pilgerreise, an deren Ende eine neue Lebensweise steht. Der Dienst des Täufers wird mit den Worten des Propheten Jesaja beschrieben: „Bereitet dem Herrn den Weg! Ebnet ihm die Straßen!" Johannes ruft die Sünder zur Reue und zur „Umkehr" auf, ein Wort, dessen biblische Wurzeln auf eine „Kehrtwende" hindeuten: Johannes lädt uns ein, uns in eine neue Richtung zu wenden und in unserem Leben neue Wege zu gehen.

Zu einem bestimmten Zeitpunkt entscheidet sich Jesus bewusst und überlegt, mit der Erfüllung seines Auftrags zu beginnen und sein weltliches Leben in Nazaret zu ändern: Stellen wir uns vor, was ihm durch den Kopf gegangen, was ihm in seiner Umgebung aufgefallen sein und ihm das Gefühl gegeben haben mag, dass seine Zeit nun gekommen war. Machen wir uns auch bewusst, dass er sein Wirken nicht mit einer Rede oder einem Wunder, sondern mit einer Pilgerreise an den Jordan beginnt, um sich von Johannes taufen zu lassen. Und betrachten wir die Erfahrung Jesu am Jordan, seine Entdeckung, seine Erkenntnis des Sendungsauftrags, den zu erfüllen der Vater ihn einlädt.

Wir können den Vater bitten, dass er uns gemeinsam mit seinem Sohn unter die Menschen einreiht, die von Johannes getauft werden wollen. Stellen wir uns vor, dass wir mit ihm gegangen sind und nun direkt hinter ihm stehen, weil er will, dass wir ihn besser kennenlernen, ihn inniger lieben und ihm und der Menschheit treuer dienen. Versuchen wir uns in die Szene des Evangeliums hineinzuversetzen. Was sagt Johannes zu uns?

TEXTE

Röm 6,3–4: Durch die Herrlichkeit des Vaters wurde Christus von den Toten auferweckt; so werden auch wir in das neue Leben eingehen.

Lk 3,1–22: „Was sollen wir also tun?“
Im Augenblick seiner Taufe durch Johannes bestätigt die Stimme Gottes die Sohnschaft und den Sendungsauftrag Jesu.

Mt 3,13–17: „Das ist mein geliebter Sohn, an dem ich Gefallen gefunden habe.“
Nachdem Jesus in seinem Herzen das Geheimnis der Vaterschaft Gottes und die ihm anvertraute Sendung betrachtet hat, beschließt er, aus Nazaret fortzugehen. Versetzen wir uns in die Szene hinein. Versuchen wir, ihm nahe zu sein und nachzufühlen, wie er zu dieser Entscheidung gelangt, wie er sie mit seiner Mutter bespricht, sich verabschiedet und alles hinter sich lässt, was ihn als erwachsenen und verantwortungsvollen Menschen ausgemacht hat. Gehen wir mit ihm zum Jordan und sehen wir vom Ufer aus zu, wie er die Taufe empfängt. Was hören wir? Was sollen wir verstehen?

ABSCHLIESSENDES ZWIEGESPRÄCH: Ich lasse das, was ich während der Gebetszeit betrachtet habe, noch einmal Revue passieren. Dabei spreche ich zu Jesus, so wie ein Freund zum andern spricht, und vertraue ihm alles an, was mir auf dieser Etappe in den Sinn gekommen ist. Zum Abschluss bete ich das Vaterunser.

Etappe 13: Tudela – Gallur

HINWEIS: Wir halten weiterhin sehr konsequent am „Vorbereitungsgebet“ fest. Heute lernen wir eine sehr typische Betrachtung der Geistlichen Übungen kennen: die Betrachtung der beiden Banner. Der heilige Ignatius bietet uns eine Gegenüberstellung an, die uns hilft, die Richtung zu erkennen, in die sich unser Leben in dieser Jesusnachfolge entwickelt. Im Lauf des Tages können wir die Gnade dieser Übung betrachten und spüren vielleicht, dass Jesus uns als Weggefährten an seiner Seite haben will. Das typische „dreifache Zwiegespräch“, das der heilige Ignatius in den Übungen vorschlägt, kann so, wie es ist, gehalten werden. Wir können es aber auch so halten, wie unser Herz es uns eingibt und wie es unserer aktuellen Pilgersituation entspricht.

BITTE: Als Freund Jesu bitte ich Gott um die Gnade, die Fallstricke des Bösen zu erkennen und mich vor ihnen zu schützen, und ich

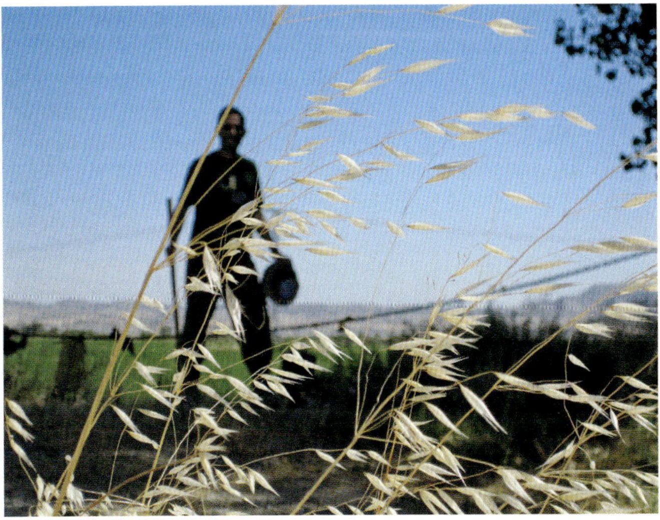

bitte ihn außerdem um die Gnade, Jesus Christus, meinen wahren Anführer und Herrn, wirklich zu erkennen und nachzuahmen.

IMPULS: In den nächsten Tagen werden wir über das irdische Wirken Jesu und darüber nachdenken, wie er die Werte des Himmelreichs gelebt und umgesetzt hat. Heute lernen wir eine Betrachtung kennen, die gemeinhin als die Betrachtung der „beiden Banner" bekannt ist. Wir können uns vorstellen, dass Jesus selbst sich auf den Weg macht und an eine entscheidende Kreuzung kommt. Jesus weiß, in welche Richtung er gehen wird, und er bittet uns, mit ihm zu gehen. Jesus ist „der Weg", und seine Werte erfordern Demut und eine Einfachheit (ja sogar Armut), die uns oft Verachtung einträgt. Mit anderen Worten: wir sollen weitergehen wie Menschen, die ihr Leben mit Gott teilen und alles vertrauensvoll von ihm erwarten. Der andere „Weg" ist die Entscheidung für die Welt der Reichtümer; er führt zu Ansehen und aufgeblähtem Stolz, das heißt zu einem Vermögen und Prestige, das dafür sorgt, dass wir uns in der Welt wichtig fühlen und wichtig sind. Dann werden wir selbst zu den Göttern unseres Lebens und halten uns für „weltweit einzigartig".

Zu Beginn dieser spirituellen Pilgerfahrt hat Ignatius uns eingeladen, eine grundlegende Entscheidung zu treffen: unserem Prinzip und Fundament treu zu sein. Was jetzt von uns erwartet wird, ist keine neue Entscheidung; es geht eher darum, dass wir nun, da wir eine klarere Vorstellung von Jesu Weg und zudem die Möglichkeit haben, zu prüfen, was wir eigentlich wollen, noch einmal bewusst jenen Weg wählen, der sich so grundlegend von den Wegen dieser Welt unterscheidet. Wer sind wir? Sind wir das, was wir besitzen und wofür man uns hält? Oder fühlen wir uns als ein von Gott geliebtes

Geschöpf? Was macht uns wichtig? Das, was die anderen von uns wissen? Oder die Tatsache, dass Gott uns erwählt hat? Jesus lädt uns ein, Ballast abzuwerfen und mit leichtem Gepäck an seiner Seite auf diesem spirituellen Pilgerweg durch unser Leben zu gehen.
Ziel dieser Betrachtung ist es, uns die beiden „Strategien" – die Strategie Jesu und die des Bösen – bewusst zu machen, damit wir diese „Geister", mit denen wir es bei Entscheidungsfindungen so oft zu tun haben, präzise unterscheiden können. Wohin gehe ich? Gehe ich mit Jesus? Wie Ignatius sagt: „In der folgenden ersten Übung [soll man] die Gesinnung Christi unseres Herrn anschauen und als Gegensatz dazu jene des Feindes der menschlichen Natur. […] Sich bildlich vorstellen, wie […] der Anführer aller Feinde in jenem weiten Feldlager von Babylon […] ein Aufgebot von unzähligen Dämonen macht […] und wie er sie anspornt, Netze und Ketten auszuwerfen; und zwar sollen sie zuerst durch die Begierde nach Reichtum in Versuchung führen, so wie er es bei den meisten zu tun pflegt, damit sie je leichter zu eitler Ehre der Welt und danach zu einem ausgewachsenen Hochmut gelangen. Auf diese Weise ist die erste Stufe Reichtum, die zweite Ehre, die dritte Hochmut, und über diese drei Stufen verführt er zu allen anderen Lastern. Entsprechend als Gegensatz soll man sich bildlich vorstellen den höchsten und wahren Befehlshaber, welcher Christus unser Herr ist. […] Erwäge die Ansprache, die Christus unser Herr an alle seine Diener und Freunde hält, die er zu solchem Tagewerk aussendet; wie er ihnen empfiehlt, sie möchten allen zu helfen versuchen, indem sie diese zuerst zur größten geistlichen Armut hinbewegen und, wenn Seine göttliche Majestät sich ihrer bedienen und sie erwählen wollte, nicht minder zur aktuellen Armut; zweitens zum Verlangen, geschmäht und verachtet zu werden, denn aus diesen beiden Dingen ergibt sich die Demut; auf diese Weise entstehen drei Stufen: die erste, Armut gegen Reichtum; die zweite, Schmähung und Verachtung gegen die weltliche Ehre; die dritte, Demut gegen Hochmut; und über diese drei Stufen sollen sie zu allen anderen Tugenden hinführen." (Geistliche Übungen, 136ff.)
Wir wollen diese beiden Banner betrachten und mit dem Herzen eine Entscheidung treffen: Soll ich mit Jesus gehen? Spüre ich wirklich das Bedürfnis? Will ich es?

TEXTE

1 Tim 6,6–10: Die Wurzel allen Übels ist die Habsucht.

Wer sich bereichern will, erliegt der Versuchung, geht in die Falle, verstrickt sich in zahllosen Formen sinnloser und schädlicher Gier, die den Menschen in den Untergang und ins Verderben stürzen.

Gal 5,16–25: Wenn wir aus dem Geist leben, dann wollen wir dem Geist auch folgen.

Ich bitte darum, zu wissen, was es heißt, „mit" und „ohne" den Geist zu sein.

Eph 6,10–20: Der spirituelle Kampf

Ein dreifaches **ABSCHLIESSENDES ZWIEGESPRÄCH:** „Ein Gespräch mit Unserer Herrin, damit sie mir von ihrem Sohn und Herrn die Gnade erlange, unter Sein Banner aufgenommen zu werden, und zwar zuerst in der größten geistlichen Armut und, wenn Seine Göttliche Majestät sich meiner bedienen und mich erwählen und annehmen wollte, nicht minder in aktueller Armut; zweitens im Erleiden von Schmähungen und Verleumdungen, um durch diese Ihn je mehr nachzuahmen, wofern ich das erdulden kann ohne die Sünde irgendeiner Person und ohne Missfallen seiner Göttlichen Majestät. Dabei bete ich ein Ave Maria.
Das zweite: dasselbe nochmals erbitten vom Sohn, damit Er es mir vom Vater erlange, und dabei ein *Anima Christi* beten. Das dritte: dasselbe nochmals erbitten vom Vater, damit Er es mir gewähre, und ein Vaterunser beten." Das *Anima Christi* ist ein Gebet aus dem 14. Jahrhundert. Noch heute beten es viele Menschen nach der Kommunion. Der heilige Ignatius hat es zweifellos sehr oft gebetet und es deshalb auch in seine Geistlichen Übungen aufgenommen.

Seele Christi, heilige mich.
Leib Christi, erlöse mich.
Blut Christi, tränke mich.
Wasser der Seite Christi, wasche mich.
Leiden Christi, stärke mich.
O gütiger Jesus, erhöre mich.
Verbirg in Deine Wunden mich.
Von Dir lass nimmer scheiden mich.
Vor dem bösen Feinde beschütze mich.
In meiner Todesstunde rufe mich
Und lass zu Dir kommen mich,
Damit mit Deinen Heiligen Dich
Ich loben möge ewiglich.
Amen.

Etappe 14: Gallur – Alagón

HINWEIS: Nach wie vor sind wir mit Jesus unterwegs, um ihn deutlicher zu sehen, inniger zu lieben und ihm aus größerer Nähe nachzufolgen. Vergessen wir zu Beginn der Gebetszeit und auch während des Tages das „Vorbereitungsgebet" nicht. Von heute an wird das abschließende Zwiegespräch von Tag zu Tag wichtiger: Wir nähern uns jener innigen Vertrautheit mit Jesus an, die unserem Lebensengagement Festigkeit geben soll. Darüber reden wir im abschließenden Zwiegespräch zum Ende der Gebetszeit und auch sonst während des Tages mit unserem „Freund".

BITTE: Ich bitte den Vater um drei Dinge, die ich brauche und die nur er mir geben kann: eine vertrautere Bekanntschaft mit Jesus, der einer von uns geworden ist; eine persönlichere Erfahrung seiner Liebe zu mir, damit ich ihn zärtlicher liebe; und eine engere Bindung an Jesus und seine Sendung, den Menschen das Heil zu bringen.

IMPULS: Jesus, der die Menschen heilt – das ist vielleicht das eindrucksvollste Bild seines öffentlichen Wirkens, und sein Heilen ist ein Erlösen. Jesus heilt Leib, Geist, Seele und die beschädigten Beziehungen zu Gott und den Mitmenschen, und sein Heilmittel ist die Vergebung. Jesus sagt zu einem Gelähmten, er solle aufstehen und umhergehen, und den Augen eines Blinden verabreicht er eine Schlammpackung. Doch es geht ihm nicht nur darum, den trockenen Zweig oder das Organ wegzuschneiden, das nicht funktioniert. Er will auch, dass der, den er heilt, sich von der Sünde abwendet und an ihn glaubt. Wir wissen von seinem wunderbaren Mitleid und seiner Aufgeschlossenheit, die ihn auch mit den Parias und den Unberührbaren der antiken Gesellschaft in Kontakt treten lässt.

Nutzen wir die ignatianische Praxis der Kontemplation, das heißt, stellen wir uns eine oder mehrere dieser Szenen vor, in denen Jesus Menschen heilt, und stellen wir uns vor, dass wir selbst dabei sind: vielleicht als Jesu Weggefährte oder vielleicht auch als der Kranke, der zu Jesus gebracht wird. Was will er tun, um mich zu heilen? Wenn wir uns auf unserer Pilgerreise diesen Geheimnissen nähern, wollen wir als Menschen vor Jesus hintreten, die der leiblichen, geistigen und seelischen Heilung bedürfen. Bitten wir weiter um die Gnade dieses Tages.

TEXTE

Lk 18,35–43: „Jesus, Sohn Davids, hab Erbarmen mit mir!"

Joh 5,1–9: „Willst du gesund werden?"
Die Frage, die Jesus einem kranken, verkrüppelten Mann stellt, beziehe ich im kontemplativen Gebet auf mich selber. Ich zeige dem Herrn mein Bedürfnis nach Heilung: meine Kleinheit, meinen Stolz, meinen Ehrgeiz, meinen Sicherheits- und Kontrollzwang, meinen Selbstbetrug. „Ja, Herr, ich will gesund werden."

Lk 8,40–56: „Wer hat mich berührt?" – Die Auferweckung der Tochter des Jairus

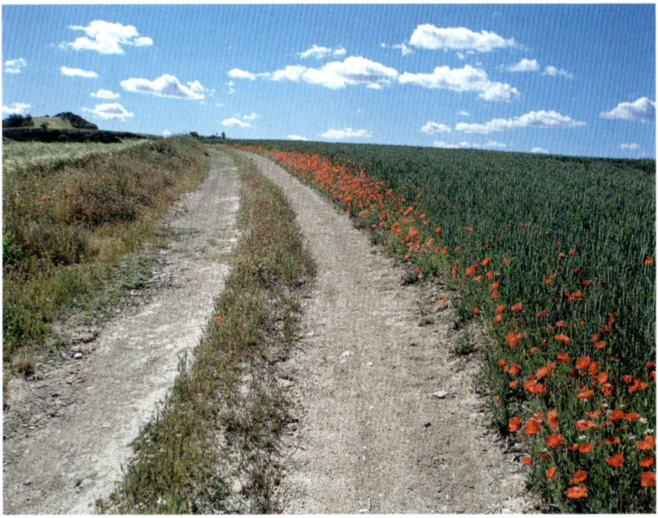

Ich bitte Jesus, in mein Haus zu kommen. Ich strecke mich aus und versuche, den Saum seines Gewandes zu berühren.

ABSCHLIESSENDES ZWIEGESPRÄCH: Ich lasse das, was ich während der Gebetszeit betrachtet habe, noch einmal Revue passieren. Dabei spreche ich zu Jesus, so wie ein Freund zum andern spricht, und vertraue ihm alles an, was mir auf dieser Etappe in den Sinn gekommen ist. Wenn es mir ein echtes Bedürfnis ist, kann ich Jesus bitten, dass ich seinem Banner folgen und zu einem Heilsbringer werden darf, wie er selbst einer war. Zum Abschluss bete ich das Vaterunser.

Etappe 15: Alagón – Saragossa

HINWEIS: Nach wie vor sind wir mit Jesus unterwegs, um ihn deutlicher zu sehen, inniger zu lieben und ihm aus größerer Nähe nachzufolgen. Vergessen wir zu Beginn der Gebetszeit und auch während des Tages das „Vorbereitungsgebet“ nicht. Denken wir daran, dass das abschließende Zwiegespräch von Tag zu Tag wichtiger wird: Wir nähern uns jener innigen Vertrautheit mit Jesus an, die unserem Lebensengagement Festigkeit geben soll. Darüber reden wir im abschließenden Zwiegespräch zum Ende der Gebetszeit und auch sonst während des Tages mit unserem „Freund“.

BITTE: Ich bitte den Vater um drei Dinge, die ich brauche und die nur er mir geben kann: eine vertrautere Bekanntschaft mit Jesus, der einer von uns geworden ist; eine persönlichere Erfahrung seiner Liebe zu mir, damit ich ihn zärtlicher liebe; und eine engere Bindung an Jesus und seine Sendung, den Menschen das Heil zu bringen.

IMPULS: Nach dem heilenden Jesus können wir ein weiteres großes Bild bewundern: Jesus, den Prediger. Er war ein echter Erneuerer! Und ein wahrhaft freier Mensch! Bewundern wir die Klarheit und Reinheit der Botschaft Jesu und seinen Mut, das Reich zu verkünden, auch wenn ihm bewusst war, welcher Gefahr er sich damit aussetzte. Unbeirrbar hält Jesus den Fokus auf die Gerechtigkeit des Himmelreichs. Heuchelei und doppeltes Spiel sind ihm ein Gräuel. Er weist die legalistische oder ritualistische Denkweise zurück, die den Buchstaben über den wahren Geist des Gesetzes stellt.
Jesus verkündet den neuen Bund, sein Lebensprogramm, seinen Aktionsplan, der vorsieht, wie wir, seine Nachfolger, ihm helfen sollen, in dieser Welt das wiederherzustellen, was Gott den Menschen ursprünglich zugedacht hatte: dass wir einander mit seiner Liebe lieben. Jesus hält seine berühmte „Bergpredigt", das „Manifest des Himmelreichs", schon zu einem sehr frühen Zeitpunkt seines öffentlichen Wirkens. Wir hören diese Worte sicher nicht zum ersten Mal, doch ihre Vertrautheit soll der Radikalität des darin enthaltenen Appells keinen Abbruch tun. Ich will dieser Rede ehrfürchtig lauschen, damit die Saat der Worte Jesu in mir aufgehen und Wurzeln schlagen kann. Stellen wir uns vor, wie wir inmitten der einfachen und bescheidenen Menschenmenge sitzen, die auf einem Hügel zusammenkam und zuhörte, als Jesus seinen „Weg" vorstellte. Damals wie heute geht sein Weg entschieden gegen den Strom: Er lädt uns ein, Werte zu leben, die denen der heutigen Gesellschaft und der konsumorientierten Werbung diametral entgegengesetzt sind. Und auch zu der Welt seiner Zeit stand Jesus im Gegensatz.

TEXTE

Mt 23,11–12.23–24: Der Größte unter euch soll euer Diener sein; wer sich erhöht, wird erniedrigt werden, und wer sich selbst erniedrigt, wird erhöht werden.

Mt 5,1–48: Als er die vielen Menschen sah, stieg er auf einen Berg. Er setzte sich, und seine Jünger traten zu ihm. Dann begann er zu reden, lehrte sie und sprach ...

Joh 12,44–50: Wer an mich glaubt, glaubt an den, der mich gesandt hat.
Ich löse mich von mir selbst, um Jesus zuzuhören: In seiner Botschaft höre ich die Stimme des Vaters.

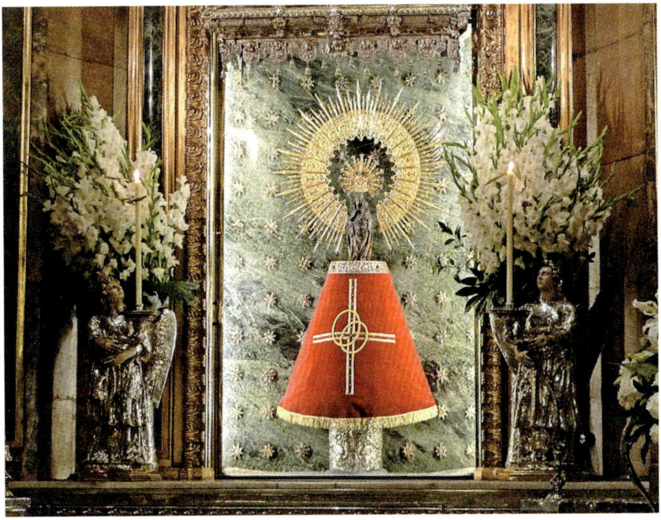

Saragossa, Nuestra Señora del Pilar

ABSCHLIESSENDES ZWIEGESPRÄCH: Ich lasse das, was ich während der Gebetszeit betrachtet habe, noch einmal Revue passieren. Dabei spreche ich zu Jesus, so wie ein Freund zum andern spricht, und vertraue ihm alles an, was mir auf dieser Etappe in den Sinn gekommen ist. Wenn es mir ein echtes Bedürfnis ist, kann ich Jesus bitten, dass ich seinem Banner folgen darf. Zum Abschluss bete ich das Vaterunser.

Etappe 16: Saragossa – Fuentes de Ebro

HINWEIS: Nach wie vor sind wir mit Jesus unterwegs, um ihn deutlicher zu sehen, inniger zu lieben und ihm aus größerer Nähe nachzufolgen. Wir beginnen heute bereits die „dritte Woche" unserer inneren Pilgerfahrt. Vergessen wir zu Beginn der Gebetszeit und auch während des Tages das „Vorbereitungsgebet" nicht. Denken wir daran, dass das abschließende Zwiegespräch von Tag zu Tag wichtiger wird: Wir nähern uns jener tiefen Vertrautheit mit Jesus an, die unserem Leben Engagement geben soll. Darüber reden wir im abschließenden Zwiegespräch am Ende der Gebetszeit und auch sonst während des Tages mit unserem „Freund".

BITTE: Ich bitte den Vater, dass er mich zu Jesus hinführt, damit ich seine Herausforderung höre und verstehe, mich von seinem Abenteuer emotional berühren lasse und mir sehnlichst wünsche, sein Schicksal und sein Leid zu teilen, um ihm und seinem Volk zu dienen.

IMPULS: Die Evangelien berichten, dass Jesus an das Ufer des Sees Gennesaret zog und zwei Männer in seine Nachfolge rief, die dort ihre Netze auswarfen: „Folgt mir, und ich werde euch zu Menschenfischern machen." Ohne zu zögern, ließen sie ihre Netze liegen und folgten ihm nach. Dieser Jesus ist so geheimnisvoll und zugleich so überzeugend, dass die Fischer, so hören wir, ganz einfach alles stehen und liegen lassen, ihr bisheriges Leben aufgeben und ihm in ein neues Leben, auf eine neue Pilgerreise folgen. Bitten wir im Gebet um die Gnade, diesen Jesus besser kennenzulernen, das, was seinen Ruf so attraktiv macht, tiefer zu erfassen und uns mehr und mehr nach seiner Nähe zu sehnen, sodass wir uns in unseren Lebensentscheidungen immer seltener nach dem richten, „was mir gefällt", und immer häufiger nach dem, „was mir hilft, bei und wie Jesus zu sein".
Wer Jesus nachfolgt, dem wird vieles abverlangt werden. Er wird das „einzig Notwendige" entdecken müssen – und jenes „eine noch", das wir zurücklassen sollen. Während wir über diese Herausforderungen nachdenken, achten wir weiterhin auf das, was diese Pilgerreise in unserem Inneren in Bewegung setzt. Wohin gehe ich? Weiß ich das? Interessiert es mich?

TEXTE

Lk 9,57–62: „Folge mir nach!"
Ich bitte darum, dass ich mich nicht mit der Anwartschaft auf die Nachfolge Jesu begnüge.

Lk 10,1–9: Danach wählte der Herr zweiundsiebzig andere aus und sandte sie vor sich her.

Lk 10,38–41: „Nur eines ist notwendig."
Jesus sagt auch mir: „Nur eines ist notwendig." Für mich besteht die Herausforderung darin, Marta und Maria, Kontemplation und Aktion zu verbinden, damit mein Handeln im Dienst des Herrn von der ständigen stillen Zwiesprache mit ihm beseelt ist.

Mk 10,17–27: „Eines fehlt dir noch".
Jesus sah einen guten Menschen, der sein Leben lang ein Vorbild der Güte und Treue gewesen war, liebevoll an und forderte ihn – und mich – mit diesen Worten heraus: „Eines fehlt dir noch". Ich weiß, was der Mann im Evangelium darauf geantwortet hat. Jetzt höre ich in dieser meiner Lebenssituation, wie Jesus zu mir dasselbe sagt: „Eines fehlt dir noch."

ABSCHLIESSENDES ZWIEGESPRÄCH: Ich lasse das, was ich während der Gebetszeit betrachtet habe, noch einmal Revue passieren. Dabei spreche ich zu Jesus, so wie ein Freund zum andern

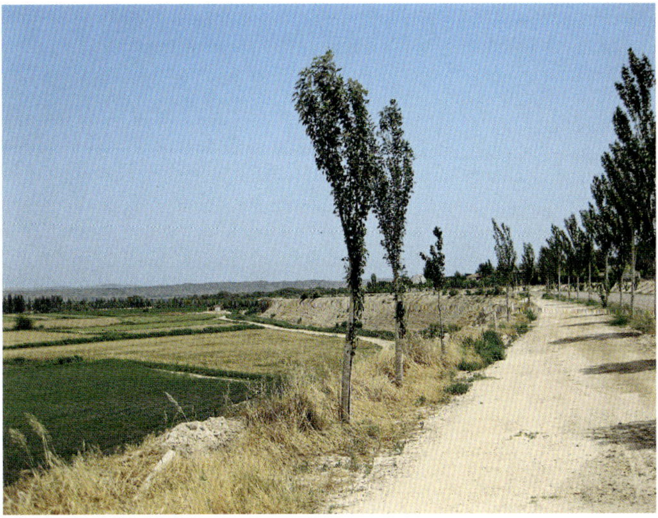

spricht, und vertraue ihm alles an, was mir auf dieser Etappe in den Sinn gekommen ist. Wenn es mir ein echtes Bedürfnis ist, kann ich Jesus bitten, dass ich seinem Banner folgen darf. Zum Abschluss bete ich das Vaterunser.

Etappe 17: Fuentes de Ebro – Venta de Santa Lucía

HINWEIS: Vergessen wir das „Vorbereitungsgebet" nicht. Wir sind nun schon in der „dritten Woche" unserer geistlichen Übungen. Ignatius bittet uns, dass wir uns die wachsenden Schwierigkeiten bewusst machen, mit denen es Jesus auf seiner „Lebenspilgerfahrt" zu tun bekommt. Damit beginnt eine eher „trockene" Phase unserer Wanderung, in der wir versuchen, uns die Mühsal zu vergegenwärtigen, die Jesus uns zuliebe so großzügig auf sich genommen hat. Begleiten wir Jesus auf seinem letzten Weg nach Jerusalem und halten wir unser Herz in einem „traurigen Gemütszustand". In unserem abschließenden Zwiegespräch wollen wir Jesus innerlich noch näher kommen, der, obwohl er unschuldig ist, den Tod am Kreuz erleiden wird. Über diese Traurigkeit reden wir im abschließenden Zwiegespräch zum Ende der Gebetszeit und auch sonst während des Tages mit unserem „Freund".

BITTE: Ich bitte den Vater, dass er mich zu Jesus hinführt, damit ich seine Herausforderung höre und verstehe, mich von seinem Abenteuer emotional berühren lasse und mir sehnlichst wünsche, sein Schicksal und sein Leid zu teilen, um ihm und seinem Volk zu dienen.

IMPULS: Im Evangelium pilgert Jesus von Galiläa nach Jerusalem, wo er das letzte Abendmahl feiern und sein Leiden und Sterben auf sich nehmen wird. Fast drei Jahre hat er in der Gesellschaft seiner Jünger verbracht; doch diese letzte Reise zeigt, dass er mit seiner Botschaft noch immer nicht vollständig zu ihnen durchgedrungen ist. So streiten sie darüber, wer von ihnen im Himmelreich der Größte sein wird. Wieder einmal versucht Jesus ihnen zu erklären, dass Größe im Himmelreich bedeutet, den anderen zu dienen. Genau wie sie können auch wir nicht verstehen – oder wollen nicht hören und akzeptieren –, dass der Weg Jesu Leiden und Opfer bedeutet: Er bedeutet, sich selbst zu verleugnen. In der Kontemplation stellen wir uns vor, wie wir gemeinsam mit Jesus den weiten Weg nach Jerusalem gehen. Wir stellen ihm unsere eigenen Fragen und beten, dass unsere Augen sich öffnen, damit wir seine Botschaft klarer sehen, und dass unsere Ohren sich öffnen, damit wir seinen Ruf immer deutlicher hören.

Unterwegs fühlt sich Jesus schwach und müde. Die Jünger gehen los, um Wasser und Lebensmittel zu besorgen, doch er bleibt außerhalb der Ansiedlung. Die Sonne steht hoch am Himmel und es ist heiß in Samaria. Da kommt eine Samariterin, so erzählt es das Johannesevangelium. Zwischen Juden und Samaritern bestand eine tiefe Feindschaft. Jesus sitzt an einem Brunnen, aus dem man Wasser schöpfen könnte, doch er hat kein Gefäß. Er braucht Hilfe. Jesus ist durstig. Er bittet die Frau, ihm zu trinken zu geben, und so entspinnt sich ein Gespräch. Die Samariterin erkennt, wer Jesus ist, und glaubt, dass er der Gesalbte ist, obwohl ihre Augen nur einen müden und schwachen Mann sehen, der Wasser braucht.

Wer bin ich? Wer ist Jesus? Gott hilft uns durch die Begegnung mit Jesus, uns selbst und damit letztlich auch ihn tiefer zu begreifen. Der Ignatiusweg führt durch die Monegros, eine Halbwüste. Auf unserem Weg durch diese heiße, trockene und staubige Region können wir uns sehr gut vorstellen, wie wichtig das Wasser in der Lebenswelt Jesu war. Ohne Nahrung und Wasser gibt es kein Leben. Damit sind wir bei einem der wichtigsten Sinnbilder der Evangelien angelangt: Jesus ist das Wasser des ewigen Lebens, die Quelle, die niemals versiegt, er ist Wasser im Überfluss. Die unvermeidliche Folge jeder echten Jesusbegegnung ist die persönliche Veränderung: Wie er das Leben der heilungsbedürftigen Menschen verändert hat, so hat er einfach dadurch, dass er mit ihr sprach, auch das Leben dieser Frau verändert. Gehen wir wie die Samariterin damals zu Jesus hin, der am Brunnen sitzt: Wer bin ich wirklich? Wer ist Jesus? Was sagt Jesus zu mir? Was antworte ich?

TEXTE

Mk 10,32–45: „Wer bei euch der Erste sein will, soll der Sklave aller sein."

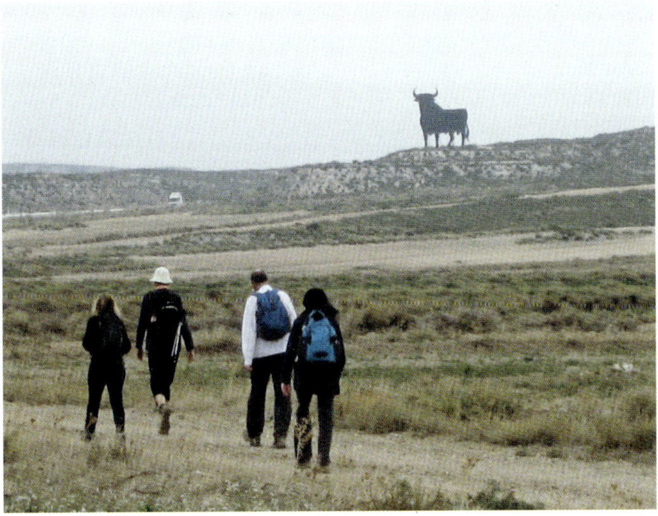

Joh 4,6–15: „Wer von diesem Wasser trinkt, wird wieder Durst bekommen; wer aber von dem Wasser trinkt, das ich ihm geben werde, wird niemals mehr Durst haben.“

Joh 6,30–44: Brot des Lebens
Ich glaube, dass Jesus das lebendige Brot und das lebenspendende Wasser ist, und ich bitte den Vater, mich näher zu ihm hinzuführen, damit ich esse und trinke und ein neues Leben bekomme.

ABSCHLIESSENDES ZWIEGESPRÄCH: Ich lasse das, was ich während der Gebetszeit betrachtet habe, noch einmal Revue passieren. Dabei spreche ich zu Jesus, so wie ein Freund zum andern spricht, und vertraue ihm alles an, was mir auf dieser Etappe in den Sinn gekommen ist. Wenn es mir ein echtes Bedürfnis ist, kann ich Jesus bitten, dass ich seinem Banner folgen darf. Zum Abschluss bete ich das Vaterunser.

Etappe 18: Venta de Santa Lucía – Bujaraloz

HINWEIS: Wir gehen weiter mit Jesus auf seinem Weg nach Golgota. Vergessen wir das „Vorbereitungsgebet“ nicht: Es ist nötiger denn je, dass wir unser Leben auf den Willen Gottes ausrichten, der die einzige Quelle des Heils und des Glücks ist. Denken wir daran, dass das abschließende Zwiegespräch sehr wichtig ist: Wir nähern uns jener innigen Vertrautheit mit dem leidenden Jesus an, die unserem Lebensengagement Festigkeit geben soll. Darüber reden wir im abschließenden Zwiegespräch zum Ende der Gebetszeit und auch sonst während des Tages mit unserem „Freund".

BITTE: Ich bitte den Vater um die Gabe, mit Christus in seinem Leid und in seiner Angst mitfühlen zu können, und ich bitte ihn sogar um die Erfahrung von Tränen und tiefem Schmerz über all das, was Christus um meinetwillen am Ende seines Lebens auf sich nehmen musste.

IMPULS: Nachdem wir nun schon so viele Tage mit Jesus unterwegs sind, wissen wir, dass sein Leben in Gefahr ist. Und er weiß es auch. Die Menschen verstehen ihn nicht. Das Reich Gottes kämpft um sein Überleben, doch der Feind ist mächtig. Unsere Herzen sind aus Stein, wie der Prophet gesagt hat, und wir sind nicht bereit, dies zu ändern. Wir fühlen uns stark mit diesem harten Kern in unserem Inneren, und das zärtliche, mitfühlende Herz Gottes ist für uns keine attraktive Option. Jesus stellt uns zur Rede, doch wir wollen nicht hören. Er wird zornig, aber er kann es nicht ändern. Als sein Jünger fühle ich mich unbehaglich. Ich verstehe ihn auch nicht. Ich bin müde. Jesus sieht mich und lädt mich ein, zu ihm zu kommen und Ruhe zu finden. In Jerusalem werden die Dinge nicht leichter werden.

In Jerusalem feiert Jesus im Kreis seiner Jünger sein letztes Abendmahl vor seinem Tod. Mit einer vielsagenden, ja beinahe schockierenden Geste macht er noch einmal deutlich, dass Herrschaft im Himmelreich Dienen bedeutet: Wie ein Haussklave wäscht Jesus, der Herr, den zum Mahl Geladenen ihre schmutzigen Füße. Können wir uns vorstellen, dass Jesus uns die Füße wäscht? Während des Mahls teilt Jesus Brot und Wein an seine Jünger aus und trägt ihnen auf: „Tut dies zu meinem Gedächtnis." Stellen wir uns vor, wie viele Generationen an wie vielen Orten diesen konkreten Augenblick der Eucharistie begangen haben. Für uns Christen ist dies nicht nur Gedenken, sondern Kommunikation: ein Mit-Teilen des Lebens und eine innige Verbindung zu Jesus. In Brot und Wein schenkt Jesus uns seinen eigenen Leib, den er für uns hingegeben, und sein eigenes Blut, das er für uns vergossen hat.

Denken wir daran, dass Ignatius uns einlädt, kontemplativ zu beten, indem wir uns in die Szenen, die sich abspielen, hineinversetzen und die Flächen ausmalen, die die Erzählungen des Evangeliums weiß gelassen haben. Die Leidensberichte eignen sich besonders gut für diese Art des kontemplativen Betens. So spricht Ignatius über das letzte Abendmahl und stellt uns Jesus vor Augen, der, „nachdem Er das Osterlamm gegessen und das Abendmahl genossen hatte, ihnen die Füße wusch und Seinen Heiligsten Leib und Sein Kostbares Blut den Jüngern reichte", und schlägt uns vor, „die Personen beim Abendmahl zu schauen, und indem ich mich auf

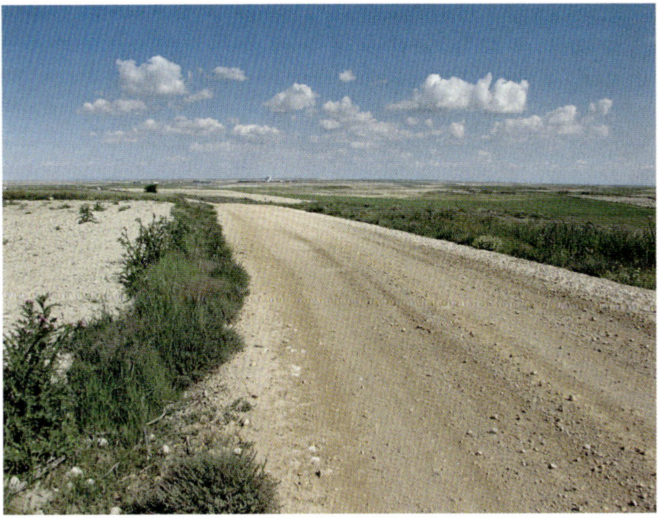

mich selbst zurückbesinne, suche ich irgendeinen Nutzen aus ihnen zu ziehen", wir sollen „hören, was sie reden, [...] achten auf das, was sie tun" (Geistliche Übungen 191ff.).

TEXTE

Mk 8,34–38: „Wer meinen Weg gehen will, verleugne sich selbst, nehme sein Kreuz auf sich und folge mir nach."

Mt 11,2–30: „Ich preise dich, Vater, weil du all das den Weisen und Klugen verborgen, den Unmündigen aber offenbart hast."
Nur der Einfache erkennt den Messias. Die Welt kann ihn nicht verstehen. Von ganzem Herzen sehne ich mich nach der Gesellschaft und Nähe Jesu und nehme mit Freuden die Einladung an, seine Erschöpfung zu teilen, wie ja auch er meine Last mit mir trägt. Ich wünsche mir sehnlichst, mich ganz hinzugeben in der Liebe und im Dienst an Jesus und seinem Volk.

Mt 26,26–31: „Nehmt, esst, dies ist mein Leib."

Joh 13,1–17: Nachdem er ihnen die Füße gewaschen hatte, legte er sein Gewand wieder an und sagte zu ihnen: „Wisst ihr, was ich an euch getan habe?"

ABSCHLIESSENDES ZWIEGESPRÄCH: Wenn wir einem Kranken oder Sterbenden beistehen, ist unsere Anwesenheit oft wichtiger als unsere zögerlichen Worte oder ungeschickten Gesten. Genauso ist es auch jetzt, wenn wir bei Jesus Christus sind. Bisher haben wir das Zwiegespräch als eine vertrauliche Unterhaltung unter Freunden beschrieben. Jetzt brechen wir diese Beschreibung auf und nehmen die Tiefe des Fühlens, der Liebe und des Mitleids mit hinein, die es uns erlaubt, einfach nur „da zu sein“. Wenn du es wirklich willst, kannst du Jesus auch jetzt wieder bitten, seinem Banner – der Kreuzstandarte – zu folgen. Bete zum Abschluss ein Vaterunser.

Etappe 19: Bujaraloz – Candasnos

HINWEIS: Wir gehen weiter mit Jesus auf seinem Weg in den Tod. Vergessen wir das „Vorbereitungsgebet“ nicht: Wieder wollen wir darum bitten, dass unser Leben sich am Willen Gottes ausrichtet, der die einzige Quelle des Glücks und der Auferstehung ist. Beim abschließenden Zwiegespräch sind wir besonders andächtig: Wir stellen uns neben den leidenden Jesus und bitten ihn um die Kraft, an unserem Lebensauftrag festzuhalten. Das tun wir im abschließenden Zwiegespräch zum Ende der Gebetszeit und auch sonst während des Tages.

BITTE: Ich bitte den Vater um die Gabe, mit Christus in seinem Leid und in seiner Angst mitfühlen zu können, und ich bitte ihn sogar um die Erfahrung von Tränen und tiefem Schmerz über all das, was Christus um meinetwillen am Ende seines Lebens auf sich nehmen musste.

IMPULS: Nach dem letzten Abendmahl wird Jesus, während er im Garten betet, von Todesangst ergriffen. Es sieht so aus, als wolle er dem bereits angekündigten Leiden aus dem Weg gehen. Er ist verraten worden. Die Freunde und Jünger, die in den letzten drei Jahren seine engsten Vertrauten waren, haben ihn im Stich gelassen. Er ist öffentlich gedemütigt worden. Wie es scheint, sind seine Sendung und sein Leben gescheitert und der Lächerlichkeit preisgegeben. Nichts davon ist „Fiktion“. Wir Christen glauben, dass Jesus, der Gott war und ist, im wahrsten Sinne des Wortes Mensch geworden ist, und Getsemani ist der Moment, da sich die rückhaltlose Solidarität Jesu mit unserem Menschsein offenbart. Wir alle haben unsere eigenen Demütigungen, Zurückweisungen, Zweifel oder Ängste leidvoll erfahren. Versuchen wir, uns in diese tragischen Ereignisse einzufühlen. Bitten wir darum, dass es uns gelingt, große Solidarität und großes Mitleid mit Jesus zu empfinden. Machen wir uns Jesu unbedingte und endgültige Treue zu seiner Sendung, zu seinem Vater und mithin auch zu uns bewusst. Jesus ist der Einzige, der treu an seiner Berufung festhält und der auch in unseren eigenen Momenten der Qual, Sorge oder Unsicherheit treu zu uns steht.
Nutzen wir die ignatianische Kontemplation und folgen wir Jesus

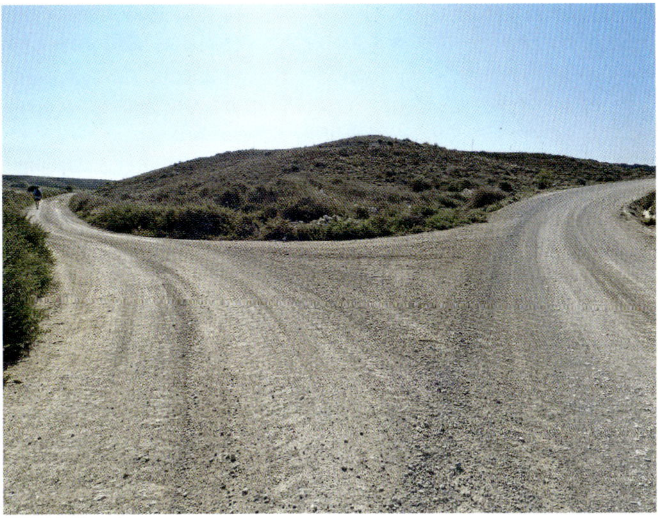

und seinen Jüngern nach Getsemani. Warten wir gemeinsam mit ihnen auf Jesus oder gehen wir vielleicht selbst dorthin, wo Jesus ist, und hören, wie er zu seinem Vater betet. Wir wollen Jesus in seinen Schmerz und seine Dunkelheit hinein nachfolgen, wir wollen seine Demütigung und sein Zaudern spüren, sich in den Willen des Vaters hineinzugeben. Sehen wir Judas an, der stolz oder auch bestürzt am Schauplatz erscheint, ohne wirklich zu begreifen, welche Rolle er spielt. Fühlen wir uns in die Szene hinein und betreten wir gemeinsam mit Jesus das Haus des Hohepriesters Kajaphas. Versuchen wir Jesus zu beobachten: Was fühlt er? Was denkt er? Was würde er in diesem Augenblick tun? Stellen wir uns neben ihn und beobachten die Menschen um ihn herum, die aufgeregt diskutieren: Was sagen sie? Was fühle ich in diesem Augenblick? Gehen wir ein Stück weiter und folgen Petrus, der das Haus verlässt. Achten wir noch einmal auf Jesus: Er wusste, dass auch Petrus ihm untreu werden würde. Er spürt den Schmerz des Verrats und legt all seine zärtliche Liebe in den Blick, mit dem er Petrus ansieht. Er ist von dem verleugnet worden, den er den „Fels" genannt hatte – das ist das Schicksal Jesu, das ich mit ihm teilen soll. Es ist ein Moment der Wahrheit in unserem Leben. Was fühle ich?

TEXTE

Mt 26,30–75: Dann ging er zu den Jüngern und sagte zu ihnen: „Schlaft und ruht ihr noch immer? Die Stunde ist gekommen!"

Jes 42,1–9: Dieser ist mein Knecht, den ich stütze.

„Seht, das ist mein Knecht, den ich stütze; das ist mein Erwählter, an ihm finde ich Gefallen. Ich habe meinen Geist auf ihn gelegt, er bringt den Völkern das Recht. Er schreit nicht und lärmt nicht und lässt seine Stimme nicht auf der Straße erschallen. Das geknickte Rohr zerbricht er nicht und den glimmenden Docht löscht er nicht aus; ja, er bringt wirklich das Recht. Er wird nicht müde und bricht nicht zusammen, bis er auf der Erde das Recht begründet hat. Auf sein Gesetz warten die Inseln. So spricht Gott, der Herr, der den Himmel erschaffen und ausgespannt hat, der die Erde gemacht hat und alles, was auf ihr wächst, der den Menschen auf der Erde den Atem verleiht und allen, die auf ihr leben, den Geist: Ich, der Herr, habe dich aus Gerechtigkeit gerufen, ich fasse dich an der Hand. Ich habe dich geschaffen und dazu bestimmt, der Bund für mein Volk und das Licht für die Völker zu sein: blinde Augen zu öffnen, Gefangene aus dem Kerker zu holen und alle, die im Dunkel sitzen, aus ihrer Haft zu befreien. Ich bin Jahwe, das ist mein Name; ich überlasse die Ehre, die mir gebührt, keinem andern, meinen Ruhm nicht den Götzen. Seht, das Frühere ist eingetroffen, Neues kündige ich an. Noch ehe es zum Vorschein kommt, mache ich es euch bekannt."

Ps 54: Hilf mir, Herr!

„Hilf mir, Gott, durch deinen Namen, verschaff mir Recht mit deiner Kraft! Gott, höre mein Flehen, vernimm die Worte meines Mundes! Denn es erheben sich gegen mich stolze Menschen, freche Leute trachten mir nach dem Leben; sie haben Gott nicht vor Augen. Doch Gott ist mein Helfer, der Herr beschützt mein Leben. Auf meine Gegner falle das Unheil zurück. Weil du treu bist, vernichte sie! Freudig bringe ich dir dann mein Opfer dar und lobe deinen Namen, Herr; denn du bist gütig. Der Herr hat mich herausgerissen aus all meiner Not und mein Auge kann auf meine Feinde herabsehn."

ABSCHLIESSENDES ZWIEGESPRÄCH: Wie gestern ist auch im heutigen Gebet unsere Anwesenheit an der Seite Jesu wichtiger als unsere zögerlichen Worte oder ungeschickten Gesten. Nehmen wir wieder die Tiefe des Fühlens, der Liebe und des Mitleids in unsere Zwiesprache mit hinein, die es uns erlaubt, einfach „nur" da zu sein und Jesus beizustehen. Zum Abschluss beten wir das Vaterunser.

Etappe 20: Candasnos – Fraga

HINWEIS: Wir gehen weiter an der Seite Jesu und begleiten ihn in seinen letzten Stunden. Und wir sind bei den Jüngern, die seinen Leichnam vom Kreuz abnehmen und begraben. Vergessen wir das „Vorbereitungsgebet" nicht: Wieder wollen wir darum bitten, dass unser Leben sich am Willen Gottes ausrichtet, der die einzige Quelle des Glücks und der Auferstehung ist. Beim abschließenden Zwiegespräch sind wir besonders andächtig: Wir stellen uns neben den leidenden Jesus und bitten ihn um die Kraft, an unserem Lebensauftrag festzuhalten. Das tun wir im abschließenden Zwiegespräch zum Ende der Gebetszeit und auch sonst während des Tages.

BITTE: Ich bitte den Vater um die Gabe, mit Christus in seinem Leid und in seiner Angst mitfühlen zu können, und ich bitte ihn sogar um die Erfahrung von Tränen und tiefem Schmerz über all das, was Christus um meinetwillen am Ende seines Lebens auf sich nehmen musste.

IMPULS: Das Kruzifix, das in jeder katholischen Kirche über dem Altar hängt, erinnert uns daran, dass die Messe eine Erinnerung und Vergegenwärtigung der Selbsthingabe Jesu ist: Für uns hat er sein Leben bis zum letzten Atemzug verschenkt. Bisweilen ist unser Zugang zum Kreuzigungsgeschehen allzu intellektuell und wir denken über den Tod Jesu nach wie über ein abstraktes theologisches Geheimnis. Bisweilen machen wir aus der Hinrichtungsstätte ein goldenes Kreuz und schmücken es sogar mit Edelsteinen. Heute nehmen wir uns vor, die „raue Wirklichkeit“ der Passion nachzuerleben: Stellen wir uns bei der Kontemplation den Menschen Jesus vor, der in der Gesellschaft zweier verurteilter Verbrecher einen qualvollen, langsamen und demütigenden Tod stirbt. Verbringen wir eine Weile an der Seite seiner Mutter, die den Tod ihres Sohnes mit ansehen musste. Wir Christen des 21. Jahrhunderts wissen, dass diese Tragödie mit der Auferstehung Jesu enden wird, doch Maria weiß das nicht. In unserer ignatianischen Kontemplation wollen wir Maria, die Mutter Jesu, begleiten, wie sie vom Grab weg zu dem Haus geht, wo sie Unterkunft gefunden hat. Bleiben wir bei ihr, warten wir mit ihr, hören wir, wie sie alles, was sie seit der Geburt Jesu in ihrem Herzen bewahrt hat, mit den übrigen Anwesenden teilt. Lauschen wir ihren Erinnerungen an ihren Sohn. Weinen wir mit ihr, warten wir wie sie darauf, dass irgendetwas geschieht. Und sagen wir ihr, wer wir sind: Jünger ihres Sohnes.
Ignatius lädt uns ein, uns, soweit es nur geht, mit Jesus zu identifizieren und dasselbe zu fühlen wie er: „Schmerz mit dem schmerzerfüllten Christus, Zerschlagenheit mit dem zerschlagenen Christus, Tränen, innerliche Pein über die große Pein, die Christus für mich gelitten hat“ (Geistliche Übungen 203), und dabei auch „die Einsamkeit Unserer Herrin“ zu bedenken „mit so großem Schmerz und Ermattung, dann auf der andern Seite die der Jünger“. Das ist das Ende. Es ist alles aus.
Christus, unser Herr und König, setzt seine Sendung in unserer Welt fort, um alle Männer und Frauen zu retten. Auch heute wird er in seinen Brüdern und Schwestern gepeinigt. Auch heute wird er ans

Kreuz gebracht. Betrachten wir einen Moment lang die Situation unserer Menschheit und bitten wir den Vater, dass er uns in der Welt von heute an die Seite des gekreuzigten Christus stellt.

TEXTE

Mt 27,1–66: „Kreuzige ihn!" – „Weshalb? Was hat er denn Böses getan?" – „Kreuzige ihn!"

Ps 22: Mein Gott, mein Gott, warum hast du mich verlassen?

„Mein Gott, mein Gott, warum hast du mich verlassen, bist fern meinem Schreien, den Worten meiner Klage? Mein Gott, ich rufe bei Tag, doch du gibst keine Antwort; ich rufe bei Nacht und finde doch keine Ruhe. Aber du bist heilig, du thronst über dem Lobpreis Israels. Dir haben unsre Väter vertraut, sie haben vertraut und du hast sie gerettet. Zu dir riefen sie und wurden befreit, dir vertrauten sie und wurden nicht zuschanden. Ich aber bin ein Wurm und kein Mensch, der Leute Spott, vom Volk verachtet. Alle, die mich sehen, verlachen mich, verziehen die Lippen, schütteln den Kopf: „Er wälze die Last auf den Herrn, der soll ihn befreien! Der reiße ihn heraus, wenn er an ihm Gefallen hat." Du bist es, der mich aus dem Schoß meiner Mutter zog, mich barg an der Brust der Mutter. Von Geburt an bin ich geworfen auf dich, vom Mutterleib an bist du mein Gott. Sei mir nicht fern, denn die Not ist nahe und niemand ist da, der hilft. Viele Stiere umgeben mich, Büffel von Baschan umringen mich. Sie sperren gegen mich ihren Rachen auf, reißende, brüllende Löwen. Ich bin hingeschüttet wie Wasser, gelöst haben sich all meine Glieder. Mein Herz ist in meinem Leib wie Wachs zerflossen. Meine Kehle ist trocken wie eine Scherbe, die Zunge klebt mir am Gaumen, du legst mich in den Staub des Todes. Viele Hunde umlagern mich, eine Rotte von Bösen umkreist mich. Sie durchbohren mir Hände und Füße. Man kann all meine Knochen zählen; sie gaffen und weiden sich an mir. Sie verteilen unter sich meine Kleider und werfen das Los um mein Gewand. Du aber, Herr, halte dich nicht fern! Du, meine Stärke, eil mir zu Hilfe! Entreiße mein Leben dem Schwert, mein einziges Gut aus der Gewalt der Hunde! Rette mich vor dem Rachen des Löwen, vor den Hörnern der Büffel rette mich Armen! Ich will deinen Namen meinen Brüdern verkünden, inmitten der Gemeinde dich preisen. Die ihr den Herrn fürchtet, preist ihn, ihr alle vom Stamm Jakobs, rühmt ihn; erschauert alle vor ihm, ihr Nachkommen Israels! Denn er hat nicht verachtet, nicht verabscheut das Elend des Armen. Er verbirgt sein Gesicht nicht vor ihm; er hat auf sein Schreien gehört. Deine Treue preise ich in großer Gemeinde; ich erfülle meine Gelübde vor denen, die Gott fürchten. Die Armen sollen essen und sich sättigen; den Herrn sollen preisen, die ihn suchen. Aufleben soll euer Herz für immer. Alle Enden der Erde sollen daran denken und werden umkehren zum Herrn: Vor ihm werfen

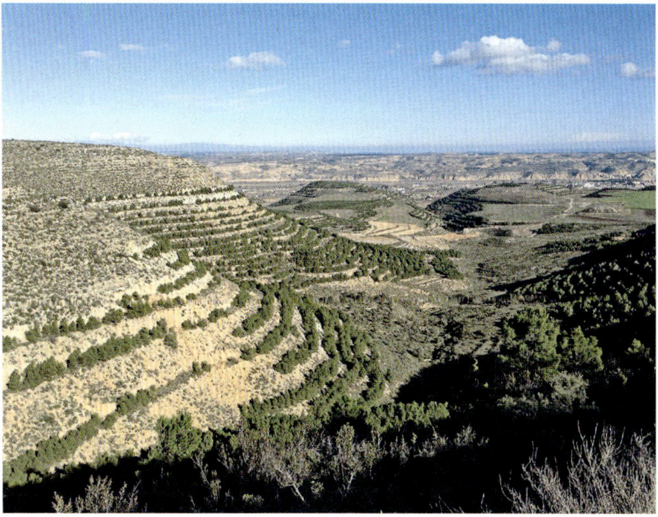

sich alle Stämme der Völker nieder. Denn der Herr regiert als König; er herrscht über die Völker. Vor ihm allein sollen niederfallen die Mächtigen der Erde, vor ihm sich alle niederwerfen, die in der Erde ruhen. Meine Seele, sie lebt für ihn; mein Stamm wird ihm dienen. Vom Herrn wird man dem künftigen Geschlecht erzählen, seine Heilstat verkündet man dem kommenden Volk; denn er hat das Werk getan."

Ps 31: In dir, Herr, habe ich meine Zuflucht gefunden.

„Herr, ich suche Zuflucht bei dir. Lass mich doch niemals scheitern; rette mich in deiner Gerechtigkeit! Wende dein Ohr mir zu, erlöse mich bald! Sei mir ein schützender Fels, eine feste Burg, die mich rettet. Denn du bist mein Fels und meine Burg; um deines Namens willen wirst du mich führen und leiten. Du wirst mich befreien aus dem Netz, das sie mir heimlich legten; denn du bist meine Zuflucht. In deine Hände lege ich voll Vertrauen meinen Geist; du hast mich erlöst, Herr, du treuer Gott. Dir sind alle verhasst, die nichtige Götzen verehren, ich aber verlasse mich auf den Herrn. Ich will jubeln und über deine Huld mich freuen; denn du hast mein Elend angesehn, du bist mit meiner Not vertraut. Du hast mich nicht preisgegeben der Gewalt meines Feindes, hast meinen Füßen freien Raum geschenkt. Herr, sei mir gnädig, denn mir ist angst; vor Gram zerfallen mir Auge, Seele und Leib. In Kummer schwindet mein Leben dahin, meine Jahre verrinnen im Seufzen. Meine Kraft ist ermattet im Elend, meine Glieder sind zerfallen. Zum Spott geworden bin ich all meinen Feinden, ein Hohn den Nachbarn, ein Schrecken den Freunden; wer mich auf der Straße sieht, der flieht vor mir. Ich bin dem Gedächtnis entschwunden wie ein Toter, bin geworden wie ein zerbrochenes Gefäß. Ich höre das Zischeln der Menge – Grauen ringsum. Sie tun sich gegen mich zusammen; sie sinnen darauf, mir das Leben zu rauben. Ich aber, Herr, ich vertraue dir, ich sage: „Du bist mein Gott." In deiner Hand liegt mein Geschick; entreiß mich der Hand meiner Feinde und Verfolger! Lass dein Angesicht leuchten über deinem Knecht, hilf mir in deiner Güte! Herr, lass mich nicht scheitern, denn ich rufe zu dir. Scheitern sollen die Frevler, verstummen und hinabfahren ins Reich der Toten. Jeder Mund, der lügt, soll sich schließen, der Mund, der frech gegen den Gerechten redet, hochmütig und verächtlich. Wie groß ist deine Güte, Herr, die du bereithältst für alle, die dich fürchten und ehren; du erweist sie allen, die sich vor den Menschen zu dir flüchten. Du beschirmst sie im Schutz deines Angesichts vor dem Toben der Menschen. Wie unter einem Dach bewahrst du sie vor dem Gezänk der Zungen. Gepriesen sei der Herr, der wunderbar an mir gehandelt und mir seine Güte erwiesen hat zur Zeit der Bedrängnis. Ich aber dachte in meiner Angst: Ich bin aus deiner Nähe verstoßen. Doch du hast mein lautes Flehen gehört, als ich zu dir um Hilfe rief. Liebt den Herrn, all seine Frommen! Seine Getreuen behütet der Herr, doch den Hochmütigen vergilt er ihr Tun mit vollem Maß. Euer Herz sei stark und unverzagt, ihr alle, die ihr wartet auf den Herrn."

Jes 50,4–9: Der Herr ist meine Hilfe

„Gott, der Herr, gab mir die Zunge eines Jüngers, damit ich verstehe, die Müden zu stärken durch ein aufmunterndes Wort. Jeden Morgen weckt er mein Ohr, damit ich auf ihn höre wie ein Jünger. Gott, der Herr, hat mir das Ohr geöffnet. Ich aber wehrte mich nicht und wich nicht zurück. Ich hielt meinen Rücken denen hin, die mich schlugen, und denen, die mir den Bart ausrissen, meine Wangen. Mein Gesicht verbarg ich nicht vor Schmähungen und Speichel. Doch Gott, der Herr, wird mir helfen; darum werde ich nicht in Schande enden. Deshalb mache ich mein Gesicht hart wie einen Kiesel; ich weiß, dass ich nicht in Schande gerate. Er, der mich freispricht, ist nahe. Wer wagt es, mit mir zu streiten? Lasst uns zusammen vortreten! Wer ist mein Gegner im Rechtsstreit? Er trete zu mir heran. Seht her, Gott, der Herr, wird mir helfen. Wer kann mich für schuldig erklären? Seht: Sie alle zerfallen wie ein Gewand, das die Motten zerfressen."

ABSCHLIESSENDES ZWIEGESPRÄCH: Wie gestern ist auch im heutigen Gebet unsere Anwesenheit an der Seite Jesu wichtiger als unsere zögerlichen Worte oder ungeschickten Gesten. Nehmen wir wieder die Tiefe des Fühlens, der Liebe und des Mitleids in unsere Zwiesprache mit hinein, die es uns erlaubt, einfach „nur" da zu sein und Jesus beizustehen. Zum Abschluss beten wir das Vaterunser.

Etappe 21: Fraga – Lleida

HINWEIS: Wir stehen am Beginn des letzten Abschnitts unserer Pilgerfahrt: der „vierten Woche“ der Geistlichen Übungen. Die Stimmung ändert sich nun, denn wir beginnen uns in die Kontemplation der Fülle des göttlichen Lebens zu versenken: Mit Jesus und seinen Jüngern fühlen wir, dass sich die letzte Tür geöffnet hat und dass uns auf unserem Weg zur ewigen Freiheit und Glückseligkeit in der Liebe Gottes nichts mehr aufhalten kann. Die letzte Woche ist voller Gnade und Licht. Wir freuen uns an jeder kleinen Blume, an einem Vogel, einem Lächeln, einer ausgestreckten Hand. Vergessen wir vor dem kontemplativen Gebet und auch sonst den Tag über das „Vorbereitungsgebet“ nicht. Denken wir an das abschließende Zwiegespräch: Wir nähern uns jener innigen Vertrautheit mit dem auferstandenen Jesus an, die uns hilft, für immer an unserem Auftrag fürs Leben festzuhalten. Darüber reden wir im abschließenden Zwiegespräch zum Ende der Gebetszeit und auch sonst während des Tages mit unserem „Freund“.

BITTE: Wir bitten den Vater um diese Gaben: dass wir fähig sind, in die Freude des Auferstandenen, des siegreichen Christus, einzutreten; dass wir fähig sind, uns in die Kontemplation der Lebensfülle zu versenken, die Jesus für uns errungen hat; und dass wir uns aus tiefster Seele mit Christus, Maria und all seinen Jüngern freuen.

IMPULS: Heute und an den folgenden Tagen wollen wir der Einladung des Ignatius folgen und „bitten um die Gnade, mich intensiv zu freuen und fröhlich zu sein über die so große Herrlichkeit und Freude Christi unseres Herrn“, der von den Toten auferstanden ist. Niemand konnte sich vorstellen, dass etwas Derartiges geschehen würde, obwohl Jesaja es prophezeit hatte: „Seht, mein Knecht hat Erfolg, er wird groß sein und hoch erhaben.“ Doch die letzten Tage Jesu waren so unerträglich, sein Tod so unbegreiflich gewesen, dass niemand mehr glauben konnte, dass Gott mit uns ist. Alle waren fassungslos und demoralisiert. Mehr als einmal erzählt die Bibel davon, dass eine unfruchtbare Frau in vorgerücktem Alter noch ein Kind gebiert. Die Schrift erinnert uns daran, dass „für Gott nichts unmöglich“ ist – und doch ist es schwer zu glauben. So schwer, dass niemand die Botschaft akzeptierte, obwohl die Wachen den Hohepriestern und Ältesten alles erklärten. Doch heute glauben wir, dass die Auferstehung die letzte Wahrheit der außerordentlichen Macht und Güte Gottes ist. Gott hat die Macht, uns vom Tod zu befreien: von jeder Art von Tod.

Zuweilen ist unser Glaube sehr schwach: Ganz sicher kann der Gott, der Jesus vom Tod ins Leben holt, auch uns verändern, doch oft geben wir der Versuchung nach, verlieren die Hoffnung und lassen uns von unseren Problemen und Ängsten, von der Sünde in uns oder unserem scheinbar übermächtigen Schmerz entmutigen. Der auferstandene Jesus lebt und ist für alle Ewigkeit verklärt, und durch ebendieses Ereignis Jesu sind auch wir von innen her verklärt worden. Wir tragen die Saat der Auferstehung Jesu in uns. Jesus lebt und ist für immer bei uns, auch wenn es uns manchmal schwerfällt, das zu glauben. Das ist die Botschaft, die den Emmausjüngern geoffenbart wird.

Und es ist die Erfahrung Mariens, der Mutter Christi. In ihrem Inneren wusste sie vom Moment der Auferstehung an, dass Jesus lebte; das sagt auch Ignatius. Ganz sicher war sie die Erste, der diese Erfahrung zuteilwurde. Und noch im selben Augenblick ging sie zu den Jüngern hin und half ihnen, ihre Traurigkeit und Enttäuschung zu überwinden. Der auferstandene Herr ist bei uns, wie er es versprochen hat: um uns zu trösten und mit seinen Gaben zu beschenken, damit wir unsererseits die Leidenden in der Welt trösten können.

Als die Frauen sich dem leeren Grab näherten und nicht an die Möglichkeit glauben konnten, dass Jesus auferstanden war, fragt sie der „Wächter" einfach: „Was sucht ihr den Lebenden bei den Toten?" Dasselbe fragt er auch uns heute: Allzu oft können wir die guten Nachrichten über uns selbst oder über unsere Welt nicht glauben. Einmal mehr verhält sich Jesus in mancher Hinsicht verwirrend und anders, als wir es erwartet hätten. Vor allem aber zeigt er sich nicht zuerst den bevorzugten Aposteln wie Petrus, Matthäus oder Johannes, sondern seinen tapfersten und treuesten Jüngern: den Frauen. Nutzen wir das kontemplative Gebet, um uns in die Szene und in das gnadenhafte Erlebnis der Auferstehung von den Toten einzufühlen. Ich lausche, beobachte, spreche, frage, berühre … Ich bin mitten in der Geschichte. Beten wir für die Auferstehung alles Toten in uns und in den Menschen, die wir lieben. Heute wird Maria uns besonders gut verstehen!

TEXTE

Jes 53,1–12: Wer hätte das geglaubt, was sie gehört hatten?

„Wer hat unserer Kunde geglaubt? Der Arm des Herrn – wem wurde er offenbar? Vor seinen Augen wuchs er auf wie ein junger Spross, wie ein Wurzeltrieb aus trockenem Boden. Er hatte keine schöne und edle Gestalt, sodass wir ihn anschauen mochten. Er sah nicht so aus, dass wir Gefallen fanden an ihm. Er wurde verachtet und von den Menschen gemieden, ein Mann voller Schmerzen, mit Krankheit vertraut. Wie einer, vor dem man das Gesicht verhüllt, war er verachtet; wir schätzten ihn nicht. Aber er hat unsere Krankheit getragen

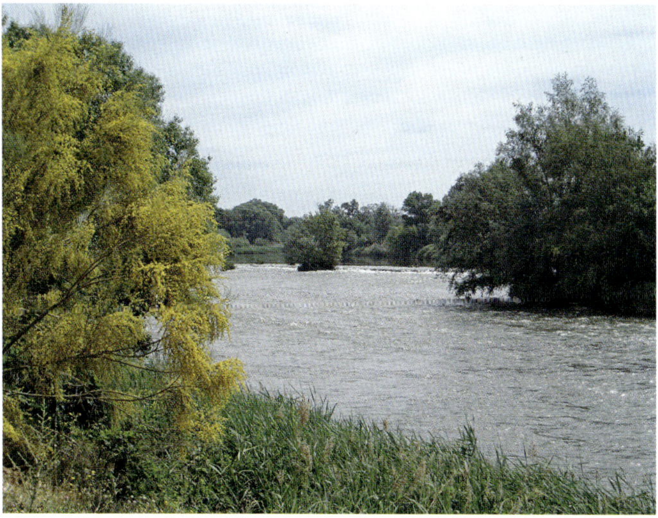

und unsere Schmerzen auf sich geladen. Wir meinten, er sei von Gott geschlagen, von ihm getroffen und gebeugt. Doch er wurde durchbohrt wegen unserer Verbrechen, wegen unserer Sünden zermalmt. Zu unserem Heil lag die Strafe auf ihm, durch seine Wunden sind wir geheilt. Wir hatten uns alle verirrt wie Schafe, jeder ging für sich seinen Weg. Doch der Herr lud auf ihn die Schuld von uns allen. Er wurde misshandelt und niedergedrückt, aber er tat seinen Mund nicht auf. Wie ein Lamm, das man zum Schlachten führt, und wie ein Schaf angesichts seiner Scherer, so tat auch er seinen Mund nicht auf. Durch Haft und Gericht wurde er dahingerafft, doch wen kümmerte sein Geschick? Er wurde vom Land der Lebenden abgeschnitten und wegen der Verbrechen seines Volkes zu Tode getroffen. Bei den Ruchlosen gab man ihm sein Grab, bei den Verbrechern seine Ruhestätte, obwohl er kein Unrecht getan hat und kein trügerisches Wort in seinem Mund war. Doch der Herr fand Gefallen an seinem zerschlagenen (Knecht), er rettete den, der sein Leben als Sühnopfer hingab. Er wird Nachkommen sehen und lange leben. Der Plan des Herrn wird durch ihn gelingen. Nachdem er so vieles ertrug, erblickt er das Licht. Er sättigt sich an Erkenntnis. Mein Knecht, der gerechte, macht die vielen gerecht; er lädt ihre Schuld auf sich. Deshalb gebe ich ihm seinen Anteil unter den Großen und mit den Mächtigen teilt er die Beute, weil er sein Leben dem Tod preisgab und sich unter die Verbrecher rechnen ließ. Denn er trug die Sünden von vielen und trat für die Schuldigen ein."

Mt 28,1–15: Habt keine Angst. Ich weiß, ihr sucht Jesus, den Gekreuzigten. Er ist nicht hier, er ist auferstanden.
Lk 24,13–35: „Der Herr ist auferstanden!"

Jesus, mein Gefährte auf meinem Pilgerweg, zeigt mir, dass er ein Teil meiner Geschichte und meiner Vorgeschichte gewesen ist. Innerlich getröstet möchte ich, genau wie die Emmausjünger, allen zurufen: „Der Herr ist auferstanden!“

ABSCHLIESSENDES ZWIEGESPRÄCH: Auf dieser Etappe unserer inneren Pilgerreise sind wir es schon gewohnt, mit unserem Freund und Herrn Jesus Christus unterwegs zu sein und freimütig zu ihm zu sprechen, so wie ein Freund zum andern spricht. Wenn du ehrlich die Kraft und die innere Gnade dazu verspürst, solltest du diese Gelegenheit nicht versäumen und ihn bitten, dass du seinem Banner folgen und an seiner Seite das Reich Gottes aufbauen darfst. Bete zum Schluss das Vaterunser.

Etappe 22: Lleida – El Palau d’Anglesola

HINWEIS: Die gesamte „vierte Woche“ der Geistlichen Übungen wird von derselben freudigen Stimmung geprägt sein, denn wir versenken uns in die Kontemplation der Fülle des göttlichen Lebens: Auf unserem Weg zur ewigen Freiheit und Glückseligkeit in der Liebe Gottes kann uns jetzt nichts mehr aufhalten. Erleben wir diese letzte Woche als eine Zeit voller Gnade und Licht. Wir freuen uns an jeder kleinen Blume, an einem Vogel, einem Lächeln, einer ausgestreckten Hand. Vergessen wir vor dem kontemplativen Gebet und auch sonst den Tag über das „Vorbereitungsgebet“ nicht. Denken wir an das abschließende Zwiegespräch: Wir nähern uns jener innigen Vertrautheit mit dem auferstandenen Jesus an, die uns hilft, für immer an unserem Auftrag fürs Leben festzuhalten. Darüber reden wir im abschließenden Zwiegespräch zum Ende der Gebetszeit und auch sonst während des Tages mit unserem „Freund“.

BITTE: Wir bitten den Vater um diese Gaben: dass wir fähig sind, in die Freude des Auferstandenen, des siegreichen Christus einzutreten; dass wir fähig sind, uns in die Kontemplation der Lebensfülle zu versenken, die Jesus für uns errungen hat; und dass wir uns aus tiefster Seele mit Christus, Maria und all seinen Jüngern freuen.

IMPULS: Heute versenken wir uns wieder in die Kontemplation des Auferstehungswunders: Die Jünger haben viele Tage gebraucht, um sich dieser Erfahrung der Lebensfülle Jesu zu öffnen. Gehen wir mit Maria Magdalena, der Frau, die Jesus so innig geliebt hat. Spüren wir ihre tiefe Trauer. Versuchen wir uns in sie hineinzuversetzen, nun, da ihr Leben allen Sinn verloren hat. Und seien wir bei ihr, als sie ihre große Entdeckung macht. Die Welt freut sich mit ihr. Spüren wir die

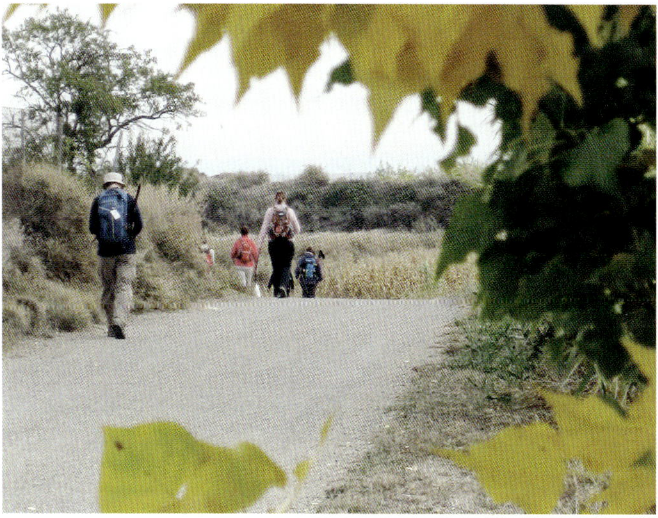

Angst und das Schuldbewusstsein der Jünger, als der auferstandene Jesus an den Ort zurückkehrt, wo er mit ihnen zusammen war; versuchen wir uns den Ort vorzustellen und uns als einer von ihnen zu fühlen. Erfreuen wir uns an den Wundern der Auferstehung.

Heute kommt Jesus zu uns, er betritt den dunklen Raum unserer ganz eigenen Verzweiflung, er schreitet durch die Türen, hinter denen wir unsere schwierigsten Momente weggesperrt haben. Er will alles Tote in uns heilen und uns zum Leben führen. Jesus akzeptiert unser Leiden nicht mehr: Er ist das Leben, und er will, dass wir aus unserem Grab herauskommen. Hören wir die Stimme Jesu: Er ruft uns heraus wie Lazarus. Machen wir uns bewusst, dass er an unserer Seite geht und uns aufrüttelt: „Wach auf aus deinem Todesschlaf … denn ich lebe!"

Wie immer lädt Ignatius uns ein, uns in diese unglaublichen Szenen hineinzuversetzen. Lassen wir die Auferstehungsberichte, die uns so vertraut sind, in uns ablaufen und werden wir selbst zu einem Teil des Geschehens. Nutzen wir alle Schönheiten der Natur, damit sie uns zu einer Erfahrung tiefer Freude verhelfen. Als Ignatius diesen Teil seiner Geistlichen Übungen niederschrieb, hat er sich vielleicht an die schönsten Tage seiner Wallfahrt nach Montserrat und an all das Herrliche erinnert, was er unterwegs gesehen und was ihn mit Lebensfreude erfüllt hatte: In dieser vierten Woche „will ich […] Helligkeit und Annehmlichkeiten der Jahreszeiten benützen, so im Frühling und Sommer die erfrischende Kühle, im Winter Sonnenschein oder Wärme des Feuers, soweit die Seele meint oder vermutet, es könne ihr dienen, um sich in ihrem Schöpfer und Erlöser zu erfreuen."

TEXTE

Joh 20,11–18: Jesus sagte zu ihr: Maria! Da wandte sie sich ihm zu und sagte auf Hebräisch zu ihm: Rabbuni!, das heißt: Meister.
Ich stehe neben Maria Magdalena, höre meinen Namen und antworte voller Freude.

Joh 20,19–23: „Friede sei mit euch!“
Die Angst, Schuld und Verwirrung der zehn Weggefährten Jesu, die sich im Abendmahlssaal versammelt haben, ist mir vertraut. An dem einen oder anderen Punkt in meinem Leben habe ich all das selbst gefühlt. Und genau dort, an diesem einen oder anderen Punkt, will er mich treffen und muss er mich treffen. Ich heiße ihn willkommen und mache mich bereit, seine Gaben zu empfangen: den Frieden, die Freude, die Sendung – in beständiger Hoffnung auf seinen Geist und in Erwartung seines Erbarmens.

Joh 11,17–44: „Ich bin die Auferstehung und das Leben.“
Jesus sagte: „Ich bin die Auferstehung und das Leben … Glaubst du das?“ Jesus rief: „Lazarus, komm heraus!“ Lazarus hörte, dass er ihn aus dem Tod ins Leben, aus den Fesseln in die Freiheit rief. – Ich sitze am Rand des Grabes und halte mir meine eigenen kleinen Tode und all das vor Augen, was meine Freiheit einschränkt.

ABSCHLIESSENDES ZWIEGESPRÄCH: Auf dieser Etappe unserer inneren Pilgerreise sind wir es schon gewohnt, mit unserem Freund und Herrn Jesus Christus unterwegs zu sein und freimütig zu ihm zu sprechen, so wie ein Freund zum andern spricht. Wenn du ehrlich die Kraft und die innere Gnade dazu verspürst, solltest du diese Gelegenheit nicht versäumen und ihn bitten, dass du seinem Banner folgen und an seiner Seite das Reich Gottes aufbauen darfst. Bete zum Schluss das Vaterunser.

Etappe 23: El Palau d’Anglesola – Verdú

HINWEIS: Wir bleiben in derselben freudigen Stimmung, denn wir sind in die Kontemplation der Fülle des göttlichen Lebens versunken: Nichts kann uns mehr aufhalten auf unserem Weg zur ewigen Freiheit und Glückseligkeit in der Liebe Gottes. Erleben wir diese letzte Woche als eine Zeit voller Gnade und Licht. Wir freuen uns an jeder kleinen Blume, an einem Vogel, einem Lächeln, einer ausgestreckten Hand. Vergessen wir vor dem kontemplativen Gebet und auch sonst den Tag über das „Vorbereitungsgebet“ nicht. Denken wir an das abschließende Zwiegespräch: Wir nähern uns jener innigen Vertrautheit mit dem auferstandenen Jesus an, die uns hilft, für

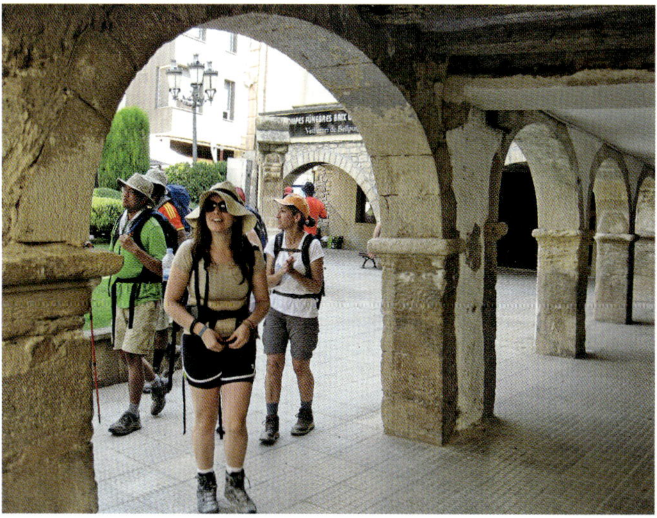

immer an unserem Auftrag fürs Leben festzuhalten. Darüber reden wir im abschließenden Zwiegespräch zum Ende der Gebetszeit und auch sonst während des Tages mit unserem „Freund". Auf dieser Etappe wird uns der heilige Petrus Claver begegnen. Petrus Claver war ein Jünger Jesu Christi und jesuitischer Missionar in Amerika. Er wurde „der Sklave der Sklaven" genannt.

BITTE: Wir bitten den Vater um diese Gaben: dass wir fähig sind, in die Freude des Auferstandenen, des siegreichen Christus einzutreten; dass wir fähig sind, uns in die Kontemplation der Lebensfülle zu versenken, die Jesus für uns errungen hat; und dass wir uns aus tiefster Seele mit Christus freuen und uns berufen fühlen, seine Sendung in der Welt fortzusetzen.

IMPULS: Die Gnade, dass du lebst, die Gnade, dass du die Auferstehung in dir trägst, ist nicht nur ein Geschenk für dich, sondern eine Gnade, die du mit den anderen teilen, und eine Kraft, die du in den Dienst des Sendungsauftrags Jesu stellen musst: die gute Nachricht vom Reich Gottes zu verbreiten. Heute fühlen wir uns wie neu geboren, aber wir fühlen uns auch verpflichtet, unserem besten „Freund" bei der Erfüllung seines Auftrags auf Erden zu helfen. Nach wie vor gießt der Vater den Geist Christi aus: auch über den Männern und Frauen unserer Zeit. Er tröstet uns noch heute und sendet uns aus, die Leidenden, die Armen und alle zu trösten, die sich nach der Erlösung sehnen. Wie geschrieben steht: „Sendest du deinen Geist aus, so werden sie alle erschaffen und du erneuerst das Antlitz der Erde" (Ps 104,30). Bitten wir den Herrn heute, dass wir in seine Freude eingehen dürfen und dass der auferstandene

Jesus uns an seiner Sendung teilhaben lässt, anderen Trost zu bringen.
Im Matthäusevangelium begegnet uns Jesus, der seine Jünger nach Galiläa hat kommen lassen, damit sie ihm helfen können. Diese Jünger waren dieselben Sünder, die er eingeladen hatte, seine Weggefährten zu sein, dieselben, die ihn im letzten Augenblick verraten hatten. Wir sind nun mit ihnen gemeinsam unterwegs als Jünger auf unserer Pilgerfahrt ins Himmelreich. Wir sind gemeinsam mit anderen unterwegs, die sündiger oder treuer sind als wir. Doch darauf kommt es nicht an, denn unsere Kraft und Weisheit ist Christus, und deshalb müssen wir uns auch nicht scheuen, auf seinen Ruf zu antworten. Wir sind auf dem Berg: dem Ort der Begegnung zwischen Gott und seinem Volk. Für uns kann dieser Ort unser Wohnviertel sein, ein Labor, eine Kirche oder Klinik, ein Büro, ein Wohnzimmer oder eine Schule. Jesus sendet uns zu taufen, zu lehren, zu lieben und das Erbarmen Gottes mit anderen zu teilen, um die Menschheit zu versöhnen. Diesen Sendungsauftrag sollen wir in jedem Augenblick und in jeder Situation unseres Lebens erfüllen. Und Jesus gibt uns ein wunderbares Wort mit auf den Weg: Er verspricht uns, dass er immer, in jedem Augenblick der Freude oder des Leids, bei uns sein wird. Auch wenn wir uns manchmal nicht würdig fühlen, seine Gegenwart zu empfangen, wird er trotz meiner Sünde, meiner Untreue und meiner Begrenztheit immer in meiner Nähe bleiben. Er wird uns seinen Geist schenken, damit aus jeder menschlichen Situation eine Erfahrung des Wachstums wird.
Trotz unserer Kleingläubigkeit zählt Jesus auf uns. Thomas muss seinen mangelnden Glauben eingestehen, ehe er in die Welt hinausgesandt wird. Beten wir, dass wir den Ruf Jesu hören, der am Ufer steht und uns einlädt, mit ihm zusammen zu sein. Schließen wir uns den Jüngern an und empfangen wir seinen Auftrag und seinen Segen.

TEXTE

Mt 28,16–20: Ich bin bei euch alle Tage bis zum Ende der Welt.

Joh 20,24–29: Jesus und Thomas
So tolerant, wie Jesus auf die Verdüsterung und den Unglauben des Thomas reagiert, begegnet er auch mir heute und tröstet mich mit der Gabe des erneuerten Glaubens. In seiner liebenden Gegenwart sage auch ich: „Mein Herr und mein Gott!“

Joh 21,1–17: Begegnungen mit dem Auferstandenen
Der Augenblick der Freude: „Es ist der Herr!“ Der Augenblick der Gefolgschaft: „Kommt her und esst.“ Der Augenblick der Nähe und die Entscheidung: „Liebst du mich?“ Der Augenblick der Sendung: „Weide meine Lämmer.“

ABSCHLIESSENDES ZWIEGESPRÄCH: Auf dieser Etappe unserer inneren Pilgerreise sind wir es schon gewohnt, mit unserem Freund und Herrn Jesus Christus unterwegs zu sein und freimütig zu ihm zu sprechen, so wie ein Freund zum andern spricht. Wenn du ehrlich die Kraft und die innere Gnade dazu verspürst, solltest du diese Gelegenheit nicht versäumen und ihn bitten, dass du seinem Banner folgen und an seiner Seite das Reich Gottes aufbauen darfst. Bete zum Schluss das Vaterunser.

Etappe 24: Verdú – Cervera

HINWEIS: Obwohl wir heute die Episode der Versuchung Jesu betrachten, bleibt die Grundstimmung unverändert gut, weil wir in die Kontemplation der Fülle des göttlichen Lebens versunken sind: Nichts kann uns mehr aufhalten auf unserem Weg zur ewigen Freiheit und Glückseligkeit in der Liebe Gottes. Vergessen wir das „Vorbereitungsgebet" nicht und denken wir nach der Gebetszeit und auch sonst während des Tages an das abschließende Zwiegespräch. Und leben wir die Freude der Auferstehung Christi! Licht, Blumen, Wasser und Freunde sind willkommen!

BITTE: Ich bitte Gott, dass ich mich nun, da ich in die Welt gesandt und in den Dienst seiner Sache gestellt bin, zutiefst mit dem auferstandenen Christus freuen kann. Ich bitte um die Fähigkeit, das Blendwerk des Bösen zu erkennen und mich wie Jesus, nämlich voller Vertrauen auf die Liebe Gottes, davor in Acht zu nehmen.

IMPULS: Gestern ist uns aufgetragen worden, nach Galiläa, in unser „normales Leben" und zu unseren alten Gewohnheiten zurückzukehren. Wir haben eine Mission: den Einsatz für das Himmelreich. Heute werden wir den Anfang der Sendung Jesu und die Unterscheidung betrachten, die er treffen musste, ehe er seine Arbeit aufnahm. Zweck dieser Betrachtung ist es, uns – in dem Wissen, dass wir berufen sind, in unserem alltäglichen Leben für das Himmelreich zu arbeiten – noch einmal über die Strategien Jesu und über die Strategien des Bösen klarzuwerden.
Wie wollen wir unseren Einfluss und unsere Beziehungen, unsere Gaben, Talente und Ressourcen nutzen? Das ist die grundlegende Frage in der Episode der Versuchung Jesu in der Wüste. Wir lesen dort, dass der Teufel Jesus alle Reiche der Welt zeigte und zu ihm sagte: „Das alles will ich dir geben, wenn du dich vor mir niederwirfst und mich anbetest." Und dass er Folgendes zur Antwort bekam: „Vor dem Herrn, deinem Gott, sollst du dich niederwerfen und ihm allein dienen." Diese Krise in der Wüste ist dieselbe Krise, mit

der wir alle es ständig zu tun haben. Gelingt es uns, unsere frivolen Begehrlichkeiten und Bedürfnisse nach Lob, Schmeichelei, Macht oder Bequemlichkeit zu zügeln? Nutzen wir in unserem Leben unseren Einfluss, um uns selbst zu dienen, oder richten wir unser Leben danach aus, unseren Beitrag zu dieser Gesellschaft und zu der Welt zu leisten, die wir geerbt haben? Machen wir uns die Versuchungen, die uns bedrängen, bewusst. Mag sein, dass sie uns wirklich beschämen, doch wir sollten bedenken, dass die eine oder andere von ihnen auch Jesus heimgesucht haben könnte, der ja durch und durch Mensch war. Jesus hat mit rückhaltlosem Gottvertrauen auf die Versuchung reagiert. Auch wir können ihm heute von unseren Versuchungen erzählen und uns zu unserem Gottvertrauen bekennen. Bitten wir darum, Jesus so nahe zu sein, dass wir das wählen, was er will.

Wir haben es bereits gesagt: Jesus wählt keine vollkommenen Männer und Frauen aus, um sie zu seinen Jüngern zu machen. Er kennt uns sehr gut. Mit Blick auf die Art von Menschen, die Jesus auserwählt hat, lädt Ignatius uns ein, uns zunächst darauf zu besinnen, dass sie aus eher einfachen und bescheidenen Lebenssituationen kamen, und sodann die Würde zu bedenken, zu der Jesus sie mit seinem sanften Ruf erhoben hat. Das ist unser Geheimnis: Wir kommen von ganz unten und sind zum Dienst am Höchsten berufen. Die Versuchung steht vor der Tür. Das ist normal!

Ignatius schlägt uns vor, über drei mögliche Antworten auf die gestern erhaltene Einladung und Sendung Jesu nachzudenken. Damit fordert er uns heraus, uns zu fragen, was echte spirituelle Freiheit bedeutet: die Freiheit, als Pilger mit Jesus unterwegs und ausgesandt zu sein. Wir sprechen hier von der wahren Freiheit, die dem Handeln Gottes in der Welt Raum gibt. Wir alle fühlen uns von Dingen angezogen, die sich auf unserem Weg in den Diensten Gottes und der Welt als hinderlich erweisen können; vielleicht hängen wir am Geld, am Sex oder an unserem Image, legen Wert auf teure Kleidung oder Komplimente, auf große Autos und dergleichen mehr. Manche haben die besten Absichten und werden doch bis unmittelbar vor ihrem Tod kein einziges Mal aktiv, um ihren Lebensstil zu ändern. Andere wissen im Grunde, dass etwas nicht richtig ist, doch sie finden immer wieder Ausflüchte und Rechtfertigungen, mit denen sie sogar Gott selbst davon zu überzeugen suchen, dass sie genauso weiterleben müssen wie bisher. Andere wiederum sind frei: Sie können satt und wohlhabend sein, wenn Gott es so will und es ihm zu größerer Ehre gereicht, und sie können arm und dennoch glücklich sein und alles aufgeben, was sie gerade beschäftigt. Das sind Menschen, die den Ruhm der Welt gelassen ertragen, wenn es ihrer Sendung im Dienst des Himmelreichs zugutekommt, die aber ebenso leicht auf einflussreiche Positionen verzichten und sich der Verfolgung und Verachtung aussetzen können, wenn sich damit ein

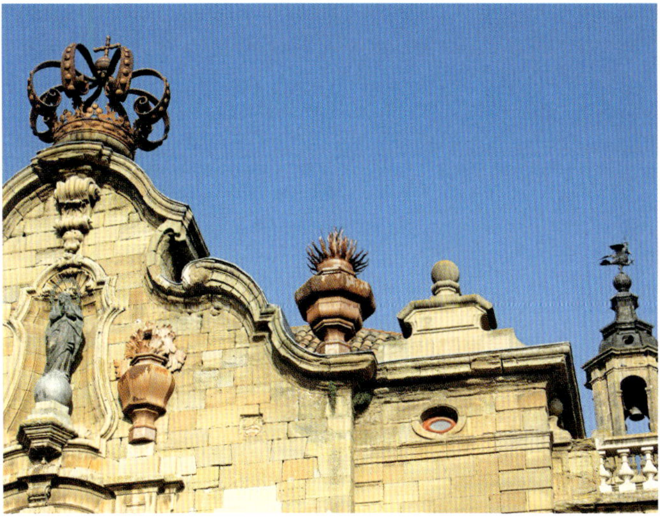

größeres Gut erreichen lässt. Es ist ganz und gar menschlich, dass wir unsere „Haken“ haben und spüren, an denen wir hängen und die uns in unserer Freiheit einschränken. Vielleicht wäre es für die heutige Betrachtung schon ausreichend, aufrichtig darum zu bitten, dass wir selbst uns größere Unabhängigkeit von diesen „schädlichen Haken“ wünschen, um nicht den Versuchungen des Bösen zu erliegen. Bitten wir Gott um Erleuchtung.

TEXTE

Mt 4,1–11: Die Versuchung Jesu

Die Taktik des Feindes besteht nicht darin, dass er Jesus auffordert, Böses zu tun, sondern dass er ihm die Möglichkeit vor Augen hält, ein Messias mit Besitz, Prestige und Macht, das heißt mit größerer Durchschlagkraft und mit Erfolg zu sein – anstelle eines Messias, der sich dem Auftrag des Vaters gemäß mit den Armen, Verfolgten und Machtlosen solidarisiert.

Koh 3,1–22: Alles hat seine Zeit

Die Menschen sind außerstande, die Wege Gottes zu begreifen. Das wird besser werden, wenn wir ihm nahe sind. Alles hat seine Zeit. Ich muss mich in meinem Leben an die Zeiten Gottes halten.

„Alles hat seine Stunde. Für jedes Geschehen unter dem Himmel gibt es eine bestimmte Zeit: eine Zeit zum Gebären und eine Zeit zum Sterben, eine Zeit zum Pflanzen und eine Zeit zum Abernten der Pflanzen, eine Zeit zum Töten und eine Zeit zum Heilen, eine Zeit zum Niederreißen und eine Zeit zum Bauen, eine Zeit zum Weinen und eine Zeit zum Lachen, eine Zeit für die Klage und eine Zeit für den Tanz; eine Zeit zum Steinewerfen und eine Zeit zum Steinesammeln, eine Zeit zum Umarmen und eine Zeit, die Umarmung zu lösen, eine Zeit zum Suchen und eine Zeit zum Verlieren, eine Zeit zum Behalten und eine Zeit zum Wegwerfen, eine Zeit zum Zerreißen und eine Zeit zum Zusammennähen, eine Zeit zum Schweigen und eine Zeit zum Reden, eine Zeit zum Lieben und eine Zeit zum Hassen, eine Zeit für den Krieg und eine Zeit für den Frieden. Wenn jemand etwas tut – welchen Vorteil hat er davon, dass er sich anstrengt? Ich sah mir das Geschäft an, für das jeder Mensch durch Gottes Auftrag sich abmüht. Gott hat das alles zu seiner Zeit auf vollkommene Weise getan. Überdies hat er die Ewigkeit in alles hineingelegt, doch ohne dass der Mensch das Tun, das Gott getan hat, von seinem Anfang bis zu seinem Ende wieder finden könnte. Ich hatte erkannt: Es gibt kein in allem Tun gründendes Glück, es sei denn, ein jeder freut sich und so verschafft er sich Glück, während er noch lebt, wobei zugleich immer, wenn ein Mensch isst und trinkt und durch seinen ganzen Besitz das Glück kennenlernt, das ein Geschenk Gottes ist. Jetzt erkannte ich: Alles, was Gott tut, geschieht in Ewigkeit. Man kann nichts hinzufügen und nichts abschneiden und Gott hat bewirkt, dass die Menschen ihn fürchten. Was auch immer geschehen ist, war schon vorher da, und was geschehen soll, ist schon geschehen und Gott wird das Verjagte wieder suchen. Noch etwas habe ich beobachtet unter der Sonne: An der Stätte, wo man Urteil spricht, geschieht Unrecht; an der Stätte, wo man gerechtes Urteil sprechen sollte, geschieht Unrecht. Da dachte ich mir: Gott ist es, der den Unschuldigen wie den Schuldigen verurteilt. Denn eine bestimmte Zeit für jedes Geschehen und für jedes Tun gibt es (auch) dort. Was die einzelnen Menschen angeht, dachte ich mir, dass Gott sie herausgegriffen hat und dass sie selbst (daraus) erkennen müssen, dass sie eigentlich Tiere sind. Denn jeder Mensch unterliegt dem Geschick und auch die Tiere unterliegen dem Geschick. Sie haben ein und dasselbe Geschick. Wie diese sterben, so sterben jene. Beide haben ein und denselben Atem. Einen Vorteil des Menschen gegenüber dem Tier gibt es da nicht. Beide sind Windhauch. Beide gehen an ein und denselben Ort. Beide sind aus Staub entstanden, beide kehren zum Staub zurück. Wer weiß, ob der Atem der einzelnen Menschen wirklich nach oben steigt, während der Atem der Tiere ins Erdreich hinabsinkt? So habe ich eingesehen: Es gibt kein Glück, es sei denn, der Mensch kann durch sein Tun Freude gewinnen. Das ist sein Anteil. Wer könnte es ihm ermöglichen, etwas zu genießen, das erst nach ihm sein wird?“

Spr 3,1–12: Halten wir Gott die Treue, dann werden wir niemals scheitern.

„Mein Sohn, vergiss meine Lehre nicht, bewahre meine Gebote in deinem Herzen! Denn sie vermehren die Tage und Jahre deines Lebens und bringen dir Wohlergehen. Nie sollen Liebe und Treue dich verlassen; binde sie dir um den Hals, schreib sie auf die Tafel deines Herzens! Dann erlangst du Gunst und Beifall bei Gott und den Menschen. Mit ganzem Herzen vertrau auf den Herrn, bau nicht auf eigene Klugheit; such ihn zu erkennen auf all deinen Wegen, dann ebnet er selbst deine Pfade. Halte dich nicht selbst für weise, fürchte den Herrn und fliehe das Böse! Das ist heilsam für deine Gesundheit und erfrischt deine Glieder. Ehre den Herrn mit deinem Vermögen, mit dem Besten von dem, was du erntest. Dann füllen sich deine Scheunen mit Korn, deine Fässer laufen über von Wein. Mein Sohn, verachte nicht die Zucht des Herrn, widersetz dich nicht, wenn er dich zurechtweist. Wen der Herr liebt, den züchtigt er, wie ein Vater seinen Sohn, den er gern hat."

Weish 3,1–12: Wer sein Vertrauen auf Gott setzt, wird die Liebe Gottes erlangen.

„Die Seelen der Gerechten sind in Gottes Hand und keine Qual kann sie berühren. In den Augen der Toren sind sie gestorben, ihr Heimgang gilt als Unglück, ihr Scheiden von uns als Vernichtung; sie aber sind in Frieden. In den Augen der Menschen wurden sie gestraft; doch ihre Hoffnung ist voll Unsterblichkeit. Ein wenig nur werden sie gezüchtigt; doch sie empfangen große Wohltat. Denn Gott hat sie geprüft und fand sie seiner würdig. Wie Gold im Schmelzofen hat er sie erprobt und sie angenommen als ein vollgültiges Opfer. Beim Endgericht werden sie aufleuchten wie Funken, die durch ein Stoppelfeld sprühen. Sie werden Völker richten und über Nationen herrschen und der Herr wird ihr König sein in Ewigkeit. Alle, die auf ihn vertrauen, werden die Wahrheit erkennen und die Treuen werden bei ihm bleiben in Liebe. Denn Gnade und Erbarmen wird seinen Erwählten zuteil. Die Frevler aber werden für ihre Pläne bestraft, sie, die den Gerechten missachtet haben und vom Herrn abgefallen sind. Unglücklich sind alle, die Weisheit und Belehrung verachten; leer ist ihre Hoffnung, vergeblich sind ihre Mühen und wertlos ihre Taten. Ihre Frauen sind unverständig und ihre Kinder böse, fluchbeladen ist ihr Geschlecht."

Mt 6,24–34: Niemand kann zwei Herren dienen

Niemand kann zwei Herren dienen, denn er wird den einen verabscheuen und den anderen lieben oder er wird sich dem einen hingeben und den anderen geringschätzen. Wir können nicht Gott und dem materiellen Reichtum oder unseren kleinen Götzen dienen.

ABSCHLIESSENDES ZWIEGESPRÄCH: Auf dieser Etappe unserer inneren Pilgerreise sind wir es schon gewohnt, mit unserem Freund und Herrn Jesus Christus unterwegs zu sein und freimütig zu ihm zu sprechen, so wie ein Freund zum andern spricht. Wenn du ehrlich die Kraft und die innere Gnade dazu verspürst, solltest du diese

Gelegenheit nicht versäumen und ihn bitten, dass du seinem Banner folgen und an seiner Seite das Reich Gottes aufbauen darfst. Bete zum Schluss das Vaterunser.

Etappe 25: Cervera – Igualada

HINWEIS: Wir setzen die Übungen dieser „vierten Woche" fort und sind weiter guter Dinge, weil wir mehr und mehr eins werden mit Jesus Christus und seiner Sendung: Nichts kann uns mehr aufhalten auf unserem Weg zur Freiheit und Glückseligkeit in der Liebe Gottes. Vergessen wir das „Vorbereitungsgebet" nicht und denken wir nach der Gebetszeit und auch sonst während des Tages an das abschließende Zwiegespräch. Und leben wir die Freude der Auferstehung Christi! Lieder, Licht, Blumen, Wasser und Freunde sind willkommen! Die ignatianische Spurensuche des heutigen Tages lädt uns wieder ein, es so zu machen wie Ignatius: Kaufen wir uns neue Kleider und neue Schuhe als Symbol für den inneren Wandel, den wir auf unserer Pilgerschaft erfahren haben.

BITTE: Ich bitte Gott, dass ich mich nun, da ich in die Welt gesandt und in den Dienst seiner Sache gestellt bin, zutiefst mit dem auferstandenen Christus freuen kann. Ich bitte darum, dass ich seine verklärte Gegenwart in meinem Leben erkennen und ihn in seinem Sendungsauftrag unterstützen kann, der Menschheit Versöhnung zu bringen und das Leben zu schenken.

IMPULS: Jesus braucht unsere Hände, um die Männer und Frauen aufzunehmen, die der Aufmerksamkeit und Versöhnung, der Liebe und des Lebens bedürftig sind. Jesus braucht unseren Willen, unser Streben vorwärtszugehen und etwas aufzubauen, damit das Reich Gottes unter uns weiterhin Gestalt annimmt. Der auferstandene Jesus ruft uns in seine Nachfolge: Gemeinsam mit ihm sollen wir an der Verwandlung teilhaben, die in der Welt begonnen hat. In den Evangelien kommt es immer wieder vor, dass Jesus bestimmte Menschen bei ihrem Namen ruft. Wenn wir uns heute in die vorgeschlagenen Mysterien versenken, hören wir unseren eigenen Namen und fühlen uns im Innersten berührt: Was geht in mir vor, wenn ich mich heute wie Zachäus beim Namen gerufen höre? Was geht in mir vor, wenn Jesus mich ruft, damit ich ihn auf den Berg Tabor begleite? Was bedeutet es für mich, dass ich mich Jesus nahe fühle?
Der Bericht von der Verklärung Jesu auf dem Berg Tabor ist eine Verkündigung der in unserem eigenen Menschsein verborgenen und allzu oft verdunkelten Wahrheit. Das Licht ist in uns. Das Göttliche wohnt in uns und ist vom ersten Augenblick unseres Lebens an

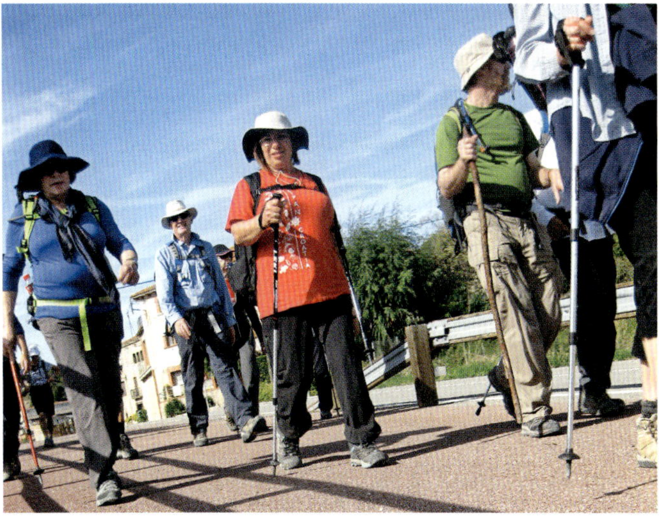

greifbar. Natürlich ist unser Menschsein für dieses göttliche Licht wie ein „Filter“. Zuweilen sind wir eher „schwarze Löcher“ als „leuchtende Sterne“. Das Leid, das Unrecht, die Sinnlosigkeit, die uns so oft umgeben, bewirken, dass nicht der kleinste Funke Licht durch diesen „Filter“ hindurchdringt. Doch in Jesus, dem Auferstandenen, haben wir entdeckt, dass das Licht trotz aller Sinnlosigkeiten, die das Leben für uns bereithält, weiter in uns brennt, und diese Entdeckung verändert uns. Nichts kann uns von der Liebe Gottes trennen. Alles kann in seiner Liebe verklärt werden.

Der auferstandene Jesus ist das Leben Gottes mit uns. Wer diese Botschaft mit seinem Leben zum Ausdruck bringt, wird niemals scheitern. Was bedarf in unserem Leben der Verklärung? Was ist so dunkel, dass das göttliche Licht in unserem Inneren nicht nach außen durchscheint?

TEXT

Lk 19,1–10: „Komm schnell herunter! Denn ich muss heute in deinem Haus zu Gast sein.“

Jesus ruft Zachäus beim Namen und fordert ihn auf, herunterzukommen von seinem vielbeschäftigten und aufwändigen Lebensstil: Wenn du Jesus sehen willst, dann steig herab von dem Gerüst, das du dir selber gebaut hast. Wenn du Jesus in deinem Leben begegnen willst, dann geh nach Hause, denn er erwartet dich dort. Und lass dich von ihm tragen, damit eure Begegnung großzügig ist und dich verklärt.

Röm 8,31–39: Nichts kann uns trennen von der Liebe Gottes.

Mt 17,1–13: Jesus ruft seine Jünger zu sich, damit sie Zeugen seiner Verklärung werden.
Auch ich habe es nötig, mit ihm auf den Berg zu steigen. Leid und Schwierigkeiten können unseren Glauben und unsere Entschlossenheit schwächen, doch wenn wir an die Auferstehung glauben, dann glauben wir, dass das Leben kein Ende hat, dass nichts das Licht in uns verdunkeln und nichts das Wort in uns zum Schweigen bringen kann.

Mt 17,14–21: „Warum konnten wir den Dämon nicht austreiben?" – „Weil euer Glaube so klein ist."
Wir sind berufen, Jesus Christus zu dienen und bei der Erfüllung seiner Sendung zu helfen. Deshalb kann unser Glaube nicht schwach sein. Wenn wir an ihn glauben, dann werden wir nicht scheitern. Wenn wir aber, obwohl wir seinen Namen tragen, nur an uns und unsere Möglichkeiten glauben, werden wir gar nichts erreichen.

ABSCHLIESSENDES ZWIEGESPRÄCH: Auf dieser Etappe unserer inneren Pilgerreise sind wir es schon gewohnt, mit unserem Freund und Herrn Jesus Christus unterwegs zu sein und freimütig zu ihm zu sprechen, so wie ein Freund zum andern spricht. Wenn du ehrlich die Kraft und die innere Gnade dazu verspürst, solltest du diese Gelegenheit nicht versäumen und ihn bitten, dass du seinem Banner folgen und an seiner Seite das Reich Gottes aufbauen darfst. Bete zum Schluss das Vaterunser.

Etappe 26: Igualada – Montserrat

HINWEIS: Die Freude geht mit uns. Vergessen wir das „Vorbereitungsgebet" nicht und denken wir nach der Gebetszeit und auch sonst während des Tages an das abschließende Zwiegespräch. Und leben wir die Freude der Auferstehung Christi! Lieder, Licht, Blumen, Wasser und Freunde sind willkommen! Die ignatianische Spurensuche des heutigen Tages lädt uns wieder ein, es so zu machen wie Ignatius: Nehmen wir uns Zeit für ein besonderes Gebet bei der Schwarzen Madonna von Montserrat.

BITTE: Ich bitte Gott, dass ich mich nun, da ich in die Welt gesandt und in den Dienst seiner Sache gestellt bin, zutiefst mit dem auferstandenen Christus freuen kann. Ich bitte um den Heiligen Geist, damit ich Jesus in seinem Sendungsauftrag, der Menschheit Versöhnung zu bringen und das Leben zu schenken, besser unterstützen kann.

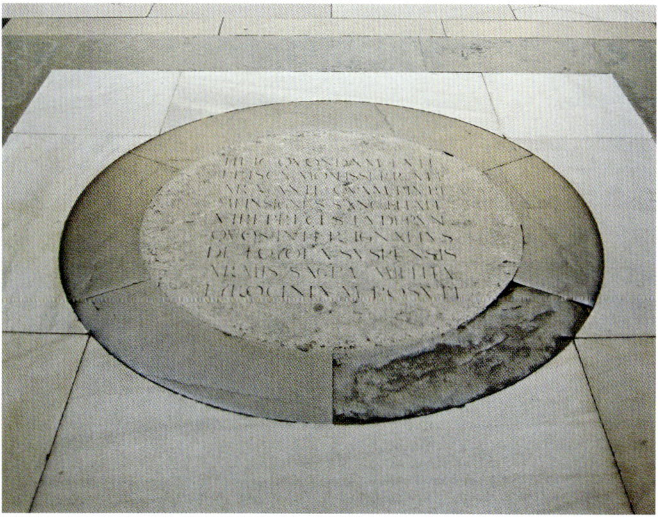

Dieser Stein markiert in der Wallfahrtskirche von Montserrat die Stelle, wo Ignatius gebetet hat.

IMPULS: Der Geist Gottes bekräftigt den Sendungsauftrag, den wir empfangen haben, ja mehr noch: Der Geist selbst begleitet und stärkt uns in den Schwierigkeiten, die sich uns in den Weg stellen werden. Wir knüpfen an die Dynamik der vergangenen Wochen an: Der wahre König bittet uns, ihn in seinem Kampf für das Gute und gegen die sinnlose Zerstörung des Menschen zu unterstützen. Der Geist drängt uns, als Überbringer der Guten Nachricht durch die Welt zu pilgern.

Der Geist durchbricht Schranken und bahnt Wege. Der Geist stiftet Brüderlichkeit, Gemeinschaft, Menschlichkeit und Gottebenbildlichkeit in der Welt. Der Geist weckt uns und erleuchtet uns, er reißt uns heraus aus unserer Taubheit und Blindheit. Der Geist setzt uns in Bewegung, er drängt uns und lässt nicht zu, dass wir uns allzu lange niederlassen. Der Geist spornt uns an, rüttelt uns auf aus unserer Bequemlichkeit und durchkreuzt unsere wohldurchdachten Pläne. Der Geist erfüllt uns mit Mitleid, Liebe, dem Bedürfnis, uns zu engagieren. Der Geist hebt uns empor, lässt uns träumen, macht uns unendlich. Im Geist können wir alles erhoffen, alles ertragen, alles erreichen. Der Geist ist die große Gegenwart Gottes in unserem Leben.

Im Lauf unserer Pilgerfahrt haben wir den Geist „geatmet“. Heute bitten wir darum, dass wir uns dieser Gegenwart in uns selber bewusst werden. Wo begegne ich dem Geist, der in mir wirkt? Der in den anderen wirkt? Woran erkenne ich das Handeln des Geistes in der Welt?

Bitten wir inständig um das, was wir von Gott begehren.

TEXTE

Joh 16,5–15: Der Geist als Beistand und Lehrer

Ich rufe mir ins Gedächtnis, was Jesus über das Wirken des Heiligen Geistes gesagt hat.

Apg 2,1–21: Am Pfingsttag erfüllt sich die Verheißung der Ankunft des Geistes.

Apg 10,44–48: Während Petrus sprach, kam der Heilige Geist auf alle herab.

Das Werk der Evangelisierung hatte begonnen. Ich bitte, dass auch ich diese Arbeit entschlossen in Angriff nehme.

Lk 4,14–20: Mit der Macht des Geistes umkleidet kehrte Jesus nach Galiläa zurück.

Auch meine Heimkehr rückt näher, und ich bitte darum, ebenfalls mit der Kraft des Geistes umkleidet zu werden. Ich brauche seinen Geist, um meine Sendung im Auftrag des Himmelreichs zu erfüllen.

ABSCHLIESSENDES ZWIEGESPRÄCH: Auf dieser Etappe unserer inneren Pilgerreise sind wir es schon gewohnt, mit unserem Freund und Herrn Jesus Christus unterwegs zu sein und freimütig zu ihm zu sprechen, so wie ein Freund zum andern spricht. Zum Schluss beten wir das Vaterunser.

Etappe 27: Montserrat – Manresa

HINWEIS: Die Freude geht mit auf dieser letzten Etappe unserer „äußeren" Pilgerfahrt. Das ersehnte Ziel Manresa ist in Reichweite! Vergessen wir das „Vorbereitungsgebet" nicht und denken wir nach der Gebetszeit und auch sonst während des Tages an das abschließende Zwiegespräch. Öffnen wir unser Herz für die Kraft des Geistes, damit sie uns begleitet und den heutigen Tag zu einem Meilenstein auf unserem Lebensweg werden lässt. Die ignatianische Spurensuche stimmt uns bereits auf eine mögliche Fortsetzung unserer inneren Pilgerschaft ein.

BITTE: Ich bitte Gott um eine tiefe Erkenntnis der vielen Gaben, die ich empfangen habe, damit ich, von Dankbarkeit erfüllt, seiner Göttlichen Majestät in allem meine Liebe und meinen Dienst erweisen kann.

IMPULS: Der Vater, der Sohn und der Heilige Geist achten stets auf unsere Wirklichkeit und wollen sie „mit uns teilen". Dank dieser An-

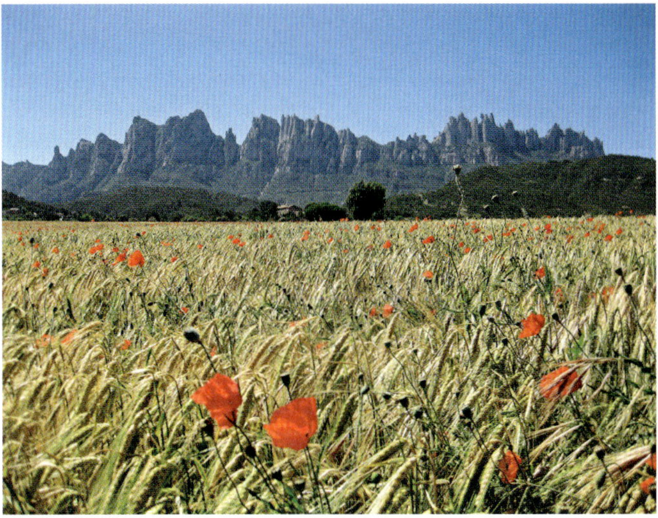

teilnahme können wir kontemplativ und gleichzeitig aktiv sein, das heißt, Gott in allen Dingen begegnen. „Jedem Mitglied jeder jesuitischen Gemeinschaft", so hat es die 32. Generalkongregation der Gesellschaft Jesu formuliert, „ist bewusst, was der heilige Ignatius über die Liebe sagt, die darin besteht, zu teilen, was man hat, was man ist, und so liebt man". Widmen wir unsere heutige Betrachtung dieser Vorstellung von der Liebe als einem Austausch und Miteinander, bei dem man das, was man ist und hat, mit dem Geliebten teilt. In den Geistlichen Übungen lädt Ignatius uns ein, uns in die Kontemplation der Liebe zu versenken, die Gott uns aus lauter Güte freigiebig schenkt und mitteilt, und zu erwägen, mit welcher Freigiebigkeit und Liebe wir dieses Geschenk erwidern können. Lassen wir uns von ihm führen und unser Herz weit werden in der Liebe Gottes. Diese ignatianische Kontemplation besteht aus den folgenden vier Schritten:

Betrachtung zur Erlangung der Liebe

„Zunächst ist auf zwei Dinge zu achten. Das erste ist, dass die Liebe mehr in die Werke als in die Worte gelegt werden muss. Das zweite: Die Liebe besteht in der Mitteilung von beiden Seiten her; das heißt, dass der Liebende dem Geliebten gibt und mitteilt, was er hat, oder von dem, was er hat oder kann, und als Erwiderung ebenso der Geliebte dem Liebenden; hat also der eine Wissen oder Ehren oder Reichtümer, so teilt er sie dem mit, der sie nicht besitzt, und so auch der andere dem einen."
Anschließend greife ich wieder auf das Vorbereitungsgebet zurück und bitte, dass alles auf den Willen Gottes hingeordnet sein möge.

Danach versenke ich mich in das, was ich betrachten will. Ich stelle mir vor, dass ich vor Gott dem Vater, Jesus dem Sohn und dem Geist der Liebe stehe, der mich in meiner menschlichen Natur geschaffen hat.

Sodann mache ich mir bewusst, was ich heute begehre: Ich bitte Gott „um eine tiefe Erkenntnis so großer empfangener Wohltaten, damit ich sie ganz und gar anerkenne und so in allem Seine Göttliche Majestät lieben und ihr dienen kann." Nun beginne ich mit der Kontemplation.

Der erste Punkt besteht darin, *mir die von Gott empfangenen Wohltaten ins Gedächtnis zu rufen:* die Tatsache, dass ich auf der Welt und dass ich von Jesus erlöst worden bin, aber auch besondere und persönliche Gaben, „indem ich mit großer Hingebung abwäge, wie viel Gott unser Herr für mich getan hat und wie viel Er mir von dem gegeben, was Er besitzt" und was Er selber ist. „Und dann mich zurückbesinnen auf mich selbst, indem ich mit vielen Gründen der Vernunft und der Gerechtigkeit erwäge, was ich von meiner Seite Seiner Göttlichen Majestät anbieten und geben muss, nämlich alles, was ich habe, und mich selber damit."

Wer wirklich konsequent sein will – das kann ich mir, wenn ich das möchte, vor Augen führen –, würde sich an dieser Stelle mit folgenden Worten Gott darbringen: „Nimm hin, Herr, und empfange meine ganze Freiheit, mein Gedächtnis, meinen Verstand und meinen ganzen Willen, meine ganze Habe und meinen Besitz; Du hast es mir gegeben, Dir, Herr, gebe ich es zurück; alles ist Dein, verfüge nach Deinem ganzen Willen; gib mir Deine Liebe und Gnade, das ist mir genug."

Danach schlägt Ignatius uns einen zweiten Punkt vor: *„betrachten, wie Gott in den Geschöpfen wohnt,* in den Elementen, indem er ihnen Dasein gibt, in den Pflanzen, indem er ihnen das Leben schenkt, in den Tieren, indem er ihnen sinnenhafte Wahrnehmung gibt, in den Menschen, indem er ihnen geistige Einsicht verleiht; und so auch in mir: wie Er mir Dasein gibt, mich belebt, mir Sinne erweckt und geistige Einsicht verleiht, wie er gleichfalls einen Tempel aus mir macht, da ich zum Gleichnis und Bild Seiner Göttlichen Majestät geschaffen bin. Und abermals mich zurückbesinnen auf mich selbst" und darauf, wie ich in dem wohne, was ich tue, und wem ich damit diene. Am Ende beten wir wieder das Hingabegebet aus dem vorherigen Punkt: *„Nimm hin, Herr, und empfange …"*

Der dritte Punkt besteht darin, zu *„erwägen, wie Gott um meinetwillen in allen geschaffenen Dingen auf dem Angesicht der Erde arbeitet und sich müht* […]. So zum Beispiel an den Himmelskörpern, Elementen, Pflanzen, Früchten, Tieren usw., indem Er Dasein gibt und erhält, Wachstum und Sinnesleben usw. Dann zurückbesinnen auf mich selbst": was ich tun und wie ich diese Liebe vergelten kann. Am Ende beten wir wieder das Hingabegebet aus dem vorherigen Punkt: *„Nimm hin, Herr, und empfange …"*

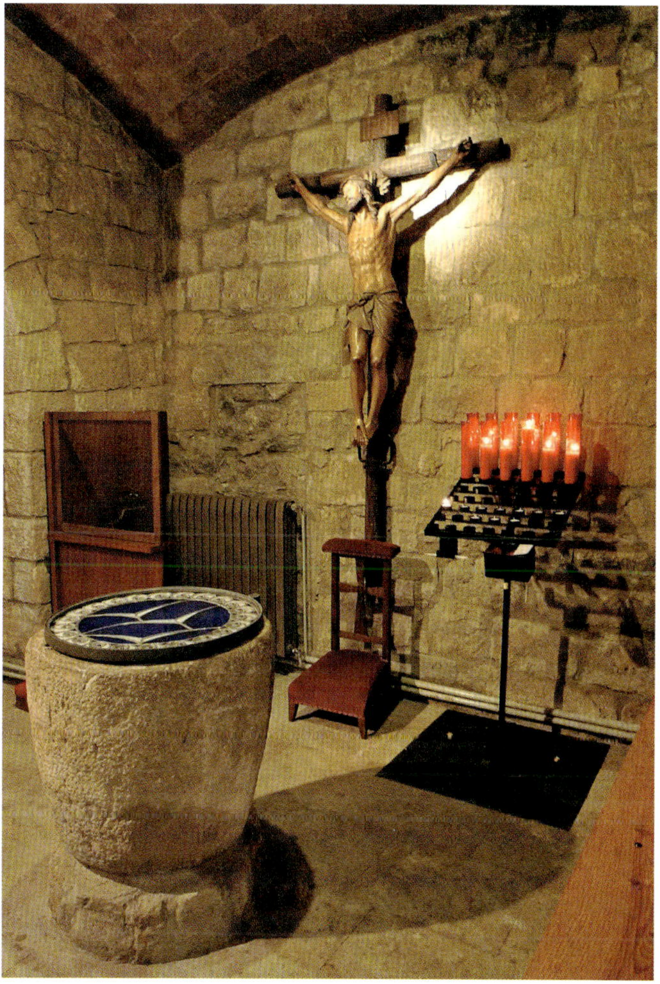

Manresa, in der Kirche Nuestra Señora de la Salud, Viladordis

„Der vierte: *schauen, wie alles Gute und alle Gabe von oben herabsteigt,* so wie auch die mir zugemessene Kraft von der höchsten und unendlichen von oben herab[steigt]; und so auch Gerechtigkeit, Güte, Frömmigkeit, Barmherzigkeit“ und all die anderen guten Dinge, die ich in mir und der Welt wahrzunehmen imstande bin, „gleichwie von der Sonne absteigen die Strahlen, von der Quelle die Wasser usw.“ Nachdem ich so den Ursprung aller Güter betrachtet habe, besinne ich mich zum Schluss auf mich selbst: in welcher Form ich all das, was mir von oben geschenkt wird, zurückgebe. Am Ende bete ich wieder das Hingabegebet aus dem vorherigen Punkt: *„Nimm hin, Herr, und empfange …“*

ABSCHLIESSENDES ZWIEGESPRÄCH: Auf dieser Etappe unserer inneren Pilgerreise sind wir es schon gewohnt, mit unserem Freund und Herrn Jesus Christus unterwegs zu sein und freimütig mit ihm zu sprechen wie ein Freund mit dem anderen. Zum Schluss beten wir das Vaterunser.

Manresa: Resümee der Erfahrung

Nun, da wir am Ziel unserer äußeren Pilgerfahrt angekommen sind, wollen wir im Rahmen unserer Geistlichen Übungen eine letzte Betrachtung vorschlagen. Vielleicht wird unsere innere Pilgerreise noch eine Weile weitergehen. Nach diesen 30 Tagen wird der Pilger oder die Pilgerin genug Erfahrung haben, um die Übungen auch zuhause und im Alltag fortzusetzen.

HINWEIS: Die Praxis dieser Übungen hat unseren persönlichen Stil geprägt. Jeder Pilger muss die Etappen seiner „inneren Pilgerfahrt" auf seine ganz eigene Weise durchmessen und zurücklegen. In der *Cova de san Ignacio* in Manresa liegt für jeden, der dies wünscht, ausreichend Material bereit, um weiter in die ignatianische Spiritualität hineinzuwachsen. Erfahrenere um Rat zu bitten, ist niemals falsch.

BITTE: Ich bitte Gott um eine tiefe Erkenntnis der vielen Gaben, die ich empfangen habe, damit ich, von Dankbarkeit erfüllt, seiner Göttlichen Majestät in allem meine Liebe und meinen Dienst erweisen kann. Ich bete darum, dass die Erfahrung des heiligen Ignatius von Loyola auch meinem Leben eine Richtung gibt.

IMPULS: Heute halten wir dieselbe Betrachtung wie gestern (siehe S. 297, Betrachtung zur Erlangung der Liebe), konzentrieren uns dabei aber besonders auf die Pilgerreise, die wir zum Abschluss gebracht haben. Der gesamte Ignatiusweg war für uns eine Erfahrung der Liebe Gottes, die sich in vielfältiger Weise manifestiert. Nutzen wir unsere Gebetszeit, um im Licht der Betrachtung der Liebe alle Etappen unseres Weges noch einmal Revue passieren zu lassen. Danken wir Gott und bereiten wir uns darauf vor, in unseren Alltag zurückzukehren.

ABSCHLIESSENDES ZWIEGESPRÄCH: Beenden wir diese Geistlichen Übungen im freundschaftlichen Gespräch mit unserem Freund und Herrn Jesus Christus, dem Pilger des Lebens, und beten wir zum Abschluss ein Vaterunser.

TYROLIA www.tyrolia-verlag.at

Ermutigungen für das Unterwegssein

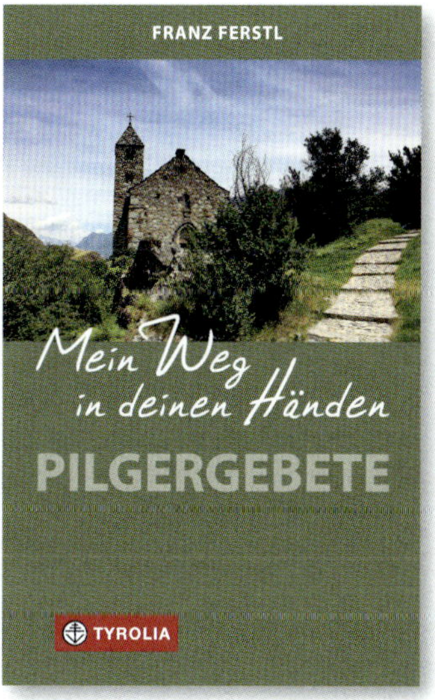

Franz Ferstl
Mein Weg in deinen Händen
Pilgergebete
120 Seiten, 10 sw. Abb.,
Flexoeinband
ISBN 978-3-7022-3428-7

Beim Pilgern machen Menschen intensive Erfahrungen: Gedanken geraten in Fluss, die Sicht auf die kleinen Dinge wird geschärft, innerer Rückzug und das Sich-Öffnen wechseln einander ab. Für all diese Erlebnisse will dieses kleine Gebetbuch mit seinen anregenden Texten ein stiller Begleiter sein – wie ein guter Freund, der da ist, wenn man ihn braucht. Es enthält Lob-, Dank- und Segensgebete sowie Litaneien für den Weg und Gebete zu Maria. Ermutigendes und Tröstendes – für das individuelle Beten und in Gemeinschaft.

Jakobsweg- und Pilgerführer im Tyrolia-Verlag

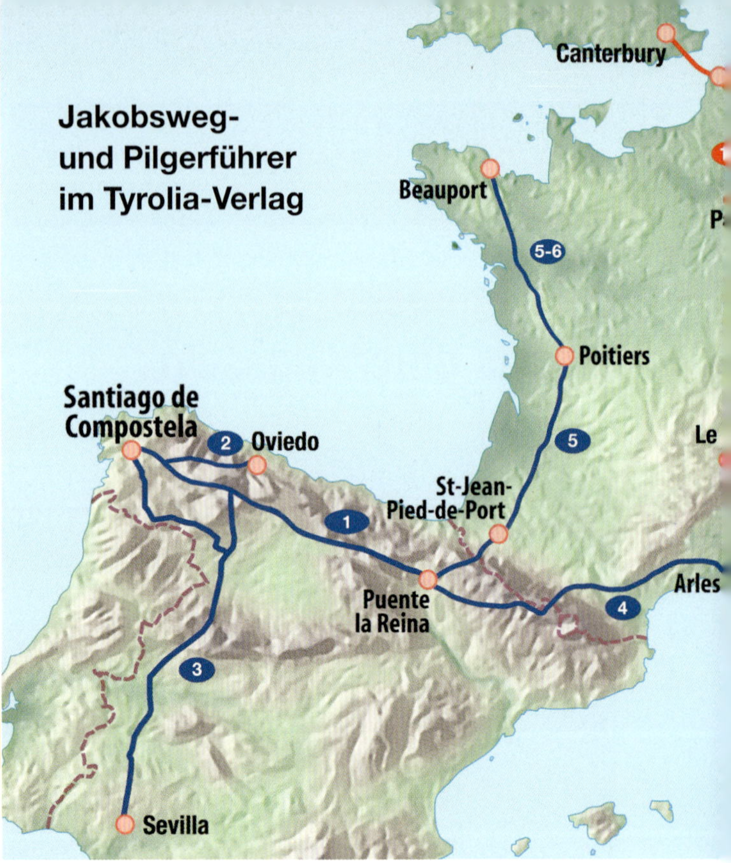

Blau: Jakobsbwege

1. *Grégoire, Der spanische Jakobsweg, Camino Francés*
978-3-7022-3021-0 € 9.95
2. *Lindenthal, Camino Primitivo, Oviedo – Santiago*
978-3-7022-3101-9 € 14.95
3. *Gruber, Via de la Plata, Bildband*
978-3-7022-3053-1 € 14.95
4. *Lindenthal, Nach Santiago …, Via Tolosana, Arles – Santiago*
978-3-7022-2344-1 € 7.95
5. *Lindenthal, Auch Santiago …, Beauport – Saint-Jean-Pied-de-Port*
978-3-7022-2739-5 € 14.90
6. *Lindenthal, Jakobsweg Bretange, Beauport – Poitiers*
978-3-7022-2571-1 € 7.95
7. *Kolbinger, Jakobsweg Prag – Regensburg – Eichstätt – Donauwörth*
978-3-7022-2728-9 € 19.90
8. *Lindenthal, Jakobsweg Österreich Wien – Maria Einsiedeln (CH)*
978-3-7022-2199-7 € 21.90
9. *Lindenthal, Jakobsweg Süd-Österreich Graz – Innsbruck*
978-3-7022-2438-7 € 21.90
10. *Lindenthal, Jakobswege Südtirol*
978-3-7022-2910-8 € 17.90

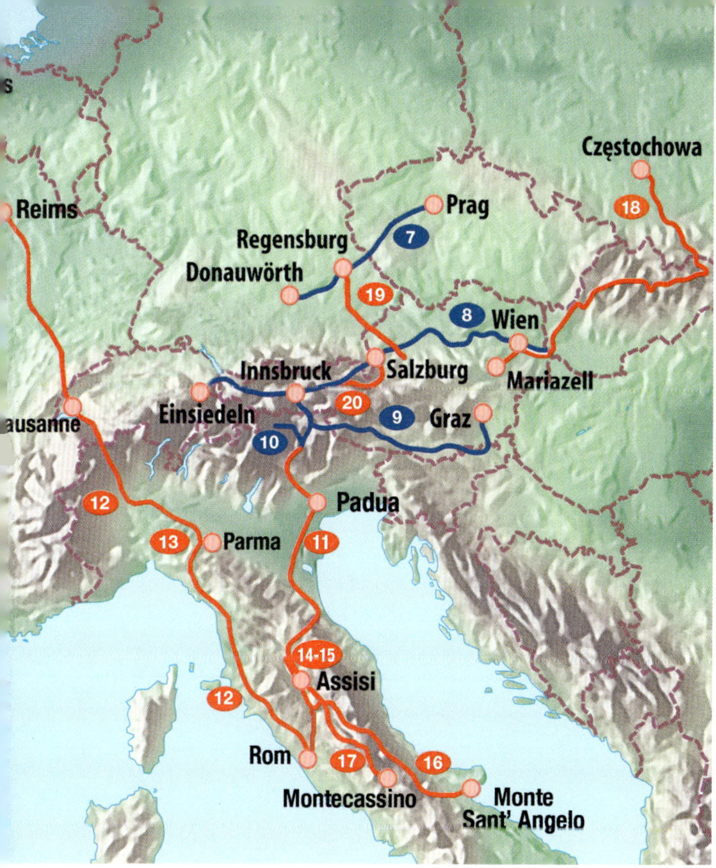

Rot: andere Pilgerwege

11 *Treml, Der Pilgerweg nach Rom, Innsbruck – Assisi – Rom*
978-3-7022-3258-0 € 27.95

12 *Kromer, Via Francigena, Canterbury – Rom*
978-3-7022-2984-9 € 19.95

13 *Weinlich, Via Francigena: Mein Pilgerweg, Lausanne – Rom*
978-3-7022-2927-6 € 14.95

14 *Seracchioli, Franziskusweg La Verna – Assisi – Rieti*
978-3-7022-2825-5 € 19.90

15 *Gruber, Franziskusweg, Bildband*
978-3-7022-3167-5 € 29.95

16 *Seracchioli, Erzengel-Michael-Weg, Poggio Bustone – Mt. St.' Angelo*
978-3-7022-3427-0 € 21.95

17 *Frignani, Benediktweg, Nursia – Montecassino*
978-3-7022-3340-2 € 22.95

18 *Wurst / Schlagnitweit, Marienpilgerweg Czestochowa – Mariazell*
978-3-7022-2729-6 € 7.95

19 *Pfarl, Wolfgangweg, Regensburg – St. Wolfgang*
978-3-7022-3257-3 € 14.95

20 *Hutter, Pilgerwege im Salzburgerland*
978-3-7022-2815-6 € 17.90

Wichtige spanische Begriffe

abadía – Abtei
agua – Wasser
agua potable – Trinkwasser
albergue – (Pilger-)Herberge
alto – Anhöhe
arco – Bogen
ayuntamiento – Rathaus; Gemeindeamt
bosque – Wald
bulevar/avenida – Prachtstraße
bus – Bus
calle – Straße
camino – (Pilger-)Weg
campanario – Glockenturm
canal – Kanal
capilla – Kapelle
casa – Haus
casa rural – Landgasthof; Urlaub am Bauernhof
castillo – Burg, Schloss
carretera – Landstraße, Schnellstraße
centro – Zentrum
centro histórico – Altstadt
cementerio – Friedhof
ciudad – Stadt
colina – Hügel
convento – Kloster
cruce – Kreuz
catedral – Dom
empresa – Betrieb
ermita – Einsiedelei
escalera – Treppe
estación – Bahnhof
fonda – Gasthof
fuente – Brunnen
fortaleza – Festung, Fort
gruta – Grotte
iglesia – Kirche
lago – See
llanura – Ebene, Fläche
molino – Mühle
monasterio – Kloster
montaña – Gebirge
monte – Berg
muro – Mauer
parque – Park
palacio – Palast
paseo, passeig – Promenade
peregrino – Pilger
piedra – Stein
plaza – Platz
pueblo – Dorf
puerto de montaña – Pass
puente – Brücke
puerta – Tor
prado – Wiese
refugio – Unterkunft
rio – Fluss
Santuario – Wallfahrtsstätte
salón columnario – Säulenhalle
sendero – Pfad, Steig, Wanderweg
torre – Turm
torrente – Bach
tren – Zug, Eisenbahn
valle – Tal